"十三五"国家重点图书出版规划项目

丝绸之路经济带——沙漠地区风积沙路基研究与应用

风积沙路基公路设计、施工与防沙

李志农 陈 杰 王 翠 等 编著

上海科学技术出版社

内 容 提 要

本书对沙漠地区公路修筑技术所开展的科研成果和工程实践经验进行了较为全面的总结。全书共6章,内容包括国内外沙漠公路发展概况,中国沙漠分布特征及工程特性,公路选线原则及技术要点,路基、路面、防沙等方面的设计及施工技术,最后结合实际工程对沙漠公路修筑技术的工程应用进行了系统总结。

本书可供从事公路设计与施工的工程技术人员参考。

图书在版编目(CIP)数据

风积沙路基公路设计、施工与防沙 / 李志农等编著. —上海：上海科学技术出版社,2018.1

(丝绸之路经济带:沙漠地区风积沙路基研究与应用)

ISBN 978-7-5478-3794-8

Ⅰ.①风… Ⅱ.①李… Ⅲ.①沙漠带-公路路基-路基工程-设计 ②沙漠带-公路路基-路基工程-道路施工 ③沙漠带-公路路基-路基工程-防沙 Ⅳ.①U416.1

中国版本图书馆 CIP 数据核字(2017)第 275162 号

风积沙路基公路设计、施工与防沙

李志农　陈　杰　王　翠　等　编著

上海世纪出版(集团)有限公司
上海科学技术出版社　出版、发行
(上海钦州南路71号　邮政编码200235　www.sstp.cn)
上海中华商务联合印刷有限公司印刷
开本 889×1194　1/16　印张 20.25　插页 4
字数 500 千字
2018 年 1 月第 1 版　2018 年 1 月第 1 次印刷
ISBN 978-7-5478-3794-8/U·51
定价:150.00 元

本书如有缺页、错装或坏损等严重质量问题,请向工厂联系调换

PREFACE 序言

2013年9月,国家主席习近平出访中亚提出共建"丝绸之路经济带"的重大倡议得到了国际社会的高度关注。为了落实"一带一路"倡议,加强与相关国家互联互通,促进边疆地区的繁荣与发展,包括新疆在内的我国广大西部地区基础设施建设得到了国家的高度重视,公路、铁路运输快速发展,骨架网络建设取得了系列成果。

然而新疆地区地质情况复杂,气候环境变化大,多沙漠,风积沙分布广泛,高品质筑路材料匮乏。外运筑路材料运距远、造价高,为解决种种矛盾,如何就地取材,趋利避害,同时又能够经济、优质地做好工程建设,使得采用风积沙填筑路基的研究显得尤为必要。

目前系统介绍利用风积沙作为填料填筑高速公路路基工程的出版物较少,本丛书以近年来多项沙漠地区风积沙路基工程研究和实践为基础,从风积沙路基材料性能、设计参数、施工方法和检测手段等方面首次对沙漠地区高速公路风积沙路基工程进行了全面、系统的总结,尤其在风积沙长期使用性能、风积沙易溶盐含量快速测定方法等关键技术的研究和应用方面填补了国内空白。丛书的出版为推广应用风积沙填筑公路路基提供了重要的参考资料。

丛书分为《风积沙公路路基性能研究》《风积沙路基公路设计、施工与防沙》以及《风积沙路基公路建设关键技术与应用》三分册。新疆维吾尔自治区交通运输厅原总工李志农同志担纲主编了前两分册,李志农同志是交通运输部专家委员会成员,先后主持和参与了沙漠地区风积沙利用系列课题研究以及多条沙漠地区高速公路的建设管理工作,在风积沙和盐渍土研究与运用方面有较高的造诣。第三分册的主编过震文同志以援疆干部的身份主持了穿越沙漠边缘区和农灌区的S215线三莎高速公路建设项目,他和他的团队在建设期间攻克了一系列在盐渍土和软弱土地质条件下大体量采用风积沙填筑路基修筑高速公路的技术难题。

丛书既有先进技术的推广应用,又有施工经验的科学总结,对指导西部沙漠地区公路建设具有较大的意义,也为"丝绸之路经济带"推进重大基础设施建设提供了重要技术依据。

郑健龙

2016年12月

FOREWORD 前言

近年来,随着我国经济及社会事业的快速发展,沙漠地区公路建设也取得了长足的进步,建设里程迅速增加。与此同时,围绕沙漠公路建设技术的研究和工程实践也取得了丰硕成果。本书是作者及其合作者近 30 年来从事沙漠地区公路建设技术研究、工程实践的成果及经验总结。其中,参与课题研究的有彭世古、金昌宁、雷加强、徐新文、唐勇、李生宇、刘利华、艾力·斯木吐拉、宁江波、楚虹、陈忠达、窦明健、刘照斌、谢海巍、韩树峰、张永华等,本书亦凝聚了他们的心血和智慧。同时在撰写本书过程中,也充分借鉴了其他学者和工程技术人员的研究成果与实践经验。

全书共分为 6 章。第 1 章风积沙分布及其工程特性。主要对我国沙漠的地理分布、气候特点以及主要自然特征进行了综述。介绍我国沙漠的类型及区划。还对风积沙的物理化学性质、公路工程地质特征和风沙流运动规律及对公路的危害进行了分析。

第 2 章选线原则与路线布局。阐述了沙漠公路设计新理念和指导思想,重点介绍了不同沙漠地区的公路选线原则、技术标准的确定和参数选用要点。

第 3 章沙漠地区公路路基设计。这是本书的重点之一。比较详细地介绍了沙漠地区公路路基设计主要特点,以及路基合理填土高度和断面形式、不良地质处理、包边土设计等技术要求。

第 4 章风积沙路基公路施工技术。这也是本书的重点内容。主要介绍了沙漠地区公路路基施工的一般原则、路基填筑和开挖技术。

第 5 章沙漠公路路基防沙技术。这是本书的重点内容。系统介绍了公路工程防沙、植物防沙技术试验研究情况,以及防沙设计、施工的技术要求。

第 6 章推广示范工程及其实施效果评价。较详细地介绍了沙漠公路修筑技术研究成果在新疆阿拉尔至和田沙漠公路建设中的推广应用情况。

本书突出工程应用。由于新疆、内蒙古等省区是我国沙漠分布较多的区域,相应地开展沙漠地区公路修筑技术研究和工程实践也较丰富,因此书中介绍的最新研究成果与工程实例大多参考了在这些地区的研究成果和实践经验。本书由李志农、陈杰、王翠、陈晓光、刘涛、贾聿卿、陈建壮、包卫星、张建镐、祝解等执笔,全书由李志农、陈杰、王翠统稿。此外,过震文、杨玉泉、何昌轩等同志为本书的审阅、润色和编辑出版给予了大力支持,在此表示衷心的感谢。特别要感谢郑健龙院士为本书出版提供的帮助,并亲自为本丛书作序。

沙漠公路工程是一个正在发展的工程领域,无论是基础理论、设计方法还是工程技术,均有待进一步深入研究和实践,加之作者水平有限,书中一定会存在不足甚至谬误之处,敬请批评指正。

作　者

2017 年 10 月

目录

第1章 风积沙分布及其工程特性 1
1.1 沙漠公路发展概述 1
1.2 沙漠的分布特征和区划 2
    1.2.1 沙漠的地理分布特点 2
    1.2.2 沙漠气候的特点 4
    1.2.3 主要沙漠的自然特征 6
    1.2.4 沙漠的区划 9
1.3 沙漠沙的理化性质 16
    1.3.1 风积沙的粒度成分 16
    1.3.2 风积沙的化学成分和可溶盐 17
    1.3.3 我国沙漠沙的水分状况 20
1.4 风积沙公路工程地质特征 22
    1.4.1 风积沙的颗粒分析 22
    1.4.2 风积沙的压实特性 23
    1.4.3 风积沙的强度特性 28
    1.4.4 风积沙的压缩特性 32
    1.4.5 不同级配风积沙的物理、力学性质试验 34
1.5 风沙流运动特征及对公路的危害 44
    1.5.1 风沙运动基本规律 44
    1.5.2 公路沙害类型 49
    1.5.3 公路沙埋危害的成因分析 50

第2章 选线原则与路线布局 53
2.1 沙漠公路设计新理念和指导思想 53
2.2 沙漠地区技术标准的确定和选用 55
    2.2.1 技术标准的确定 55
    2.2.2 技术标准的选用 56
    2.2.3 技术指标的掌握 56
    2.2.4 路线总体方案布设要求 57

2.3 不同沙漠地区选线原则分析论证 ... 57
2.3.1 流动沙漠地段的公路选线原则论证 ... 58
2.3.2 固定沙漠和沙地地带的公路选线原则论证 ... 61
2.3.3 半固定沙丘地段的公路选线原则论证 ... 62

2.4 各种风沙地貌及地形区的选线要点 ... 63
2.4.1 平坦沙地区选线 ... 63
2.4.2 高大沙山区选线 ... 63
2.4.3 高大复合型纵向沙垄或高大复合型沙丘之间谷地（低地）区选线 ... 64
2.4.4 固定或半固定沙地及植被带选线 ... 64

2.5 路线平面布局 ... 64
2.5.1 沙漠公路线形参数确定的依据 ... 64
2.5.2 影响交通安全的道路线形因素 ... 66
2.5.3 路线线形和地形、风沙运动、防沙体系的适应关系 ... 68
2.5.4 线形和沙漠地貌配合要注意的问题 ... 70
2.5.5 线形和沙漠景观配合要注意的问题 ... 71

2.6 沙漠公路适宜线形及线性参数值确定 ... 71
2.6.1 调查、试验、分析情况简介 ... 72
2.6.2 圆曲线半径指标参数 ... 75
2.6.3 最大直线长度 ... 80
2.6.4 纵坡和坡长 ... 82
2.6.5 竖曲线半径和最小长度 ... 89
2.6.6 横断面边坡 ... 92
2.6.7 其他指标 ... 102

第3章 沙漠地区公路路基设计 ... 104
3.1 路基设计的基本原则 ... 104
3.2 沙漠地区路基合理填土高度分析 ... 104
3.2.1 沙埋与路基填土高度统计分析 ... 104
3.2.2 风洞试验结果分析 ... 106
3.2.3 路基稳定性与路基高度关系分析 ... 108
3.2.4 沙漠公路经济性分析 ... 111
3.2.5 交通事故分析 ... 116
3.2.6 沙漠地区公路路基合理填土高度的综合分析 ... 117

3.3 沙漠地区公路路基合理断面形式 ... 124
3.3.1 西部三类沙漠地区公路路基使用状况调查 ... 124
3.3.2 室内风洞试验分析 ... 131
3.3.3 依托工程观测与分析 ... 145
3.3.4 沙漠地区公路路基横断面形式的经济合理性分析 ... 152
3.3.5 沙漠地区公路路基合理横断面形式推荐 ... 158

3.4　不良地质的处理 ··· 168
3.5　路基包边土设计 ··· 169

第4章　风积沙路基公路施工技术

4.1　风积沙路基填筑试验段施工工艺 ··· 170
4.1.1　试验段施工方案 ·· 170
4.1.2　风积沙路基施工方案 ·· 171

4.2　路基填筑（砾石土）试验段施工工艺 ··· 174
4.2.1　试验段施工方案 ·· 174
4.2.2　施工方法 ··· 175

4.3　路面底基层施工工艺 ··· 176
4.3.1　试验段施工方案 ·· 176
4.3.2　天然砂砾底基层施工工艺 ·· 177

4.4　路面基层施工工艺 ··· 178

4.5　沥青下面层施工工艺 ··· 181
4.5.1　施工前的准备工作 ··· 181
4.5.2　施工方法和施工工艺 ··· 182

4.6　沥青上面层施工工艺 ··· 184
4.6.1　施工前的准备工作 ··· 184
4.6.2　施工方法和施工工艺 ··· 185

第5章　沙漠公路路基防沙技术

5.1　工程防沙体系维护技术 ·· 189
5.1.1　工程防沙体系的结构与类型 ··· 190
5.1.2　工程防沙体系的作用与破损形式 ······································ 191
5.1.3　工程防护体系破损及其后果 ··· 199
5.1.4　工程防沙体系的维护 ··· 206

5.2　植物防沙体系维护技术 ·· 219
5.2.1　植物防沙体系维护应遵循的基本原理 ································ 219
5.2.2　防沙体系更新改造途径和建设方向 ··································· 221
5.2.3　植物防沙体系维护技术研究 ··· 221

5.3　公路沙害处理技术 ··· 239
5.3.1　公路沙害形式 ··· 239
5.3.2　路面积沙对行车的影响 ·· 239
5.3.3　公路清沙试验 ··· 239
5.3.4　二次积沙的防止与输沙断面的构建 ··································· 240
5.3.5　清沙工作程序 ··· 242
5.3.6　清沙与沙害治理综合效益对比 ··· 242
5.3.7　清沙工作的注意事项 ··· 242

  5.3.8　清沙机械组合与配套问题探讨 …………………………………………… 243
 5.4　新技术、新材料在公路防沙体系维护中的应用 ………………………………… 243
  5.4.1　化学固化剂在沙障修复中的应用 ………………………………………… 244
  5.4.2　土工编织袋在沙障修复中的应用 ………………………………………… 245
  5.4.3　土工方格沙障在防沙体系修复中的应用 ………………………………… 245

第6章　推广示范工程及其实施效果评价　246
 6.1　沙漠公路修筑技术研究成果在阿和沙漠公路建设中的推广应用 ……………… 246
  6.1.1　阿和沙漠公路自然区划 …………………………………………………… 246
  6.1.2　3S技术的勘察设计 ………………………………………………………… 250
  6.1.3　路线设计 …………………………………………………………………… 251
  6.1.4　路基设计 …………………………………………………………………… 255
  6.1.5　路面结构设计 ……………………………………………………………… 258
  6.1.6　路基施工 …………………………………………………………………… 264
  6.1.7　路面施工 …………………………………………………………………… 268
  6.1.8　公路防沙 …………………………………………………………………… 270
 6.2　示范主体工程实施效果评价 ……………………………………………………… 276
  6.2.1　勘察设计示范应用评价 …………………………………………………… 276
  6.2.2　风积沙工程特性应用研究 ………………………………………………… 278
  6.2.3　示范主体工程评价分析 …………………………………………………… 286
  6.2.4　路面使用性能综合评价研究 ……………………………………………… 297
 6.3　防沙体系应用研究及示范效应评价 ……………………………………………… 300
  6.3.1　防沙体系效应评价 ………………………………………………………… 300
  6.3.2　防沙体系示范效果评价 …………………………………………………… 306
  6.3.3　防沙体系的维护 …………………………………………………………… 308
  6.3.4　防沙体系的改进措施 ……………………………………………………… 309

参考文献　311

第1章 风积沙分布及其工程特性

1.1 沙漠公路发展概述

我国沙漠和沙漠化土地总面积157万 km²,占国土面积的16%,有着严酷的气候环境和特殊的地质条件,主要分布在北纬35°~50°之间,绵亘新疆、甘肃、宁夏、青海、陕西、内蒙古、辽宁、吉林和黑龙江等省区,其中面积在上万平方公里以上的沙漠就有十多个。新疆土地面积166万 km²,其中沙漠面积43.04万 km²,占新疆土地面积的1/4,世界第二大流动沙漠塔克拉玛干沙漠就位于新疆的南部,其面积达到33.76万 km²。由于风沙危害,交通线被压埋损毁的现象时有发生,造成的损失难以估量,西部干旱沙漠地区交通十分不便利,国民生产值低,经济落后,人民生活水平普遍较低。但沙漠地区却有着丰富的自然资源和旅游资源,因此开发和治理沙漠地区对发展我国国民经济和改善当地人民生活水平具有重要的战略意义,沙漠地区将是我国21世纪经济建设的重点开发区。然而沙漠地区自然环境恶劣,尤其是沙漠腹地,缺乏基本生存条件,一切生活、生产、建设的补给均需从沙漠之外运输,而沙漠地区交通十分不便,常规车辆根本无法通行,这给沙漠地区的开发、治理、建设造成极大障碍。作为交通设施的公路特别是高等级公路,已经摆在了优先发展的重要位置。

随着塔里木地区油气勘探深入发展,沙漠道路建设迫在眉睫,由此新疆交通部门联合了中科院、中油总公司和新疆的16个单位38名专家开展研讨,确定了攻关主要关键技术。1991年4月,国家有关部门同意将"塔里木沙漠石油公路工程技术研究"列为"八五"国家重点科技攻关项目"塔里木盆地油气资源研究"的子课题。沙漠石油公路攻关项目共有7个三级课题、28项内容、18项关键技术。7个课题分别为沙漠公路选线技术研究、沙漠公路防沙治沙综合研究、沙漠公路路基稳定及路面结构的研究、沙漠公路施工与养护技术研究、沙漠公路沿线水文地质及工程地质研究、塔里木河桥水文分析及工程地质研究、沙漠公路环境影响综合评价研究。通过一系列的技术攻关,1995年10月4日,522 km沙漠公路——塔里木沙漠公路全线贯穿,正式通车;世界上第一条最长的贯穿流动沙漠公路诞生。同时塔里木沙漠公路"八五"国家重点攻关项目获"1995年十项重大科技成就"荣誉称号。2001年交通部开展沙漠地区公路建设成套技术研究,该项目共分为13个子课题,集中了国内30多个科研设计和工程单位共200多名科研人员进行了为期5年的科学研究,使我国在沙漠地区筑路技术水平实现了突破,在我国沙漠地区公路路线设计、路基路面设计与施工、防沙工程设计与施工、公路养护、环境保护等方面都取得了重大的突破,该项目获得2006年度国家科技进步二等奖。

在此基础上,交通运输部委托新疆交通科学研究院编写了《沙漠地区公路设计与施工指南》

(JTG/TD31),该指南涉及沙漠地区公路勘察、设计、施工及质量检测等内容,填补了我国沙漠地区公路建设设计与施工标准领域的空白,促进了沙漠公路的建设,使沙漠地区公路从勘察、设计到施工的技术和质量水平均得到大幅提高。

为使沙漠公路修筑成果更加系统、充实和完善,便于指导沙漠地区公路设计、施工和养护,尽快推广使用,2005年,交通部西部交通建设科技项目管理中心设专项研究课题"沙漠公路修筑技术推广及应用示范"并委托新疆交通厅完成。项目依托新疆第二条沙漠公路——阿拉尔—和田沙漠公路(以下简称阿和沙漠公路)。2005年6月1日,阿和沙漠公路正式开工建设,道路全长424 km,穿越塔克拉玛干沙漠,它是自治区规划的第二条穿越流动沙漠的公路。该项目包括沙漠公路修筑技术研究成果的推广应用,阿和沙漠公路重点示范工程的实施及评价,沙漠公路环保、安全、景观等相关重点领域的专项研究和沙漠公路修筑技术研究成果应用效果的评测四个方面。项目着力于科研成果转化,在推广适合规模生产的共性技术、关键技术的同时,开展重点领域的专项补充研究,深化和完善成果。从而达到深入推广应用《沙漠地区公路建设成套技术研究》成果的目的。

科学技术是第一生产力,在以知识、创新为基础的知识经济时代,谁掌握了科学技术,谁就掌握了经济发展的命脉。科学技术的掌握和应用,要靠科学研究与技术开发,只有把科研成果和先进技术转化为生产力并广泛应用,才能推动国民经济的发展。本书就前期开展的科学研究和工程实践经验,总结编写沙漠地区公路风积沙路基设计与施工关键技术,指导沙漠地区公路修筑技术的应用和工程实践。

1.2 沙漠的分布特征和区划

1.2.1 沙漠的地理分布特点

我国是世界上沙漠分布最多的国家之一。沙漠广袤千里,呈一条弧形沙漠带绵亘于我国的西北、华北北部和东北西部。这一弧形沙漠带,南北宽600 km,东西长达4 000 km,面积有80多万 km^2(钟德才,1998)。

我国的沙漠,在分布上具有以下特点:

1) 沙漠多深居内陆盆地和高原

我国沙漠约有80%的面积分布在乌鞘岭和贺兰山以西的大陆腹地,而且绝大部分在内陆巨大盆地中,如塔里木盆地中的塔克拉玛干沙漠、准噶尔盆地中的古尔班通古特沙漠、柴达木盆地中的沙漠等。另一部分分布在海拔1 000 m以上的内陆高原上,如海拔1 200~1 800 m的阿拉善高原上的巴丹吉林沙漠和腾格里沙漠,海拔1 200~1 500 m的鄂尔多斯高原上的库布齐沙漠和毛乌素沙地等。

2) 沙漠横跨多个自然地带

我国沙漠西起新疆喀什噶尔,东迄东北平原西部,横跨经度50多度,分属四个不同的自然地带。贺兰山(约东经106°)以西的西部沙漠地区,蒸发量大大超过降雨量,干燥度在4.0以上,属温带干旱荒漠地带,其中塔克拉玛干沙漠为暖温带干旱荒漠,柴达木盆地的沙漠为高寒干旱荒漠。我国大部分沙漠都分布在这一地带,沙漠面积约占全国沙漠总面积的80%。贺兰山与温都尔庙—鄂托克—定边一线之间的我国中部沙漠地区,主要包括库布齐沙漠和毛乌素沙地的西部,干燥度在2.0~4.0之间,属温带半干旱荒漠地带。这一地带比较窄,沙漠面积小,仅占全国沙漠总面积的3%。温都尔庙—鄂托克—定边一线以东的我国东部沙漠的大部分,包括毛乌素沙地、浑善达克(小腾格里)沙地、科尔沁沙地等,干燥度在1.5~2.0之间,属温带半干旱干草原地带,其沙地面积占全国沙漠总面积的15%左右。科尔沁沙地的东部和松嫩等地区的沙地,干燥度小于1.5,属于温带半湿润的草原地带,在我国沙漠中所占的面积最小,还不到1%。

3) 新疆沙漠分布最广,塔克拉玛干沙漠最大

从各省(区、市)沙漠分布的面积来说,新疆分布最广,占全国沙漠(沙地)总面积的一半以上,其次是内蒙古、甘肃和青海等(表1-1)。我国沙漠中面积在0.6万 km² 以上的主要沙漠和沙地有14个(表1-2),其中以塔克拉玛干沙漠为最大,包括周围零星的沙丘在内,面积共达33.76万 km²,占全国沙漠总面积的45.1%,它是我国沙漠中流动沙丘分布最广的沙漠,其流动沙丘面积占我国沙漠中流动沙丘总面积的65%。古尔班通古特沙漠是我国第二大沙漠,面积有5.11万 km²,占全国沙漠总面积的6.3%,也是我国最大的固定、半固定沙漠。巴丹吉林沙漠是我国第三大沙漠,面积为5.05万 km²,占全国沙漠总面积的6.2%,也是我国沙丘最高大的一个沙漠。

表1-1 我国各省(区)的沙漠(沙地)分布面积

序 号	省(区)名称	沙漠面积(km²)
1	新疆维吾尔自治区	438 100
2	内蒙古自治区	227 900
3	甘肃省	30 530
4	青海省	19 390
5	陕西省	12 110
6	吉林省	11 340
7	宁夏回族自治区	8 030
8	黑龙江省	5 510
9	辽宁省	620

表1-2 中国主要沙漠(沙地)的地理位置和面积

沙 漠 名 称	地 理 位 置	面积(万 km²)
塔克拉玛干沙漠	新疆塔里木盆地	33.76
古尔班通古特沙漠	新疆准噶尔盆地	5.11
库木塔格沙漠	新疆东部、甘肃西部;罗布泊低地南部和阿尔金山北部	2.197
柴达木盆地沙漠	青海柴达木盆地	1.494(不包括风蚀地)
巴丹吉林沙漠	内蒙古阿拉善高原西部	5.05
河西走廊沙漠	甘肃河西走廊	1.974
腾格里沙漠	内蒙古阿拉善高原东南部	4.232
乌兰布和沙漠	内蒙古阿拉善高原东北部;黄河河套平原西南部	1.075
库布齐沙漠	内蒙古鄂尔多斯高原北部;黄河河套平原以南	1.731

(续表)

沙漠名称	地 理 位 置	面积(万 km²)
毛乌素沙地	内蒙古鄂尔多斯高原中南部和陕西北部	3.894
浑善达克沙地（小腾格里沙漠）	内蒙古高原东部的锡林郭勒盟南部和赤峰市西北部	2.922
科尔沁沙地	东北平原西部的西辽河下游	5.044
呼伦贝尔沙地	内蒙古东北部的呼伦贝尔高原	0.641
嫩江沙地	东北平原西北部嫩江下游	0.601

1.2.2 沙漠气候的特点

我国沙漠地区深居内陆,远离海洋,且周围有高山高原阻隔,因而具有典型的大陆性气候的特点:夏季高温、酷热、干燥,冬天干冷,春季风沙多、温差大。

1) 干燥少雨,降水不稳定

干燥少雨是沙漠气候最主要的特征。我国是季风气候,降水主要受夏季风的影响,水汽来源于太平洋和印度洋。所以,我国沙漠地区降水量的空间分布基本趋势是从东向西递减,且愈向内陆,减少愈加迅速。东部沙区盛夏可受到夏季风(东南季风)的一些影响,雨水稍多,年降水量有 200～400 mm;西部地区年降水量大部分在 200 mm 以下。降水最少的是南疆塔克拉玛干沙漠、东疆、青海柴达木盆地西北部和内蒙古西部的巴丹吉林沙漠,年降水量都在 50 mm 以下,甚至不足 25 mm,是我国降水最稀少的地方。例如,南疆塔克拉玛干沙漠东部的若羌,1954—1970 年的 17 年,平均降水量每年只有 5.6 mm,其中 1957 年才 3.9 mm。东疆吐鲁番盆地的托克逊,1961—1970 年年平均降水量只有 3.9 mm,为全国现有降水的最小记录;1968 年这里只下过两次雨,总计才 0.5 mm。

我国沙漠地区的降水不仅少,而且很不稳定,即年变率大。降水的多年平均变率,在东部沙区为 25%～40%,西部多在 40% 以上,甚至超过 50%。极端年变率差别更大。例如,塔克拉玛干沙漠南部的民丰安迪尔,1966 年降雨量只有 5.0 mm,而 1971 年却达 42.5 mm,相差近 10 倍。降水的季节分配也极不均匀,主要集中在夏季 6—8 月;而夏季又往往是集中在少数几天内,有时一两天里的降雨竟相当于半年的雨量。降雨高度集中,就使得连续无降雨的干旱期很长。全年最长连续无降水日数,有时可达 7 个月至 10 个月之久,主要出现在秋末至第二年夏初这一段时间;尤其是春旱特别严重。

沙漠地区降水十分稀少,而蒸发却极为强烈。以多年平均蒸发量而论,一般在 2 500～3 000 mm,有的地区高达 4 000 mm,超过降水量的十几倍甚至上百倍。从蒸发量与降水量的比值所反映的干燥度来说,我国东部沙区一般在 1.5～4.0;而西部都大于 4.0,其中东疆和南疆塔克拉玛干沙漠地区在 16.0 以上,甚至可高达 60,成为亚洲的干旱中心。

2) 日照强烈,冷热剧变

我国沙漠地区干燥少雨,云量少,晴天多,日照充足,热量丰富。全年日照时数在 2 500～3 000 h;夏季每天日照在 14 h 以上,冬季也有 9 h 之多。无霜期一般在 150～260 d。≥10℃ 的积温,除呼伦贝尔等一小部分沙地外,一般都在 3 000～5 000℃(表 1-3)。太阳年总辐射量大部分在 586～712 kJ/cm²,青海柴达木盆地可达 837 kJ/cm² 左右,是全国总辐射量的最高中心之一。

表1-3 我国沙漠地区主要台站气温等热量要素统计(1961—1970年)

沙漠地区	站 名	1月平均气温(℃)	7月平均气温(℃)	年较差(℃)	极端最高气温(℃)	极端最低气温(℃)	日照时数(h)	≥10℃积温(℃)	无霜期天数(d)
科尔沁沙地	通 辽	-14.5	23.6	38.1	37.9	-30.0	3 110.8	3 158.7	153
毛乌素沙地	乌兰镇	-11.4	21.8	33.2	36.5	-31.4	3 154.7	2 830.2	152
	榆 林	-9.9	23.1	33.1	37.6	-27.6	2 986.5	3 192.9	152
乌兰布和沙漠	吉兰泰	-10.7	25.3	36.0	38.6	-29.4	3 321.8	3 578.3	249
腾格里沙漠	民 勤	-10.1	23.2	33.3	38.1	-27.0	3 001.0	3 147.9	180
巴丹吉林沙漠	拐子湖	-12.6	26.6	39.2	40.7	-32.4	3 248.7	3 680.7	231
新疆东部戈壁和沙漠	伊吾淖毛湖	-12.2	28.2	40.4	42.8	-29.1	3 353.1	4 182.1	259
	吐鲁番	-8.5	32.8	41.3	47.5	-20.5	3 070.1	5 437.2	267
准噶尔盆地沙漠和戈壁	克拉玛依	-17.1	27.6	44.7	42.9	-35.9	2 763.4	3 992.8	128
塔克拉玛干沙漠	阿克苏阿拉尔	-9.2	25.0	34.2	39.6	-28.4	3 032.0	4 102.3	214
	民丰安迪尔	-9.5	25.5	35.0	41.5	-28.9	2 890.9	4 008.2	209
	若 羌	-8.4	27.0	35.4	43.6	-24.8	3 035.9	4 268.9	244

冷热剧变,气温变化大。平均年温差一般在30~40℃;准噶尔盆地古尔班通古特沙漠西缘的车排子,1956年曾达到55℃,为全国之冠。绝对年温差常可达50~60℃以上。塔克拉玛干沙漠南部的安迪尔,1967年曾达到过67.2℃。冬季,在蒙古—西伯利亚冷高压控制之下,天气多晴寒而干燥,地面辐射冷却因之加强,致使1月份平均气温多在-10℃以下,极端最低气温可超过-30℃,使这里成为全国最冷的地区之一。而在夏季则由于大陆的强烈增温,深居内陆的沙漠地区又成为炎热的中心。7月平均最高气温在34℃以上,极端最高气温超过40℃。如塔克拉玛干沙漠东部的若羌,最高气温为43.6℃,南缘的和田有过46.5℃的高温记录。而吐鲁番曾三次出现47.5℃的全国最高记录。

沙漠里夏季白天虽然气温很高,但是相对湿度低,大都低于30%,有的地方甚至多次出现"零"的记录。高温低湿,热而不闷。此外,日温差变化极为显著,一般在10~20℃,最大可达40℃以上;特别是沙漠地表的温度变化尤为剧烈,夏季午间可达60~80℃,夜间又可降到10℃以下。

3) 风大沙多

我国沙漠地区不仅风力较大,而且频繁。根据一天四次观测统计,大部分沙漠地区的起沙风每年可达300次以上,差不多每天都可以遇到。

我国沙漠地区在风速的地域分布上具有北大南小的特点,强风区出现于中哈和中蒙国界附近,尤其是一些山隘、峡谷风口地带,风力特大,形成特大风区。如甘肃的安西,全年平均有80 d(最多年份达105 d)出现超过8级(风速≥17.2 m/s)的大风。北疆准噶尔盆地西部的准噶尔门,全年有165 d出现大风,最大风速超过40 m/s;东疆的克尔碱全年≥8级的大风天数183 d,≥10级的大风天数有100 d,≥12级的有20 d,瞬间极大风速为45.5 m/s。弱风区则位于较闭塞的盆地(或低地)和不同风系的交会处。如宁夏平原、河西走廊的东段和塔里木盆地中部等地。至于风速的年变化,我国沙漠地区一般以春季和初夏风速最大。

沙漠地区风力较大，加上地表大部分为疏松的沙物质，易受风力吹扬造成风沙弥漫。风沙日一般在 20~100 d，特别是在植被稀疏的流沙地区更是频繁。塔克拉玛干沙漠南部，风沙日常占全年的 1/3。如且末最多可达 145 d；在腾格里沙漠边缘的民勤，1959 年风沙日达 148 d，占全年日数的 41%，其中 3—6 月风沙日高达全月的一半以上，持续时间最长可达 17~48 h，一般在 10 h 以上。

1.2.3 主要沙漠的自然特征

我国沙漠自西而东分布在不同的自然地带，由于所处的自然条件不同，各个沙漠的特征出现明显的地域分异。以沙丘的植被固定程度为例，西部（贺兰山以西）干旱荒漠地带，除准噶尔盆地降雨稍多，植被较好，沙漠中大部分为固定和半固定沙丘外，其余沙漠都以流动沙丘占绝对优势；而内蒙古东部和东北平原西部干草原地带的沙地，则以固定和半固定沙丘为主，流动沙丘只零星分布在沙漠边缘植被破坏的地方。也就是说，自西向东流沙逐渐减少，固定、半固定沙丘逐渐增多，从表 1-4 的统计数字中可以清楚地看出这个分布规律。

表 1-4 不同自然地带流沙及固定、半固定沙丘的分布

自然地带	沙漠名称	各种沙丘所占面积百分比	
		流动沙丘	固定及半固定沙丘
西部荒漠地带	塔克拉玛干沙漠	85	15
中部半荒漠地带	毛乌素沙地	64	36
东部干草原地带	科尔沁沙地	10	90

1) 塔里木盆地的沙漠

新疆南部的塔里木盆地是我国最大的内陆盆地，这里气候极端干燥，年降雨量大部分在 50 mm 以下，干燥度在 16~64。盆地的中央则为著名的塔克拉玛干沙漠，其显著的自然特色有：

(1) 流动沙丘占绝对优势。在塔克拉玛干沙漠本部，流动沙丘占 85%，只有在沙漠边缘和深入沙漠中的河流沿岸分布有以红柳沙堆为主的固定、半固定灌丛沙堆。

(2) 沙丘高大，形态复杂。沙漠内部以裸露的巨大沙丘为主，一般高度在 100~150 m，也有 200~300 m；其中高度在 50 m 以上的沙丘，占全沙漠流动沙丘总面积的 80%。沙丘形态极为复杂，除常见的新月形沙丘、沙丘链和沙垄外，还分布有特殊的复合型沙丘链、复合型纵向沙垄、金字塔沙丘和穹状沙丘等。

(3) 塔克拉玛干沙漠虽以流动沙丘为主，但是，在深入沙漠内部的河流沿岸，沙漠边缘的洪积、冲积扇前缘地带，由于间歇性洪水的补给和地下水的溢出，水分条件较好，生长着茂密的天然胡杨林和红柳灌丛，成为沙漠中的"天然绿洲"。

2) 准噶尔盆地的沙漠

北疆准噶尔盆地的中央为古尔班通古特沙漠，这里虽然也属于干旱荒漠地带，但是由于盆地周围的山地封闭不很严密，特别是西部和西北部有许多山口，较为湿润的西风可以从这里长驱而入。因此，这里降水较多，年降雨量可达 70~150 mm，冬季并有积雪，稳定积雪日数一般在 100~160 d，最大积雪深度多在 20 cm 以上，所以沙漠内部植物生长较好，沙丘上广泛分布着以白棱棱、棱棱、蒿属、蛇麻黄和多种一年生植物为主的小乔木沙质荒漠植被。植被覆盖度在固定沙丘上可达 40%~50%，半

固定沙丘上也在15%～25%之间。

沙漠内部的沙丘形态主要是近于南北走向的固定、半固定沙垄和树枝状沙垄，一般高度为10～50 m，延伸长度可达十余公里。在沙漠的西南部还分布有固定和半固定的沙垄与蜂窝状沙丘。流动沙丘主要在沙漠东北部的阿克库木和沙漠东南部霍景涅里辛沙带的最东端，多属新月形沙丘和沙丘链。

3) 柴达木盆地的沙漠

柴达木盆地是青藏高原东北部的一个巨大内陆盆地，位于青海省的西北部。盆地海拔2 500～3 000 m，是我国沙漠分布最高的地区。干旱程度由东向西增大，东部年降水量在50～170 mm，干燥度2.1～9.0；西部年降雨量仅10～25 mm，干燥度在9.0～20.0。盆地中呈现出风蚀地、沙丘、戈壁、盐湖及盐土平原相互交错分布的景观。

风蚀地貌发育广泛，面积有2万多 km^2，占盆地内沙漠面积的67%。主要分布在盆地西北部，东起马海、南八仙一带，西达茫崖地区，北至冷湖、俄博梁之间的范围内。

沙丘分布比较零散，并多与戈壁交错分布于山前洪积平原上，其中比较集中的是在盆地西南部祁曼塔格山、沙松乌拉山北麓等地，形成一条大致呈西北—东南向的断续分布的沙带。北部花海子和东部铁圭等地也有小面积的分布。沙丘多为流动的新月形沙丘、沙丘链和沙垄，一般高5～10 m；高大的(20～50 m)复合型沙丘链也有分布，但面积很小。固定、半固定的灌丛沙堆，则散布在洪积平原前缘潜水位较高的地带。

4) 阿拉善地区的沙漠

阿拉善地区的沙漠，包括河西走廊以北、中蒙边境以南、弱水(额济纳河)以东、贺兰山以西的广大地区。它是我国沙漠分布较多的一个地区。这里气候干旱，年降雨量在50～150 mm，甚至在50 mm以下，干燥度为4～12，属于干旱荒漠地带。区内地势大致自南向北倾斜，呈高原形式，但其间仍有不少起伏山岭，把高原分隔成若干个宽广的盆地，一些大沙漠就位于这些盆地内。

(1) 巴丹吉林沙漠。位于弱水东岸的古鲁乃湖以东，宋乃山和雅布赖山以西，拐子湖以南，北大山以北。沙漠在自然地带上处于阿拉善荒漠的中心，气候十分干旱，其主要特征是：① 以流动沙丘为主，占整个沙漠面积的83%；只有西部沙漠边缘古鲁乃湖地区及北部拐子湖、东部库乃头庙等地有半固定沙丘分布。② 高大沙山密集分布，其面积占沙漠面积的61%，主要集中在沙漠的中部，一般高200～300 m，最高可达420 m。沙丘形态主要是复合型沙丘链(沙山)，其次是金字塔状沙山。在高大沙山区的周围是沙丘链，高度也不小，一般有25～50 m；只有在沙漠边缘才有低矮的沙丘链及灌丛沙堆分布。③ 高大沙山之间的丘间低地，分布有许多内陆小湖，当地称为"海子"。这些湖泊(海子)的面积一般小于1 km^2，其中面积最大的为1.5 km^2，最大深度达6.2 m。

巴丹吉林沙漠除了沙漠中部的高大沙山之间有湖泊分布外，在西部和北部的沙漠边缘分布有面积较大的湖盆，如北部的拐子湖、西部的古鲁乃湖。在这些湖盆周围，水分条件较好，生长有成片的梭梭林，成为巴丹吉林沙漠边缘地区主要的天然植被。

(2) 腾格里沙漠。位于阿拉善地区的东南部，介于贺兰山和雅布赖山之间。腾格里沙漠的内部，沙丘、湖盆草滩、山地浅丘及平原等交错分布；其中沙丘面积占71%，沙丘中又有7%属于固定、半固定沙丘。流动沙丘以格状沙丘为主，一般高10～20 m；也有一些复合型沙丘链，主要分布在沙漠的东北部，高度为50～100 m；沙丘链则分布在沙漠的边缘地区。腾格里沙漠内的湖盆，大小不等共有422个，其与巴丹吉林沙漠中的"海子"不同，大部分为无积水或积水很少的草湖。

(3) 乌兰布和沙漠。位于阿拉善的东北部，介于狼山和黄河之间。沙漠已处于荒漠地带的边缘，流动沙丘面积显著减少，仅占沙漠面积的 39%；半固定沙丘占 31%，固定沙丘占 30%。流动沙丘主要分布在沙漠的东南部，一般高度为 5~20 m；在南缘有高 50~80 m 的。沙漠西部为古湖积平原，分布有盐湖(吉兰泰盐池等)。湖盆周围分布着生长有梭梭、高 1~3 m 的半固定沙垄和高 1 m 左右的白茨灌丛沙堆。沙漠北部是古黄河冲积平原，零散分布着一些低矮的沙丘链与灌丛沙堆；沙丘之间有大面积土质平地。

5) 鄂尔多斯地区的沙漠和沙地

黄河河套以南、长城以北的鄂尔多斯地区，在自然地带上处于温带荒漠和干草原的过渡地段，西部干燥度为 2.0~2.8，东部减为 1.6~2.0。

(1) 库布齐沙漠。位于鄂尔多斯高原北部的黄河阶地上。除东部有一小部分位于干草原带外，绝大部分为半荒漠地带。沙漠的东部有发源于高原上的几条季节性的河流自南向北穿过，使沙漠显得比较零散；沙漠的西部没有河流切穿，比较完整。库布齐沙漠中流动沙丘占绝对优势，占整个沙漠面积的 80%，以沙丘链和格状沙丘为主，一般高度为 10~15 m，少数也可达 50 m。沙漠北部的黄河河谷平原上，还分布有一些零星低矮(3 m 以下)的新月形沙丘和沙丘链。固定、半固定的灌丛沙堆仅分布在沙漠边缘，尤以南部边缘最多，高度不大，多在 5 m 以下。

(2) 毛乌素沙地。位于鄂尔多斯高原的中南部。行政区划上包括长城以北的陕西北部、内蒙古鄂尔多斯市南部；在自然地带上，西部为半荒漠地带，东部为干草原地带。这里年降雨量较多，西北部 250 mm 左右，东南部更可达 400~440 mm，因而地表水和地下水都比较丰富，有几条较大的河流(如无定河等)纵贯该沙地的东南部流入黄河。沙漠内部还分布有众多的湖泊。地下水也相当丰富，丘间低地一般埋深 1~3 m，个别仅 0.5 m，水质良好。

水分条件较优越，植物生长良好，特别是一些湖盆滩地和河谷地带，生长有旺盛的沼泽性灌丛——柳湾林。它由蒙古柳、沙柳和酸刺三种主要灌木组成，成为毛乌素沙地中的特殊景色。沙丘上也普遍生长油蒿等植物。所以，毛乌素沙地的固定、半固定沙丘(当地称为"巴拉")的面积较大。沙丘的形态主要是梁窝状沙丘和抛物线形沙丘。流动沙丘在沙地的东南部较多，与固定、半固定沙丘往往交错分布，大多是新月形沙丘链，高度为 5~10 m，也有高 10~20 m 的。

6) 内蒙古高原东部和东北平原西部的沙地

这个地区的沙地分布在东经 113°以东的内蒙古东部和黑龙江、辽宁、吉林的西部，在自然地带上属于干草原，年降雨量为 250~500 mm，干燥度仅 1.2~2.0。植物生长良好，除草本和灌木外，还有乔木生长，沙地上绝大部分为固定、半固定沙丘，流沙只作小面积的斑点状分布。

内蒙古东部和辽宁西部的浑善达克沙地(小腾格里沙漠)，以固定、半固定的沙垄和梁窝状沙丘等占绝对优势，它们占整个沙漠面积的 98%；流动的新月形沙丘和沙丘链，仅占 2%。但在分布上，沙地的西部以半固定沙丘为主，零星散布着一些流动沙丘；而在东部，以固定沙丘为主，植被覆盖度在阳坡一般为 30%~40%、阴坡可达 60%~70%，一些乔灌木都生长在阴坡上，如榆树、山丁子、欧李、山樱桃和绣线菊等，甚至还有云杉和油松。西部和东部的各种沙丘之间，都有宽广的丘间低地，群众称之为"塔拉"，那里植物生长繁茂，并有不少湖泊，成为当地主要的牧场。

科尔沁沙地位于内蒙古东部和吉林、辽宁的西部，主要分布在西辽河下游的冲积平原上。这里不仅降水较多，而且有西辽河的干支流如西拉木伦河、教来河、老哈河等流经沙区，是我国沙漠中水分条件最好的地区。当地称沙丘为"坨子地"、称丘间低地为"甸子地"，两者所占的相对面积为 3∶1。沙坨子大部分是固定和半固定的沙垄和梁窝状沙丘，它们占全部坨子地面积的 90%；流动的新月形沙丘仅占10%。在地域分布上,总的说来,自西向东,沙丘逐渐由流动沙丘为主转变为以半固定和固定沙丘为主。大致在少冷河以西,主要是流动沙丘;少冷河与老哈河之间,两者比例大致相等;教来河至余粮堡、瓦房一线之间,则变为以半固定沙丘为主;余粮堡、瓦房一线以东,几乎都是固定、半固定沙丘,流沙只有小面积的零星散布。

此外,黑龙江西部大兴安岭以西的呼伦贝尔沙地,沙丘大多分布在一些河流沿岸及其下游冲积、湖积平原上,都是固定、半固定的梁窝状沙丘。植被覆盖度一般在30%以上,个别可达50%左右;以榆、樟子松、黄柳、蒿属植物和丛生禾草等为主。沙丘高度在5~15 m,丘间普遍有广阔的低平地。

1.2.4 沙漠的区划

我国地域辽阔,沙漠分布较广,不仅存在着南北纬向地带差异,而且存在着很大的东西水平差异,同时沙漠之间在成因、形态及自然条件上也存在很大的差异,这些差异性造成沙漠公路建设在不同区域的多样性,对沙漠公路建设中诸多设计参数、技术指标以及养护和沙害治理技术的选取有很大的影响。为了区分不同沙漠区域公路建设条件的差异性,在沙漠公路的设计、施工和养护中能采用适当的技术措施和合理参数,保证路线、路基和路面设计以及防沙养护措施等的合理性,必须研究沙漠公路建设的自然特点,建立区分不同自然条件的沙漠公路自然区划,达到对沙漠公路建设规划、设计、施工、养护起指导和宏观控制作用的目的。

在对国内13个典型沙漠(沙地)进行了调查,遍及内蒙古、新疆、陕西、宁夏、黑龙江等省区,调查项目涉及沙漠(沙地)的地理特点、自然特征、气候、植被及风积沙的特性等的基础上,对区划方法进行了研究,为区划指标和区划方案的确定奠定了基础。

1.2.4.1 区划原则

区划原则是指导划区的根本。根据沙漠和沙漠公路的特点,提出沙漠地区公路区划应遵循的原则是:

(1) 综合性因素与主导因素相结合的原则。综合性原则是指在区划工作中,要综合考虑多种对公路建设影响较大、与公路建设有密切关系的自然环境和气候条件;在此基础上结合对沙漠公路建设有显著影响和便于进行区划的主导因素进行区划,以体现沙漠公路区划的特点。本区划的主导因素突出表现在降水和温度等方面。

(2) 相似性与差异性相结合的原则。辨别综合自然条件的分布,找出对沙漠公路建设相关且影响类似的各种自然条件,区分区域的差异,保证在同一区域中具有筑路相似性。与此同时,为使公路建设使用方便,尽量不将区划分得过于零碎或区域过大。

在上述两个原则指导下,从沙漠公路的建设要求出发划出每一区,以满足沙漠公路设计、施工、养护等方面的需要,达到实用的目的。

1.2.4.2 指标的选定

沙漠地区自然条件对公路工程的影响主要有以下几个方面:① 公路选线的合理性;② 路基路面的稳定性;③ 施工的材料及条件;④ 公路防沙;⑤ 环境保护;⑥ 公路养护。

在调研分析的基础上,经过分析论证,归纳出在沙漠地区与公路建设中关系密切的自然环境和气象要素有沙漠地貌类型(沙丘高度)、温度(气温和地温)、植被覆盖状况(沙丘流动程度)、水分状态、风力风向(沙丘运动方向)、风积沙组成和粒径等。影响公路建设和养护的自然因素见表1-5。

表 1-5　影响公路建设和养护的自然因素

公路建设重要技术参数		自 然 要 素
设　计	路面强度	气温、地温、水分
	路基强度	粒径及级配、水
	路线、路基断面	沙丘高度、风力风向、流动性
施　工	压　实	水、粒径级配
防　护	沙埋、风蚀	水、植被盖度、风向、沙丘类型

从这些因素的分析看出,在沙漠地区对公路建设影响最大的因素主要反映在几个方面:一是水分条件;二是温度状况;三是地貌形态;四是流动性。

经多次深入讨论,提出一级区划指标采用干燥系数和 1 月均温与 7 月均温的比值(热冷比),在它们之下分别采用植被覆盖度和沙丘高度作为二级区划指标。

1) 一级区划干燥度指标

干湿状况是气候方面水分资源的一种标量,一般采用干燥度或湿润系数。干燥度指有植被地段的最大可能蒸发量与降水量之比值,比值公式为

$$K = \frac{E}{r} = \frac{0.16 \sum t}{r} \quad (\geqslant 10\text{℃ 期间})$$

式中　K——干燥度;

$\sum t$——日平均气温$\geqslant 10$℃积温;

r——同期降水量;

0.16——假定我国秦岭淮河一带降水与蒸发接近平衡的系数。

比值小于 1,表示降水有余,气候湿润;比值大于 1,表示降水量不敷蒸发与蒸腾所需的水量,气候干旱。干燥度分区指标见表 1-6。

表 1-6　干燥度分区指标

干　燥　度	名　　称
1～1.2	半湿润
1.2～2	半干旱
2～16	干旱
>16	极端干旱

对路基路面有直接影响的一个自然要素是沙漠中的天然含水量。但天然含水量的大小受自然降水和沙物质持水能力的影响很大。降水量多的年份,沙漠中天然含水量大;干燥年份则含水量小。风积沙是非常好的含水层,但因物质组成不具有持水能力,沙漠中的水分几乎都蒸发或下渗流失。因此,为综合反映沙漠地区的干湿状况,选用干燥度作为区划指标之一是合理的。

2) 一级区划温度

沙漠地区路面的强度和稳定性,受温度(冬季低温寒冷、夏季高温炎热以及日温差变化大)的影响较大。对温度资料的收集,由于在沙漠中没有气象站点,各项气候指标无法得到,只能得到沙漠边缘

气象站点的有关资料。在对气象资料分析时,看到由东至西气温最高月(7月)时,均温等值线值越来越高,而1月均温等值线值也呈越来越高的趋势,但若用这2条线进行叠加,则呈现相互交叉,不具有很好的一致性。且这些资料并不是完整的连续资料,从中无法直接做出可做区划指标的界线。因此,利用沙漠周边各气象站点的气温资料,对1月均温与7月均温的绝对值进行相除,得到一个无量纲的比值,以此值作为本次区划的指标之一,能够较好地反映各沙漠间的差异。

经实地调查、查阅资料和论证,认为7月最高月均温、1月最低月均温与干燥度等指标包含了公路建设主要的直接和间接要素,能反映沙漠地区的自然条件变化,同时可为路基、路面等提供服务。热冷比值分区指标见表1-7。

表1-7 热冷比值分区指标

热 冷 比 值	名　　称
>10	严寒区
0.8～1.0	寒冷区
0.7～0.8	温冷区
0.4～0.5	温热区
<0.40	炎热区

3)二级区划植被覆盖度和沙丘高度指标

植被覆盖度、沙丘高度等自然因素可反映地形地貌、沙丘形态、流动性以及环境特征,可为公路路线方案、防沙、环保等提供服务。

公路选线、防沙、环境保护等都和植被覆盖度、沙丘高度等有密切关系,通过划分植被覆盖度和沙丘高度,可以为路线方案确定、防沙形式选择、环保措施选择、景观设计以及后期养护等提供依据,对沙漠公路设计具有重要的指导作用。二级区划指标值见表1-8。

表1-8 沙漠公路二级区划指标

沙丘流动程度 (植被覆盖度)	固　定	半固定	半流动	流　动
	>45%	45%～30%	30%～15%	<15%
沙丘形态 (沙丘高度)	沙　山	极高沙丘	高大沙丘	低矮沙丘
	>100 m	100～50 m	50～10 m	<10 m

利用上述两个指标分别区划出为公路设计、施工及养护服务的两个专项二级区。

1.2.4.3 区划方法

自然区划的方法一般有两种:一是综合区划,二是类型划分。不论采用哪种方法,其目的是将所研究的区域按照区域内与区域间的同异性程度进行分类与合并。沙漠地区公路区划是依据公路建设的要求对其进行划分,既要满足路基、路面服务要求又能兼顾公路选线和防护的需要。本次区划工作采用的是类型划分,这样可以解决我国沙漠沙地的不连片特征。所划分的每个小区都可以是一个独立的单元。这也是本区划不同于以往各类区划的特征。

采用自然要素叠加法作为本次区划工作的方法。通过对沙漠地区自然要素资料的分析,按公路建设的技术要求确立分区指标。利用卫星影像作为工作底图,在GIS(地理信息系统)下依据确定的各要素对西北部10个不同沙漠的形态特征进行判读和统一归类分析(图1-1),找出不同沙丘形态的共同特点,提出西部沙丘形态遥感判读标志(表1-9),确定沙漠遥感判读分类指标。

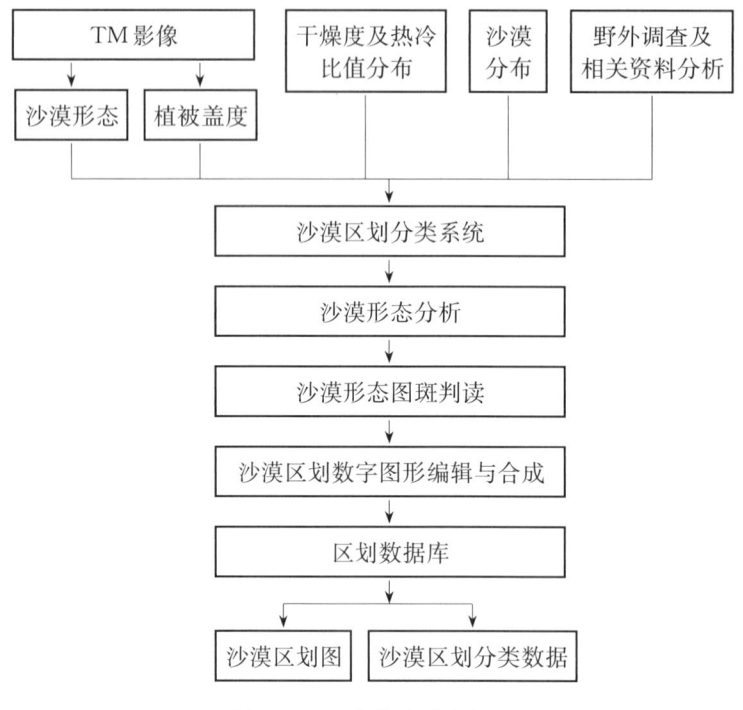

图1-1 工作技术流程框图

表1-9 西部沙丘形态综合遥感影像判读标志

沙丘形态	影 像 特 征	植被特征
新月形沙丘及复合沙丘链	白色、规则排列、条状、致密结构,迎风坡朝主风向	植被覆盖度<1%
格状沙丘	白色、青白色、格状、网状、沙丘交角近乎垂直、较规则	植被覆盖度<5%
灌丛沙丘及平沙地	满天星斗状、红色斑点、沿沙带边缘分布、平沙地植被稀疏、地物纹理不清晰	植被覆盖度10%~30%蒿类植物为主
蜂窝状沙丘	无固定的沙梁,沙窝呈圆形或椭圆形	为半固定沙丘,植被覆盖度在10%~30%
沙山与沙丘链	有明显山地丘陵纹理部分,与山地形态相似,白色、青色相间	植被覆盖度<1%低处有植被
绿洲、丘间绿地	浅红色、棕色、边界不规则、沿水系分布	植被覆盖度>30%,树木多
纵、横向沙垄	排列规则,垄与垄中间有过渡区,垄顶色调浅,过渡区色调稍深	裸地
金字塔形沙丘	三角形排列,丘体高大,丘体间有脊线相连	裸地
风蚀地	地表呈条垄状、棕色、白色、色调深浅不一	裸地

将确定的各要素指标线再分别叠加,结合SPSS软件,采用多因子的方法辅助分区,提出一级分区的初步方案图。再依据一级区划主导因子指标干燥度、热冷比值进行调整,确定一级区。在一级区的基础上进一步参照沙漠公路调研的结果,依据二级区的划分指标,通过卫星影像的判读、归并,完成二级区划。

最终得出沙漠地区公路一级和二级自然区划,见表1-10~表1-12。

表1-10 西部干旱、半干旱沙漠地区公路自然区划一级区

代码	名称	干燥度	热冷比值(1月、7月均温)	自 然 特 征
Ⅰ	半湿润严寒沙地区	1~1.2	>10	呼伦贝尔沙地、嫩江沙地:属温带半干旱、半湿润区。固定沙丘占总面积的73.5%;半固定沙丘占22.2%;流动沙丘仅占沙地总面积的4.3%。年降水量280~400 mm;年蒸发量1 400~1 900 mm;干燥度1.2~1.5,相对湿度60%~70%
Ⅱ	半湿润温冷沙地区	1.2~2	0.7~0.8	科尔沁沙地:散布于西辽河中、下游主干及支流沿岸的冲积平原上,面积约5.06万 km²。年降水量300~450 mm,年蒸发量1 700~2 400 mm;干燥度1.2~2.0 浑善达克沙地:位于锡林郭勒高原中部,面积为2.38万 km²,属温带半干旱区。受东南季风影响,降水量自东南向西北递减,年降水400~100 mm;干燥度1.2~2.0。年平均风速3.5~5 m/s,年大风日数50~80 d
Ⅲ	半干旱温热沙地区	1.5~2	0.4~0.50	毛乌素沙地:位于鄂尔多斯高原的乌审洼地,该区水分条件优越,地表河流与地下水较丰富,总面积约3.21万 km²。年降水量东部400~440 mm,西部仅250~320 mm;年蒸发量2 100~2 600 mm;干燥度1.6~2.0 库布齐沙漠东部:属半干旱地区,水分较好,年降水量150~400 mm,年蒸发量2 100~2 700 mm,干燥度1.5~2;年平均风速3~4 m/s
Ⅳ	干旱温热沙漠区	8~16	0.4~0.50	库布齐沙漠西部:位于鄂尔多斯高原北部,属温带干旱区;降水少,年降水量150~400 mm,年蒸发量2 100~2 700 mm,干燥度2~4;年平均风速3~4 m/s 乌兰布和沙漠:属温带干旱区。年降水量100~145 mm,年蒸发量2 400~2 900 mm。地下水相当丰富,埋深一般为1.5~3 m,有数层至10多层的承压水 腾格里沙漠:位于阿拉善东南部,属温带干旱区,内部为沙丘、湖盆、山地、残丘及平原交错分布。沙丘形态以格状沙丘链和新月形沙丘及沙丘链为主。干燥度4~12,年降水量116~148 mm,多集中在7—8月份,年蒸发量3 000~3 600 mm 巴丹吉林沙漠:位于阿拉善西南边缘,是世界最高大沙丘的所在地。沙山高大密集,形态复杂,起伏悬殊。最高可达500 m。气候极为干旱,干燥度7~16。年降水量仅40~80 mm,蒸发量是降水量的43~83倍
Ⅴ	极干旱寒冷沙漠区	16~32	0.8~1.0	柴达木、共和沙漠及藏北零星沙漠:系青藏高原的高寒干旱沙漠,呈现出风蚀地、沙丘、戈壁、盐湖和盐土平原相互交错分布的景观。面积为3.49万 km²,盆地东部年均气温2~4℃,西部为1.5~2.5℃。东部年均降水量为50~170 mm,西部为10~25 mm

(续表)

一级区划				
代码	名称	干燥度	热冷比值（1月、7月均温）	自然特征
Ⅵ	干旱温冷沙漠区	4～8	0.70～0.8	古尔班通古特沙漠：位于新疆北部准噶尔盆地中央，面积为4.88万km²，其中固定、半固定沙丘面积占沙漠面积的97%。沙漠有两大地貌类型，以沙垄为主的沙丘体较高大地貌和以薄层砂砾质平原为主的、散布低矮短垄与新月形沙丘链地貌。主要受东西向气流系统的影响，形成沙垄近于南北走向。年降水量70～150 mm，有典型的冬雨特征，由边缘向中心减少。年蒸发量一般在1 700～2 200 mm，干燥度2.0～10.0
Ⅶ	极干旱炎热沙漠区	>32	<0.40	塔克拉玛干沙漠：位于新疆南部塔里木盆地中心，面积33.76万km²，是我国面积最大的沙漠。地处暖温带极端干旱地区，属大陆气候为主，有5类风系。降水量北高南低、西高东低、边缘高、腹地低，5—9月占年降水量的75%以上。年均降水量东部20 mm左右，南部30 mm左右，西部40 mm左右，北部50 mm以上。年蒸发量在1 500～3 500 mm，塔里木盆地中部地区达3 700 mm。地表水总径流量392.94亿m³ 库姆达格沙漠：位于新疆南部东端，面积为1.95万km²，全部为流动沙丘，它的风蚀面积在我国居第二位。分布在我国极端干旱区，本区年降雨量20 mm左右，沙漠区仅10 mm左右，年蒸发量为2 800～3 000 mm。主风为强劲的东北风，其次是西北风，8级以上大风天数在100 d以上，沙丘为直进快速类型

表1-11 西部干旱、半干旱区沙漠公路自然区划二级区（植被覆盖度）

代码	一级区名	编号	二级区名
Ⅰ	半湿润严寒沙地区	Ⅰ1-1	半湿润严寒流动小区
		Ⅰ1-2	半湿润严寒半流动小区
		Ⅰ1-3	半湿润严寒半固定小区
Ⅱ	半湿润温冷沙地区	Ⅱ1-1	半湿润温冷固定小区
		Ⅱ1-2	半湿润温冷半固定小区
		Ⅱ1-3	半湿润温冷半流动小区
		Ⅱ1-4	半湿润温冷流动小区
Ⅲ	半干旱温热沙地区	Ⅲ1-1	半干旱温热流动小区
		Ⅲ1-2	半干旱温热半流动小区
		Ⅲ1-3	半干旱温热半固定小区
		Ⅲ1-4	半干旱温热固定小区

(续表)

代码	一级区名	编号	二级区名
Ⅳ	干旱温热沙漠区	Ⅳ1-1	干旱温热半流动小区
		Ⅳ1-2	干旱温热半固定小区
		Ⅳ1-3	干旱温热流动小区
Ⅴ	极干旱寒冷沙漠区	Ⅴ1-1	极干旱寒冷流动小区
		Ⅴ1-2	极干旱寒冷半流动小区
		Ⅴ1-3	极干旱寒冷半固定小区
Ⅵ	干旱温冷沙漠区	Ⅵ1-1	干旱温冷流动小区
		Ⅵ1-2	干旱温冷半流动小区
		Ⅵ1-3	干旱温冷半固定小区
		Ⅵ1-4	干旱温冷固定小区
Ⅶ	极干旱炎热沙漠区	Ⅶ1-1	极干旱炎热固定小区
		Ⅶ1-2	极干旱炎热固定小区
		Ⅶ1-3	极干旱炎热流动小区
		Ⅶ1-4	极干旱炎热流动小区

表1-12 西部干旱、半干旱沙漠地区公路自然区划二级区(沙丘高度)

代码	名称	编号	二级区名
Ⅰ	半湿润严寒沙地区	Ⅰ2-1	半湿润严寒低矮沙丘小区
		Ⅰ2-2	半湿润严寒高大沙丘小区
Ⅱ	半湿润温冷沙地区	Ⅱ2-1	半湿润温冷低矮沙丘小区
		Ⅱ2-2	半湿润温冷高大沙丘小区
		Ⅱ2-3	半湿润温冷极高沙丘小区
Ⅲ	半干旱温热沙地区	Ⅲ2-1	半干旱温热低矮沙丘小区
		Ⅲ2-2	半干旱温热高大沙丘小区
		Ⅲ2-3	半干旱温热极高沙丘小区
		Ⅲ2-4	半干旱温热沙山小区
Ⅳ	干旱温热沙漠区	Ⅳ2-1	干旱温热低矮沙丘小区
		Ⅳ2-2	干旱温热高大沙丘小区
		Ⅳ2-3	干旱温热极高沙丘小区
Ⅴ	极干旱寒冷沙漠区	Ⅴ2-1	极干旱寒冷低矮沙丘小区
		Ⅴ2-2	极干旱寒冷高大沙丘小区
		Ⅴ2-3	极干旱寒冷极高沙丘小区
Ⅵ	干旱温冷沙漠区	Ⅵ2-1	干旱温冷低矮沙丘小区
		Ⅵ2-2	干旱温冷高大沙丘小区

(续表)

代码	名称	编号	二级区名
Ⅶ	极干旱炎热沙漠区	Ⅶ2-1	极干旱炎热低矮沙丘小区
		Ⅶ2-2	极干旱炎热高大沙丘小区
		Ⅶ2-3	极干旱炎热极高沙丘小区
		Ⅶ2-4	极干旱炎热沙山小区

1.3 沙漠沙的理化性质

1.3.1 风积沙的粒度成分

根据我国沙漠沙样的分析,粒径为 0.25～0.1 mm 的细沙,在各粒级的百分比含量中,平均占 66.78%,最高含量可达 99.38%;粒径 0.5～0.25 mm 的中沙和粒径 0.1～0.05 mm 的极细沙平均分别占 16.27% 和 12.69%;粒径<0.05 mm 的粉沙和粒径 1.0～0.5 mm 的粗沙含量都很少,平均分别占 2.94% 和 1.32%,几乎不含粒径>1.0 mm 的极粗沙(表 1-13)。

表 1-13 我国主要沙漠沙丘沙的粒度成分统计

沙漠名称	粒级含量 项目	极粗沙(%)	粗沙(%)	中沙(%)	细沙(%)	极细沙(%)	粉沙(%)	粒径中值(mm)Md	分选系数 S_0^*	备注
塔克拉玛干沙漠	平均值				34.15	41.97	19.32	0.093	1.29	63个沙样平均
	极大值	0.02	4.54	77.90	67.70	49.10	0.182	1.61	
	极小值		0.04	43.10	4.90	5.90	3.30	0.062	1.09	
古尔班通古特沙漠	平均值			8.70	68.20	19.10	4.00	0.150	1.35	21个沙样平均
	极大值			50.80	92.30	58.9	12.9	0.250	1.48	
	极小值			0.10	27.80	7.00	0.4	0.078	1.22	
巴丹吉林沙漠	平均值			23.40	61.40	9.82	32.00	0.208	1.32	17个沙样平均
	极大值		3.40	58.40	98.70	66.00		0.359	1.92	
	极小值			34.00	0.70	23.00	1.98	0.082	1.12	
腾格里沙漠	平均值				86.88	4.90		0.165	1.33	33个沙样平均
	极大值	0.01	1.60	6.61	99.38	19.78		0.280	1.94	
	极小值	0.20	33.3	36.20	41.84	0.05		0.152	1.25	
乌兰布和沙漠	平均值				72.11	9.52		0.190	1.27	28个沙样平均
	极大值	0.01	0.78	17.31	97.50	42.90	0.27	0.300	1.50	
	极小值	0.20	7.00	58.70	32.10	0.40	5.59	0.100	1.11	
库布齐沙漠	平均值				85.30	11.70		0.153	1.24	11个沙样平均
	极大值		1.10	1.90	98.00	69.60		0.180	1.34	
	极小值		5.60	9.60	29.60	1.00		0.080	1.14	

(续表)

沙漠名称	粒级含量项目	极粗沙(%)	粗沙(%)	中沙(%)	细沙(%)	极细沙(%)	粉沙(%)	粒径中值(mm)Md	分选系数S_0^*	备注
宁夏河东沙区	平均值			17.99	75.05	6.61		0.180	1.20	44个沙样平均
	极大值	0.13	67.50	93.00	37.48	0.67		0.280	1.51	
	极小值		3.00	0.05	30.00	0.10	6.00	0.105	1.04	
毛乌素沙地	平均值		3.20	41.2	47.30	8.30		0.234	1.27	15个沙样平均
	极大值		17.0	67.10	89.85	36.56		0.341	1.34	
	极小值			0.60	21.98	3.20		0.124	1.15	
呼伦贝尔沙地	平均值			14.0	24.90	70.60	2.80	0.180	1.39	10个沙样平均
	极大值		5.10	42.20	87.10	7.40	0.21	0.220	1.51	
	极小值		0.08	9.40	54.10	0.60	1.80	0.160	1.26	
全国	平均值				66.78			0.172	1.29	242个沙样平均
	极大值	微量	1.32	16.27	99.38	12.69	2.94	0.359	1.94	
	极小值	0.20	34.00	67.50	4.90	69.60	49.10	0.065	1.04	

* $S_0 = D_{75}/D_{25}$。

需要指出,上面所说大都是流动沙丘(准噶尔盆地的古尔班通古特沙漠除外)的情况,而流动沙丘表面由于落尘和本身随着植物的生长、成土作用深化等自然固定过程的加强,其粒度成分也将发生变化,表现为由流动沙丘到半固定沙丘、固定沙丘,其粒度成分变细,粗粉沙(粒径0.05~0.01 mm)和黏粒(<0.001 mm)明显增加。以腾格里沙漠东南沙坡头地区三个沙丘剖面的分析为例,可以看出,在粗粉沙方面,流动沙丘全剖面的含量均在0.3%以下,而半固定沙丘0~20 cm表层增加到1.73%~6.56%,固定沙丘0~44 cm沙层增加到2.37%~19.86%;在黏粒含量方面,流动沙丘全剖面小于0.4%,而半固定沙丘0~20 cm表层增加到0.47%~0.90%,固定沙丘0~44 cm沙层增加到1.19%~1.93%;就物理性黏粒(粒径<0.01 mm)来看,流动沙丘全剖面的含量在0.50%以下,而半固定沙丘0~20 cm表层增加到1.07%~2.86%,固定沙丘0~44 cm沙层增加到4.71%~5.66%。

1.3.2 风积沙的化学成分和可溶盐

我国沙漠地区,由于沙的起源和所处的自然地理条件不同,风积沙的化学成分在各个沙漠以至每个沙漠的不同地区会有明显差异(表1-14)。

表1-14 我国沙漠沙的全量化学组成

地点	深度(cm)	%									
		SiO_2	Fe_2O_3	Al_2O_3	CaO	MgO	TiO_2	MnO	K_2O	Na_2O	P_2O_5
科尔沁沙地(奈曼)	0~10	86.26	0.745	7.73	0.376	0.483			2.25		0.066
	10~26	86.82	0.796	7.53	0.375	0.547			2.54		0.035
	26~65	87.75	0.613	6.46	0.276	0.752			2.35		0.031
	65~109	85.66	0.836	7.18	0.278	0.650			2.51		0.029
	109~160	89.00	0.514	6.34	0.504	0.248			2.24		0.025

(续表)

地 点	深度(cm)	%									
		SiO_2	Fe_2O_3	Al_2O_3	CaO	MgO	TiO_2	MnO	K_2O	Na_2O	P_2O_5
腾格里沙漠（沙坡头）	0～1	72.01	3.05	10.32	1.35	3.15	0.47	0.056	2.07	1.72	0.095
	1～24	73.61	2.87	9.80	1.43	2.90	0.41	0.050	2.14	1.79	0.088
	24～39	77.69	2.47	9.32	0.96	1.90	0.35	0.036	2.06	1.77	0.062
	39～68	80.69	2.19	8.71	0.39	1.77	0.33	0.034	2.05	1.75	0.048
	68～106	80.18	1.96	8.13	0.17	1.62	0.27	0.027	2.03	1.66	0.030
	106～150	82.03	2.17	8.40	0.23	1.69	0.29	0.028	2.09	1.77	0.039
塔克拉玛干沙漠（肖塘）	0～10	69.61	1.75	6.85	9.12	1.65	0.19	0.036	1.99	2.01	0.083

此外，由风积沙的全量化学分析还表明，若流动沙丘得到固定，随着土壤的发育，其化学成分也会发生变化，表现为二氧化硅逐渐减少，而铁铝氧化物明显增加。如毛乌素沙地在流动沙丘1.5 m深的剖面内，SiO_2的含量均在80%以上；半固定沙丘表层该含量降低为77%，在固定沙丘则减到65%以下；反之，流动沙丘的铁铝氧化物含量为8%～12%，半固定沙丘和固定沙丘表层该含量可增至15%～20%。这种情况既与植物生长后矿物风化有关，也有细土物质不断沉积的影响。

我国沙漠沙的易溶性盐分析表明，沙漠沙中的盐分含量是不高的，除西部荒漠地带的部分地区外，流沙中无盐渍化特征（表1-15）。在盐分组成上，阴离子一般以硫酸根（SO_4^{2-}）和重碳酸根（HCO_3^-）为主，氯根（Cl^-）的含量在东部干草原和中部半荒漠地带的风积沙中都不高；阳离子的组成主要是Ca^{2+}和碱金属。在流动沙丘的自然固定和成土过程中，易溶盐分逐渐积累起来。我国荒漠地带的半固定沙丘和固定沙丘含盐量可达0.2%以上，已达到盐渍化程度（表1-16）。

表1-15 中国沙漠的可溶盐分析

采样地点		全盐量(%)	水提液化学成分(%)							
			CO_3^{2-}	HCO_3^-	Cl^-	SO_4^{2-}	Ca^{2+}	Mg^{2+}	K^++Na^+
科尔沁沙地	舍力虎流动沙丘顶部表层	0.014	—	0.005	0.004	0.002	0.002	微量	0.002
	章固台固定沙丘0～22 cm	0.020	—	0.002	0.004	0.007	0.001	0.004	—
毛乌素沙地	乌审旗流动沙丘0～10 cm	0.042	—	0.021	0.002	0.008	0.005	0.002	0.003
宁夏河东沙地	灵武白家滩流动沙丘0～10 cm	0.050	—	0.021	0.005	0.010	0.005	0.001	0.008
	灵武白家滩半固定沙丘0～10 cm	0.062	—	0.034	0.007	0.018	0.011	0.001	0.011

(续表)

采样地点		全盐量（%）	水提液化学成分（%）						
			CO_3^{2-}	HCO_3^-	Cl^-	SO_4^{2-}	Ca^{2+}	Mg^{2+}	K^++Na^+
宁夏河东沙地	灵武白家滩固定沙丘0～10 cm	0.063	—	0.046	0.003	0.010	0.014	0.002	0.004
巴丹吉林沙漠	库乃庙流动沙丘表层	0.078	0.002	0.020	0.032	0.005	0.006	—	0.032
	巴丹吉林庙东流动沙丘表层	0.086	0.003	0.018	0.018	0.004	0.004	—	0.039
古尔班通古特沙漠	莫素湾150团场流动沙丘0～50 cm	0.031	0.001	0.013	0.029	0.006	0.004	0.003	0.002
	150团场固定沙丘0～20 cm	0.047	0.002	0.021	0.005	0.005	0.007	0.003	0.005
塔克拉玛干沙漠	大西海子附近流动沙丘	0.053	—	0.015	0.003	0.005	0.001	0.011	—
	大西海子附近流动沙丘	0.087	—	0.022	0.048	0.0510	0.003	0.001	0.004
柴达木盆地沙漠	托海流沙丘0～24 cm	0.220	—	0.037	0.019	0.142	0.006	0.001	0.010

注：表中数据来自中国科学院兰州沙漠研究所中心试验室分析，"—"表示未检验此项指标。

表 1-16 不同地区、不同类型沙丘易溶盐平均含量

深度(cm)	半干旱干草原地区 (%)			干旱半荒漠地区			干旱荒漠地区		
	流动沙丘	半固定沙丘	固定沙丘	流动沙丘	半固定沙丘	固定沙丘	流动沙丘	半固定沙丘	固定沙丘
0～5	0.029	0.038	0.037	0.076	0.104	0.118	0.084	0.280	0.356
5～10	0.029	0.040	0.038	0.062	0.104	0.112	0.084	0.280	0.356
10～20	0.028	0.038	0.037	0.074	0.091	0.116	0.084	0.280	0.175
20～40	0.025	0.030	0.036	0.075	0.090	0.101	0.097	0.274	0.205
40～60	0.026	0.028	0.034	0.090	0.090	0.099	0.086	0.798	0.307
60～80	0.024	0.028	0.031	0.080	0.099	0.100	0.086	0.179	0.418
80～100	0.025	0.028	0.029	0.080	0.090	0.101	0.076	0.168	0.403
平 均	0.026	0.031	0.034	0.079	0.093	0.103	0.087	0.212	0.320

在碳酸盐含量方面,分析结果(表1-17)表明,我国干草原地带的沙丘沙,剖面无碳酸盐积累。如浑善达克沙地和科尔沁沙地的样品分析,一般均不含碳酸钙,或仅见痕迹;半荒漠和荒漠地带的沙中有较丰富的碳酸钙,加盐酸后有起泡反应。碳酸盐的最大含量在表层,这是由于蒸发作用的结果。沙漠沙的有机质含量低,流动沙丘沙的表层含量仅为0.020%～0.23%;半固定沙丘沙表层含量为0.2%～0.8%;固定沙丘沙表层含量有的可增至1%以上。臭柏植物群丛下的固定沙丘表层有机质含量甚至可达4%。

表1-17 我国沙漠沙的有机质和碳酸盐分析

自然地带	流动沙丘			半固定沙丘			固定沙丘		
	深度(cm)	有机质(%)	CaCO₃(%)	深度(cm)	有机质(%)	CaCO₃(%)	深度(cm)	有机质(%)	CaCO₃(%)
干草原	0～10	0.23		0～3	0.80		0～22	1.64	
	20～40	0.13		5～15	0.47		22～50	0.79	
	80～100	0.06		25～35	0.22		80～90	0.14	
	130～150	0.03		55～65	0.18		130～140	0.14	
半荒漠	0～10	微量	1.7	0～10	0.18	3.0	0～10	0.60	4.7
	20～40	0.02	3.6	20～40	0.11	1.9	20～40	0.04	3.8
	60～100	0.05	1.6	70～80	0.12	2.6	70～80	0.04	3.6
	100～150	0.02	2.3	120～130	0.07	1.9	120～130	0.07	3.4
荒漠	0～20	0.14	4.5	0～3	0.21	6.1	0～8	0.31	7.4
	20～40	0.11	4.6	3～54	0.24	6.1	8～26	0.49	8.3
	40～70	0.10	4.4	54～68	0.21	6.1	26～61	0.18	6.8
	70～100	0.10	4.0	68～130	0.23	6.1	61～90	0.68	10.5

注:本表数据摘自《中国土壤》,科学出版社,1978年。

研究风积沙的化学成分,不但在认识沙的成因上有意义,而且在治理沙漠(尤其是固沙造林)时也是极为重要的。了解到沙的化学成分和数量,便可确定沙中容易为植物所利用的呈溶解状态的营养物质是否够用,以及存在哪些对植物有害的物质。根据我国甘肃民勤等地的研究,一般来说,盐渍化土壤根栖层全盐量为0.5%～0.7%时,一般树种不宜造林。其原因主要是该种土壤中含有有害盐分氯化钠和硫酸镁。当氯离子含量在0.08%以上,或镁离子含量超过0.03%时,植物生长就要受到严重抑制。

1.3.3 我国沙漠沙的水分状况

1.3.3.1 风积沙的水分物理性质

流沙的一般水分物理性质,从甘肃民勤地区的测定资料(表1-18)来看,它的持水力小,渗水快(恒定渗透率0.42 cm/min),降水能很快渗透到底层。

表1-18 甘肃民勤流动沙丘沙的水分物理性质

比重	容重(g/cm³)	孔隙度(%)	最大吸湿量(%)	凋萎系数(%)	最大分子持水量(%)	田间最大持水量(%)	毛细管上升高度(cm)	恒定渗透率(cm/min)
2.65	1.5	40	0.48	0.73	3.60	4.7	47	0.42

风积沙的水分物理性质与沙的机械组成有密切关系。由于我国内陆沙漠流动沙丘沙的机械组成各地比较接近,粒径 0.05～0.25 mm 的细沙和极细沙占 70%～90%;所以,在水分物理性质上各地也很接近(表 1-19)。固定和半固定沙丘沙由于粉沙和物理黏粒比流动沙丘沙有所增加,特别是在上层(0～40 cm)比流沙大大增加,其水分物理性质差异较大(除比重外),比流动沙丘沙要好。最大吸湿量、凋萎含水量,皆较流沙几乎大 1 倍(甚至更多)。表层容重减小,保水能力比流沙大大增强。根据研究,最大田间持水量,流动沙丘沙为 4%～8%,而半固定沙丘沙表层为 13.02%,固定沙丘沙上层为 15.99%,比流沙要大 1 倍多。

表 1-19 不同地区流动沙丘沙的水分物理性质

地 区	比 重	容量 (g/cm³)	孔隙度 (%)	饱和持水量(%)	最大吸湿量(%)	凋萎含水量(%)
干旱荒漠(甘肃临泽)	2.66	1.60	38.95	23.78	0.48	0.73
干旱半荒漠(宁夏中卫)	2.67	1.63	37.78	23.25	0.35	0.54
半干旱干草原(内蒙古科左后旗)	2.62	1.69	35.50	19.79	0.58	0.87

1.3.3.2 沙丘沙层的水分状况

沙丘沙层的水分状况对植物成活及生长有决定性影响。沙丘的水分状况受多种因子的影响,其中受降水影响特别显著。如前所述,我国沙漠处于不同的自然地带,各个地带的水热条件相差很大,因而其沙丘沙层的水分状况也有明显的地区性差异。

1) 荒漠地带

根据甘肃民勤沙井子的观测资料,流动沙丘的水分分布特点是:

(1) 表层有一层干沙层(含水率在 0.5% 以下),其厚度在迎风坡为 10～40 cm,背风坡均在 50 cm 以上。

(2) 干沙层下面为湿沙层,40 cm 以下经常保持 2%～3% 的稳定湿度,仅雨季有所增加。

(3) 流动沙丘湿沙层中常出现干沙,呈透镜体分布,为流动沙丘向前移动时,将原来背风坡深厚的干沙层埋压所致。从民勤的降水量(多年平均为 108.3 mm)来看,每年只能湿透沙层 1～1.5 m 深,而底层的毛细管水又不能上升使埋压的干沙湿润,因此,在流动沙丘的迎风坡 1.0～1.5 m 经常可发现干沙层。雨季只湿透表层,雨季后沙层含水率由 1%～2% 增至 3%～4%,然后稳定 2%～3%,但在 1.5 m 以下的含水率始终小于 1%。此干沙层对固沙造林极为不利。

至于荒漠地带的西部地区,沙丘水分状况更差。如青海柴达木盆地格尔木地区的流动沙丘,干沙层厚度迎风坡为 40～70 cm,顶部大于 80 cm,其下沙层含水率不超过 1.5%。新疆塔里木盆地的塔克拉玛干沙漠也是如此,除雨季(6—8 月)沙丘表层受到一定浸湿外,大部分时间整个沙层(挖深 1.5 m)均为松散的干沙,见不到湿沙层。这些地区因降水稀少(50 mm 以下),很难补充沙层水分;因此,在固沙造林时,仅仅依靠极少量的降水是远远不够的,必须进行人工灌溉。

2) 半荒漠地带

根据宁夏中卫沙坡头的观测资料,沙丘水分有如下特点:

(1) 流动沙丘干沙层厚度 10～20 cm,仅个别干旱年份达到 24 cm。

(2) 厚度 20～40 cm 的含水率为 1%～2%,40 cm 以下的含水率经常保持在 2%～3%。特别干旱年份在 1 m 以下含水率才能达到 1%～2%。可供植物利用的水分为 1.3%～2.3%(凋萎含水率为 0.7%)。

(3) 每年夏秋雨季降水以后,能使沙层得到穿透性湿润,沙层水分得到补给,3 m 沙层内含水率提高达3%～4%,甚至5%以上。浸透3 m沙层,需要一次降水或连续降水40 mm以上。因此,一般情况下可以保证耐旱植物的生长。

3) 草原地带

草原地带雨水较多,沙地水分状况较好。流动沙丘迎风坡干沙层厚度,一般小于10 cm;含水率1%～2%,出现在干旱季节,持续时间不长,且局限于沙丘上层20 cm范围内。从4—5月开始,降水即能湿透较深沙层,不断补充被植物消耗的水分,且有相当水量淋入深层。20 cm以下沙层的含水率可达3%～4%,甚至5%以上。流沙的凋萎湿度为0.74%,故可供植物利用的有效水分达2%～3%。这种水分状况对一般固沙植物的生长是可以满足的,甚至可维持树木的成活和生长。

1.4 风积沙公路工程地质特征

风积沙的物理、力学性质与一般土具有较大差异,主要表现在颗粒细、结构松散、毛细作用不发达、缺乏黏性,由此产生的物理力学指标偏低,最明显的表现是抗剪强度较差。因此,了解风积沙的物理、力学性质,其中包括颗粒组成、压实特性、强度特性及压缩特性,对评价沙漠公路路基边坡稳定性具有重要的实际意义。

1.4.1 风积沙的颗粒分析

风积沙的颗粒成分主要由细沙组成,粗沙和粉沙的含量都很低,粒径比较集中。各地风积沙的颗粒级配存在很大差异,即使同一沙漠,腹地与边缘也不同。通过对选取的沙样进行筛分试验,筛分结果见表1-20。为了同新疆塔克拉玛干沙做对比,表1-22中同时列出了塔克拉玛干沙(新疆沙)的各项指标。表1-21给出了这几组沙样的不均匀系数C_u和细度模数M_x。图1-2给出了四组沙样的颗粒级配曲线。

表1-20 沙样的颗粒组成

粒径(mm)	%			
	毛乌素沙样1	毛乌素沙样2	毛乌素沙样3	新疆塔克拉玛干沙
0.6～0.3	1.8	33.1	51.7	0
0.3～0.15	78.7	26.8	20.8	38.3
0.15～0.074	15.9	38.1	22.4	54.9
<0.074	3.6	2.0	5.1	6.8

表1-21 沙样的不均匀系数C_u、细度模数M_x

	C_u	M_x
毛乌素沙样1	2.14	0.82
毛乌素沙样2	2.77	0.93
毛乌素沙样3	3.98	1.24
新疆塔克拉玛干沙	1.76	0.38

从表 1-20 和表 1-21 可以看出：

(1) 毛乌素沙漠沙的粒径主要分布在 0.6～0.074 mm 范围内，比新疆塔克拉玛干沙的颗粒粒径大。

(2) 细度模数 M_x 均小于 1.5，因此，属于特细沙，表中还可以看出新疆沙的粒径比毛乌素沙要小得多。

(3) 风积沙中黏粒和粉粒的含量极少，表明颗粒表面活性很低，无黏性，松散性强，水稳性好。

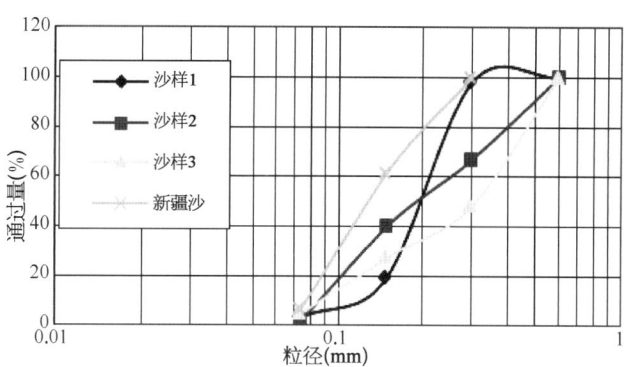

图 1-2 四组沙样的颗粒级配图

(4) 从各沙样的不均匀系数 C_u 看，新疆沙的 C_u 最小，且 $C_{u3} > C_{u2} > C_{u1}$；从总体看，风积沙的不均匀系数都较小，表明级配很差，粒度比较均匀。

1.4.2 风积沙的压实特性

对一般黏性土的压实是通过碾压、冲击等外力手段，克服土颗粒之间的分子引力，压缩孔隙体积，使土颗粒互相靠拢，从而提高土的密度。这时，土中含水量是一个重要的影响因素。大量的试验研究已经表明，土体在一定的击实功下，含水量与干密度之间存在单一的函数关系，其中存在最佳含水量及其对应的最大干密度。对于风积沙，由于处于松散单粒状态，颗粒间的分子引力几乎为零，依靠土中水的含量来抵消颗粒间分子引力的作用已不存在，仅当沙粒处于潮湿状态、颗粒间产生毛细作用力时，含水量才会起作用。因此，风积沙在完全干燥状态、某一特定含水量状态和完全饱和状态时都可能达到最佳的压实效果。这时沙中含水量主要有以下两方面作用：一是在沙体处于潮湿状态下含水量的增减可使颗粒间产生或消除毛细作用；二是土中水起着润滑作用，使土颗粒间的摩擦力减小。图 1-3 和图 1-4 分别给出了一般黏性土与风积沙的击实曲线。

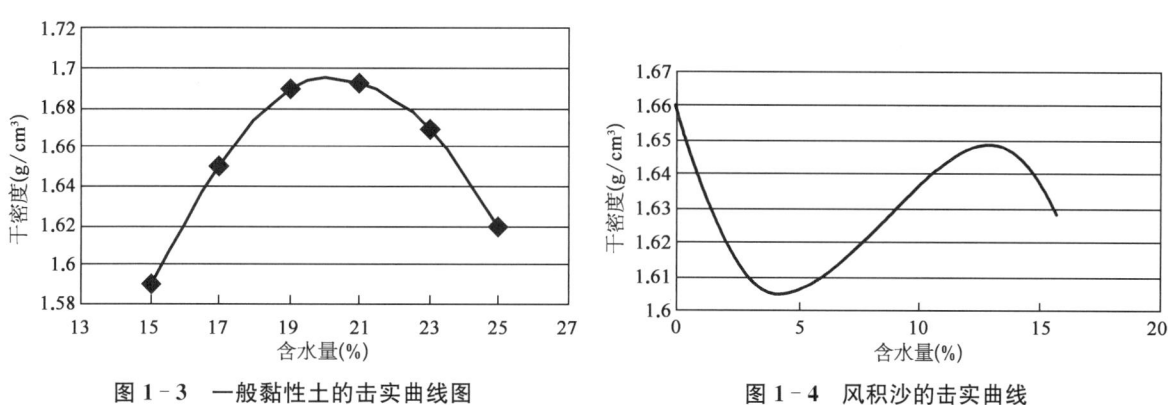

图 1-3 一般黏性土的击实曲线图　　　图 1-4 风积沙的击实曲线

风积沙处于单粒颗粒间点接触的架空结构状态，颗粒间不同排列和接触方式决定了其密实状态。如图 1-5 所示，不同的结构状态下沙体中孔隙体积差异显著。其中图 1-5a 为最松散状态，图 1-5b 为最密实状态。因此土力学中通常用相对密度或孔隙比来评价沙体密实度，其中相对密度表达式为

$$D_r = \frac{e_{max} - e}{e_{max} - e_{min}}$$

式中 e_{max}——沙体的最大孔隙比；

e_{min}——沙体的最小孔隙比；

e——沙体的天然孔隙比。

e_{max}、e_{min}是通过振动试验确定的。此外也有采用标准贯入试验锤击数$N_{63.5}$来评价沙土地基现场密实度的。

对风积沙的压实，就是要使沙体从图1-5a所示的松散状态转变为图1-5b所示的密实状态。压实手段主要有两种：

（1）采用常规的击实试验方法，依靠外力的强制作用力，使沙体密实。如图1-5c所示，一部分外力分解为颗粒间的剪切力，使颗粒产生相对位移；另一部分外力分解为颗粒间的法向力，产生推挤作用，使颗粒产生侧向位移，所起的压实作用明显较小。土中水所起的作用有如下几个方面：一是水的润滑作用；二是一定

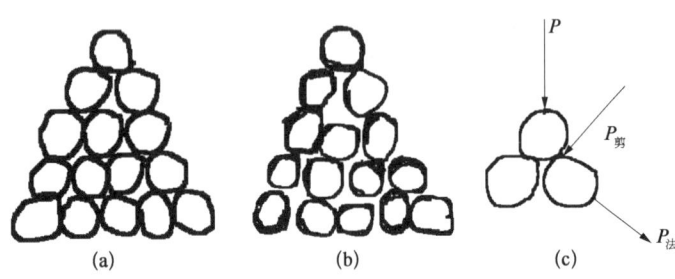

图1-5 沙体的几种结构状态示意图

含水量情况下，颗粒间产生毛细作用力，不利于压实；三是含水量较大时，消除了毛细作用力；四是含水量较大时，由于水不可压缩，又不能迅速排出，依靠冲击击实作用产生的作用力很大程度上被水吸收而不利于压实。

（2）另一种手段是振动密实，这种手段又分为两种方法：① 使沙体处于完全干燥状态下，按照一定的频率和振幅振动，使颗粒失去原有的稳定状态，并向另一种更稳定的状态过渡，达到密实状态，这时存在最佳振动时间。松散的沙体随振动逐渐变密，到一定时间后达到稳定状态，密实度几乎不再变化。若在试样上施加一定荷载，或改变频率和振幅都可能达到不同的密实状态。② 使沙体处于完全饱和状态下，按照一定的频率和振幅振动，使颗粒失去原有的稳定状态，并向另一种更稳定的状态过渡，达到密实状态。这时土中水起到了润滑作用。同样地，不同频率和振幅下达到的密实状态不同。若试筒中水能流动，并在试样上施加一定荷载，可达到最佳的密实效果。

对上述风积沙的压实试验，可分为击实法、干振法和水振法三种方法，介绍和对比如下。

1.4.2.1 重型标准击实试验

1）试验方法及设备

本试验按照JTGE 40《公路土工试验规程》进行。采用小击实筒，分5层击实，每层击27次，落锤高45 cm。

2）试验结果及分析

试验结果见表1-22、图1-6。

表1-22 重型击实试验得出的干密度

含水量(%)	%		
	沙样1	沙样2	沙洋3
0	1.68	1.74	1.89
2	1.66	1.73	1.85
4	1.65	1.7	1.81

(续表)

含水量(%)	%		
	沙样1	沙样2	沙样3
6	1.65	1.69	1.8
8	1.66	1.7	1.82
10	1.67	1.71	1.85
12	1.69	1.73	1.86
14	1.67	1.73	1.85

从图 1-6 中可看出：风积沙的击实曲线表现为：在干燥状态时,干密度出现一个峰值；其后,随着含水量的增加,干密度开始降低,约在 4%～6% 时,干密度开始回升,一直到 12% 左右时干密度又达到一个峰值,击实曲线呈现一个横写的"S"形曲线,与粉、黏土所呈现的完全不同。

初步分析认为,这主要是沙的特性引起的。通常,土在压实的过程中,主要克服颗粒间的摩阻力（包括颗粒间的引力和摩擦力）。对细颗粒土而言,主要受到颗粒间引力的控制,摩擦力很小；而对粗颗粒土而言,当含水量很小时,引力小得可以忽略不计,主要是受到颗粒间的摩擦力控制。击实过程中,力主要以振动波的形式传递,沙粒在振动波的作

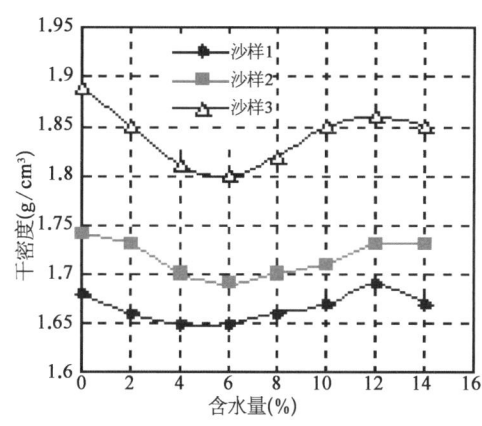

图 1-6 各沙样的击实曲线

用下移动,重新排列组合,趋于密实。当沙中含有一定水分时,在沙粒表面形成一层薄的水膜,产生表面张力,从而在沙粒之间形成引力,阻碍沙粒的移动,影响沙层的密实。当含水量继续增大时,沙粒的水膜增厚,削弱了沙粒之间的引力,此时除了振动本身的作用,自由水将沿孔隙向外排出,并对沙颗粒也产生一定的作用力使其位移,这样综合的作用使沙的密度有较大提高。当含水量继续增加时,出现了过多的自由水,在击实过程中水分无法迅速排出,表层开始出现液化、飞溅现象,部分的击实功被吸收掉,这样使沙的干密度有所降低。上述试验及分析结果为沙漠路基振动干压法施工工艺提供了理论基础。

1.4.2.2 干振试验

1) 试验方法、设备及方案

根据有关文献对沙的压实机理研究表明,干燥状态下,风积沙的共振频率在 25～55 Hz 之间,也就是说在这个范围内能够取得最大的密实度,而且沙愈密实、共振频率愈大。我国的冯冠庆和杨阴华曾对振动台法的标准化问题进行了试验研究,发现当频率为 47.5～50 Hz 时,存在一个最优振幅 0.3 mm,在此振幅下,干密度能达到最大值。因此,在本试验中,采用 1 m×1 m 的砼振动台作为激振设备,其振幅为 0.3 mm,频率为 47.7 Hz。此振动台在一般试验室或生产单位都能找到。试筒采用标准击实用的小击实筒,容积为 977 cm³。

本试验对三种沙都进行了试验,试验时沙的含水量为零。为了观察振动中干密度随振动时间的变化规律,将振动时间设定为 2 min、4 min、6 min、8 min、10 min。

2) 试验步骤

(1) 将击实筒放在振动台上。

(2) 将预先烘干的试样装满试筒。

(3) 开始振动,达到预设的振动时间后立即停止。值得注意的是,由于砼振动台没有固定装置,所以试验时必须用双手按住击实筒两侧,使之不发生剧烈晃动。

(4) 将试筒的套筒取下,并刮去多余的沙,将筒内的沙全部倒入台秤秤盘,称取沙重。

3) 试验结果及分析

三种沙的干密度随时间变化,如表1-23、图1-7所示。

表1-23 干振试验干密度随时间变化

时间(min)	g/cm³		
	沙样1	沙样2	沙样3
2	1.63	1.64	1.8
4	1.66	1.65	1.83
6	1.65	1.65	1.83
8	1.63	1.65	1.82
10	1.62	1.64	1.81

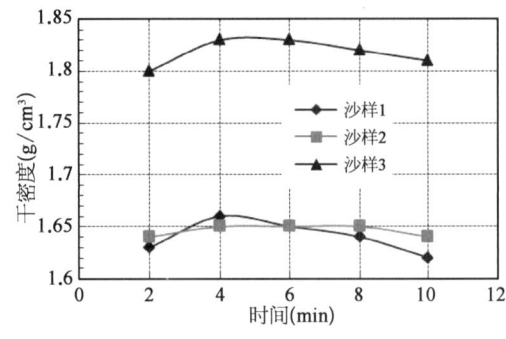

图1-7 干振试验干密度随时间变化曲线

试验表明:在规定的振动时间和振幅下,干密度随时间的增长而增大,振动时间为4~6 min时,沙体的干密度达到最大值,继续振动,干密度有所下降,说明发生了过振现象。这说明经过4~6 min的振动,沙颗粒在振动过程中,受到重力、碰撞力及振动力的作用,重新排列组合,其中一些小颗粒移动到大颗粒之间的缝隙中去,且排列比较密实,颗粒之间的孔隙变小,即达到了最大干密度;再继续振动,原先已经密实的结构部分被破坏,使密度有所下降。由于沙粒之间的摩擦力与碰撞力的作用,而且沙粒相互碰撞的能量较大,不易达到最佳排列状态,因而得到的干密度不如重型击实法得到的干密度大。鉴于此,有人提出,在试样上增加附加荷重,使沙在有附加压力的作用下振动,增加沙粒运动的阻力,从而提高沙体的最大干密度;但是,附加荷重操作起来具有一定的难度,不利于推广应用。

1.4.2.3 水振试验

1) 试验方法、设备及方案

有关资料表明,沙的含水量大小对其共振频率无明显影响,因此本试验仍采用干振试验的振动台,振动频率和振幅不变,振动频率为47.7 Hz,振幅为0.3 mm。为了观察沙在水中振动过程中干密度随时间的变化,将振动时间设定为2 min、4 min、6 min、8 min、10 min。

2) 试验步骤

(1) 将击实筒放在振动台中间。

(2) 倒入约500 ml的水,并将准备好的沙样装入筒中,直到与筒口平齐为止。

(3) 开始振动,达到预设的振动时间后立即停止。由于击实筒的密封性欠佳,水会从击实筒底漏出,在振动过程中要注意加水,保证水面始终高出沙面。在振动过程中要用双手用力按住击实筒,以防击实筒剧烈晃动,影响试验的精度。

（4）振动结束后，取下套筒，刮去多余的沙，将筒内的沙全部倒入盘中（注意：有少量的沙粒粘附在筒壁上，必须刮净），将盘和沙一起放入烘箱烘干，然后称取干沙重。这样做的目的是能够消除由于含水量分布不均对试验精度造成的影响。

3）试验结果及分析

水振试验的结果见表1-24，其干密度随时间变化曲线如图1-8所示。

表1-24 水振试验干密度随时间变化

时间(min)	g/cm³		
	沙样1	沙样2	沙样3
2	1.73	1.78	1.92
4	1.75	1.81	1.95
6	1.75	1.79	1.95
8	1.73	1.78	1.94
10	1.71	1.78	1.91

试验结果表明：水振试验能得到比前两种方法大得多的干密度。初步分析认为：沙粒在水中除了自身重力、摩擦力、碰撞力外，还受到水浮力和孔隙水压力的作用，沙粒处于自由半悬浮状态。在此状态下，沙粒之间的摩擦力很小，在振动作用下，容易重新排列至最佳位置，而且水是液体，其黏滞度比空气大得多，因此对沙粒的运动有阻尼作用，削弱了沙粒之间碰撞的能量，所以这种最佳位置不易受到破坏，因而能够得到最大程度的密实。

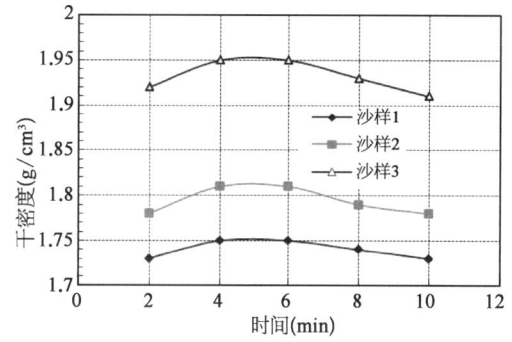

图1-8 水振试验干密度随时间的变化

从干密度随时间变化的关系曲线（图1-8）可以看出：在规定的振动频率、振幅下，振动开始时干密度随时间的增长而增大；到4~6 min，沙的干密度达到最大；继续振动，干密度反而有所下降，说明发生了过振现象，原先的最佳排列方式随着振动的延续有一部分被破坏，使密度有所下降。

4）重复性试验

为了验证水振试验结果重现性的好坏，对沙样1进行了三次平行试验，试验结果见表1-25。

从表1-25可以看出，水振试验的重现性是很好的，三次试验到6 min时沙的密度都达到最大值，而且数值大小相同，这是水振法比重型标准击实法的优越之处。主要原因在于：与重型击实法相比，水振法受人为干扰的影响很小，其密实度的大小主要受振动的频率、振幅和振动时间的控制。

表1-25 水振法平行试验得出的干密度

次数 \ 时间(min)	2	4	6	8	10
1	1.73	1.75	1.75	1.73	1.71
2	1.73	1.74	1.75	1.73	1.72
3	1.73	1.75	1.75	1.73	1.72

1.4.2.4 三种试验方法的比较

综合以上试验结果,可以得到表 1-26 和图 1-9。

表 1-26 三种最大干密度试验结果比较　　　　　　　　　　　　(g/cm^3)

沙样 作用力	沙样1	沙样2	沙样3
标准击实	1.69	1.74	1.89
干　振	1.66	1.65	1.83
水　振	1.75	1.81	1.95

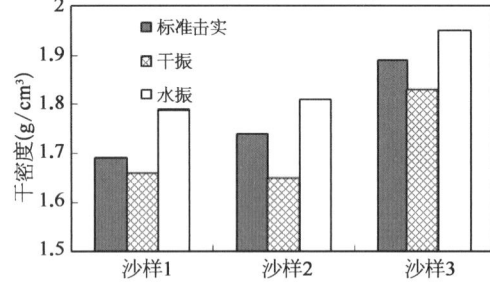

图 1-9　三种室内试验的最大干密度比较

从图 1-9 可以看出:由水振试验得到的干密度最大,重型击实试验得到的干密度次之,干振试验得到的干密度最小。这说明沙在水中振动能够得到充分的密实,比重型击实法高出 $0.5\sim 0.7\ g/cm^3$。干振试验得到的干密度甚至不如重型击实,说明在没有附加应力下,沙不能得到充分密实。

采用以水振试验作为风积沙最大干密度的标准试验,具有以下优点:

(1) 试验所得的干密度较大。在施工中发现,如果按照现行规范标准,只要对沙基稍加碾压即可达到,甚至超过,因此现行规范不合理;如果以水振试验为标准,现场施工质量控制比较符合实际。

(2) 击实筒上无须附加荷重。

(3) 工作量小,操作简便,对试验人员的技术要求低。

(4) 无须添加新的试验设备。

(5) 与重型标准击实试验相比,其受人为因素的影响较小,试验结果比较稳定、离散性小,结果可靠。

值得注意的是,由于过振现象的存在,试验存在最佳振动时间,而且最佳振动时间随着沙样的不同也不尽相同,一般在 4~6 min,所以在试验时应分别用不同振动时间做几个试样,观察是否出现最大值。如果没有,应延长振动时间,直到出现最大值为止。

1.4.3　风积沙的强度特性

作为路基,必须具有足够的整体稳定性、足够的强度和水温稳定性,这些性质也是制订路基压实标准的主要制约因素。没有足够的整体性、足够的强度和水稳定性,其他性质(如经济性、工艺性)就无从谈起。风积沙作为沙漠里最丰富的筑路材料,是路基的主要填料,甚至可以说路基全部是由风积沙填起来的;因此,风积沙的物理、力学性质直接影响着公路的强度和稳定性。所以,对风积沙的物理、力学性质做系统的研究显得非常重要。本章将对三种沙样进行直剪、回弹模量、CBR 试验,以分析风积沙的上述工程性质与压实度及含水量的一些基本关系。

1.4.3.1　风积沙的直剪试验

1) 试验设备、方法及方案

直剪试验按照 JTGE 40《公路土工试验规程》中无黏性土的快剪试验进行。试样是通过铜模静压得到的。

(1) 试验设备：手摇式直剪仪。

(2) 加荷等级：100 kPa、200 kPa、300 kPa、400 kPa。

(3) 试验方案：

① 内摩擦角与压实度的关系。试验个数：三种沙样各有 5 种不同的干密度；含水量：沙的天然含水量在 2% 左右，因此取 $w=2\%$（其他试验相同）。

② 含水量变化对内摩擦角的影响。对沙样 1 做了含水量对比试验。

2) 试验结果及分析

(1) 摩擦角与压实度的关系。为了使各沙样具有可比性，将干密度换算成相应的压实度（以水振试验所得的最大干密度为标准），试验结果如表 1-27～表 1-29 及图 1-10 所示。

表 1-27 沙样 1 的内摩擦角与压实度的关系

干密度(g/cm³)	1.57	1.61	1.64	1.67	1.73
压实度(%)	89.6	92	93.9	95.6	99
内摩擦角(°)	33.82	35.8	40	42.3	46.4

表 1-28 沙样 2 的内摩擦角与压实度的关系

干密度(g/cm³)	1.6	1.62	1.66	1.72	1.73
压实度(%)	88.6	89.5	91.8	95	95.8
内摩擦角(°)	33.2	35.6	38.2	41.8	43.7

表 1-29 沙样 3 的内摩擦角与压实度的关系

干密度(g/cm³)	1.69	1.76	1.8	1.83	1.87
压实度(%)	86.8	90	92.5	93.6	95.7
内摩擦角(°)	34.7	41.2	43.4	44.4	48.6

从图 1-10 可以看出：

① 毛乌素沙漠风积沙的内摩擦角 φ 值在 33°～48° 之间的范围内变化。

② 内摩擦角 φ 随着压实度 K 增大而增大，而且呈线性关系，相关系数 R 均在 0.98 以上，其函数关系如下：

沙样 1：$\varphi=1.4001K-91.976\quad R=0.9917$；

沙样 2：$\varphi=1.335K-84.504\quad R=0.9925$；

沙样 3：$\varphi=1.467K-92.089\quad R=0.9870$。

因此，要提高沙体的抗剪性能，应尽可能地提高路基压实度。

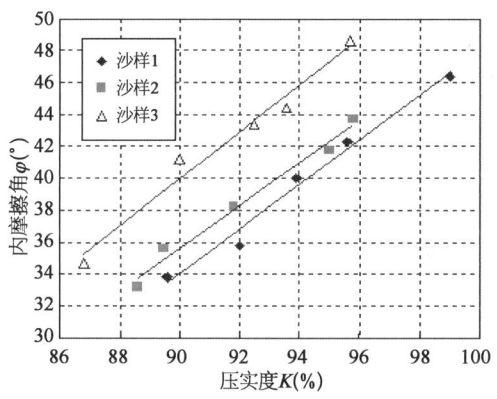

图 1-10 内摩擦角 φ 与压实度 K 之间的关系

③ 尽管内摩擦角由于沙样级配的不同而有所不同，但是从图 1-9 可以看出，内摩擦角呈带状分布，大小比较接近，说明在沙样粒径、级配基本相同的前提下，对内摩擦角起决定因素的是压实度。由此，可以得到风积沙的内摩擦角与压实度的回归关系为

$$\varphi = 1.203\,2K - 71.24 \quad R = 0.833\,3$$

由上式,可以根据压实度的大小估计出内摩擦角 φ 值。

以上试验结果仅针对榆林地区的风积沙,至于其他地区的风积沙,由于其沙的粒径、级配的不同,内摩擦角可能会有很大变化。

④ 三种沙样的不均匀系数 $C_{u3} > C_{u2} > C_{u1}$,而内摩擦角则 $\varphi_3 > \varphi_2 > \varphi_1$,这说明沙的级配愈好,内摩擦角愈大。原因是:沙的级配愈好,沙粒咬合愈紧,剪切时需克服的阻力就愈大。

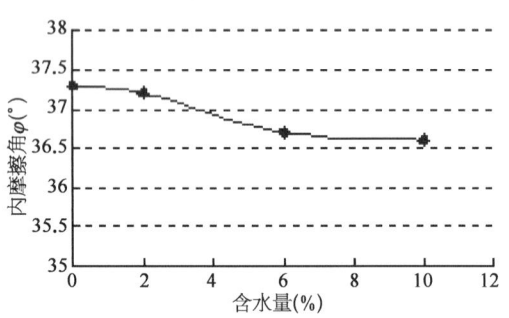

图 1-11 含水量对内摩擦角 φ 的影响

(2)含水量对 φ 值的影响。在同一干密度(1.63 g/cm³)下,对沙样 1 做了含水量对比试验。试验结果如图 1-11 所示。

从图中可以看出,随着含水量的增大,内摩擦角 φ 值略有减少,这主要是由于水在沙粒表面起润滑作用所致。

1.4.3.2 风积沙的室内回弹模量试验

1)试验设备及方案

室内回弹模量试验按照 JTG E40《公路土工试验规程》进行。试样通过室内击实得到。

(1)试验设备:杠杆压力仪。

(2)加载等级:50 kPa、100 kPa、150 kPa、200 kPa、250 kPa;

(3)试验方案:

① 内摩擦角与压实度的关系。试验个数:3 种沙样各有 7 种不同的干密度;含水量:2%。

② 含水量变化对回弹模量的影响:对沙样 1 做了含水量对比试验。

2)试验结果及分析

(1)回弹模量与压实度的关系。试验结果见表 1-30~表 1-32 及图 1-12。

表 1-30 沙样 1 的回弹模量与压实度的关系

干密度(g/cm³)	1.59	1.62	1.62	1.66	1.67	1.68	1.69
压实度(%)	90.7	92.5	92.5	94.7	95.3	95.9	96.4
回弹模量(MPa)	45.2	47.7	47.8	50.5	51.9	61.2	63.2

表 1-31 沙样 2 的回弹模量与压实度的关系

干密度(g/cm³)	1.63	1.64	1.67	1.69	1.71	1.72	1.74
压实度(%)	90.3	91.1	92	93.3	94.7	94.8	96.4
回弹模量(MPa)	46.3	48.7	51.1	52	55.1	53.8	68.9

表 1-32 沙样 3 的回弹模量与压实度的关系

干密度(g/cm³)	1.73	0.76	1.78	1.78	1.83	1.84	1.85
压实度(%)	88.8	90.3	91.4	91.5	93.8	94.5	94.9
回弹模量(MPa)	46	50.6	50	52.1	55.8	58.7	65.7

从图 1-12 中可以看出:

① 风积沙的室内回弹模量在 43~70 MPa 之间变化,而且随着压实度的增大,E_0 值以近似三次

多项式函数关系增长。在某一压实度区间内，回弹模量随压实度变化平缓，而小于或大于该区间时，呈现出明显的增长规律。函数关系如下：

沙样1：$E_0 = 0.313\,2K_3 - 87.047K_2 + 8\,064.9K - 249\,027 \quad R = 0.987\,1$；

沙样2：$E_0 = 0.325\,4K_3 - 90.511K_2 + 8\,391.4K - 259\,287 \quad R = 0.996\,1$；

沙样3：$E_0 = 0.335\,2K_3 - 91.895K_2 + 8\,396.8K - 255\,690 \quad R = 0.987\,1$。

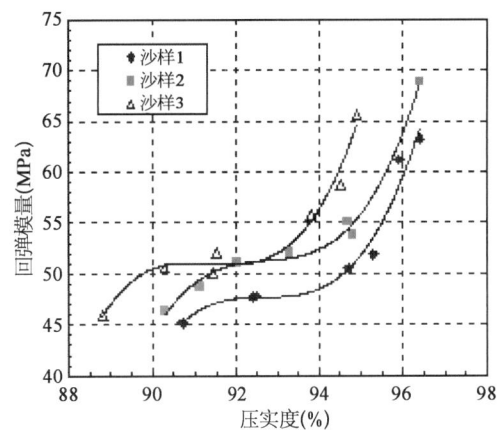

图1-12 室内回弹模量与压实度的关系

其原因是干密度愈大，沙粒之间空隙就愈小，单位体积内承担荷载的沙粒就愈多，变形量也就愈小，所以回弹模量就愈大。

② 尽管回弹模量由于沙样级配的不同而有所不同，但是从图1-12可以看出，回弹模量呈带状分布，大小比较接近，说明在沙样粒径、级配基本相同的前提下，对回弹模量起决定因素的是压实度。由此，可以得到风积沙的室内回弹模量与压实度的回归关系如下：

$$E_0 = 0.075\,5K_3 - 20.633K_2 + 1\,880.2K - 57\,093 \quad R = 0.885\,06$$

由上式，可以根据压实度的大小估算出室内回弹模量。

以上试验结果仅针对榆林地区的风积沙，至于其他地区的风积沙，由于其沙的粒径、级配的不同，回弹模量值可能会有很大变化。

③ 三种沙样的不均匀系数 $C_{u3} > C_{u2} > C_{u1}$，而 $E_{03} > E_{02} > E_{01}$，这说明沙的级配愈好，E_0 愈大。

④ 图1-12表明，在某一压实度区间内，回弹模量随压实度增加缓慢，甚至无增加。小于或大于该区间压实度时，回弹模量随压实度呈现明显增大规律。对出现上述现象的原因尚待进一步试验研究和分析。初步分析认为，在该压实度区间内，沙体呈现半饱和状态，导致颗粒间产生毛细压力所致。当小于该区间压实度时，由于沙体密度小，其中较小的含水量不足以对回弹模量产生明显影响；当大于该区间压实度时，沙体密度很大，其饱和度也较大，颗粒间毛细压力减少，甚至消失。

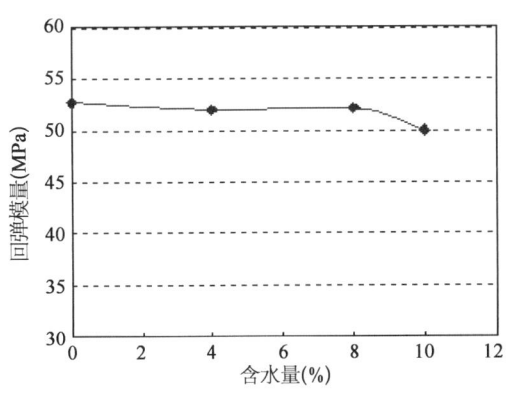

图1-13 含水量对回弹模量的影响

(2) 含水量对回弹模量的影响。在同一干密度（1.83 g/cm³）下，对沙样3做了含水量对比试验，试验结果见图1-13。该图表明，当沙体密实度较大（压实度为93.8%）时，含水量对回弹模量的影响较小。

1.4.3.3 风积沙的CBR试验

CBR（加州承载比）是评定路基、路面材料的一个承载能力指标。承载能力是以材料抵抗局部荷载压入变形的能力表征，并采用高质量标准碎石为标准，以它们的相对比值表示CBR值。通过CBR试验，能够从另一个侧面了解沙基在不同密度条件下的强度。

1) 试验设备及方案

CBR试验按照JTGE 40《公路土工试验规程》进行：

(1) 对沙样 1(含水量为 2%)做不同密度下浸水饱和 4 d 后的 CBR 试验；

(2) 对沙样 1(含水量为 2%)做不同密度下不浸水的 CBR 试验。

风积沙试件是通过室内击实试验得到的。

2) 试验结果及分析

试验结果见表 1-33、表 1-34。由此可以得出 CBR 值与压实度的关系曲线如图 1-14 所示。

表 1-33 沙样浸水 4 d 后的 CBR 值

干密度(g/cm³)	1.63	1.68	1.71
压实度(%)	93.1	96	97.7
CBR 值(%)	4.9	5.6	8.5

表 1-34 沙样不浸水的 CBR 值

干密度(g/cm³)	1.65	1.69	1.71
压实度(%)	94.2	96.6	97.7
CBR 值(%)	8.5	10.4	19.8

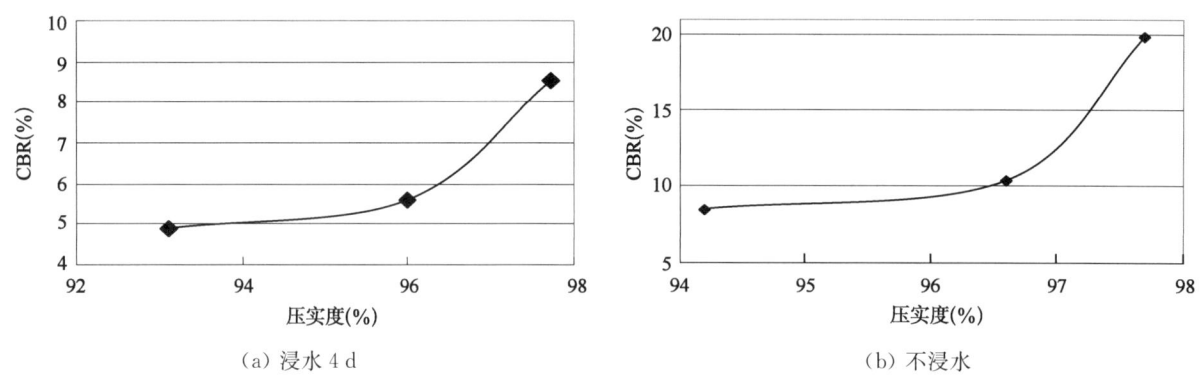

(a) 浸水 4 d　　　　　　　　　　(b) 不浸水

图 1-14 风积沙的 CBR 试验曲线

由图 1-14 可以看出：

(1) 随着压实度的增加，CBR 值明显增大。

(2) 不浸水的 CBR 值比浸水 4 d 后的 CBR 值高出近 1 倍。主要原因是：由于浸水后，沙体处于饱和状态，其中有较多的自由水，而且这些水不能很快排出，沙粒之间有一层比较厚的水膜，起到了润滑的作用，使沙体的内摩擦力降低，在贯入杆贯入的过程中，受到的阻力较小，因此 CBR 值较低。

(3) 在某一压实度区间内 CBR 值增长缓慢，此后随压实度显著增大，这一区间包含上述回弹模量平缓变化的区间。对此试验结果可做以下几点认识：一是对风积沙来讲，现有的常规室内试验方法是否合理尚待探讨；二是由于风积沙的透水性良好，按现有规范饱水情况下确定路基 CBR 值的方法是否适宜有待探索；三是将图 1-14 与图 1-12 比较可见，当路基压实度在 90%～96% 之间时，室内回弹模量和 CBR 试验结果均呈平缓变化的规律，且室内饱水试验得出的 CBR 值处于现行 JTJ 013—95《公路路基设计规范》给出的最小临界值。这表明风积沙路基在饱水状态下的强度是较低的。

1.4.4 风积沙的压缩特性

土是由固体颗粒、土中水和土中气体组成的三相体。与总的体积变形相比，土的颗粒变形非常小,一般可忽略不计;土中水也不可能产生压缩变形。因此,土的压缩变形是由土中空气体积的压缩和土中水的排出导致的。对于风积沙来讲,其排水性良好,排水固结变形所需时间很短。因此,风积沙的压缩变形随时间的变化主要是由于一定压力作用下的颗粒骨架蠕变引起的。

压缩试验按照 JTGE 40《公路土工试验规程》的单轴排水固结法进行。试样通过铜模静压得到。

(1) 试验设备:固结仪。

(2) 荷载等级:50 kPa、100 kPa、300 kPa、400 kPa。

(3) 含水量:2%。

(4) 采样时间:0、0.25 min、1 min、2 min、5 min、10 min、30 min、1 h、2 h、4 h、8 h、24 h。

1) 试样压缩量随时间的变化

表 1-35 和图 1-15 为沙样 1 的干密度为 1.64 g/cm³ 时,在 50 kPa 的荷载作用下的压缩量随时间的变化。

表 1-35 压缩量随时间变化关系

时间(min)	0	0.25	1	2	5	10	30	60	120	240	480	1 440
压缩量(0.01 mm)	26	26.9	27.5	28	28.4	28.7	29	29.3	29.6	30.2	30.6	31.2

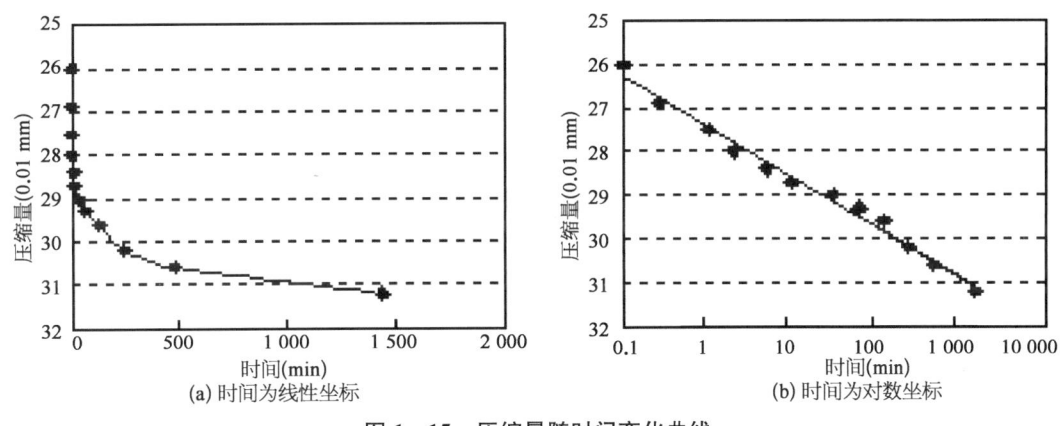

图 1-15 压缩量随时间变化曲线

从图 1-15a 可以看出:

(1) 在压力的作用下,沙体发生压缩变形,开始时变形速度较快,随后变形速度越来越慢,这说明砂性土也存在着对时间的滞后效应。

(2) 如果将时间坐标由线性变为对数坐标,则可以得到图 1-15b,从图可以看出,原来的曲线变为一条直线,而且相关性很好,函数关系如下:

$$\Delta h = 0.504\,4\ln t + 27.444 \quad R = 0.993\,7$$

式中　Δh——压缩量(0.01 mm);

　　　t——时间(min)。

2) 压缩量随压力的变化

表 1-36 为沙样 1 的干密度为 1.64 g/cm³ 时在 50 kPa、100 kPa、300 kPa、400 kPa 作用下 2 h 的压缩量及相应的单位沉降量、孔隙比。图 1-16 为单位沉降量随压力变化的关系曲线。表 1-37、图 1-17 表示压缩模量与压力的关系。

表1-36 压缩量、单位沉降量、孔隙比随压力的变化

压力(kPa)	0	50	100	300	400
压缩量(0.01 mm)	0	32.9	43.3	61.9	67.4
单位沉降量($\times 10^{-2}$)	0	1.65	2.17	3.1	3.37
孔隙比	0.615 9	0.589 3	0.580 9	0.565 8	0.561 4

表1-37 压缩模量随压力的变化

压力(kPa)	0~50	50~100	100~300	300~400
压力中值(kPa)	25	75	200	350
压缩模量(MPa)	1.88	6.05	13.6	23.2

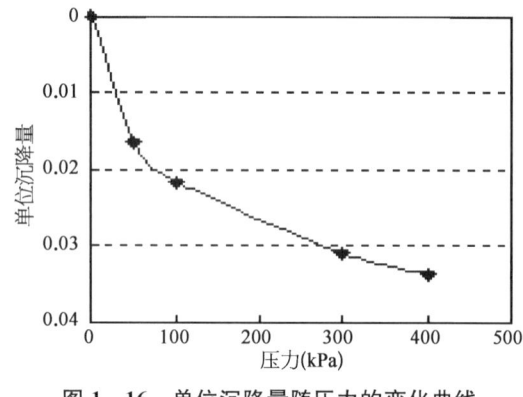

图1-16 单位沉降量随压力的变化曲线

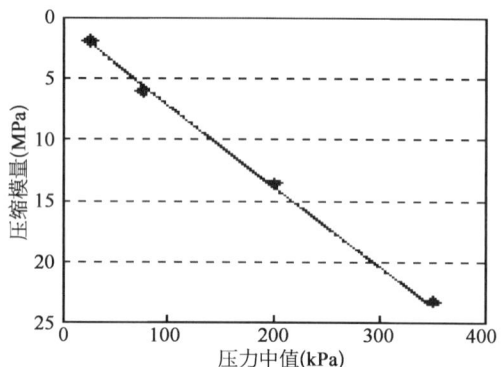

图1-17 压缩模量随压力的变化曲线

从图1-16及图1-17可以看出：

(1) 压缩量 Δh 随着压力的增大而增大，但它们不是简单的线性关系，而是呈幂函数曲线关系。试样竖向压缩应变 ε 与压力 P 的函数关系如下：

$$\varepsilon = 0.004\ 594 P^{1/3} \quad R = 0.999$$

(2) 随着压力 P 的增大，压缩模量 E_s (割线模量)愈来愈大；与黏性土相比，沙体的压缩模量较大，说明沙体的压缩性较差。压缩模量 E_s 与压力中值 P 的函数关系如下：

$$E_s = 0.095\ 2 P^{0.941\ 2} \quad R = 0.998$$

式中 P——试样上作用的压力(kPa)；

E_s——与压力(中值)对应的试样压缩模量(割线模量)(kPa)；

R——相关系数。

1.4.5 不同级配风积沙的物理、力学性质试验

为了解毛乌素沙漠不同级配的风积沙的物理、力学性质，将不同粒径的风积沙颗粒按照一定的比例配制成不同级配的沙样，并进行相关的物理、力学性质试验。

1.4.5.1 不同级配风积沙的颗粒成分

不同级配风积沙配制之前，首先对毛乌素沙漠已建和在建沙漠公路沿线风积沙颗粒成分进行调查，样本数为134个。调查结果表明，小于0.074 mm和2.0~0.5 mm之间颗粒成分所占比例小于4%

的子样为132个,占总样本数98%。表1-38给出了不同级配风积沙的颗粒组成。表1-39给出了不同级配风积沙的细度模数、不均匀系数及曲率系数,其中细度模数、不均匀系数及曲率系数分别由式(1-1)~式(1-3)计算得到。不同级配风积沙的级配曲线如图1-18所示。

$$M_x = \frac{1}{100}(A_{2.5} + A_{1.25} + A_{0.63} + A_{0.315} + A_{0.16}) \tag{1-1}$$

式中 A_n——各孔径的累计百分数。

$$C_u = d_{60}/d_{10} \tag{1-2}$$

$$C_c = d_{30}^2/(d_{10} \cdot d_{60}) \tag{1-3}$$

式中 d_{60}、d_{30}、d_{10}——分别相当于累计百分含量为10%、30%和60%的粒径,d_{10}称为有效粒径;d_{60}称为限制粒径。

表1-38 不同级配风积沙的粒度成分

粒径(mm)	1#沙样(%)	2#沙样(%)	3#沙样(%)	4#沙样(%)	5#沙样(%)	原始级配沙样(%)
2.0~0.5	0	1.00	2.00	3.00	4.00	3.81
0.5~0.25	10.00	30.00	50.00	70.00	90.00	94.56
0.25~0.074	86.00	66.00	46.00	26.00	6.00	0.43
<0.074	4.00	3.00	2.00	1.00	0.00	1.20

表1-39 不同级配风积沙的细度模数、不均匀系数及曲率系数

项 目	细度模数 M_x	不均匀系数 C_u	曲率系数 C_c
1#沙样	0.47	2.13	0.89
2#沙样	0.78	2.71	0.90
3#沙样	1.12	3.26	1.05
4#沙样	1.42	2.50	1.48
5#沙样	1.73	1.37	1.03
原始级配沙样	1.74	1.32	1.05

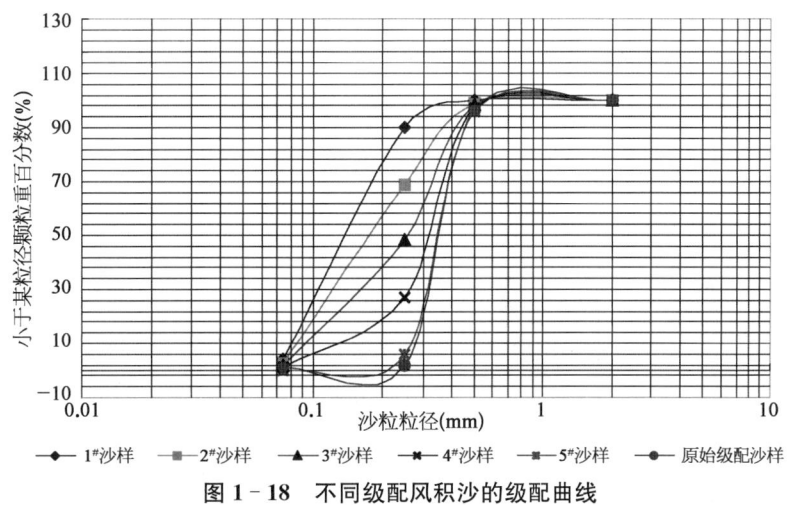

图1-18 不同级配风积沙的级配曲线

1.4.5.2 不同级配风积沙的干振试验

不同级配风积沙的干振试验在长安大学机械工程学院动力学性能试验室进行。试验内容包括以下两方面：① 对原始级配风积沙进行干振试验，求出振动频率一定时，干振法确定的风积沙最大干密度与振动台振动加速度之间的关系，其中振动台振动加速度的变化通过改变其振幅来实现；② 对五种典型级配风积沙进行干振试验，寻求干振法求得的最大干密度与不均匀系数之间的关系。大量研究资料表明，风积沙有最佳的振动频率范围，试样的颗粒成分及压实度不同等对其最佳振动频率都有不同程度的影响。因此，确定振动台振动频率为 50 Hz，在此基础上进行各项试验。

1）原始级配风积沙的干振试验

（1）试验仪器：振动台、击实筒、秒表、电子秤。

（2）试验参数：

① 振动台频率：50 Hz；

② 击实筒体积：997 cm^3；

③ 振动加速度：30 m/s^2、20 m/s^2、15 m/s^2。

（3）试验结果及分析：不同振动加速度时原始级配风积沙的干密度随时间的变化如图 1-19 所

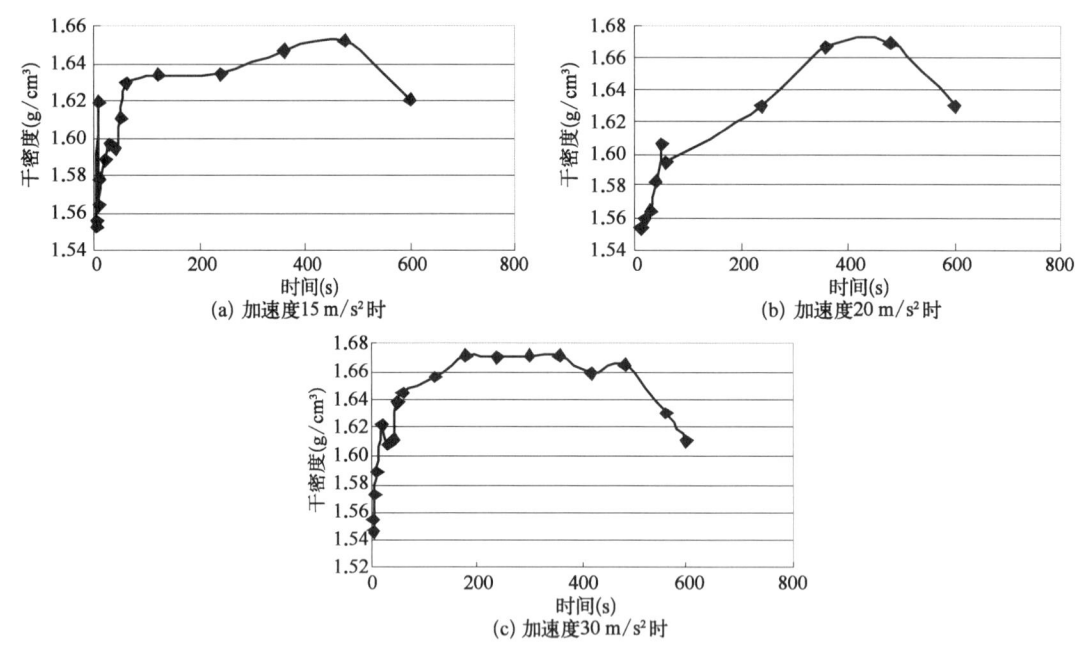

图 1-19 原始级配风积沙干密度随振动时间的变化关系

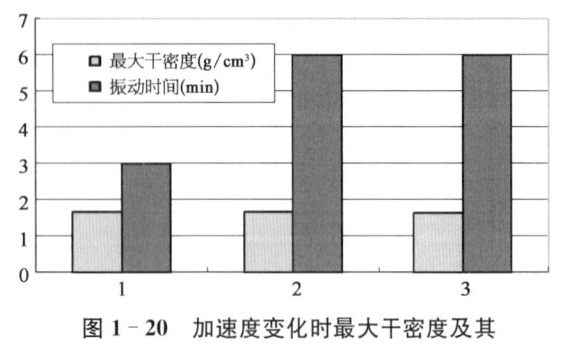

图 1-20 加速度变化时最大干密度及其振动时间的比较结果

注：图中 1、2、3 表示加速度分别为 30 m/s^2、20 m/s^2、15 m/s^2

示，图 1-20 给出了振动加速度变化时不同级配风积沙最大干密度的比较结果。试验过程中，为减小试验误差，每个时间段进行三次平行试验，取其平均值。其中振动加速度为 30 m/s^2 时，试验时减小了干密度检测的间隔时间，增大检测频率，以了解 1 min 前干密度随时间的变化情况及时间间隔的划分对确定最大干密度的影响。

试验结果表明：在一定的振动时间和加速度下，干密度随振动时间的增长而增大，其中振动初期干密度的增长幅度较大；振动加速度为 30 m/s²、20 m/s²、15 m/s² 时，沙样的最大干密度分别为 1.67 g/cm³、1.67 g/cm³、1.65 g/cm³，以及达到最大干密度的时间分别为 3 min、6 min、6 min，即振动加速度减小，沙样的最大干密度略有减小，而达到最大干密度的时间增大。

2）五种典型级配风积沙的干振试验

采用上述试验仪器及试验参数进行五种典型级配风积沙干振试验，试验结果如图 1-21 所示。图 1-22 给出了五种沙样最大干密度与不均匀系数之间的关系。图 1-23 给出了 1#、2#、3# 沙样的最大干密度与不均匀系数的关系曲线。

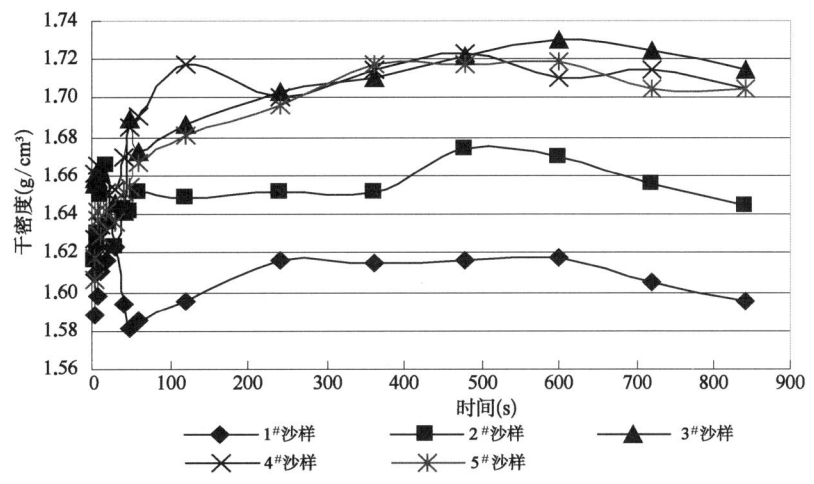

图 1-21 五种典型级配风积沙干振试验曲线

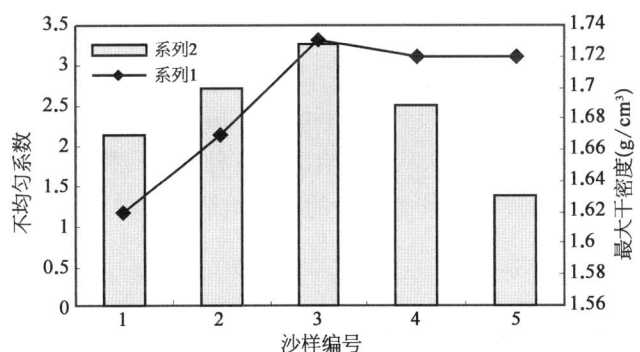

图 1-22 五种沙样最大干密度与不均匀系数关系曲线

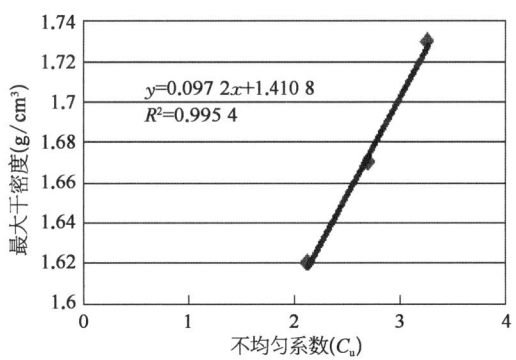

图 1-23 1#、2#、3# 沙样最大干密度与不均匀系数之间的关系

试验结果表明：五种级配沙样中存在不均匀系数最大的沙样。即在五种沙样中，3# 沙样的不均匀系数最大，级配最好。五种沙样中，不均匀系数最大的 3# 沙样，对应的最大干密度最大。其中 1#、2#、3# 沙样的最大干密度随不均匀系数 C_u 增大而线性增大，线性方程为 $\rho_{dmax} = 0.097\,2C_u + 1.410\,8$；相关系数 $R^2 = 0.995\,4$。4#、5# 沙样的最大干密度随不均匀系数的变化较小。其主要原因可能为 0.5～0.25 mm 粒径范围内颗粒含量大于一定比例时，小于 0.25 mm 粒径范围的颗粒含量变化对其最大干密度影响较小。

1.4.5.3 不同级配风积沙的击实试验

1）原始级配风积沙的击实试验

（1）试验仪器：重型标准击实筒、电子秤、烘箱、小刀。

(2) 试验参数：
① 击实筒容积：997 cm³。
② 击实锤重：4.5 kg。
③ 落距：45 cm。
④ 每层击实次数：27。

2) 试验结果及分析

原始级配风积沙的击实试验共进行了两组平行试验，沙样含水量的配制采用预先焖料的方法。图 1-24 给出了原始级配风积沙的击实曲线。试验结果表明，两组平行试验结果基本接近，最大干密度为 1.76 g/cm³，最佳含水量为 12.4%～12.7%。

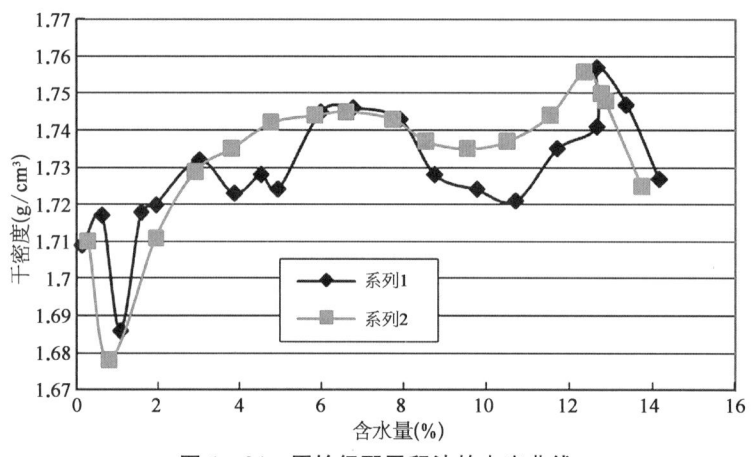

图 1-24　原始级配风积沙的击实曲线

3) 五种典型级配风积沙的击实试验

采用上述同样的试验仪器及试验参数对五种典型级配风积沙进行击实试验。由于配制的典型风积沙数量较少，因此，试样含水量的配制采取临时加水的方式。图 1-25 给出了五种典型级配沙样的击实曲线，图 1-26 给出了五种典型级配沙样的最大干密度和最佳含水量的比较结果。

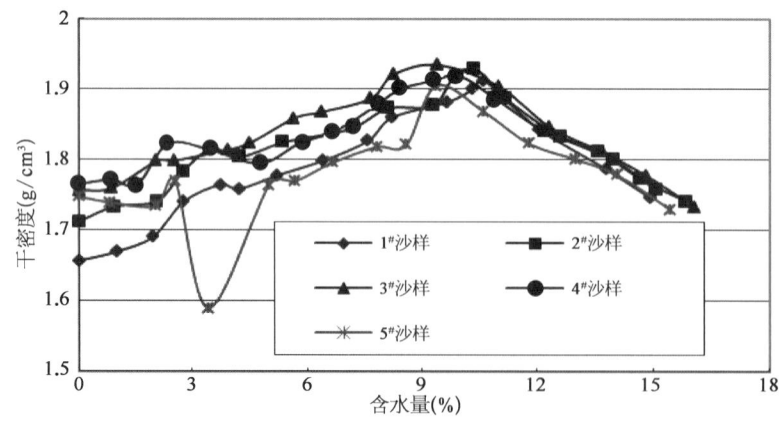

图 1-25　五种典型级配沙样的击实曲线

试验结果表明：五种典型级配风积沙的最大干密度变化范围为 1.905～1.935 g/cm³，最佳含水量为 9.37%～10.61%。其中最大干密度明显大于原始级配风积沙。主要原因可能为，重复击实对典型级配风积沙颗粒成分产生了明显的影响。沙样干燥后形成强度相对较高的块状体，因此无法检测其颗粒破碎情况。

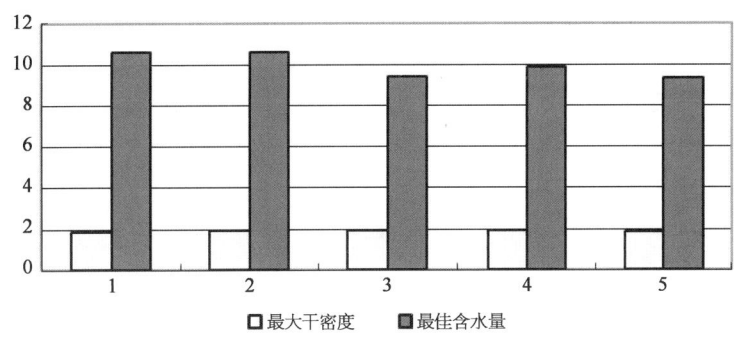

图 1-26 五种典型级配沙样的最大干密度和最佳含水量比较

1.4.5.4 不同级配风积沙的饱水振动试验

由于五种典型级配风积沙粒度成分在击实试验中被改变,且试样干燥后形成强度较高的块状结构,因此,试验人员只对原始级配风积沙进行了饱水振动试验,图 1-27 给出了原始级配风积沙饱水振动试验结果。

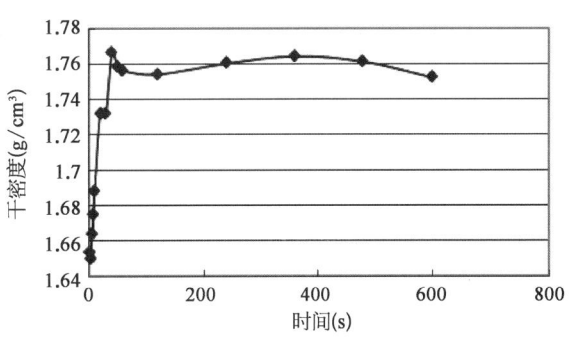

图 1-27 原始级配风积沙饱水振动试验曲线

试验结果表明:振动时间为 40 s 时,试样的最大干密度为 1.77 g/cm³,随着振动时间的延长,6 min 后沙样再次达到最大干密度 1.77 g/cm³,即采用上述试验仪器及试验参数,饱水振动时间少于 1 min 时也可得到沙样的最大干密度。因此,在进行饱水振动试验时,应增大振动 1 min 前的检测频率。

1.4.5.5 不同级配风积沙的直剪试验

不同级配风积沙的剪切试验分为两种工况:一是原始级配风积沙不同含水量状态时的剪切试验,分析含水量对风积沙直剪试验结果的影响;二是五种典型级配风积沙不同压实度时的直剪试验,了解压实度的变化及沙样的级配变化对直剪试验结果的影响。以下分别介绍这两种试验工况。

1) 原始级配风积沙的直剪试验

(1) 试验设备:手摇式直剪仪。

(2) 加载等级:100 kPa、200 kPa、300 kPa、400 kPa。

(3) 试验结果及分析:试验目的主要是了解含水量变化对风积沙直剪试验结果的影响。试样含水量的配制采用预先焖料的方式,即首先将试样全部烘干,按照拟定的含水量进行配制。表 1-40 给出不同含水量状态下风积沙的直剪试验结果,图 1-28 和图 1-29 分别给出含水量变化对风积沙内摩擦角和黏聚力的影响曲线。

表 1-40 原始级配风积沙的直剪试验结果

含水量(%)	0.0	2.0	4.0	6.0	10.0	14.0
内摩擦角(°)	23.3	29.3	26.3	26.6	27.3	29.8
黏聚力(kPa)	0.11	−0.13	−0.05	−0.665 5	−0.101 5	−0.114

试验结果表明:不同含水量的风积沙内摩擦角变化范围为 23.3°~29.3°,黏聚力的变化范围为 −0.65~0.11 kPa,风积沙的内摩擦角、黏聚力与含水量之间无明显关系。当含水量大于 4% 时,内摩擦角有增大趋势。其主要原因可能为,采取预先焖料的方式配制沙样时,含水量增大到一定的程度,

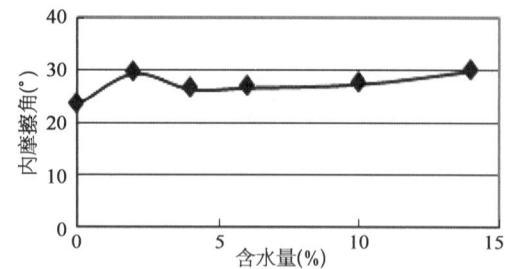

图 1-28 风积沙内摩擦角与含水量之间的关系

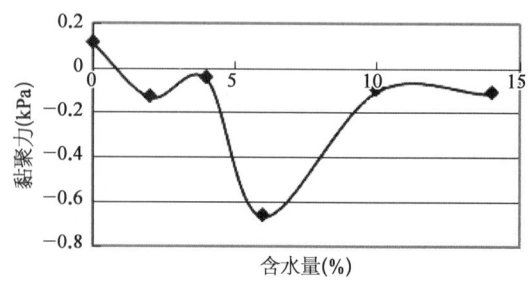

图 1-29 风积沙黏聚力与含水量之间的关系

取样过程中由于水动力的作用,沙样的干密度变大。

2)五种典型级配风积沙的直剪试验

五种典型级配风积沙直剪试验的主要目的:一是了解五种典型级配风积沙压实度的变化对其直剪试验结果的影响;二是探索风积沙级配变化对其直剪试验结果的影响。由于风积沙为松散体,无法按照拟定的干密度和含水量制样,只能在剪切盒中制备不同干密度的沙样,并直接进行试验。因此试验过程中采取了以下措施:

(1)试验前将沙样全部烘干。试验前曾经考虑采用含水量约 2% 沙样进行试验,这样可接近风积沙的天然状态。由于试验时水分蒸发较快,每次试验时试样的含水量无法统一。其次由于水的存在对改装仪器形成了一定的困难。因此,试验前将试样全部烘干,既保证了每次试验时沙样含水量基本相同,又便于改装仪器时去掉剪切盒中的透水石。

(2)改装仪器,确保铜模中的沙样为圆柱体,以方便测出沙样的体积。剪切盒中土样上、下两面必须分别放置一块透水石,鉴于本试验沙样全部为干沙,因此,可用一定厚度且面积与剪切盒的圆面积基本接近的钢板代替。

(3)采取改变附加荷载及振动时间的方法来制备不同压实度的试样。大量的干振试验表明,沙样的干密度不仅与振动时间有关,而且与上部附加荷载有关,因此,试验时可通过改变上述两种因素来制备不同干密度试样。

3)试验步骤

试验过程中,具体试验步骤如下:

(1)加工厚度分别为 1 mm、3 mm、5 mm、10 mm、15 mm,直径为 61.82 mm 圆形钢板,用厚度为 5 mm 的钢板取代剪切盒底部的透水石,钢板与剪切盒间的缝隙用蜡进行密封。图 1-30 给出了仪器

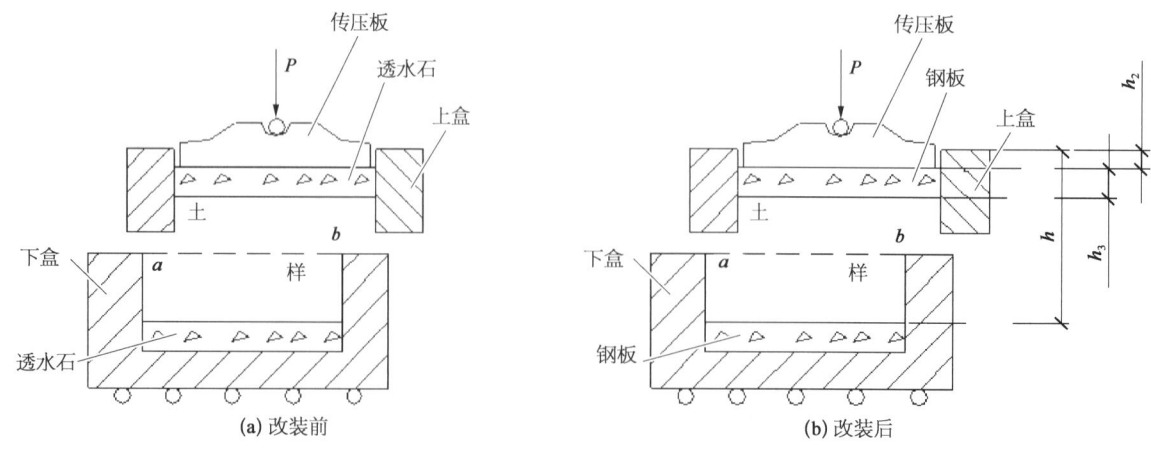

图 1-30 剪切盒改装前后的对比图

改装前后的对比图。

(2) 用深度规多次量取如图 1-31 所示的高度 h,取其平均值为 50 mm。

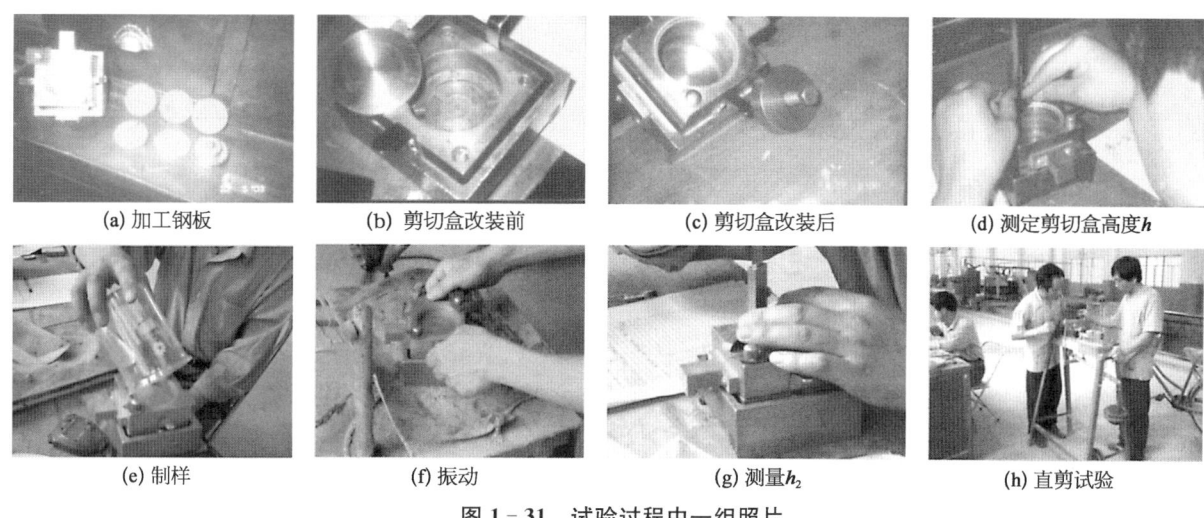

(a) 加工钢板　　(b) 剪切盒改装前　　(c) 剪切盒改装后　　(d) 测定剪切盒高度 h

(e) 制样　　(f) 振动　　(g) 测量 h_2　　(h) 直剪试验

图 1-31　试验过程中一组照片

(3) 称取一定量的沙样倒入剪切盒中,并在其顶面加盖厚度为 h_3 钢板,然后将剪切盒放在振动台上振动至规定时间。其中沙样顶面加盖的钢板厚度及剪切盒振动时间通过试验确定,具体数值见表 1-41。

表 1-41　典型级配风积沙直剪试验结果

试样编号	备注	最大干密度 (g/cm³)	压实度 (%)	内摩擦角 $\varphi(°)$	黏聚力 (kPa)
1#	自然堆积	1.62	82.4	32.5	−0.098
	加载 3 mm 钢板、振动 5 s		96.6	37.7	−0.029
	加载 5 mm 钢板、振动 15 s		99.3	39.5	−0.061
	加载 15 mm 钢板、振动 25 s		99.9	40.5	0.049
2#	自然堆积	1.67	82.1	25.1	0.135
	加载 3 mm 钢板、振动 5 s		97.3	37.3	0.089
	加载 5 mm 钢板、振动 15 s		99.7	39.2	0.078
	加载 15 mm 钢板、振动 25 s		99.8	41.6	−0.055
3#	自然堆积	1.73	81.8	25.3	0.144
	加载 3 mm 钢板、振动 5 s		96.0	36.5	0.113
	加载 5 mm 钢板、振动 15 s		99.0	40.9	0.069
	加载 15 mm 钢板、振动 25 s		99.0	40.0	0.081
4#	自然堆积	1.72	84.1	25.5	0.122
	加载 3 mm 钢板、振动 5 s		97.4	39.9	−0.037
	加载 5 mm 钢板、振动 15 s		98.8	40.4	−0.09
	加载 15 mm 钢板、振动 25 s		99.9	39.2	0.15

(续表)

试样编号	备注	最大干密度 (g/cm³)	压实度 (%)	内摩擦角 $\varphi(°)$	黏聚力 (kPa)
5#	自然堆积	1.72	83.5	25.5	0.082
	加载 3 mm 钢板、振动 5 s		97.1	35.0	0.065
	加载 5 mm 钢板、振动 15 s		99.7	38.1	0.053
	加载 15 mm 钢板、振动 25 s		99.4	38.0	0.097

（4）剪切盒振动完毕，多次测定图 1-31 中所示的高度，取其平均值 h_2，即可得到风积沙试样的高度 $h' = h - h_2 - h_3$。

（5）将剪切盒放在直剪仪的传动装置上，按照 JTG E40《公路土工试验规程》中规定的步骤试验和整理数据，图 1-31 给出试验过程中的一组照片。

4) 试验结果及分析

试验结果见表 1-41。图 1-32 给出不同级配风积沙内摩擦角与压实度之间的关系；并将回归方程中斜率 k 即内摩擦角随压实度的增长率，与不均匀系数进行比较，如图 1-33 所示。图 1-34 给出 2#、3#、4#、5# 沙样内摩擦角与压实度之间的综合回归曲线。图 1-35 给出五种典型级配沙样内摩擦角与压实度之间的综合回归曲线。

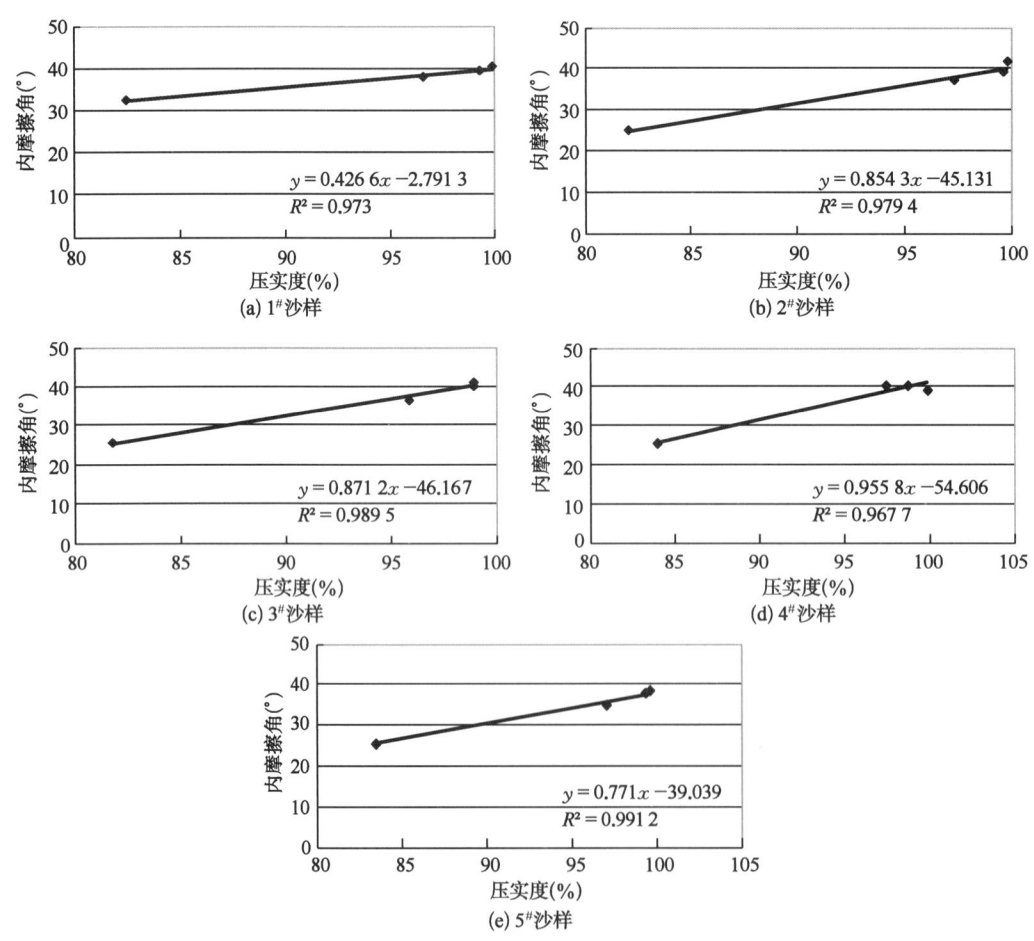

图 1-32 典型级配风积沙内摩擦角随压实度变化关系

上述试验结果表明：

(1) 不同级配沙样内摩擦角与其压实度之间线性相关，回归方程分别为

$1^{\#}$ 沙样　　$y = 0.4266x - 2.7913 \quad R^2 = 0.973$ 　　(1-4)

$2^{\#}$ 沙样　　$y = 0.8543x - 45.131 \quad R^2 = 0.9794$ 　　(1-5)

$3^{\#}$ 沙样　　$y = 0.8712x - 46.167 \quad R^2 = 0.9895$ 　　(1-6)

$4^{\#}$ 沙样　　$y = 0.9558x - 54.604 \quad R^2 = 0.9677$ 　　(1-7)

$5^{\#}$ 沙样　　$y = 0.771x - 39.039 \quad R^2 = 0.9912$ 　　(1-8)

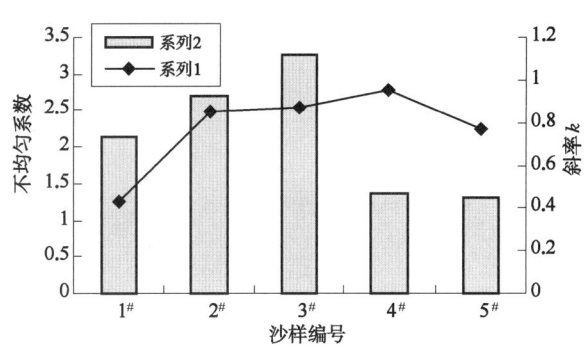

图 1-33　斜率 k 与不均匀系数比较结果

式中　y——内摩擦角 (°)；
　　　x——压实度 (%)。

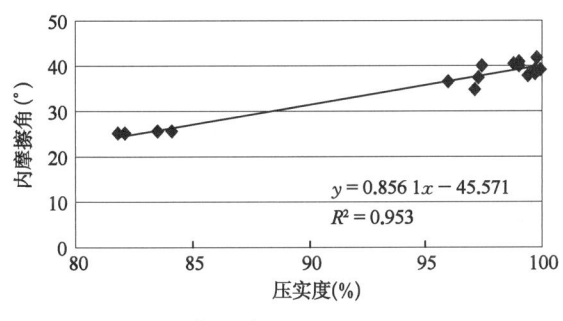

图 1-34　$2^{\#} \sim 4^{\#}$ 沙样内摩擦角与压实度之间的综合回归曲线

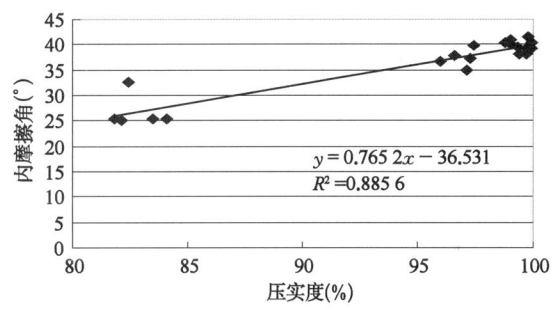

图 1-35　五种典型级配沙样内摩擦角与压实度之间的综合回归曲线

(2) 不同级配沙样内摩擦角与压实度之间线性方程的斜率 k（斜率 k 表示沙样压实度变化时，内摩擦角增长率）与其不均匀系数比较结果表明，斜率 k 最大的为 $4^{\#}$ 沙样，而不是不均匀系数最大的 $3^{\#}$ 沙样。$2^{\#} \sim 5^{\#}$ 沙样斜率基本接近，变化范围为 $0.771 \sim 0.9558$，明显大于 $1^{\#}$ 沙样的斜率 k。其主要原因可能为风积沙的内摩擦角与其粗颗粒所占比例有关，当 $0.25 \sim 0.5$ mm 粒径范围内的颗粒含量大于一定范围时，沙样的内摩擦角随压实度变化的增长率基本相同。

(3) 图 1-33 及图 1-34 表明，五种典型级配沙样的内摩擦角与压实度的综合回归方程为 $y = 0.7652x - 36.531$，相关系数 $R^2 = 0.8856$；而 $2^{\#} \sim 5^{\#}$ 沙样的内摩擦角与压实度的综合回归方程为 $y = 0.8561x - 45.571$，相关系数 $R^2 = 0.953$。因此，当 $0.25 \sim 0.5$ mm 粒径范围内颗粒含量大于 30% 时，沙样的内摩擦角与其压实度之间的线性回归方程为下式：

$$y = 0.8561x - 45.571 \quad R^2 = 0.953 \quad\quad (1-9)$$

式中　y——内摩擦角 (°)；
　　　x——压实度 (%)。

1.5 风沙流运动特征及对公路的危害

1.5.1 风沙运动基本规律

1.5.1.1 风沙流运动的特征

风沙流是指含有沙粒的运动气流。运动的沙粒由于是从气流中获取运动的动量,因此,沙粒只是在一定的风力条件下才开始运动。当风力逐渐增大到某一临界值以后,地表沙粒开始脱离静止状态而进入运动,这个使沙粒开始运动的临界风速称为起动风速。一切超过起动风速的风,被称为起沙风。

起动风速是确定风沙运动发生与否及其强度的重要判据。沙粒的起动风速主要受沙粒粒径的制约。拜格诺根据流体在起动条件下,作用在沙粒上的迎面阻力(拖曳力)和重力的平衡,导出了沙粒开始移动的临界速度与粒径关系表达式,见下式:

$$U_{*t} = A\sqrt{\frac{\rho_s - \rho}{\rho}gd} \tag{1-10}$$

式中 U_{*t}——临界摩擦速度;
ρ_s——沙粒密度;
d——沙粒的粒径;
g——重力加速度;
A——经验系数。

任何高程 Z 上的流体起动速度 U_t 则为

$$U_t = 5.75A\sqrt{\frac{\rho_s - \rho}{\rho}gd} \times \lg\frac{Z}{Z_0} \tag{1-11}$$

式中 Z_0——粗糙度。

式(1-10)、式(1-11)表明,若设系数 A 是一个常数,则起动风速和沙粒径的平方根成正比。

沙粒的起动风速除主要取决于粒径外,还与地表性质、沙子含水率和植被盖度等多种因素有关。

地表性质对起动风速的影响,表现为粗糙地表由于摩擦阻力大,必然要增大起动风速。水分(含水率)和盐分能显著地影响沙粒的起动风速。沙子在湿润情况下,能增加其黏滞性,加强沙子的团聚作用,因而也就要求沙子的起动风速值加大。

植被盖度对起动风速的影响不言而喻。沙面上生长有植被,可增大粗糙度。根据观测,在沙丘上种草以后,其粗糙度要比种草前增大 25 倍。由于粗糙度增大,摩擦阻力加大,从而提高了临界起动风速。

鉴于起动风速受到众多因素的影响,因此,在实际工作中,多采用风速仪进行野外观测,来确定某一地区的沙子起动风速。吴正和凌裕泉(1965 年)曾在我国新疆塔里木盆地布古里沙漠中,对沙丘的起动风速进行了观测(表 1-42)。观测结果表明,对于一般干燥裸露的沙质地表来说,当离地表 2 m 高处风速达到 4 m/s 左右,或相当于气象台站风标风速≥5 m/s 时,大部分沙子(沙漠沙多属 0.1~0.25 mm 的细砂)可被起动,形成风沙流。

表 1-42　沙粒粒径与起动风速值(新疆莎车布古里沙漠)

沙粒粒径(mm)	起动风速(离地 2 m 高处)(m/s)
0.10~0.25	4.0
0.25~0.50	5.6
0.50~1.00	6.7
>1.00	7.1

沙粒在气流中运动,依风力、颗粒大小和质量不同,有悬移、跃移和表层蠕移三种形式。

野外观测表明,通常粒径>0.5 mm 的颗粒(特别是>1.0 mm)大都是蠕移搬运的,0.1~0.15 mm 的沙粒最易以跃移的形式运动,而<0.05 mm 的粉沙颗粒则以悬浮状态搬运为主。

在风沙运动的三种基本形式中,呈悬浮状况搬运的沙量仅占全部搬运沙量很少一部分,尚不到 5%,甚至在 1% 以下;因此,可以忽略不计。所以,构成风沙运动的沙粒主要是跳跃和蠕移运动的,其中又以前者占大多数。野外观测查明,在一般风力条件下,跃移沙量平均约占全部搬运沙量的 3/4(表 1-43)。因此,气流所搬运的沙子数量(输沙率)是密切依赖颗粒跳跃运动强度的。

表 1-43　不同风速下气流中跃移搬运和蠕移搬运的沙量(新疆莎车)

风速(2 m 高处)(m/s)	总输沙量(g/min)	跃移		蠕移	
		沙量(g/min)	%	沙量(g/min)	%
5.0	0.78	0.54	69	0.24	31
6.0	1.39	1.08	78	0.31	22
7.0	2.83	1.94	77	0.59	23
8.0	4.05	2.23	80	0.82	20
9.0	6.19	5.04	81	1.15	19
10.0	9.42	7.56	81	1.86	19
平　均	—	—	78	—	22

气流搬运的沙量(输沙率),和风速超过沙粒开始运动的定常起动速度的三次方成正比;也就是说,当风速显著地超过起沙风速后,气流搬运的沙量就急剧地增加(表 1-44)。

表 1-44　风速与输沙量的关系(新疆莎车)

风速(2 m 高处)(m/s)	0~10 cm 高程内的输沙量[g/(cm·min)]
4.5	0.37
5.5	1.04
6.5	1.20
7.4	2.27
13.2	19.44
15.0	35.58

风沙流运动是一种贴近地面的沙子搬运现象,其搬运的沙量绝大部分是在离地表 30 cm 的高程内通过的,其中又特别集中在近地面 0~10 cm 的气流层中(表 1-45)。

表 1-45 不同高度气流层内搬运的沙量(%)(内蒙古乌兰布和沙漠;2 m 高处风速为 8.7 m/s)

高度(cm)	0~10	10~20	20~30	30~40	40~50	50~60	60~70
沙量(%)	76.7	8.1	4.9	3.5	2.7	2.3	1.8

认识风沙流运的这一性质,对防沙工程具有重要的指导意义。例如,设计用于防风固沙的沙障就不需要很高的尺寸,一般只要露出沙面 20~30 cm 即可收到良好的效果。

1.5.1.2 沙丘移动规律

沙丘移动是相当复杂的,与风、沙丘高度、水分、植被等很多因素有关。风是产生沙丘移动的动力因素。但是,并不是所有的风都对沙丘移动起作用,只有大于沙粒的临界起动风速的起沙风才是有效的。这种起沙风,从新疆塔克拉玛干沙漠各地气象站风的观测资料统计(每天观测四次)中可以看出,其仅占各地区全年观测过的风的很小的一部分。如且末的起沙风(≥5 m/s)占全年风总出现次数(频率)的 19.7%,占全年总风速的 42.8%;安迪尔分别为 11.5% 和 23.9%;于田更小,仅占 4.2% 和 10.8%。因此,对于沙丘的移动来说,大部分小于起沙风速的风应当属于"静风";沙丘的移动性质和强度只是取决于一小部分起沙风的状况。

1) 沙丘移动的性质

根据野外观测,沙丘移动的性质(移动方向和方式)和起沙风风况的关系有下列两点:

(1) 沙丘移动的方向随着起沙风风向的变化而变化,移动的总方向和起沙风的年合成风向大体相一致;如新疆莎车阿瓦提地区沙丘移动的总方向平均为 S50°E,而起沙风的年合成风向是 N40°W;皮山地区两者分别 S70°E 和 N70°W。

(2) 沙丘移动的方式取决于风向及其变化规律,可以分为下面三种情况(图 1-36):第一种方式是前进式(图 1-36a),这是在单一的风向作用下产生的。如我国塔克拉玛干沙漠的一部分、柴达木盆地的沙漠、巴丹吉林沙漠、腾格里沙漠的西南部等地,是受单一的西北风或东北风的作用,沙丘均以前进式运动为主(或微有往复摆动)(图 1-37)。第二种是往复前进式(图 1-36b),它是在两个风向相反且风力大小不等的情况下产生的。在冬、夏季风交替的地区,沙丘移动都具有这种特点。如我国东部各

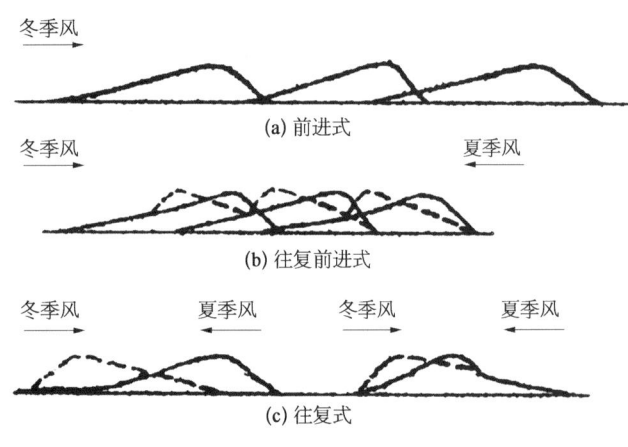

图 1-36 沙丘移动的三种方式

沙区,冬季在主风西北风的作用下,沙丘由西北向东南移动;到夏季,受东南季风的影响时,沙丘则产生逆向运动。不过,由于东南风的风力一般较弱,所以还不能完全抵消西北风的作用,故总的来说,沙丘还是缓缓地向东南移动(图 1-38)。第三种是往复式(图 1-36c),是在风力大小相等、方向相反的情况下产生的。这种情况一般较少见。

2) 沙丘移动的速度

沙丘移动的速度主要取决于风速和沙丘本身的高度。如果沙丘在移动过程中,形状和大小保持不变,则迎风坡吹蚀的沙量,应该等于背风坡堆积的沙量。在这种情况下,沙丘在单位时间里前移的距离 D,如图 1-39 所示。

如图 1-39 所示,取一小块面积 $ABCE$,其中 BE 为沙丘在单位时间内的前移距离,也就是沙丘

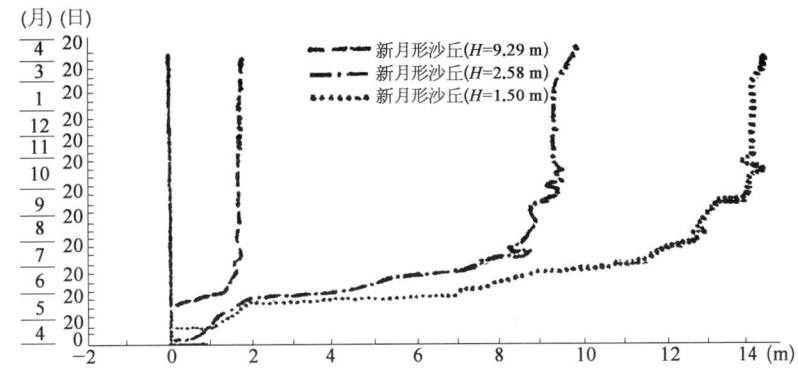

图 1-37 布古里沙漠东南部沙丘移动图(1960 年 4 月—1961 年 4 月)

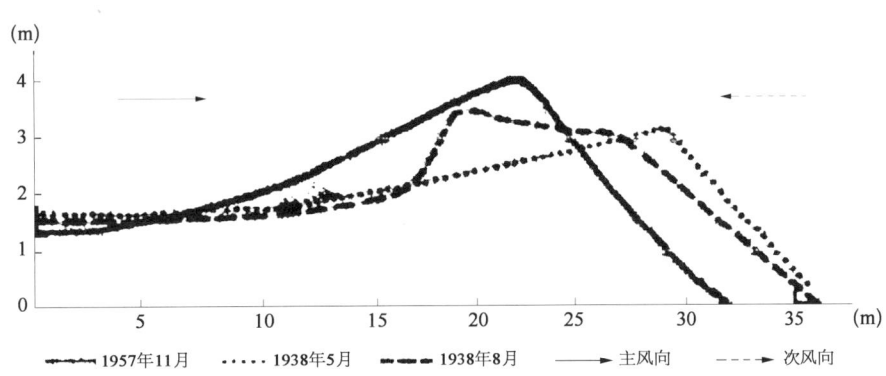

图 1-38 茶坊庙北沙丘移动横断面图

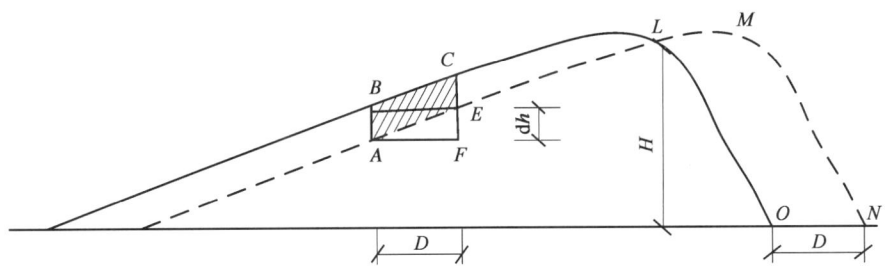

图 1-39 沙丘移动速度的几何图解

的移动速度,以 D 表示,由图看出,$S_{\triangle ABC}=S_{\square ABEF}$。 如果在单位宽度通过这一小面积的沙量为 $\mathrm{d}Q$,则可以写出下面的关系式:

$$\mathrm{d}Q = \gamma D \mathrm{d}h \tag{1-12}$$

式中 γ——沙子容量。

在单位时间内通过单位宽度,从迎风坡搬运到背风坡的总沙量为

$$\int_0^Q \mathrm{d}Q = \int_0^H \gamma D \mathrm{d}h \tag{1-13}$$

对上式两边进行积分得

$$Q = \gamma D H$$

或

$$D = \frac{Q}{\gamma H} \tag{1-14}$$

式中 H——沙丘高度。

由式(1-14)可以看出,沙丘移动速度与其高度成反比,而与输沙量成正比。又因输沙量和起沙风速的三次方成正比,所以沙丘移动速度也就同样和风速的三次方成正比。沙丘移动速度与其高度成反比的关系,已为野外观测所证实(表1-46)。刘振兴(1960年)还根据其推导的沙丘移动速度公式,制出计算沙丘移动速度的图表(图1-40),只要知道风速和沙丘高度,即由图可很快地查算出沙丘移动速度。

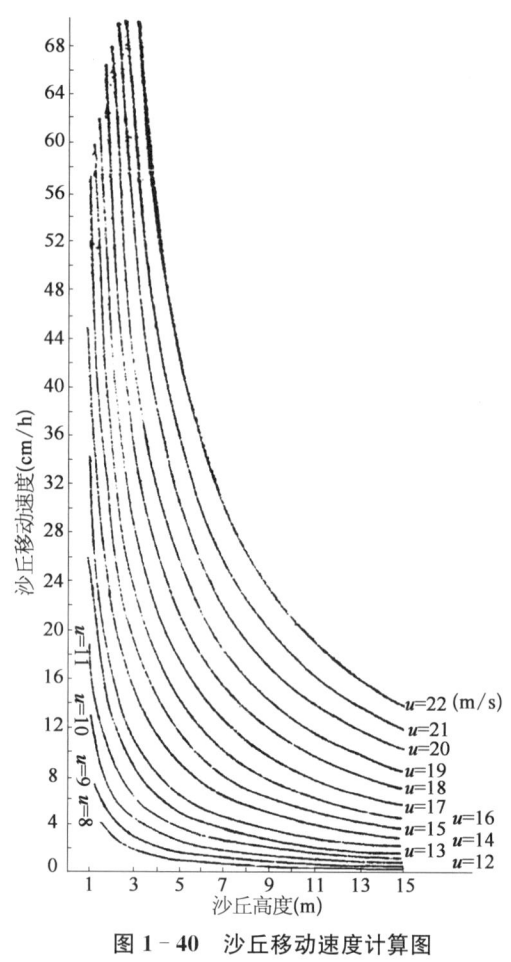

图1-40 沙丘移动速度计算图

表1-46 不同高度沙丘的移动速度(甘肃民勤)

沙丘高度(m)	4.5	5.5	8.0	9.0	13.0
移动速度(m/年)	10.0	8.7	6.2	5.0	4.0

沙丘移动速度除了主要受风速和沙丘本身高度的影响外,还与植被、沙丘水分状况等因素有关。植被对沙丘移动的影响,在于沙丘上生长了植物后,能大大削弱近地表层风速,减少沙子吹扬搬运的数量,从而使沙丘移动速度减慢,甚至完全终止。所以,植物固沙是治理沙害的重要措施。沙丘湿润时(大部分与降水有关),沙子的黏滞性和团聚作用加强了,从而不易被吹扬搬运,所以影响了沙丘移动的强度。

鉴于影响沙丘移动的因素是相当复杂的,沙丘移动的实际速度随当地条件而变化。因此,在实际工作中,通常采用野外插标杆、重复多次地形测量、多次航空影像测量等方法,以求得各个地区沙丘移动的实际速度。例如,在我国甘肃金塔地区,根据1968年和1975年两次地形测量图,测量了若干组不同高度的沙丘移动速度,并用数理统计方法,求得沙丘移动速度与沙丘高度的相关性,其关系式为

$$D = 14.03 - 0.64H \quad r = 0.80 \tag{1-15}$$

由式(1-15)得出该地区不同高度沙丘的平均年移动速度(表1-47)。

表1-47 金塔不同高度沙丘的移动速度

沙丘高度(m)	3	4	5	6	7	8	9	10	11	12	13	14
移动速度(m/年)	12.1	11.5	10.3	10.1	9.5	8.9	8.3	7.6	6.9	6.4	5.7	5.1

按照各地沙丘年平均前移速度的大小,我国沙漠地区沙丘移动速度大致可以分成以下三种类型:

(1)慢速的类型。年前移值不到5 m,如塔克拉玛干沙漠和巴丹吉林沙漠的大部分地区。

(2)中速的类型。年前移值在5~10 m,如塔克拉玛干沙漠的西南部、腾格里沙漠的东南部、毛乌素沙地及科尔沁沙地中的流动沙丘、柴达木盆地南缘的沙丘以及准噶尔盆地精河地区的沙丘等。

(3)快速的类型。年前移值在10 m以上,如塔克拉玛干沙漠南部边缘的低矮沙丘,乌兰布和沙漠东部及河西走廊安西、民勤绿洲中的沙丘等。

1.5.2 公路沙害类型

风沙地区公路沙害类型主要有两种：路基和路面的风蚀；路基、路面和桥涵的沙埋。

1) 风蚀

风蚀包括吹蚀和磨蚀两种作用。众所周知，风沙地区自然条件的一个重要特征是风大沙多；而修筑的路基又往往是就地取材的沙土，缺乏黏性、松散，易于受到风力作用，沙粒很容易被风吹走，产生路基吹蚀；或因风沙流中的沙粒不断冲击路基、路面，发生磨蚀；倘若地表径流侵蚀路基而使之具有流痕或孔穴时，风沙流尚能钻入孔穴内旋磨，以致将沙填路基的路肩部分或路面下土基掏空，造成塌陷。路基风蚀主要集中表现在凸起的迎风部位上。风蚀状况随路基形式与风向的不同而异。

路堤风蚀多发生在迎风路肩和边坡上部，特别是高路堤风蚀最为严重（表1-48），常常形成上陡下缓、坎坷不平的风蚀坡面。一般风蚀量为十几厘米，最大可达数十厘米，整个路肩可被风蚀殆尽。不仅增加了养护上的维修帮补工程土方量，而且由于风蚀后减窄路基宽度，严重影响了行车安全。

表1-48 路基高度与风蚀深度的关系

路基高度(m)		0.3	0.5	1.0	1.5	2.0	2.5	3.5
风蚀深度(cm)	迎风路肩	7	9	13	16	18	24	29
	背风路肩	7	8	10	14	14	17	23

注：① 观测地点在内蒙古伊乌公路、锡宝公路和包西公路。
② 观测时间为5~8年。

路堑风蚀以边坡和堑顶最为严重。当主导风向与线路平行时，两侧坡面常被风蚀成犁沟状，沟深可达20cm以上，线路与主导风向垂直时，堑顶形成浑圆状或不规则形状，迎风坡面常风蚀成犬牙状，或成袋形涡穴。被风蚀的沙土塌落于堑内，堵塞公路。

无路是哪种断面形式的路基，其风蚀程度与风力大小、风沙流强度、填筑材料、坡面有无封闭材料的性质等有关。

2) 沙埋

沙埋是风沙地区公路的主要沙害。我国风沙地区面积广大，通过沙区的公路干线和支线众多，在治沙工作上尽管做了努力，但公路沙埋的危害仍不同程度存在着。

公路沙埋按其积沙形式，可分为片状积沙、舌状积沙和堆状积沙三种基本形式。

（1）片状积沙。其特点是积沙范围大，往往积沙整片相连沿路面绵延数十米至数百米，甚至可达数公里。沙子堆积过程为：一般先在路堤迎风一侧路肩，或下风顺边坡和路肩（当下侧有微地形起伏）开始，然后逐渐向路中心扩展，使整个路面沙埋。片状积沙厚度较小，一般为10~20cm，最大厚度可超过30cm。这种沙害在形成初期对行车影响虽然不大，但给养护造成困难，因消除积沙需要花费大量的人力物力；可是若不及时清除，积沙日益增厚，也能严重影响交通，甚至阻断汽车通行。

（2）舌状积沙。这种沙害掩埋地段不长，为数米至十多米，沙子堆积形态呈前低后高、前窄后宽状似舌头的沙体伸向公路。主要发生在风口地段，特别是当路堤上风侧有障碍物（如高低起伏的地形、弃土堆和灌丛沙堆等），路堑口有斜向风吹入或线路横切沙丘走向时较为普遍。舌状积沙形成较快，积沙厚度较大，易造成阻车。

（3）堆状积沙。它是由沙丘前移到公路造成的。由于沙丘的移动方向和速度可以测量，所以沙害能够预测。但一经形成，因积沙量大，清除积沙工作艰巨，可中断交通，甚至被迫弃路，改由他处绕行，因而危害严重。

1.5.3 公路沙埋危害的成因分析

造成公路沙害的原因很多,归纳起来,有自然因素和人为因素两个方面。自然因素主要是风和沙源。风是引起风沙危害的动力,而丰富的沙源则是形成风沙危害的物质基础。一般来说,干旱的荒漠和半荒漠地区,风沙对公路的危害,主要是由于自然因素的影响;而在植被较为稠密的半干旱的干草原、半湿润的草原地区,沙害的发生则往往是人为因素起着重要作用。由于不合理的农垦、过度放牧和樵采等人为活动,破坏了天然植被使流沙再起或引起土地沙化;在公路施工中,大面积破坏线路两侧的天然植被,或者取、弃土不合理,又未及时采取防护措施,均可人为造成沙害。

无论是自然还是人为因素所引起的风沙对公路的沙埋危害,按其成因有二:一是风沙流受阻导致的沙埋;二为沙丘移动导致的沙埋。

1) 风沙流受阻沙埋

风沙流受阻沙埋与路基横断面特点有关。风沙流在沿平坦的沙质地表运动过程中,只有因动床沙面引起的摩擦阻力,也即沿程阻力损失,对风力减弱甚微,对沙子的搬运影响不大。但当气流运行过程中遇到路堤时,由于地形的突然变化,就会引起贴地层气流的分离,形成涡旋,增加了局部阻力,使近地面气流速度大大减低,从而削弱了气流搬运沙子的能量,引起多余部分沙子从风沙流中沉落堆积。

野外用丝绸法观测表明,路堤迎风路肩部分分离区是很薄的,厚20 cm左右(图1-41),涡流强度也不大,因而对贴地层风速的减弱作用有限,只是在迎风坡脚和背风坡,分离减速才比较明显。分离减速的大小,与其边坡坡度和路堤高度有关,路堤愈高陡,减速范围愈大。减速区一般迎风坡为路堤高度的3~4倍,背风面为7~8倍(表1-49)。半填半挖的地段和路堑分离显著,涡旋的尺度和强度都较大,减速也较明显(图1-42)。正因为这样,如实际所见,也正是半填半挖的地段和路堑最易积沙,造成沙害;而路堤积沙比较轻微。根据野外风沙流的观测,一定风力的风将有一定的输沙率,在一定风力作用下,坚实固定的表面(如砂砾路面、沥青路面、水泥混凝土路面等)上的输沙率要比松散

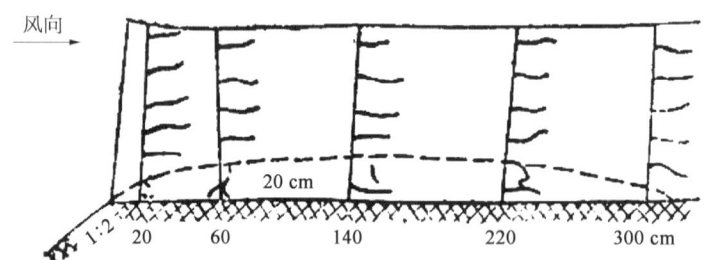

图1-41 路堤迎风路肩附面层分离图(野外用丝绸法测定,根据照片描绘)

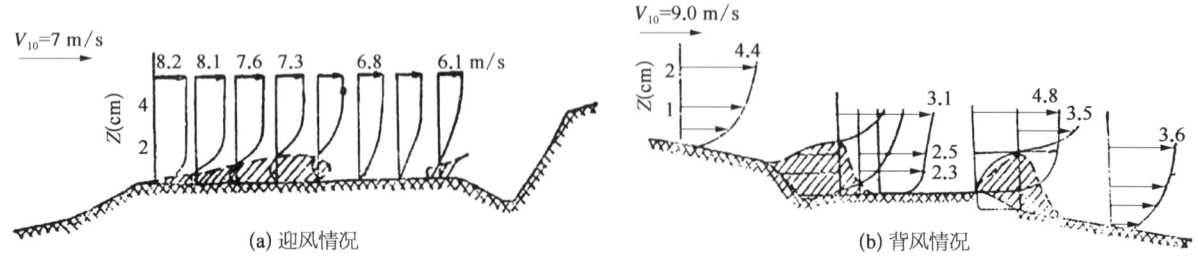

图1-42 半填半挖路段公路模型附面层分离图(模型比例尺1/50;图比例尺1/100)

第1章 风积沙分布及其工程特性

表 1-49 不同高度路堤（边坡 1:1.5）对沿程风速的影响

堤高(m)	观测高度(cm)	堤前旷野 风速(m/s)	堤前旷野 增减(%)	堤前4H处 风速(m/s)	堤前4H处 增减(%)	迎风坡脚 风速(m/s)	迎风坡脚 增减(%)	迎风坡中 风速(m/s)	迎风坡中 增减(%)	迎风路肩 风速(m/s)	迎风路肩 增减(%)	路基中心 风速(m/s)	路基中心 增减(%)	背风路肩 风速(m/s)	背风路肩 增减(%)	背风坡中 风速(m/s)	背风坡中 增减(%)	背风坡脚 风速(m/s)	背风坡脚 增减(%)	堤后(7~8H 处) 风速(m/s)	堤后(7~8H 处) 增减(%)
0.0	15	8.3	0	—	—	—	—	—	—	—	—	8.3	0	—	—	—	—	8.2	0	—	—
0.0	200	10.2	0	—	—	—	—	—	—	—	—	10.2	0	—	—	—	—	10.2	0	—	—
0.5	15	8.4	0	8.3	−1	4.5	−46	—	—	8.9	+6	8.5	+1	8.7	+3	—	—	3.5	−58	8.4	0
0.5	200	10.1	0	10.2	+1	6.1	−40	—	—	11.2	+11	10.4	+3	10.6	+3	—	—	5.7	−44	10.1	0
1.0	15	8.4	0	8.0	−5	4.3	−49	5.2	−38	9.2	+10	7.1	−16	7.6	−9	6.9	−18	3.4	−60	8.4	0
1.0	200	10.3	0	10.7	+4	6.5	−37	7.3	−29	11.6	+15	9.0	−13	9.9	−4	9.3	−10	5.8	−44	10.2	+1
1.5	15	8.5	0	8.3	0	4.3	−50	5.4	−36	10.4	+22	6.9	−19	7.2	−15	5.3	−38	3.1	−64	8.6	−1
1.5	200	10.1	0	10.2	+1	5.7	−44	7.4	−27	13.9	+26	8.1	−11	9.2	−10	6.1	−36	4.1	−53	10.0	−1
2.0	15	8.2	0	8.3	+1	3.9	−53	4.6	−44	9.5	+28	6.1	−24	6.6	−18	4.6	−44	2.5	−69	8.2	0
2.0	200	10.3	0	10.4	+1	5.5	−47	8.1	−21	14.0	+36	9.3	−10	9.9	−4	6.2	−40	4.7	−54	10.2	0
2.5	15	8.1	0	8.1	0	3.7	−54	4.5	−44	9.7	+20	6.6	−18	7.5	−7	3.2	−60	2.4	−71	8.1	−1
2.5	200	10.4	0	10.6	+2	5.2	−50	7.0	−33	13.3	+28	9.4	−9	9.8	−6	5.2	−51	3.7	−66	10.4	0
3.0	15	8.3	0	8.1	−2	4.4	−59	5.0	−40	10.3	+24	6.3	−19	7.5	−7	5.2	−37	3.8	−66	8.3	0
3.0	200	10.3	0	10.3	0	4.8	−53	6.6	−36	13.4	+30	8.5	−17	10.0	−3	5.4	−48	5.0	−53	10.2	0
3.5	15	8.4	0	8.5	+1	3.5	−58	4.2	−50	10.6	+26	6.7	−20	8.1	−4	3.4	−59	2.6	−69	8.4	0
3.5	200	10.2	0	10.1	−1	4.5	−54	6.1	−40	13.8	+35	8.8	−13	10.6	+4	5.7	−44	5.1	−50	10.2	0

注：测点风速的增减百分数，系以堤前旷野不受路堤干扰平地处风速为准。设其为 0；H 为堤高。

沙面上的输沙率大得多。例如 315 线公路民丰亚通古斯的观测表明，1.5 m 高处风速为 8.0~8.4 m/s 时，砂砾路面上的输沙量要比流沙上大近 1 倍，前者为 6.22 g/(cm·min)，后者为 3.43 g/(cm·min)，在坚实地面上由于产生沙粒（主要是过境沙子）强烈地向高处弹跳，增加了上层气流中搬运的沙量，使下层处于未饱和状态。

运动的沙粒（跃移）对风起了一种特殊的额外阻力（动沙阻力），沙粒在稳定地表上运动对风所产生的阻力，要比在流沙地表上所产生的阻力要小。所有这些，都有利于风沙流的非堆积搬运。因此，路堤横断面有利于输沙时，路面一般不至于造成较严重的风沙流受阻沙埋危害。路堤易发生风沙流危害的，只有在路线为小半径平曲线的地段或紧靠路侧有障碍物的地段。

风沙流受阻堆积造成公路沙埋的形成，主要为片状积沙和舌状积沙。

2) 沙丘移动的沙埋

沙丘移动是风力作用下，沙子在沙丘的迎风坡吹扬、搬运，而在背风坡堆积的结果。沙丘背风坡（落沙坡）是一个稳定、明显的涡流弱速区，来自迎风坡的跃移和蠕移的沙粒在通过丘脊后，都在背风坡的风荫区沉积下来。沙丘的爬越性能很强，因此，一旦沙丘前移到公路，就造成大量的沙子堆积，形成堆状积沙。

第 2 章 选线原则与路线布局

沙漠公路选线应因地制宜,结合当地特点和条件,综合考虑交通安全、环境景观、技术经济、方便快捷等要求,灵活应用选线原则,掌握各种情况下的选线要点和线性指标,达到减少公路沙埋和风蚀的目的。路线布设不仅要考虑线形和沙害的关系,还应考虑线形和交通安全、环境景观、地貌特征、公路等级,结合不同的沙漠类型和公路工程的特点,最终确定有利于风沙流顺畅通过的路线线位和线形,在此基础上配以工程或植物防沙措施,达到防止沙害的目的。

2.1 沙漠公路设计新理念和指导思想

随着社会的发展、技术的进步,人们的观念也在不断更新,在充分认识沙漠特点的情况下,提出沙漠公路设计应体现以人为本和安全第一的理念;体现环境保护和可持续发展的理念;体现顺应宏观地形与自然和谐相处的理念;体现技术合理资源节约的理念;体现合理选用技术指标,树立创作的理念;通过有特色的指导思想和系统化设计使沙漠公路选线和线形设计以及后期建设和运营更加合理。

1) 以人为本和安全第一的理念

随着社会的发展和人民生活水平的提高,人们对交通条件已不满足于过去的畅通要求,提出了越来越多的安全、舒适、美观等要求。设计中坚持以人为本的观念,就是要体现用户至上,体现对人的关注,体现人性化的要求,例如通过舒适的线形、人造景观环境、人性化的标志等消除乘客在沙漠中长途旅行的单调、疲劳和不舒适感,从而满足人们的多方面需求和促进人的全面发展,不断提高人民群众的生活质量和创造良好的生活生产条件,维护好人民群众的根本利益。

交通安全关系到人的生命,是人们的首要需求。沙漠公路存在交通量小,车速高,距离长,景观单调;风沙危害时能见度低导致视距不良;路面时常有浮沙,容易侧滑;远离城镇,救援困难等很多对安全不利的因素。在设计中,要充分考虑行车安全要求,做到安全选线;既要考虑沙漠公路的自身防沙安全,又要尽量采用高指标的良好平纵线形,设置必要的符合实际速度要求的各种标志,必要时设置人造景观,提醒驾驶人员,消除公路安全隐患黑点;在路线方案设计中要将安全放在首位,切实为公路使用者提供安全保障和人性化的服务。

2) 环境保护和可持续发展的理念

环境保护是人类发展的永恒主题,沙漠地区自然条件复杂,环境恶劣,生态系统脆弱,一旦遭到破坏,需要很长时间才能恢复。修筑和运营沙漠公路,特别是在有植被的固定、半固定沙漠地区修筑公路时,不可避免地要破坏原有沙漠的生态环境。为了坚持可持续发展战略,造福子孙,在沙漠公路修筑时,要始终把保护、恢复生态环境放在重要位置,尽量少触动自然生态,一旦破坏要及时恢复,将工程防护与生态防护结合起来,把设计作为改善环境的促进因素,力求在沙漠公路建设中保护环境,在环境保护中得到防沙收益,保持公路畅通。

3) 顺应宏观地形与自然和谐相处的理念

沙漠地区地形地貌复杂,风沙自然灾害严重,宏观地貌上基本达到了一种自然平衡,在沙漠地区筑路首先要尊重自然,尽量做到路线和自然环境及宏观地貌相适应、相协调,使沙漠公路顺应自然、融入自然。

沙漠地形破碎,若完全顺地形布线,必然导致不良线形,影响交通安全和快速运营。顺应自然是指顺应宏观自然地形,不是随地形变化,随意降低公路线形指标,随弯就弯,要考虑大的地形地势,宏观上合理绕避严重风沙危害等大型地质病害地段,在局部微观上进行病害治理。恰当合理地运用技术指标,保持路线线形均匀、连续。调查和试验结果表明,与自然地形融合的线位和线形,不仅防沙效果好,而且最经济。

路线主线线形、路基断面形式、防护工程、标志标牌等沙漠公路的内部景观,应和自然地形地貌景观及人文景观相协调,保持连续性和节律性,避免突变;同时适当增加经过处理的有一定美化作用的宣传、环保等标志,改善沙漠公路单调的自然景观,从而使公路发展和自然环境相和谐。

4) 技术合理资源节约的理念

沙漠公路所经地区的地形地貌、环境、路线走廊带等都是不可再生的资源,应通过统筹规划、合理布局、远近结合、综合利用,使这些资源得到充分利用,从而产生最大的社会、经济和生态效益。

充分利用资源,采取因地制宜、从实际出发的思想,根据不同路段的具体情况对技术标准进行适当变化,合理应用。在保证安全和不影响公路使用功能的前提下,有利于环境保护,减少工程量,降低工程造价。

从环境保护和土地利用等角度考虑线位是一种不可浪费的资源,有条件时,采用沙漠公路线形指标应本着适度超前、一次到位的原则。

路线走廊带选择不仅影响到区域发展规划、技术标准、交通吸引能力,还将影响到各种资源的合理开发利用。沙漠公路走廊带中节点较少,应尽量连接,同时应根据路线走廊带内复杂的自然条件对方案进行综合筛选,使方案更加合理。

5) 技术指标灵活富有创作意识的理念

在沙漠公路设计中标准的合理选用十分重要,正确选择运用技术标准不仅影响公路的使用功能、服务水平和造价,而且直接影响到区域的自然环境和运营的安全与顺畅,同时对沙漠地区的可持续发展有着重要影响。

要正确理解和执行标准、规范,区分强制性标准和推荐性标准。充分考虑沙漠地区的特点和地理条件,在满足安全性、功能性条件下,通过工程方案和技术经济比选,科学确定技术标准,合理运用技术指标。不片面追求不符合实际需要和经济能力的高标准。

沙漠公路选线前应首先对全线的地形、地貌条件做出全面分析,根据交通量和地形地貌特点,将路线划分为若干个设计单元,针对每个单元选用适当的技术指标。对于地形开阔的不受限路段,应尽量采用较高平纵指标;对于交通量很小、地形条件复杂的路段,其技术指标不宜过高。设计中要注意路段之间的连接,技术指标应均衡与连续,做到高、低指标的合理过渡。驾驶员要逐步改变在驾驶操作中的心理活动,以适应沙漠地区复杂的自然环境。

在沙漠地区片面追求高指标会导致高填深挖路基频繁出现,严重破坏沙漠地貌的自然平衡,违背风沙流运动规律,极易造成沙害,同时使高路堤、高边坡增多,工程量增大,工程造价上升,而且对行车安全不利。当然过低的技术指标将会影响道路的使用功能,不利于行车安全。沙漠地区应根据实际地形地貌特点,灵活采用指标,对于裸露流动沙漠、环境不敏感区、局部地形受限路段,为提高线形指标,在满足防沙要求的同时,可适当出现较大的填挖,但不宜过大。主要理由是流动沙漠道路两侧一般都需要全断面固阻输综合工程防护措施,填挖后边坡放缓防护到位,一般都能满足防沙要求;另外风积沙土方施工较容易,造价增加不多。而对于固定和半固定沙漠,则应结合地形、地貌等条件,将环保放在首位,灵活运用指标,避免或减少大填大挖。

要大胆创新,树立创作意识,抓住重点,突出功能实效,合理、灵活地运用技术指标,以安全、环保、经济为目标,重视线形设计,使沙漠公路建设与自然景观达到完美的结合。

6) 设计指导思想

通过对上述理念的归纳,沙漠公路设计的指导思想首先应考虑的是交通安全和环境保护,其次是经济快捷、景观协调、防沙保通,所以"以人为本安全至上、保护环境防治沙害、技术合理资源节约"将是今后一段时期沙漠公路设计的重要指导思想。

7) 系统化设计思路

沙漠公路设计,不仅是单一的公路几何设计,还要强调系统化总体设计,将其作为一项系统工程,在横向应体现沙漠公路自身和自然生态、社会人文等各种综合因素的和谐;在纵向应考虑设计、建设、养护、运营及未来可持续发展等因素间的协调。在宏观上要考虑社会发展,在微观上要考虑各单项工程的相互组合和配合,最终实现系统化设计,使整个系统在资源配置和效益上达到最优。

2.2 沙漠地区技术标准的确定和选用

2.2.1 技术标准的确定

公路技术标准的确定涉及因素很多,要符合国家和省级路网规划的要求,国家级主骨架路网占主导地位,技术标准的定位往往要高,而省级及区域级主骨架路网有时与国家级路网相重合,但由于国家级路网在一个区域的覆盖范围有限,因此必须通过建立区域主骨架路网予以补充或完善。一般来讲,这些路网的技术标准要低于国家级路网,沙漠地区路网的密度较低,尤其是主骨架路网更为稀疏,技术标准的拟定应充分考虑这一因素。

沙漠公路按使用任务、功能可分为三种:一是远离经济发展中心区域的公路,这类公路连接两个相距较远的重要经济中心,往往是国家主骨架路网的组成部分,其技术标准相对于发达地区的定位是不高的;二是连接两条主骨架道路或连接重要油田的沙漠公路,由于主骨架道路承担了主要方向的交通,拟建项目仅起到路网的连接作用,因此这种公路的技术标准也无须过高;三是连接一般油田、油井或旅游及兼有旅游性质的沙漠公路,由于公路多位于风景名胜区,过高的技术标准会对自然景观产生不利影响,而较高的车速也不利于游客的观光情绪,应选择适当的技术标准。

路线走廊的选择对技术标准的影响较大,路线走廊不同,交通吸引能力亦不同,一般情况下,不同路线走廊对交通吸引能力的差异不大,对技术标准拟定的波动性影响较低,而路线走廊内复杂的自然条件是影响技术标准拟定的关键因素。

环境保护对技术标准的影响较大,应首先研究在拟定的技术标准前提下,路线布设对环境的影响程度。在沙漠地区要重点分析生态植被环境和水环境,了解和掌握区域生态环境的特点和水资源的分布情况,结合路线布置情况,从定性和定量两方面综合论证技术标准的合理性。

但有时技术标准的波动对工程造价影响的量级不大。因此,应按照不同技术标准的工程造价,结合前述因素进行综合分析,根据建设项目资金筹措的方式和数量,从公路的建设需求和国家、地方的财政投入几方面综合考虑技术标准的合理性。

2.2.2 技术标准的选用

正确地选择技术标准,不仅影响公路的使用功能、服务水平和造价,而且直接影响到区域的自然环境和运营的安全与顺畅,同时对沙漠地区的可持续发展有着重要影响。

技术标准并不是一成不变的,选择标准和指标应用有区别。应结合当地发展规划和目标,采取因地制宜、科学经济、从实际出发的原则,根据不同路段的具体情况对技术标准进行适当变化。合理的变化不仅不会影响公路的使用功能,相反,会有利于环境保护,减少工程量,降低工程造价。

地形类别不同,路线平纵面指标的采用也不同,因此应对不同地形类别的路线指标进行分析归纳,从而拟定技术标准可变化的长度:一是工程设置与技术标准的关系,二是前后路段的技术标准与本路段在采取一定工程措施后技术标准之间的关系。这也充分体现了路线与地形相协调的原则,以达到保护区域生态环境、降低工程造价的目的。

在其起始路段可根据干线分流到沙漠公路的交通量的变化、从平原戈壁进入沙漠的地形条件等因素先采用较高的技术标准,进入沙漠腹地之后可采用相对低的技术标准,使拟定的技术标准呈高、中、低变化的态势,逐步改变驾驶员在驾驶操作中的心理活动,以适应沙漠地区复杂的自然环境。

预可行性研究阶段是对公路规划的进一步深入,综合各方面因素充分论证项目建设的必要性,根据社会经济发展、路网规划、交通量预测、自然条件等初步提出项目的建设标准、建设规模和投资估算、效益分析,编制项目建议书,供上级进行宏观决策。工程可行性研究是在预可行性研究的基础上,进一步从技术上论证项目建设的必要性,确定项目建设标准,拟定建设方案,控制项目建设投资,供上级部门对项目进行最终决策。初步设计阶段是在工程可行性研究阶段已经确定的技术标准的前提下,对路线方案、工程方案等进行具体研究的过程,通过论证、比选,明确各种设计方案。施工图设计阶段是以初步设计阶段已经确定的设计方案为基础,对路线方案和各种工程方案做更加详细的优化、绘制施工图纸,满足项目实施的需要。

技术标准是工程可行性研究阶段的重点内容,并应在此阶段得到解决。对于沙漠地区公路要强调技术标准与路线方案同步研究的思想,使其贯穿于整个前期工作的全过程中。

对于沙漠地区公路,技术指标的运用不仅影响公路的使用功能和造价,而且直接影响到区域的自然环境。在具体设计中,往往会出现两种情况:一是片面追求高指标,使得所采用的技术指标远远高于在技术标准条件下的合理技术指标;二是执行标准教条化,不是因地制宜地恰当运用技术指标,而是千方百计地让地形、地质等自然条件适合某一个技术指标。这两种做法的共性问题是都会导致高填深挖路基频繁出现,严重破坏自然平衡的沙漠地貌,违背风沙流运动规律,极容易造成沙害,同时使高路堤、高边坡增多,工程量增大,工程造价上升,而且对行车安全不利。更重要的是使得公路与自然环境的协调程度变差,显得呆板、生硬,加剧了对自然环境的破坏程度。这些情况说明,设计者对技术标准中各项技术指标的含义理解得不深,原则性过强,生搬硬套,不能加以合理、灵活地运用。当然过低的技术指标将会影响道路的使用功能,不利于行车安全。

2.2.3 技术指标的掌握

在同一技术标准下,交通量的低限和高限值相差很大,应充分考虑远景交通量的大小及其组成情况,依次将整个项目划分为若干个设计路段,交通量处于低限、地形条件较复杂的路段,其技术指标不宜过高。

采用合理的路线线位和线形指标是防止公路沙害最有效、最经济的措施。线路选择的合理,不但可以使沙害减轻到最低程度,而且给防治沙害措施的实施提供最有利的条件。

沙漠公路选线前应首先对全线的地形、地貌条件做出全面分析,将路线划分为若干个设计单元,针对每个单元选用适当的技术指标。与此同时还要注意不同设计路段之间的连接技术指标应均衡与连续,做到高、低指标的合理过渡。

从交通安全、行车舒适性、环境协调性、快速性、经济性以及有利于防治沙害等几个因素进行分析,得出适合沙漠地区的最佳线形应该是:大半径平曲线、小纵坡、低路堤、较长直线、中浅路堑。这样的线形能保证视野开阔,驾驶员的视线无地形、地物、构造物的阻断,能在有效的视觉范围内清晰辨明前方路线的总体变化情况。

沙漠公路一般等级不高,但调查发现由于交通量小、干扰小等具体情况,沙漠公路上汽车的实际运行速度往往都超过其设计车速,因此在沙漠公路设计时,其线形指标应按实际运行速度控制,在条件许可的不受限制路段,应尽量选用较高的技术指标,以提高公路的使用质量。

2.2.4　路线总体方案布设要求

(1) 沙漠公路路线布设,涉及路线走向、路基稳定、路面工程、防沙规模、公路造价有关政策等多方面综合因素,既要把握技术标准又要密切结合风沙地貌特点,始终注意贯彻以人为本安全至上、尊重自然保护环境、技术合理资源节约的指导思想。

(2) 沙漠公路路线总控制方向。在荒漠地区路线起点与终点的连接线,是路线的宏观走向,以此为准,再根据风沙地貌特点选定好路线中间控制位置,中间控制点应尽量靠近宏观控制方向或离而不远的原则。路线经过有人文活动及重要地物的地段是路线的中间控制点,从起点经中间控制点至终点的连线,就是路线总控制方向。

(3) 沙漠公路路线控制点(交点)的选定,应在距总控制方向不远的前提下,必须符合合理绕避复杂沙地或充分利用有利地形布设,并满足短捷、舒顺、整体线形协调连续的原则。

(4) 沙漠河流地段布线,应因地制宜,对跨河路线应符合在稳定河段设桥的原则,沿河路线宜远离河岸,应注意洪水泛滥范围的调查和河床变迁及河床淤积、河床风沙堆积的调查。

(5) 现场踏勘过程中,应根据实际情况对可研报告和室内初拟的路线方案及比较方案进行调整和修正,确定有价值的路线比较方案后进行初测比较。

2.3　不同沙漠地区选线原则分析论证

全世界约有 50 条沙漠公路的各种选线原则,大同小异,经综合归纳,可广泛应用的沙漠公路选线原则有保护环境原则,合理绕避原则,有利地形通过原则,最短距离原则,顺应自然地形原则,与当地合成主风向平行或锐角斜交原则,最大社会、经济效益原则。其他还有根据各个沙漠地区的特殊情况"因地制宜"制定的选线及非选线方面的原则。

通过对上述原则进行归纳综合,结合沙漠公路使用现状调查、以往成果分析、风洞试验、效应观测、车速调查取得的结果等为依据,贯彻以人为本安全至上、尊重自然保护环境、技术合理资源节约的沙漠公路设计思想,从交通安全、环境景观、技术经济、方便快捷、防沙保通等几个方面,进行如下分析。

2.3.1　流动沙漠地段的公路选线原则论证

对于干旱、过干旱流动沙漠地区，沙漠地形地貌条件复杂、沙丘流动性大、植被稀少、风沙危害严重，公路选线原则应更加注重线形、交通安全、经济快捷、地形地貌配合等，应充分考虑风沙流方向和运动规律对公路的影响，尽量减少风沙对公路的危害和养护的难度。

1) 保证行车安全原则

从流动和固定半固定沙漠公路车速调查可以看出，平坦沙地沙漠路段小车平均车速可达 91～142 km/h，大中客货车(以大型车居多)可达 75～103 km/h；高大沙垄沙山沙漠路段，小车平均车速可达 112 km/h，大车可达 66 km/h。小车实际行驶的车速远大于设计车速 80 km/h 和 60 km/h，大车实际行驶的车速略大于设计车速。沙漠路段车辆行驶车速高，主要有地域辽阔路线长（一般 200～500 km 之间很少有客站）、路况好、交通量小、干扰少、环境景观单调等客观原因，也有驾驶员想尽快开出去的想法，车速不自觉会变高，这时如果线形差一点，导致恶性交通事故在所难免。本着以人为本、安全第一的思想，一般认为沙漠公路在选线时首要原则是保证行车安全。

通过对新疆、内蒙古、陕西等省区的公路平纵线形调查，各地沙漠公路具有线形指标较高的特点，主要原因是地形地貌较开阔，沙质地表土方工程难度不大，容易布设较好的公路线形，所以一般都采用了较高的技术指标。

技术指标要根据不同的地形掌握，不能为了一味追求较高的线形指标而不顾对自然地形的剧烈切割、工程数量的猛增和对周围环境的破坏。应充分利用地形，因地制宜地运用指标，根据道路等级和交通量，结合实际运行速度，灵活掌握设计标准，设计出行驶安全、经济、合理的路线方案，使道路的平均运行速度达到最佳值。同时不应轻易采用最小技术指标或低限指标，也不应片面追求高指标。

2) 路程最短原则

从调查资料看出，流动沙漠公路连接的起终点之间几乎无人烟，施工困难，路面材料奇缺，如新疆塔克拉玛干沙漠公路的砂石料平均运距在 100～250 km；防护工程量很大，防沙芦苇平均运距 100 多公里，塔中—且末路段芦苇运距最高达到了 600～800 km，修建造价高。所以在无连接中间点和环保等其他要求时起终两控制点间的路程应尽量最短，这样才能缩短公路里程，对降低工程造价和车辆后期经济运营有利。当然也不能使连续的直线距离太长，这对行车安全不利。

3) 合理绕避严重沙害地段原则

沙害严重路段对公路威胁很大，会给后期公路运营和养护带来很大困难和巨大投入，调查资料的结论反映出，当路线遇到高大沙体时，由于高大沙丘落沙坡压埋和坡顶强烈风蚀，是路线最严重的沙害发生部位。同时在这种高大沙体路段布线，必然纵坡很陡，对行车影响很大。对于选线和防沙应注意重点避开这种情况，避免引起后患。

对于风力大、沙源丰富、沙丘复杂高大的路段，防沙措施容易被破坏，公路容易产生沙害，当有条件绕避时可以减轻后期养护投入，但路线绕避过长，对建设费用以及后期运营和养护费用都会增加。具体选线时应结合具体情况，做技术经济比较分析，在路线延长不多和筑路费用增加不大时，应尽可能绕过有沙害和其他严重病害威胁的地段。

4) 顺应自然宏观地形原则

从调查资料和现场观察看出，当前沙漠的地貌是长期平衡的结果，为了不造成新的沙害，减少筑路工程量，要避免大填大挖，尽量保持填挖方平衡或填略大于挖，尽量保持原始地面状况，见图 2-1。

但沙漠微观地形复杂，变化多，如果过分强调保持原地貌，将会产生非常不利的线形。

经综合分析认为,对于采用阻、固、输全面防护的裸露流动沙漠公路路段选线时,应考虑顺应大的地形地势,对于局部微观地形,不要看得过重、依赖太多,以免影响总体线形。总体线形确定后通过阻、固、输全面防护措施使原始地面逐步稳定,见图 2-2。对固定半固定沙漠、有生态植被的沙漠公路,应尽量减少对环境的破坏。

图 2-1 顺原地面布线减少填挖

图 2-2 顺应自然宏观地形选线

5) 充分利用有利地形原则

利用有利地形,可以减少沙害、提高环境保护和景观效果,调查表明路线布设时通过沙丘的迎风坡坡脚或平坦开阔地比较安全,该处风速和输沙量都比较小,风蚀和沙埋情况较轻。有植被的沙漠边缘地带是路线通过的有利位置,沙漠路的修建可以保护生态环境,植被可起到防沙作用,减少防沙设施,两者优势互补。

通过高大复合型纵向沙垄或沙丘之间的低地,普遍分布着较低沙丘、沙丘链及小沙垄,并且还有一定数量覆盖着的粗沙地及轻盐渍化沙地。这是重沙丘区中设置公路路线最有利地形,这类地形设路路线纵坡小,土方工程量少,防沙工程量少,公路沙害轻,视野开阔,行车安全。对于谷地中可能伸及高大沙体背风坡(落沙坡)的路线,应及时采取减短路线交点间长度的方法、将路线交点后移足够距离、宁可采用加大交点转角的措施,使路线尽量处于开阔坦缓的有利地形之上。因为放在高大沙丘体落沙坡的路线,路线纵坡起伏多、纵坡大、视距差、土方工程量大、防沙范围宽,而且公路沙害出现概率高,其后患无穷。流动沙漠地垭口,是相邻两大复合型沙垄或其他高大沙体的鞍状结合部,是路线穿越高大复合型沙丘群的重要控制点,其相对高度为主垅高度的 1/5~1/2。由于垭口为多风向通道,风沙地形崎岖,但其整体相对高度较低,一般能满足路线纵坡的技术要求,是跨越高大垅体的理想通道,见图 2-3。路线从扇缘固定、半固定沙丘地带通过。

我国流动性沙漠大都位于内陆盆地,四周因有高山雨雪水注入,且常在沙漠外围的山前洪积扇缘地带有潜水溢出,水分条件较好,植物生长茂盛,沙丘多固定、半固定,很少有沙害,此带筑路材料也较丰富。因此,扇缘地带为流动沙丘外围公路路线布设提供了比较理想的位置。

图 2-3 路线穿越垭口

路线穿过流动沙漠地段时,要充分利用各种有利地形,将路线尽量选择在沙害较轻的丘间低地、最佳垭口、扇缘等地带。

调查和风洞试验表明，平曲线部位特别是凹面迎风的平曲线，由于风沙聚集容易产生路面积沙，无法避免时应将弯道设在路堤部分，并以凸弧面迎风为宜。

6) 路线走向与合成起沙风向平行或锐角斜交原则

大量调查表明，沙漠公路走向同主风向交角大小不同，所产生的沙害程度不同，当路线走向和主风向接近90°时，沙害十分严重，防沙体系应加强，固沙宽度和栅栏数量上应增加。如塔中4井～塔中1井路段，其长度37.6 km，建成7～8年，由于缺乏养护，年久失修，路堑上风一侧形成背风积沙，边坡草方格被埋，坡度值越来越陡，目前沙子多处已上路，见图2-4，需要及时清理，重新布设防沙体系。

图2-4 沙害危害严重路段

相同年代修筑的沙漠公路，在主风向和路线大角度相交路段，其公路沙埋情况比小角度顺风向路段要严重得多。

根据风洞试验成果和野外观测所得数据明显看出如下规律：

（1）随着路线和合成风向夹角的增大，路基顶部迎风路肩与路中心风速之差是：路线与风向夹角90°的比夹角15°的大2.4倍，路线与风向夹角90°的比夹角30°的大1.5倍。路基顶风速差的大小反映了其将被沙埋的程度（图2-5）。路基顶和背风坡脚的风速差越大，则积沙概率越大积沙越严重。

（2）随着路线和合成风向夹角的增大，路基顶的集沙量[g/(cm·min)]是：夹角90°的比夹角30°的大4.25倍，夹角90°的比夹角45°的大1.06倍（图2-6）。很明显集沙量越大显示路基顶风沙流浓度越高，其积沙概率越大，沙害越严重；集沙量越小则沙害愈轻。以公路走向与合成风向平行者最好，小交角（<30°）者次之。在实际操作中，可根据沙丘移动方向和沙垄走向大体一致的原则确定路线具体走向。

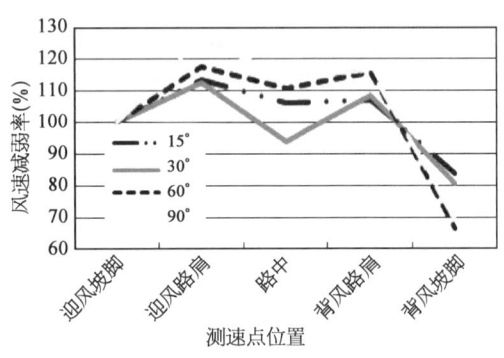

图2-5 不同风向夹角风速减弱率

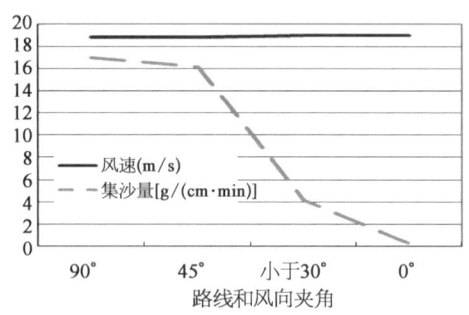

图2-6 不同夹角积沙情况

在路堑路段，由于斜交的运动气流有向通畅缺口汇集的特征，因此与合成风向斜交的路堑，将出现堑底风速大于堑顶风速1.20～1.37倍的拉沟风，十分有利于风沙流的搬运。

因此选线时路线和主风向应尽量保持小角度相交。

7) 尽量保护绿色植被原则

保护生态环境是流动沙漠地区选线时应该重点遵守的原则，流动沙丘地区植被稀少，成活者是十分宝贵的，因此沙漠公路选线时，应尽量保护各种植物的生存条件。从以往的经验和成果分析总结认为,对胡杨等乔木林带,路线能绕则绕,绕避不了的应从林木比较稀疏的空隙中以直线穿过;在红柳灌丛、沙拐枣分布地段,应多以长直线方式从其间距较大、前后交错灌丛堆间通过。

对于一些低矮草本植被及短命植物,在路线平面上难于保护,可以采取不设较高路基、将土方填挖量降至最低的措施,尽可能保护这类植被。

8)最大社会、经济和生态效益原则

调查认为,对于有油田、村落、管线等设施的路段,应结合规划,合理地布设路线,可提高公路沿线和两端地区社会经济发展水平和经济增长能力,合理利用资源。作为沙漠公路干线,要有利于今后公路支线的联网和延伸,有利于交通量的持续增长。

在沙漠中分布有油田矿井地区,公路选线要力争做到与输油管道、输水管道、通信线路和沿线绿化工程密切结合,形成具有多功能的"走廊工程",有利于油田之间联网和石油外运,从长远看可取得较高的综合经济效益。

路线通过地段应尽可能地接近所需筑路和防风固沙材料的产地,以减少工程投资。

9)灵活的迂回展线原则

来自塔中—且末公路的修筑经验和调查分析认为,路线翻越高大的沙垄、沙体地段,经多方比较,若采用绕避的方法其路线过长,并且绕长后其技术指标无明显提高时,就可采用迂回展线方式,使路线与纵向沙垄呈50°~70°角度斜交而上,并选沙垄体中的最低点通过。上、下高大沙垄体的纵坡之上,绝对不能设容易形成沙害的回头曲线。

高大复合型沙垄体之上多为梁窝状沙丘、新月形沙丘,因其高均在20 m之下,所以可以直线方式通过。

10)平微沙丘区路线的直穿原则

流动沙丘的微沙丘地貌,一般是指类丘陵状态的沙漠地貌,其形态特征是:沙丘连绵、丘坳交错、此起彼伏、垅低脊宽,垅谷相对高差小于20 m。选定路线可不必远绕,应以7°~20°转角或直穿方式通过,使路线增长系数控制在1.05以内,见图2-7。采用这一方法可以减短路线长度,提高路线平面线形技术指标,对减轻或消除公路沙害有利。

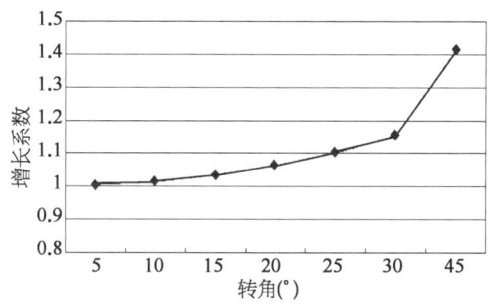

图2-7 转角和路线增长系数

2.3.2 固定沙漠和沙地地带的公路选线原则论证

对于半干旱固定沙漠和微湿沙地,其降雨量和蒸发量都要优于流动沙漠,植被相对于流动沙漠要好得多,但是,植被生存条件仍然较差,生长脆弱、缓慢,一旦破坏恢复困难,公路选线应注意生态环境保护和生态恢复,尽可能减少公路建设对植被的破坏。

1)保证行车安全原则

固定沙漠和流动沙漠一样,由于地域辽阔,人烟相对稀少,交通量较小,干扰较少,也存在汽车实际行驶速度远大于设计车速的问题,所以本着以人为本、安全第一的指导思想,选线时要坚持保证行车安全的原则。

2)环保优先原则

固定沙丘地带的绿色植被,是生态平衡的维护者,是保护人与生物圈生态平衡的决定因素,是防风固沙最有效的天然覆盖,同时它也是增加空气湿度、引发降水的重要物质。所以在公路选线中应环保优先,尽量保护沿线生态环境完整状况,不随意切割草场,防止公路修筑造成地下水变化,使植物枯死;对必须产生的破坏,应采取生态恢复措施,并充分考虑处理好公路建成营运后人为污染对生态环境的影响。

3) 最大的社会、经济效益原则

固定沙丘地带人口相对流动沙漠密集、经济活动较频繁,公路选线一定要结合当地规划,综合考虑政治、经济、文化方面的因素,合理利用土地等资源,提高公路沿线和两端地区的社会经济发展水平和经济增长能力,要有利于今后公路干线与支线的连接,有利于交通量的持续增长,才能取得最大社会和经济效益。

4) 合理绕避病害地段原则

现场调查表明,固定沙漠地区地物和不良地质路段较多,地形地物复杂,选线设计时更应从技术、经济等以下方面综合考虑,合理避让各种病害和重要建筑物:

(1) 对水毁、软土带、沼泽化特别严重地段,及处理难度大、处理效果差的灾害路段要绕避。

(2) 对路线前进方向遇到高大固定沙丘的,为防止路线穿越对固定沙丘完整性的破坏、保护沙漠景观,应予以绕避。

5) 顺应自然地形原则

固定沙丘地貌,是自然环境长期作用形成的结果,已经稳定,为了不造成新的沙害,要顺应大自然地形设线,尽量减少大填大挖,为了满足路线平纵指标要求,允许有少量的填挖。纵断面以小于 50 cm 的低填土方为宜。低填土方以取自远方的风积沙为宜,同时在完成公路建设后应恢复原地貌植被。

6) 利用有利地形原则

固定沙漠的有利地形主要是植被覆盖度类型差、分布稀疏的坦缓沙地和荒漠地及丘间平地。

路线通过固定沙丘地带时,要充分利用各种有利地形,将路线多以直线方式通过固定沙丘的平坦低地、植被覆盖度稀疏的坦缓沙地为宜。既减少对环境的破坏,又能通过公路修建优化生态和恢复新建环境工程。

路线通过重要生态和自然景观时,应和谐通过,不宜破坏或采用不协调的线形。

2.3.3 半固定沙丘地段的公路选线原则论证

对于干旱半固定沙漠,其降雨量和蒸发量介于流动和固定沙漠之间,植被生存条件很差,生长非常脆弱、缓慢,破坏后很不容易恢复,选线时需要结合当地条件。当地形条件接近固定沙漠时,既要注重沙害防止又要特别注意生态环境保护和生态恢复,尽可能减少公路建设对植被的破坏;接近流动沙漠时,要注重沙害防治和不破坏环境。以下为半固定沙漠的选线原则。和流动沙漠或固定沙漠相同的,就不再赘述,只列出原则。

1) 保证行车安全原则

同固定和流动沙漠。

2) 环保优先原则

半固定沙丘地区自然条件良莠掺半,多数地段仍较严酷,生态系统脆弱,遭到破坏后很难恢复。因此在公路线中,尽量少触动自然环境,尽量保护公路沿线植被覆盖的完整状况。

3) 合理绕避严重病害地段原则

(1) 对水毁、盐渍化、软土、沼泽化特别严重地段,以及处理难度大和处理效果差的地段要绕避。

(2) 对路线前进方向遇到高大稳定沙丘的,为防路线通过对固定沙丘的破坏,并可导致出现公路沙害的固定沙丘,要绕避。

(3) 对路线前进方向遇到高大的纵向沙垄和高大沙体的,穿过有困难、纵坡过陡者要绕避。

4) 充分利用有利地形原则

要充分利用各种有利地形,将路线尽量摆在丘间开阔低地、沙丘的迎风坡前、古河床、半固定沙丘之间结合部等地带。

5) 顺应自然地形原则

半固定沙丘地貌是自然环境长期作用形成的结果,为了不造成新的沙害,要顺应自然地形设线,不能大填大挖,纵断面高程以小于 50 cm 为宜。纵坡设计上要防止连续起伏及纵坡过于零碎的情况。

6) 最大的社会、经济效益原则

同流动沙丘地区选线原则。

7) 路程最短原则

半固定沙丘地带仍存在着路面材料及防护材料奇缺情况,为了降低造价,应使两控制点间距离最短。这样才能缩短公路里程,对行车及物资运程有利。

8) 灵活的迂回展线原则

同流动沙丘地区选线原则。

9) 微半固沙丘地直穿原则

同流动沙丘地区选线原则。

2.4 各种风沙地貌及地形区的选线要点

沙漠公路选线应综合地形地貌选线、环境景观选线、工程地质选线各种选线方法,遵循路线线位与沙漠地形地貌相协调配合,和风沙环境相适应,防止和减少沙害,并满足线形自身的空间效果。

路线布设时通过沙丘的迎风坡坡角或下部比较安全,该处风速和输沙量都比较小,风蚀和沙埋情况较轻。

公路通过垄顶部和垭口处,由于高大沙丘落沙坡压埋和坡顶强烈风蚀,是路线最严重的沙害发生部位;低矮沙丘的快速移动上路是另一种道路严重沙害的形式,对于选线和防沙应重点注意。

对于沙源丰富的流沙地区,可通过设置各种宽度的固沙带和高立式栅栏,使路侧流沙固定,阻挡或减缓固沙带外沙丘的移动速度,使其由蠕移变成悬移风沙流,顺利通过路基。沙丘越低、风速越大,沙丘移动速度越快。对大风地区,防沙系统应该面积宽、质量好、强度高。若路线和主风向交角大于 60°,防沙难度将增大,对防沙系统的规模及平面布设的要求越高。

2.4.1 平坦沙地区选线

平坦沙地微丘区地貌,一般指的是丘陵状态的沙漠地貌。其形态特征是:沙丘连绵,丘坳交错,此起彼伏,垄低脊宽,丘垄谷洼相对高差在 20 m 以下。

平面线形以选取短捷顺适的长直线为主。路线由一个控制点到达另一个控制点,一般不绕避转弯,但必须转折处,以设长而缓的平曲线为宜。

纵面线形,应大致顺应自然地形之变化,以设长坡为主。

2.4.2 高大沙山区选线

高大沙山重丘区地貌特征是:垄(丘)高坡陡、沙丘叠置、谷深脊窄,沙丘地貌地形复杂,路线平、纵、横三方面都受到约束。

（1）最佳垭口的选定。垭口是路线穿越高大复合型沙丘群的重要控制点，应尽可能设为直线的转点，少设成路线的交点，防止形成视距不良的平纵组合线性。在依附路线基本走向的情况下，应结合风沙地貌地形状况，从可能通过的垭口中选择标高较低、横断面比较开阔坦缓的垭口。

（2）翻越高大沙丘区段选线。

① 在平面线形上，应采取措施，多方面比较，使路线走向尽量与主导风向平行或锐角斜交，在此条件下，路线纵断面顺应自然地形可堤堑交替，高路堤采用流线型缓边坡，路堑横断面边坡采用敞开式。

② 尽量布设在迎风坡一侧，争取从自然地势较平坦、沙体宽度较小处通过。

③ 路线平曲线交点尽量设在垭口前后的平坦开阔谷地地段，形成良好视距，减少交通事故。

2.4.3 高大复合型纵向沙垄或高大复合型沙丘之间谷地（低地）区选线

这类谷地内普遍分布着较低沙丘、沙丘链、小沙垄及不等面积的粗沙平地，这是重丘区中摆设路线的最有利地形，一般穿越垭口后就是谷地。

沙漠地貌形态差别很大，对于复合沙漠地貌可分为三级：第一级为复合大沙垄，高度在 10 m 以上，地形一般 10 年不发生明显变化；第二级为新月形沙丘（链）、沙垄等，高度在 10 m 以下，地形随每场风变化；第三级为叠加在第二级上的沙波纹及小沙丘，随着风的作用，表现出不同的形状。总体来说，沙丘高度越大移动速度越慢，路线通过第一级复合沙漠地貌时，由于地形比较稳定，对路线来说比较安全。

（1）平面上路线应靠近路线总控制方向或路线基本走向。

（2）路线合理位置应在谷地中心附近。

（3）谷地宽度较小时，路线应在高大沙丘之迎风坡脚前，避免将路线设在高大沙丘背风坡脚，更不能将路线放在高大沙丘的落沙坡上。

（4）路线必须穿越高大沙丘背风坡时，应以最短路线长度通过。

（5）纵断面设计，宜采用填略大于挖的低路堤形式。

2.4.4 固定或半固定沙地及植被带选线

（1）尽量保护各种植被的生存条件，路线尽量沿植被区外围通过。

（2）对胡杨林带，路线能绕则绕，不能绕的，应从林木比较稀疏的空隙中以直线穿过。在红柳灌丛、沙拐枣分布地段，路线多以直线方式从其间距较大、前后交错的灌丛堆间通过。

（3）一些低矮草本植被及短命植物，纵断面宜设成高度小于 50 cm 的低路基，将土方填挖数量减至最少。

（4）对植被赖以生存的淤土地、风蚀洼地、盐渍化风蚀平地及粗沙平地，应予以保护，使其破坏面缩小到最低限度。

2.5 路线平面布局

2.5.1 沙漠公路线形参数确定的依据

沙漠公路设计应坚持"以人为本"的指导思想，在线形设计中应重视公路交通安全问题，同时应考虑环境景观、经济快捷、防沙保通等主要问题。线形参数的确定主要依据上述几个方面，同时兼顾现行规范的要求。

1) 安全舒适

公路线形设计应在平、纵、横三个方面综合进行，保持各元素之间的协调一致。公路等级越高，进行协调性组合设计的作用越突出。平、纵、横三方面的组合不仅要满足汽车动力性能的要求，而且还要满足驾驶员视觉和心理等方面的要求，以服务于道路使用者为目标，提供舒适、安全、快捷的交通服务。这对保证汽车行驶安全舒适具有极其重要的作用。采用不恰当的线形指标或线形组合，容易造成交通事故，降低通行能力。

保证行车的安全性是沙漠公路设计的一个很重要的要求，而体现行车安全性的主要是行驶车辆的车速与沙漠公路线形之间的关系。

计算行车速度和实际运行车速之间一般都存在很大差别，计算行车速度是等值车速，往往设计人员为了经济考虑，采用的公路线形可能只满足设计车速要求，而实际运行车速是驾驶员根据其希望的行车速度和直觉自己调整的变化车速，其对线形造成的危险感觉会有所变化，其选用的速度往往也会随之发生变化。在沙漠地区的公路上交通量相对普通公路要小，且沙漠地区公路景观单调，干扰少，驾驶员始终希望追求快速行驶，经常会超过设计车速，当遇见急弯陡坡等具有"危险性"的路段时，轻者产生不舒适的感觉，严重的会发生交通事故，导致车毁人亡。所以沙漠公路不能完全按设计车速来选取线形指标，并且线形应具有良好的预见性并能起到引导汽车运行速度的作用，使得驾驶员在遇到有事故发生危险的路段能提前发觉并能根据线形的引导降低车速。

满足驾驶员视觉和心理上的要求以及乘客舒适的感觉是在公路线形设计方面体现以人为本的重要举措。线形的舒适性要求线形具有良好的协调性和均衡性。线形越均衡、指标越高，线形的舒适性越好。汽车在大半径的平曲线和大半径的竖曲线上行驶时，车辆受到的离心力小，车内乘客的感觉会舒适些；视距条件好、连续的线形会给驾驶员和乘客带来良好的心理感受；相反，如果线形指标不均衡，线形变化太突然或太频繁都会给驾驶员和乘客带来不舒适的感觉。所以，设计的线形应保持视觉的连续性和舒适性，使行车具有足够的心理舒适感和安全感。

2) 环境景观

公路线形是在已有自然条件的基础上进行设计的，首先考虑的不是刻意在平面线形上尽量多采用直线，或者是必须由连续的曲线所构成，而是必须采用与自然地形相协调的线形。对路线自身的各个元素，力求指标连续和协调，满足驾驶员预知前进方向的道路条件、交通条件，以及视觉连续、车速连续和交通安全的期望心理要求，对外部要做到路线宏观位置与周围环境的协调，少破坏自然景观和生态环境，绕避重要景观，提供吸引眼球的多样性视野。

沙漠地区景观单调，生态环境恶劣，动物、植物的数量和种类都特别少，所以沙漠公路景观设计的难度比较大，对生态环境保护的要求也相对其他地区要高。

沙漠公路设计时对于景观和生态环境因素上的考虑主要体现在公路线位的选择上，保证公路沿线景观的丰富程度是沙漠公路景观设计的重要环节，流畅连续的线形也能带来良好的景观效果；合理布置路线的位置，尽量减少对沙漠地区原有植被的破坏也是沙漠公路设计的一个原则。

沿着沙漠自然地形贴近平滑的线形，比以长直线为主采用大填大挖的公路在环境景观上要好，可以避免由于修建公路而破坏沿线生活环境，从保护自然的角度或从施工、养护费节省的角度看都是好的；但有意识地采用中小半径曲线相连接的线形，会使驾驶人员容易疲劳，而且多数车辆在曲线上往往不能沿着车道有秩序地行车，尽管这种线形比较美观，也不应刻意追求。

应针对不同的沙漠类型提倡顺应总体地形、地物，保持线形均衡、协调配合，在满足技术规范的同时,注意与各种沙漠自然环境的配合,顺应当地地形地貌,宜长则长,宜短则短,以能与环境协调为度,尽量减少对生态环境的破坏。因此在设计时,应保持线形在视觉上的连续和心理上的舒适,并且注意与公路周围环境的配合,保持线形的美感及沿途风景的协调。配以固沙草方格、防沙栅栏或植物防沙走廊带,既可以美化沿线景观环境,又能起到引导视线的作用。

3) 经济快捷

连续顺畅的线形设计能减少汽车运营的运输成本;而合理适应地形、合理绕避风沙危害的线形设计,又可以减少工程造价和日后的养护费用。

沙漠地区人类活动较少,连接的行政、经济、旅游等控制点较少,为实现经济快速,一般应尽量采用短捷的线形。

对于平坦沙地或裸露流动沙漠、环境不敏感区、地形条件不复杂的情况,只要设计中不是任意取直,而是适应地形、地物,能与前后线形协调,保持几何线形的均衡与连贯,布设长直线也是适宜的。但要提倡顺应地形、地物,以能与环境协调为度;高大复合型沙山等重丘地区选用直线长度、平纵曲线半径、纵坡、边坡等都会给工程造价带来较大影响,应结合地形,合理布线,一般地形起伏较大处不宜选用过长直线,不宜为了追求线形而过分填挖,不宜在平面或纵断面单方面采用高指标。

4) 防沙保通

沙漠公路防沙治沙,保证畅通十分重要,只有保证公路畅通,才能达到安全、经济、快捷的目的,因此沙漠公路的设计必须解决好防风沙问题。

线形设计是防风沙设计中的一个重要环节。线位的选择和线形设计是预防和减少沙害的第一环节,要考虑当地风沙危害程度、风沙流运动规律,尽量满足沙漠公路选线中防风沙的几大原则,合理避让沙害严重地带,同时结合地形地貌、沙漠类型和公路工程的特点,把公路线形设计与沙漠公路的防沙体系联系起来,综合设计,最终确定有利于风沙流顺畅通过的路线线位和线形。

以下从交通安全和防沙保通、线形和地形地貌、景观配合等几个方面对沙漠公路线形进行定性分析,提出适宜的线形。

2.5.2 影响交通安全的道路线形因素

从交通事故成因分析看,多数是由于驾驶人员的不安全行为和车辆状况不良(超速、疲劳驾驶、酒后驾驶、超载)造成的,但有些"事故多发段"的事故是与线形、交通环境(急弯陡坡、实际行驶速度高于设计速度、视距不良)等有关。

由直线和大半径平曲线或连续曲线组成的平面线形以及平纵曲线均衡流畅的线形,从交通安全、畅通、舒适和美观的角度看,是一种较为理想的线形,线形和景观构成的视觉系统应能够让驾驶员预知前方道路方向和路况,为驾驶员采取安全措施处理紧急事件赢得时间。相反,线形不连续、不均衡,容易导致车速突变,引发交通事故。影响交通安全的道路线形和组合主要有以下几种。

1) 不良的线形和线形组合

(1) 小半径平曲线。汽车行驶在小半径平曲线上,离心力作用使得横向稳定性变差,乘客感觉极不舒服,平曲线半径过小,容易导致侧滑,发生危险。

(2) 长直线。长直线具有视野开阔、超车视距长、路线容易布设、连接两地距离最短等优点。但是,直线与自然景观不协调,难以适应地形的变化。对驾驶员来说,首先对迎面来的车辆距离和速度难以估计,直线太长,前方景观单调,因无参照物容易无意间提高车速;其次容易精神松弛、注意力涣散,造成知觉反应下降,疲劳驾车,反应迟钝;其三甚至会产生快点开过去的急躁情绪而提高车速,从而引发交通事故；再者夜间行车与对向来车产生眩光等原因影响交通安全。

（3）平曲线过多。长直线不可取，但平曲线过多会造成线形复杂，迫使驾驶员多而快地接收信息，驾驶操作困难，当措施不及或稍有疏忽时，将可能发生交通事故。

（4）长直线接小半径平曲线。长直线容易产生高车速，若紧接着设小半径平曲线，则线形变化突然，驾驶员因车速高往往来不及转动方向盘进入平曲线，或由于惯性驶出路外，或来不及转弯和对面来车相撞产生交通事故，所以直线和曲线应有一个恰当组合，从而提高道路行驶质量。

（5）长大纵坡接小半径曲线。长距离的陡坡对车辆行驶不利，低挡长时间爬坡会引起发动机过热，功率下降；下坡经常使用制动器，制动鼓温度升高，制动效果降低，影响安全。如果长大纵坡再接小半径曲线，难以控制车辆，将产生较大事故。

（6）线形突变。道路线形突变，会使驾驶员反应不及，出现操作失误，发生交通事故。所以除上述不良线形和组合外还应避免下列线形突变的情况：

① 凸形竖曲线顶部或凹形竖曲线底部设小半径平曲线起点，特别是小半径凸形竖曲线顶部设小半径平曲线。

② 凸形竖曲线顶部或凹形竖曲线底部设反向平曲线拐点。

③ 有很多短坡相连的纵面线形。

④ 长直线路段上采用小半径凹形或凸形竖曲线。

⑤ 一个平曲线中包含几个竖曲线或一个竖曲线中包含几个平曲线。

⑥ 两个同向平曲线中插入短直线，形成短臂曲线。

⑦ 线形不均衡，相邻路段纵坡和曲线半径相差悬殊。

2）不良视距

车速是公路线形设计的主要控制参数，在线形指标较高、交通干扰少的沙漠公路上驾驶员会以远大于设计车速的速度行驶，在这些易出现高于设计车速行驶的路段，其车速与线形指标不相适应，实际行车速度高于设计车速，在正常设计的平曲线、竖曲线等部位，会形成停车视距不足，结果将不能保证汽车行驶的安全性。

（1）平曲线视距。平曲线上视距受限制时，容易导致交通事故。沙漠公路挖方路段和灌丛沙堆路段的平曲线通常视距不良，对这两种路段应尽量采用较大半径的平曲线，保证平曲线满足会车视距要求，如果工程量太大，至少应在满足停车视距要求的同时，在弯道中心划黄实线，分道行驶。

为提高运营安全，采用实际运行速度作为设计车速来取用相应的停车视距值计算平曲线半径，更加切合实际。

（2）竖曲线视距。

① 凸形竖曲线限制因素有三个：第一是缓和冲击，汽车行驶在凸形竖曲线上产生径向离心力。第二是时间行程，汽车行驶在凸形竖曲线上的时间不宜过短，否则乘客会感到不舒服。第三是满足视距要求，如果凸形竖曲线半径太小，道路的凸起部分会阻挡驾驶员的视线，容易发生交通事故，因此对凸形竖曲线的半径和最小长度需要加以限制。

② 凹形竖曲线限制因素有三个：第一是缓和冲击。第二是夜间行车前灯照明距离要充足，如果凹形竖曲线半径太小，前灯照明距离不足，不能保证夜间行车安全。第三是跨线桥下行车驾驶员视线受到影响，对视距要有要求。

在确定停车视距取值时，为提高运营安全，应综合考虑路段的运行速度、路面的摩阻系数、纵坡及货车等因素的影响。制动反应距离和制动距离都与汽车的初始速度有关，因此建议根据不同路段采用实际运行速度作为设计车速来取用相应的停车视距值。

货车比重较大的公路，对相关的路段根据货车的运行速度验算货车的停车视距。

3）道路超高

道路超高设计不当或未设超高可能引起滑动事故。同一道路上行驶的车辆速度不一致，小车速度远大于大车速度，超高如果按小车速度设计，将会使大车在此处向内侧滑；如果按大车速度设计，将会使小车在此处向外侧滑，产生交通事故，设计时应兼顾大、小车，取其中值。依据运行安全的观点，公路的超高设置应结合实际运行速度、线形条件、气候条件和区域车辆构成等因素综合考虑。

针对上述各因素，路线设计时在满足汽车行驶动力学要求的基础上，考虑驾驶员的驾驶行为和生理、心理特征，以服务于道路使用者为目标，提供舒适、安全、快捷的交通服务。

在路线设计中，要以实际运行速度作为主要参数对路线设计进行控制和优化（如视距、超高等），并进行安全性评价，对一些特定路段（长下坡路段、反超高路段、视距不良路段、载重车为辅的路段等）采用提高设计车速来进行线形设计。

2.5.3 路线线形和地形、风沙运动、防沙体系的适应关系

如果路基高度、边坡及和风向夹角等处理不当，就会对公路造成很大的危害，给养护带来困难。通过大量调查、试验观测以及线形和风沙运动之间的关系分析表明：能够适应风沙运动规律的公路线位和线形，应是空间位置合理、平纵面线形平顺、路基高度适中、横断面呈流线型的线位和线形，这样可以减少气流分离、流沙沉积，达到风沙流顺利通过的目的，路线布设时通过沙丘的迎风坡坡角或下部比较安全，不易被沙埋。

通过线形和地形及风沙运动的关系分析表明：沙漠地貌形态的差别很大，其中穿越难度最大的为复合型沙漠，见图2-8。复合沙漠地貌可分为三级：第一级为复合大沙垄，高度在20 m以上，地形一般10年不发生明显变化；第二级为新月形沙丘（链）、沙垄等，高度在10 m以下，地形随每场风而变化；第三级为叠加在第二级上的沙波纹，随风的作用，表现出不同的形状。总体来说，沙丘高度越大移动速度越慢，路线通过第一级复合沙漠地貌时，由于地形比较稳定，对路线线位来说比较安全，其他两级相对沙丘移动活跃，不安全。路线穿越高大沙山和沙垄时，由于地形起伏大，线形布设难度也比较大，不仅要考虑穿越时的纵坡、线形和工程量，而且要考虑和风向的关系，减少沙害。一般穿越时，纵坡不大可以选择直穿，纵坡过大时应选择两点直连线和均坡线之间与风向小夹角的低矮垭口等合理位置穿越，既降低纵坡，又减轻沙害。当路线穿越各种低矮沙丘或平坦沙地时，平纵面线形要舒展，平纵面线形尽量采用较长直线、小纵坡、大半径等较高指标，选择和主风向较小的夹角，在横断面上尽量采用低路基、中低路堑、缓边坡等形式，达到风沙流顺利通过的状态，见图2-9。

图2-8 复合沙山地形下的路线线形

图2-9 平坦沙地地形下的路线线形

线形和防沙体系分析表明：只要防沙体系存在，局部地形的气流就有所改变。全断面防护（阻、固、输结合）的路段，由于防沙体系的作用，改变了路基全断面风沙流场的风结构，阻止或减缓了沙丘的前移速度，使公路几何线形同沙害的对应关系不十分明显，所以对于裸露流动的沙漠地区选线，应考虑顺应大的地形地势，对于局部地形，特别是在防沙体系内的地形，不要看得太重、依赖太多，以免影响总体线形。

沙漠公路线形应在满足车辆行驶力学、美学及工程造价等要求的同时，顺应风沙流运动规律，和不同类型的沙漠地貌进行很好的环境景观配合，最后结合防沙体系，保证公路畅通。在线形设计上，要遵循以下原则。

1）平曲线设计原则

（1）保持线形简捷连续，线形应与沙漠地形地貌相适应，与周边环境相协调。

（2）线形应满足车辆行驶力学和司乘人员的视觉、心理方面的要求，减少驾驶员的烦躁心情。

（3）保持平面线形均衡连续，高低指标间要有过渡，避免突变，避免连续急弯的线形。同时平曲线半径应足够大，曲线要有足够的长度。

2）纵断面设计原则

（1）纵面线形要与地形条件相适应，具有一定的平顺性，起伏不宜过大和过于频繁，保证视距要求。隐蔽的暗凹路段会造成视觉中断，线形不连贯，无法预见前方的情况，图 2-10 所示为沙漠公路纵断面连续起伏的事故多发路段。

图 2-10　纵断面连续起伏的事故多发路段

（2）应考虑路基工程的填挖平衡，节约用地和节省造价。

（3）保持合理的路基高度，保证路基的稳定性和强度。

3）平纵配合原则

（1）应在视觉上能自然地诱导驾驶员的视线，并保持视觉的连续性，取得舒顺的驾驶节奏。

（2）平纵面线形的技术指标应大小均衡，不应平面或纵面单方面高标准，要使线形在视觉上、心理上保持协调，这也关系到工程运营的经济性。

（3）平曲线与竖曲线应相互重合，且平曲线应稍长于竖曲线。最好做到平曲线与竖曲线一一对应起来，若有困难时应经过透视图检查线形是否连续流畅。

（4）避免平曲线中点和竖曲线顶（底）点错位过大或大小不均衡。避免竖曲线顶（底）部和反向平曲线拐点重合。避免竖曲线顶（底）部插入小半径平曲线。

（5）直线和纵断面组合，应避免或减少短距离内两次或多次变坡，既不美观也不连贯，容易使驾驶员视线中断。

（6）注意平纵横线形与自然环境的配合。优美的线形组合景观对驾驶汽车可以起到观赏悦目的作用，以减轻高速驾驶的疲劳感；同时适宜的景观设计还起着诱导视线的作用。为使驾驶员能检修车辆，同时能使乘客下车观赏沙漠景观，沙漠公路应每隔 5 km 左右设置紧急停车带，可有效防止追尾，减少交通事故。

4）横断面设计原则

（1）保持横断面线形平顺，尽可能做成流线型，避免折线突变，线形与周边环境相协调。

（2）路基高度不宜太高，应以低填为主，填方边坡值应缓于1∶3。

堑深度不宜太深，挖方边坡值应缓于1∶4或敞开路基并留积沙平台。

2.5.4 线形和沙漠地貌配合要注意的问题

以曲线为主的路线线形容易适应自然地形，能做到与地形、地物、景观的配合协调，同样，利用较长直线和大半径曲线，可以和沙漠整体大的地势进行配合，使线形设计连续而均衡、避免突变，见图2-11。

图2-11 适应沙漠地形连续而均衡的线形

在道路上行驶的车辆，驾驶人员是根据沿途地形条件、道路条件、交通条件以及自身的驾驶技术和车辆性能来选择行驶速度的，只要线形设计不会导致驾驶员产生错误判断，行车安全应该是能保证的。而线形的美观与否不能仅从俯视的角度来看，要以道路使用者在道路上的具体感觉为评判标准，直线并不是唯一线形，为满足直线长度的最低要求，往往会以牺牲曲线半径为代价和造成不顾地形条件的高填深挖，不仅不利于行车，而且会给沿途环境造成不利影响，使道路使用者产生恐惧与不安全等心理压力。

在地形起伏较大的高大沙山沙漠地区，要避免或减少平面高指标、纵面低指标的现象。一般沙漠地形起伏大，纵面难以实现高指标，所以平面也不宜选用长直线或过大平曲线半径，选用过大的平曲线半径，将使纵面设计时变坡点和竖曲线布设有困难，要达到"平包竖"组合往往要增大土方数量。就避绕沙丘和地物、线形整体协调以及行车安全舒适而言，一般采用标准规定的极限最小半径的2~5倍比较适宜。尽量避免采用极限最小半径，否则必须保证通行能力和行车安全，采取相应技术措施。在高大复合型沙漠地形条件复杂的地区，如平曲线选用不当，则将造成对沙山切割后引起的背风区沙埋等危害，同时增加造价、破坏环境。所以应高度重视平面线形设计的重要性，切实掌握技术标准和设计规范，透彻理解设计意图和路线走向，做到因地制宜，结合实际，灵活布线，对高大沙山地形应结合大地势，综合考虑与纵面线形组合、工程量和防止沙害等因素，做到平面线形均衡连续，不强调平面高指标，也不随意降低指标。对一般小型沙丘和平坦沙地地区，则应在考虑环保等要求的同时尽量采用较高平面指标。

纵坡对交通安全非常重要，连续较大纵坡的事故率很高。例如：新疆国道312线五台—赛里木湖段，最大纵坡6%，平均纵坡4.4%，坡长达20余公里，未设缓坡段，该路建成1年内发生交通事故40余起，死亡26人，伤19人。平均纵坡应尽可能采用较小坡值，避免上坡开锅、下坡刹车发热导致事故。

纵断面线形应结合地形，合理确定路基的设计高度，纵坡不应频繁起伏，产生频繁失重的感觉，进而使舒适性变差。其基本要求是不同的地形地物配以不同的平纵线形与之相适应，使线形平顺、捷达、舒适、流畅，做到路景协调，达到行车安全、降低工程造价的目的。

高大沙山地区，纵断面和地形配合困难，设计难度大。采用过缓的纵断面，则需延长克服高差的展线距离，增加工程造价；采用过大纵坡，将影响汽车行驶速度，特别是载重车的速度，一定时候超车频率必将增加，影响其他快速行驶车辆的自由度，安全事故必然增多。一般交通量大时应尽量采用较小纵坡，慎用最大纵坡。

从运行质量看,纵坡长度不宜超过稳定坡长(稳定车速对应的坡长),而稳定坡长的长短则取决于车辆动力性能、驶入坡道的行车速度和坡顶要求达到的速度。

在地形受到限制的高大沙山情况下纵坡对路线的平、纵面布设影响很大,机械教条地搬用规范势必增加投资、影响环境,随着汽车工业的发展和汽车性能的改善,根据国外的经验,适当增加纵坡对行车安全是能够保证的。

2.5.5 线形和沙漠景观配合要注意的问题

(1) 在道路景观设计中,要遵循形式服从功能的原则。

(2) 公路选线时要提供经过地区视野的多样性,线路应利用最佳的风景特征引人入胜而避免单调。图 2-12 是塔中—且末段一处通过高大沙山谷地雄壮景观的地形地貌,设计时路线充分利用高大沙山间的自然稳定谷地进行穿越,见图 2-13,既减少了沙害,又保持了原有高大沙山地貌。

图 2-12 高大沙山谷地原地貌

图 2-13 充分利用高大沙山自然景观地形

(3) 最大限度地保持自然形态,避免大填大挖,因为自然形态具有促进人类美满生存与发展的美学特征。

(4) 使道路和景观结合起来,尽可能与周围风景融为一体,而不露施工痕迹;不可避免时应迅速予以恢复,或者通过协调的修整、防沙工程设置、适当的植被种植来恢复其自然外观。

(5) 从驾驶员的角度来看,线形应具有三维空间外观,且应当是顺畅连续的、可预知的,还应当与周围环境保持适当的比例。

(6) 必要的构造物如桥涵、挡土墙等,应进行美化,和防沙工程及交通工程设施、标志标线一起,成为沙漠公路画面中能引人注目、减少疲劳的景观。

2.6 沙漠公路适宜线形及线性参数值确定

结合沙漠公路路线平、纵、横线形指标,通过对汽车行驶安全性、舒适性、环境景观协调性、经济性、快速性以及沙害情况六个因素进行定性分析后,认为沙漠公路平面线形在平曲线半径、直线长度、纵断面线形在纵坡、凸形竖曲线半径、横断面在边坡坡度、路基高度、路堑深度、组合线形在线形均衡性、长直线或大纵坡接小半径平曲线等线形指标方面,对上述六个因素影响很大。

将决定线形指标的六个相关因素和对其最有利的各平、纵、横线形及指标进行连接,见图 2-14,可以看出其中直线中的长直线、较长直线,平曲线中的大于 1 500 m 半径、1 000 m 半径、3% 纵坡、

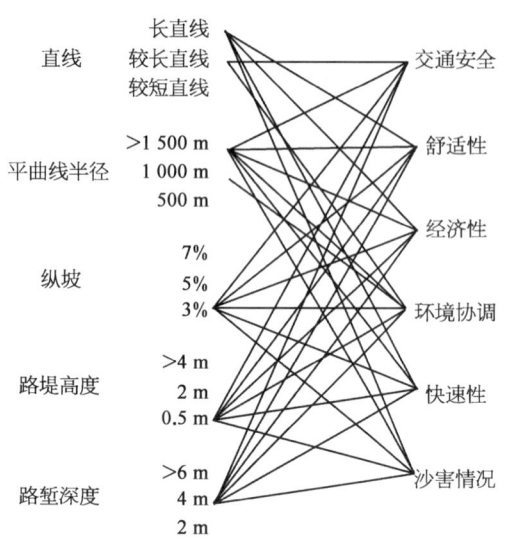

图 2-14 沙漠公路线形指标和相关因素间的关系

0.5 m 低路堤、4 m 中浅路堑等线形指标和六个因素最相适应。由此得到沙漠公路线形指标分析结果如下：

（1）有利于交通安全的线形指标有较长直线、大半径平曲线、小纵坡、低路基、中低路堑。

（2）有利于舒适性的线形指标有长直线、大半径平曲线、小纵坡、低路基、中低路堑。

（3）有利于经济性的线形指标有长直线、大半径平曲线、小纵坡、低路基、中低路堑。

（4）有利于环境协调的线形指标有较长直线、较大半径平曲线、小纵坡、低路基、中低路堑。

（5）有利于快速性的线形指标有长直线、大半径平曲线、小纵坡、低路基、中低路堑。

（6）有利于防沙害的线形指标有较长直线、大半径平曲线、小纵坡、低路基、中低路堑。

总体评价：最佳线形为小纵坡、低路基、中低路堑。次佳线形为较长直线、大半径平曲线。

这样的线形能保证视野开阔，驾驶员的视线无地形、地物、构造物的阻断，能在有效的视觉范围内清晰辨明前方路线的总体变化情况。

2.6.1 调查、试验、分析情况简介

2.6.1.1 车速调查基本情况

沙漠公路各种线形下的车速高低可以反映出线形的好坏，主要表现为乘客的舒适性和运行的经济性及安全性。

为了找出沙漠地区公路平、纵、横技术指标和车速的关系，2002 年 10—12 月和 2004 年 9 月分别在塔克拉玛干流动沙漠腹地的塔中 1 井—且末路段和边缘的国道 315 线且末西 60 km 范围内的沙漠路段，以及古尔班通古特沙漠的彩南—石西和石西—白碱滩固定和半固定沙漠公路，进行了不同公路线形下的车速观测与调查和分析，见图 2-15，目的是了解在沙漠特殊条件下公路线形对车速的影响，从车辆行驶性能等方面对平纵线形提出要求。

图 2-15 沙漠公路车速调查

观测调查的沙漠公路线形和交通特点及道路现状为：新疆塔里木盆地的塔中 1 井—且末沙漠公路，地形属于高大复合型沙垄和沙山地形，沙垄高差在 60～100 m 范围内，局部自然坡度达到 13% 以上，三级公路，路基宽度 8.5 m，级配砂砾基层上的沥青路面，路面宽度 7 m；国道 315 线且末西段，地形属于平坦沙地，地形高差在 8 m 以内，三级公路，路基宽度 8.5 m，水泥稳定砂砾层上的沥青路面。两段平纵面线形都采用平微区三级路标准上限，最小平曲线半径 350 m，最大纵坡 7%；填挖方边坡均为 1∶3，视距较好；交通量小，不足 200 辆/日，横向干扰少，基本属于自由流。古尔班通古特固定和半固定沙漠公路中的彩南—石西和石西—白碱滩路段，采用平微区二级路标准，路基宽 10～12 m，路面宽 8～9 m。交通量 200～600 辆/日，视距较好，横向干扰少，基本属于自由流。

调查采用北京超前电子仪器有限责任公司生产的 LD-98-ⅡP 型微型交通测速雷达现场观测，

调查内容主要包括：① 不同平曲线半径下的车速；② 不同纵坡情况下的车速；③ 不同平纵组合线形情况下的车速。

2.6.1.2 风洞试验基本情况

在中国科学院寒区旱区环境与工程研究所风洞试验室，采用模型比例 1∶20，分别制作角度为 15°、30°、45°、60°、90°，高度为 2 m、4 m 的沙漠公路直线形路堤模型和深度为 2 m、4 m 的直线形路堑模型，每种高度路基都以 1∶1.5、1∶3、1∶6 路基边坡制作三种形式的断面。为了研究曲线形路基断面和直线形路基断面以及纵断面上的风速变化和区别，还制作了 3 m 高的曲线形路堤和 3 m 深的曲线形路堑及纵断面模型。试验主要包括平面直线形路基、平曲线形路基和纵断面部分竖曲线形路基三个部分，每个部分又分为路堤和路堑两种情况，共 83 种形式。

在各模型前 $20h$、$10h$、$5h$、$3h$、$1h$ 处，迎风坡脚，迎风路肩，路中心，背风路肩，背风坡脚和模型后 $1h$、$3h$、$5h$、$10h$、$20h$ 处分布测点（h 为模型路基高度），每个测点设置 8 个传感器，分别设置在各模型表面上方 0.3 cm、0.6 cm、1.2 cm、2.4 cm、8 cm、16 cm、20 cm、24 cm 处。

试验采用 8 m/s、10 m/s、12 m/s 三种风速，并利用传感器测定各个测点在不同高度上的风速变化，共测得数据 231 000 余个，计算整理后各测点的平均风速为 28 000 余个，绘制流场图 160 余幅。

2.6.1.3 野外观测情况

为了能更好地了解由于线形复杂所导致的风速和积沙量变化的实际情况，以及风沙对不同线形的危害情况，在塔克拉玛干沙漠、古尔班通古特沙漠、毛乌素沙漠等的多条公路和试验依托工程上，进行了 3 年多断续野外风沙观测，观测包括如下形式和内容。

(1) 观测试验的路线类型分为三种：直线段、平曲线段、竖曲线段。

(2) 观测的路基形式有：直线、平曲线路堤和路堑形式；不同路基高度、风向夹角；不同纵坡。

(3) 观测试验参数为梯度风速和输沙量变化情况。

2.6.1.4 参数指标的确定和取值理念

结合沙漠公路特点，针对交通安全、乘客舒适性、环境景观、快速经济、防沙保通等几方面，请有经验的专家对公路路线约 20 项指标进行了打分，结果见图 2-16。除组合线形及视距外，从中选取了平纵横 5 项重要指标（将在下文中进行定量计算分析）。确定的重要参数指标包括：平面的平曲线半径、长直线；纵断面的最大纵坡和坡长限制值、竖曲线半径及最小长度；横断面的边坡值等，其他未论证的指标和参数结合实际运行车速执行《公路工程技术标准》（以下简称《标准》）的规定值。

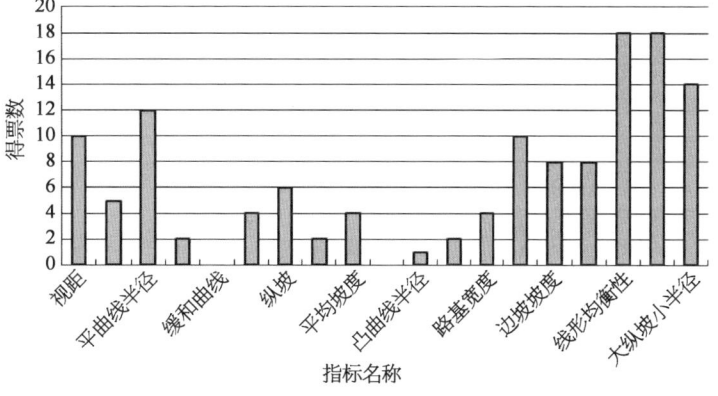

图 2-16 指标重要性打分结果

各参数确定取值时结合沙漠特点，充分考虑以下沙漠公路特点和设计理念：

(1) 公路技术等级不高，三级公路 60 km/h，二级公路 80 km/h。

(2) 公路穿越地形开阔，交通量小，干扰少，实际运行车速快，小汽车平均车速远大于设计车速，大型汽车实际运行速度接近设计车速，见表 2-1。

(3) 沙漠沙质地松散，便于开挖形成必要的平纵线形，相对山区等地形来说工程量不大、不艰巨。

表 2-1　沙漠公路车速统计　　　　　　　　　　　　　　　　　　　　（km/h）

地形地貌	固定半固定沙漠		流　动　沙　漠			
	平坦沙地		平坦沙地		高大沙垄沙山	
设计车速	80		80		60	
车　型	小车	大车	小车	大车	小车	大车
实际平均车速	91.63	65.30	106.07	67.64	96.15	58.81
调查最高车速	142.00	103.00	120.00	75.80	112.40	66.00

（4）为保证交通安全，线形指标的确定按接近实际运行的车速，使设计参数与实际情况相适应、匹配。

（5）应在满足汽车行驶对道路的动力学要求的基础上，考虑驾驶员的驾驶行为和生理、心理特征，以服务于道路使用者为目标，提供舒适、安全、快捷的交通服务。

2.6.1.5　平坦沙地和高大沙垄沙山

我国沙漠面积广大，沙丘形态复杂，根据调查收集的资料，沙丘形态和高度大致情况叙述如下，同时见表 2-2。

表 2-2　我国沙漠沙丘高度基本情况

沙漠名称	沙漠类型	沙山、沙丘高度	地形分类
塔克拉玛干沙漠	流　动	一般 20～100 m，最高可达 200～300 m	高大沙山
巴丹吉林沙漠	半固定	一般 200～300 m，最高可达 500 m	
腾格里沙漠	半固定	一般 10～20 m，个别可达 50～100 m	高大沙山和平坦沙地
古尔班通古特沙漠	半固定	一般 10～50 m，最高大于 50 m	
乌兰布和沙漠	半固定	一般 5～20 m，个别可达 50～80 m	
库布齐沙漠	半固定	一般 10～15 m，个别可达 50 m	
柴达木盆地沙漠	流　动	一般 5～10 m，最高可达 50 m	
毛乌素沙地	固　定	一般 5～20 m	平坦沙地
浑善达克沙地	固　定	一般 10～15 m	
科尔沁沙地	固　定	一般 5～20 m	
呼伦贝尔沙地	固　定	一般 5～15 m	

新月形沙丘、沙丘链、抛物线沙丘、穹状沙丘、蜂窝状沙丘等单体，一般高度在 15 m 以下，长度在 150 m 以内，一般迎风坡角度在 5°～20°，相当于自然坡度 8%～36%，背风坡角度一般在 25°～30°，相当于自然坡度 46%～58%。

复合型沙丘、沙垄、高大沙山，一般高度可达 50～200 m，宽度可达 1 000～3 000 m，坡面底部坡脚一般 5°～10°，相当于自然坡度 8%～17%，顶部 27°～30°，相当于自然坡度 50%～58%。

从表 2-2 中可以看出，塔克拉玛干沙漠、巴丹吉林沙漠大部分属于高大沙山和沙丘，古尔班通古特沙漠、腾格里沙漠等沙漠个别达到 50 m 以上，其他沙漠沙丘高度一般在 20 m 以下。

从公路工程设计的角度，相对高差在 20 m 以下，路线采用 5% 以下纵坡穿越比较容易，工程量相对不大。同时考虑我国固定半固定沙漠的大部分地貌属于这种地形，因此为计算和使用方便，规定大部分沙丘相对高度小于 20 m,起伏不大的为平坦沙地地形;大部分沙丘相对高度大于 20 m,起伏较大,地形复杂的沙漠地形为高大沙垄沙山。

2.6.2 圆曲线半径指标参数

平面线形指标中,对沙漠公路线形影响最大的是圆曲线最小半径。

平面曲线上行驶的汽车受离心力作用,横向稳定性受到影响,离心力大小和圆曲线半径有很大关系,半径越小越不利,圆曲线半径过小容易引起驾驶员的犹豫和减速。圆曲线半径是保证安全和满足乘客舒适性的关键指标。

2.6.2.1 国内外对平面圆曲线半径的认识和研究

日本等国家对交通事故分析后认为,曲线半径越小,事故率就越高,提出选用半径应适应地形尽可能采用大半径。

我国高速公路调查结果表明,平曲线路段事故率与平曲线半径大小存在着相关关系,当平曲线半径小于等于 400 m 时,事故率倾向显著增加。其原因多为驾驶员在开始转弯之初未能及时调低车辆速度引起车辆行驶状态的突变所致,此外小半径平曲线可能使汽车在运行中出现视距不足,导致事故。

平曲线半径和车速间存在着一定的关系,半径越大车速越快,但半径达到一定值之后,对速度变化的影响就很小了,《公路路线设计规范》(以下简称《规范》)中提供了平面线形中的 $R\text{-}v$ 关系,见图 2-17。北京工业大学对车速和半径的关系开展了研究,做了车辆车速与平曲线半径关系的试验,利用桑塔纳轿车作为试验车辆,采用动态 GPS 观测技术,用观测试验车辆瞬间位移的办法计算车辆的瞬时速度,提出 $R\text{-}v$ 关系图,见图 2-18～图 2-20。

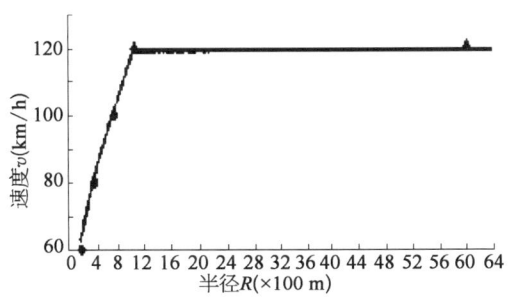

图 2-17 《规范》中提出的 $R\text{-}v$ 关系图

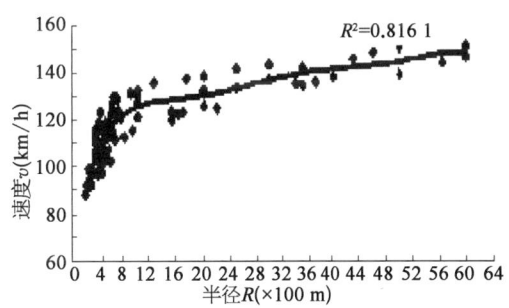

图 2-18 无超车影响下驾驶组 A 的 $R\text{-}v$ 关系

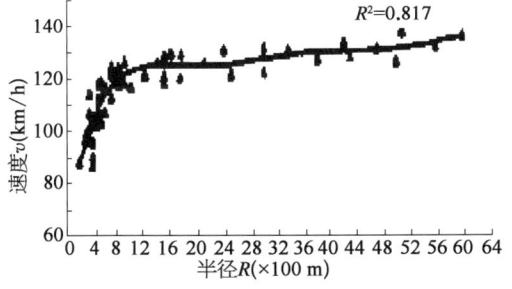

图 2-19 有超车影响下驾驶组 A 的 $R\text{-}v$ 关系

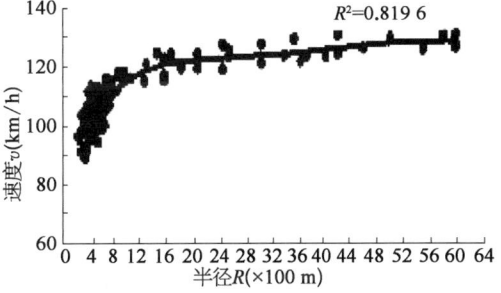

图 2-20 无超车影响下驾驶组 B 的 $R\text{-}v$ 关系

试验在高速公路上进行,公路上的车流量比较小,横向干扰少。A 和 B 分别是一组驾驶经验丰富的驾驶员和另外一组驾驶经验较少的驾驶员。

由以上几组 R-v 关系图可以看出：

(1) 在交通量较小的情况下，在 $R=500$ m 左右的区域内试验车辆基本上可以达到 100 km/h 的车速。

(2) 从图 2-18～图 2-19 中可以看出，试验车辆的实际运行速度是要高出《规范》中的设计速度的，并且这种实际运行速度与设计车速的差值是随着半径的减小而增大的，直至在半径为 1 400 m 左右的时候，实际行驶速度增加到 120 km/h，才与《规范》中的设计车速趋于一致。

(3) 从 $R=400$ m 开始，车速随着平曲线半径的增大而增大，但是这种增大的趋势在 $R=800$ m～$R=1 000$ m 范围内开始明显减慢，在 $R>1 000$ m 以后这种增大的趋势就开始趋向平缓了。

2.6.2.2 我国有关标准对圆曲线半径的确定原则

《规范》中对圆曲线最小半径的确定，主要以汽车在曲线部分能安全而又舒适地行驶所需条件，横向力系数为 0.05～0.06(行驶舒适)，超高值分别用 6%～8% 代入下式来进行：

$$R = v^2 / [127(\mu + i_y)] \quad (2-1)$$

式中　R——平曲线半径(m)；

　　　v——车速(km/h)；

　　　μ——横向力系数；

　　　i_y——路面超高横坡度。

极限半径是采用各级公路设计车速，横向力系数 0.10～0.17(行驶安全、可避免横向滑动的危险)，超高值分别用 6%、8%、10%，代入式(2-1)，计算值取整得到的。

《规范》提出的普通地区各种车速条件下公路的圆曲线极限半径和最小半径见表 2-3。

表 2-3　各种车速条件下公路圆曲线最小半径

设计速度(km/h)	120	100	80	60	40	30	20
一般最小半径(m)	1 000	700	400	200	100	65	30
极限最小半径(m)	650	400	250	125	60	30	15

2.6.2.3 视距要求下的平曲线半径

视距是公路设计的主要要素之一，过小的平曲线半径的路堑段，会因视距不良产生交通事故；当平曲线半径达到一定值时，平面弯道内侧视线将不受阻挡，此时临界半径 R 可用下式求得：

$$R = S^2/(8Z) \quad (\text{不设回旋线 } L > S \text{ 时})$$

式中　S——视距；

　　　Z——横净距。

采用实际运行速度下的停车视距值计算平曲线半径，得到满足视距值要求的平曲线半径结果，见表 2-4。

表 2-4　满足视距值要求的计算平曲线最小半径

设计速度(km/h)	停车视距(m)	规范最小横净距(m)	平曲线要求最小半径(m)	实际最小横净距(按二级以下路幅)(m)	平曲线要求最小半径(m)
120	210	11.05	499	9.6	574
100	160	10.3	311	9.6	333

(续表)

设计速度 (km/h)	停车视距 (m)	规范最小横 净距(m)	平曲线要求 最小半径(m)	实际最小横净距(按 二级以下路幅)(m)	平曲线要求 最小半径(m)
80	110	8.8	172	9.6	158
60	75	8.3	85	8.6	82
40	40	6.05	33	7.85	26
20	20	5.3	9	6.85	7

注：停车视距按现行《规范》取值，最小横净距按《规范》最小值取值，边坡1∶1.5；实际最小横净距按二级路以下宽度，取值边坡1∶3。

2.6.2.4 沙漠公路调查结果

1) 平曲线半径最小值计算

根据式(2-1)，平曲线半径值依汽车行驶横向稳定性而定，并以滑移稳定控制。

这个计算式的关键参数——横向力系数 μ 的选用，系根据路面类型及沙漠风积沙特征，充分考虑了汽车在弯道上行驶的稳定性及乘客的舒适程度。根据试验，$\mu=0.05\sim0.06$ 时，行车更加舒适；$\mu\leqslant0.1$ 时，汽车行驶在弯道上不感觉有平曲线存在；$\mu=0.15$ 时，略微感觉有平曲线存在；$\mu=0.15\sim0.16$ 时，可保证汽车在干燥与潮湿的道路上以较高车速安全行驶；$\mu=0.2$ 时，感到有平曲线存在，略感不稳定；$\mu=0.35$ 时，感到有平曲线存在，不太稳定；$\mu\geqslant0.4$ 时，非常不稳定，站立不住，乘客有倾覆的危险感。

关于路面超高值"i_y"及平曲线半径 R，根据 2002 年 10—11 月在新疆塔中—且末沙漠公路（三级公路）现场观测、调查取得的平曲线半径与车速关系资料（表 2-5），平曲线上平均车速的增大是随着平曲线半径的逐渐增大而增加的。

表 2-5 平曲线半径与车速观测

观测点序号	平曲线半径 (m)	路面超高值 (%)	纵坡情况	平均车速(km/h)	
				小汽车	大中客货车
1	350	5	纵坡-1.042%~+0.577%	80.8	56.2
2	350	5	纵坡 7%	80.3	56.0
3	400	4	纵坡 7%	98.3	60.3
4	486.5	4	平坡	102.5	65.0
5	500	4	纵坡+3.353%~-1.918%	102.4	65.4
6	600	3	纵坡-0.522%~-0.00%	105.1	64.9
7	600	3	平坡	103.0	65.8
8	650	3	平坡	100.0	67.0
9	757	2	平坡	103.0	77.3
10	850	2	纵坡-5.179%~-2.80%	101.7	60.7
11	864	2	平坡	107.4	75.8
12	1 500	0	平坡	119.6	69.4
13	直线		纵坡-0.652%	120.0	74.3

当平曲线半径从 350 m 增大到 864 m 时,其中小汽车的平均车速从 80.3 km/h 增长到 107.4 km/h,增大了 1.38 倍,大中客货车的平均车速从 56 km/h 增长到 75.8 km/h,增大了 1.35 倍,两者的增大倍数很接近。但平均车速的起步都很高,尤其是小汽车,在平曲线半径为 350 m、路面超高为 5% 时,其平均车速就达到 80 km/h,达二级公路平原微丘区计算车速标准;当平曲线半径从 400 m 经 600 m 到 864 m,其路面超高值分别为 4%、3%、2% 时,平均车速接近 100 km/h,且大部分超过 100 km/h,均达一级公路平原微丘区的计算行车速度。大中客货车的平均车速大部分在 60~67 km/h 之间,都为三级公路平原微丘区的计算车速,属中等车速范围。因此沙漠公路平曲线最小半径的计算车速及其 μ、i_y 宜考虑以下因素:按沙漠公路不受限路段小车实际可能运行速度,考虑路面薄积沙和安全舒适,μ 取 0.05~0.06、i_y 按 5%~6%,计算结果见表 2-6。

表 2-6 实际可能速度下的最小半径计算结果

设计速度(km/h)	实际速度(km/h)	横向力系数	路面超高值	最小半径计算值(m)	取整(m)
120	120	0.05	0.06	1 031	1 000
100	110	0.05	0.06	866	900
80	100	0.06	0.06	656	700
60	90	0.06	0.06	531	600
40	80	0.05	0.06	458	500
30	80	0.05	0.06	458	500
20	80	0.05	0.06	458	500

在沙漠公路上运行的主要是汽车,基本无其他混合交通,所以对于沙漠公路线形参数研究来说,《规范》中高速公路和汽车专用公路部分平曲线半径的有关规定有一定的参考价值。沙漠公路上交通量较小,干扰少,汽车几乎以自由流形式通过,同样等级的公路上,沙漠地区汽车的运行速度往往就比普通地区公路上的车速要高一些,所以沙漠公路线形指标通常应比《规范》中规定的同等级公路的线形指标要高一些,才能符合实际。

2) 沙漠公路目前采用平曲线半径情况

新疆南北疆沙漠公路,普遍采用了较高的平面线形技术指标,除高大沙山受地形限制有一处采用 200 m 半径和多处 350 m 半径外,其余均采用了 500 m 以上的大半径。内蒙古沙漠公路,除早期修建的低等级公路采用了一处 100 m 半径、2 处 250 m 半径外其他半径均大于 400 m,特别是近年修建的一、二级公路,都在 500~1 000 m 以上。陕西榆林—靖边高速公路最小半径为 850 m。

从上述调查分析资料可以看出,为了提高交通安全意识和行车的舒适性,近年来沙漠公路的平面线形指标都在提高,一般平坦沙地地形的平曲线半径都在 500 m 以上,高大沙山地形的平曲线半径都在 350 m 以上,可见在沙质地表情况下,提高平曲线半径,比山岭区要容易得多,工程也不十分艰巨。

3) 沙漠公路运行车辆的 R-v 关系

在沙漠公路上分别对小轿车和大型货车在不同半径曲线状态下的速度情况进行了观测,提出了沙漠公路运行车辆的 R-v 关系,其数据整理见表 2-7、图 2-21。

从表 2-7 和图 2-21 中可以看出:

表 2-7 平曲线和车速的关系

序号	里程桩号	平曲线		平均车速(km/h)				备注
				小型车		大中客货车		
		R(m)	比率	v	比率	v	比率	
1	K69+498	350	0.70	80.8	0.79	56.2	0.86	塔且路段
2	K1906+715	486.5	0.97	102.5	1	65.0	0.99	G315 线
3	K96+814	500	1	102.4	1	65.4	1	塔且路段
4	K53+260	600	1.2	105.1	1.03	64.9	0.99	塔且路段
5	K1935+626	600	1.2	103.0	1.01	65.8	1.01	G315 线
6	K1918+914	650	1.3	100.0	0.98	67.0	1.02	G315 线
7	K1906+826	757	1.51	103.0	1.01	77.3	1.18	G315 线
8	K1900+413	864	1.73	107.4	1.05	75.8	1.16	G315 线
9	K80+133	1 500	3.0	119.6	1.17	69.4	1.06	塔且路段
10	K109+920	直线		120.0	1.17	74.3	1.14	塔且路段

注：比率为不同半径数据同 500 m 半径数据之比。

(1) 沙漠公路平曲线半径越小车速越低，平曲线半径越大车速越快，当平曲线半径达到不设超高的半径 $R=1\ 500$ m 时，其平曲线段车速接近直线段车速，尤其小汽车车速更加接近直线段车速。

(2) 平曲线半径为 500 m 的车速与>500 m 和<500 m 的平曲线半径车速相比，其结果如下：

① 平曲线半径为 350 m 时，小型客车车速降低 21.6 km/h，平均平曲线半径每减小 100 m，其车速要降低

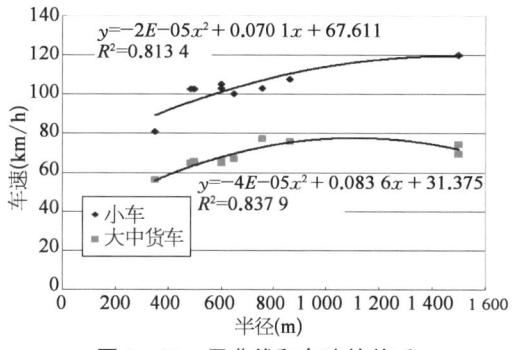

图 2-21 平曲线和车速的关系

$$(102.4-80.8)\times 100/(500-350)=14.4\ \text{km/h}$$

大中客货车车速要降低

$$(65.4-56.2)\times 100/(500-350)=6.13\ \text{km/h}$$

② 平曲线半径为 1 500 m 时，小型客车车速增加 17.1 km/h，平均平曲线半径每增加 100 m，其车速要增加

$$(119.6-102.4)\times 100/(1\ 500-500)=1.72\ \text{km/h}$$

大中客货车车速要增加

$$(69.4-65.4)\times 100/(1\ 500-500)=0.4\ \text{km/h}$$

由以上看出，半径 500 m 以下的平曲线车速呈骤减趋势；半径为 500~1 500 m 的车速呈缓慢增速趋势，很显然沙漠公路较合适的最小平曲线半径以 500 m 左右为宜。

(3) 小车重心低、灵活，在平曲线半径大于 400 m 路段，其平均车速都在 100 km/h 以上，大中型

客货车,车体重,超载多,其平均车速大部分在 70 km/h 以下。

（4）根据汽车行驶在曲线路段上力的平衡式

$$R = V^2/127(\mu + i_h)$$

当 $\mu < 0.1$ 时不感到有平曲线存在,取 $\mu = 0.1$, $i_h = 2\%$,代入二级路平原区设计车速 $v = 80$ km/h,得出 $R = 420$ m；也就是说对设计车速 80 km/h、超高 2%、420 m 以上的平曲线半径路段,汽车行驶是平稳的,乘客不感到有平曲线存在。

除公路平面线形对车速有影响外,车道宽度、侧向间隙、路面设计参数等也都不同程度地影响车速,公路侧向障碍物(护栏、护柱等)的设计缺陷,对道路容量产生很大的约束作用,也将造成车辆减速。

通过调查资料的分析研究,并从汽车行驶动力和视觉角度分析得出,公路线形应在视觉上能自然引导驾驶员视线,保持视觉连续,平曲线半径越大,视觉越好,车辆减速越少,大型客货车更为明显,平曲线半径小于 500 m 的车速呈骤减趋势；平曲线半径大于 500 m 时呈缓慢增速趋势,说明视距良好,同时根据计算说明,乘客不能明显感觉到平曲线的存在,因此,一般沙漠公路合适的平曲线半径为 500 m 以上。

根据以上的资料和分析结果,并结合搜集的新疆、内蒙古和陕西地区沙漠公路的设计资料及实际采用的平曲线半径情况,建议在沙漠公路地形平坦、工程量增加不多的不受限路段,其平曲线半径宜采用较高指标,最低不低于《标准》规定的 80 km/h 设计速度下的一般最小半径；对于地形复杂,工程量巨大,资金缺乏的受限路段,允许使用《标准》规定的一般最小值。综合推荐沙漠公路圆曲线的最小半径,见表 2-8。

表 2-8　各级沙漠公路圆曲线推荐最小半径

设计速度(km/h)		120	100	80	60	40	30	20
不受限路段	最小半径(m)	1 000	900	700	600	500	500	500
	不设超高最小半径(m)	5 500	4 000	3 500	3 200	3 200	3 200	3 200
受限路段	最小半径(m)	1 000	700	400	200	100	65	30
	不设超高最小半径(m)	5 500	4 000	2 500	1 500	600	350	150

当平曲线半径采用了小于等于上表中受限路段的最小半径时,两端路线必须设置过渡段和警告标志,保证交通安全。

2.6.3　最大直线长度

2.6.3.1　沙漠公路调查分析

沙漠公路平面线形多采用长直线～短平曲线形,特别是在平坦沙地地区。因此路线平曲线间 2 000 m 以上的长直线多,长直线有视野开阔、方向明确、超车视距大、路线短捷、测设简便等优点。但是过长的直线亦有弊端：一是在长直线上行车过于单调乏味,容易造成驾驶人员的疲劳和放松警惕；二是长直线容易导致高车速,不利行车安全；三是长直线往往难与自然地形相适应。我国规范未对最大直线长度做出具体规定。主要原因是我国国土辽阔,地形与自然条件各异,选用直线长度须依各地地形等具体情况而定。但在沙漠公路多选用长直线,目的在于：

（1）沙漠公路平面线形中,直线路段的公路沙害普遍较轻。根据国道 315 线新疆且末—民丰沙害路段的实际经验,该公路 1978 年前的老公路及便道,其路线都是回避沙丘、沙垄及灌丛沙堆布设的,曲多弯急,因此沿线有近 50 km 沙害路段,行车非常困难。但到 1980 年截弯取直,建成三级公路后,公路沙害逐年减轻,到 1982 年该线公路沙害基本消除,直到 2016 年仍无公路沙害现象。

又根据风洞试验验证,在路基高度相同、边坡大小一致的条件下,进行直线段与平曲线段断面流场观测,所得资料见表 2-9。资料显示,直线路段与凸弧面迎风平曲线其路中、背风路肩、背风坡脚的风速减弱率很接近,贴地层气流分离区虽厚但范围很小;但凹弧面迎风平曲线路中与背风路肩风速减弱率最高,贴地层气流分离区厚而范围大,几乎占据了整个路基宽度。因此沙漠公路的平曲线经常积沙,尤其凹弧面迎风平曲线积沙现象更为严重。而直线段则积沙较少且轻。

表 2-9 直线路基与平曲线路基近地层风速变化

路线类别	风速(m/s)				与迎(背)风路肩相比的风速减弱率(%)		
	迎风路肩	路中	背风路肩	背风坡脚	路中	背风路肩	背风坡脚
直线	10.2	7.8	9.2	2.0	23	10	22
凸弧面迎风平曲线	10.7	8.3	9.5	2.2	22	11	23
凹弧面迎风平曲线	11.8	7.1	6.7	1.9	40	43	28

(2) 降低沙漠公路工程总造价。沙漠公路沿线的风积沙除可作为沙漠路基材料外,沿线可利用的路面材料及防沙治沙材料很少,几乎都是空白,都要远运。为了减少沙漠公路长度,减少主体、防沙及养护等的工程量和总造价,显然,以控制点间的路线增长系数越接近 1 越好。

以上是沙漠公路选设长直线的原因,当然选设长直线必须密切结合风沙地貌实际,决不能一味地强求长直线,也不能硬性设置不必要的平曲线。对于长直线路线在使用方面的不足之处,应在长直线间适当距离(2~5 km)处,增设以绿色为主的醒目警示标志,刺激视觉神经,减轻或消除驾驶员和乘客的疲乏困倦。

2.6.3.2 国内外调查研究结果

一些国家对长直线最大长度做了规定,如德国 RAL 规定直线长度不超过 $20v$(v 是设计车速,单位用 km/h,$20v$ 相当于 72 s 行程),俄罗斯规定为 8 km,美国为 3 min 行程。

近年来通过对国内外长直线问题调查结果的对比分析,得出如下一致观点:

(1) 长直线由于其单调性,容易分散驾驶员的注意力,产生疲劳感和使反应迟钝,无意间提高车速,目测距离容易发生误差等原因,造成超速行车,引起交通事故,对行车安全是不利的。

(2) 在长直线路段一般不宜设长、大纵坡,两端不应接小半径曲线。

(3) 在长直线路段上除应按规范要求设置交通标志、标线外,还应增设限速标志、减速标线,行车速度越高,交通事故中的死亡率也越高,从增加道路的安全性方面考虑,在长直段上按规定的标准限制车速是完全必要的。限制速度后交通事故平均可减少约 30%,效果很显著。

2.6.3.3 新疆戈壁沙漠地区长直线调查结果

根据对新疆 16 段戈壁及沙漠公路长直线段落的野外路况、驾驶人员的调查以及对交通事故、交通量的调查和分析,借鉴国外对公路长直线的研究成果,结合新疆沙漠特殊的地理环境,对长直线路段直线长度问题提出以下建议:

(1) 平坦沙地地区,高速、一级、二级公路最大长直线长度不宜大于 10 km。

(2) 平坦沙地地区公路长直线路段不宜设置短而起伏过多的纵坡段,在长直线两端接近平曲线段最大纵坡,对高速公路和一、二级公路不宜超过 3%,对于三级公路不宜超过 4%。

(3) 下坡或平缓坡的长直线两端所连接的平曲线半径,对于高速公路及一级公路不宜小于 1 500 m、二级公路不宜小于 1 000 m,对于三、四级公路不宜小于 700 m。

(4) 长直线路段应根据不同的公路等级设置齐全相应的交通标志并对路面进行画线。同时,应在长直线的两端或其间不大于 5 km 的长度范围内设置限速警告标志或在行车道上设置厚 2~5 mm、长度为 30 m 的热熔限速标线。

2.6.4 纵坡和坡长

纵断面的最大纵坡是路线纵断面设计中一项重要的控制性指标,特别在沙漠地区更显重要,因为纵断面的纵坡大小直接影响路线的长短、使用品质的好坏、工程量大小及运输成本的高低和公路沙害程度的轻重。

上坡和下坡都会对在公路上行驶车辆的行车速度带来负面影响。由于车辆需要克服公路坡度的影响会使其车速降低,特别是对于大型货车,这种降低就更为明显。车速下降就降低了公路的使用效率,在大纵坡、长纵坡的路段上有时还会发生拥堵的情况。

在连续上坡的路段,机动车在较长的坡道上行驶,水箱易沸腾、气阻,以致行车缓慢无力,甚至发动机熄火,机件磨损增大,驾驶条件恶化,或者由于轮胎与道路表面摩擦力不足而引起车轮空转打滑。在连续下坡时,则由于需减速制动,也往往易发生因制动器发热失效或烧坏而导致交通事故,因此应限制各种纵坡长度。

2.6.4.1 《标准》对纵坡坡度及坡长的规定

《标准》中根据汽车的爬坡能力和各级公路对于车辆运行速度的要求,在大量调查和广泛征求意见,考虑交通组成、工程和运营经济的情况下,提出了各种设计车速下的最大纵坡坡度,见表 2-10 所示。《标准》中也给出了对各级公路纵坡坡长的限制,见表 2-11。

表 2-10 《标准》中规定的各种设计车速下的最大纵坡坡度

设计速度(km/h)	120	100	80	60	40	30	20
最大纵坡(%)	3	4	5	6	7	8	9

表 2-11 《标准》中规定的各种设计车速下的公路纵坡长度限制

	设计速度(km/h)	120	100	80	60	40	30	20
纵坡长度(m)	3	900	1 000	1 100	1 200			
	4	700	800	900	1 000	1 100	1 100	1 200
	5		600	700	800	900	900	1 000
	6			500	600	700	700	800
	7					500	500	600
	8					300	300	400
	9						200	300
	10							200

2.6.4.2 国内外对纵坡和交通事故等方面的研究

日本规定纵断面线形应连续,避免生硬而剧烈变化的线形。其纵坡主要考虑大型车的爬坡能力,采用标准最大纵坡和绝对最大纵坡两个值,见表 2-12;前者规定坡度较小,后者较大,但只有在地形及其他条件较为苛刻时方可采用。寒冷积雪地区采用括号内数值,最大为 6%。

表 2-12 日本标准最大纵坡值

设计车速(km/h)	容许最大纵坡(%)	
	标准最大纵坡	绝对最大纵坡
120	2	5(4)
100	3	6(5)
80	4	7(6)
60	5	8(6)
50	6	9(6)

纵坡坡度和交通事故的关系密切。东南大学交通学院根据事故资料统计分析,做出公路纵坡和事故相对系数的关系图,见图 2-22。道路交通事故数量随坡度的增加而增多,而且纵坡坡度越大,道路事故增加得就越快。如果把公路的纵坡控制在 5% 以内,对于满足公路的安全性来说是大有益处的。

根据莫斯科公路学院的调查资料,大纵坡是交通事故的隐患,公路上、下坡路段道路交通事故很多,平原地区 7% 左右的事故发生在上、下坡路段上,在丘陵地带为 18% 左右,在重丘陵地带为 25% 左右。

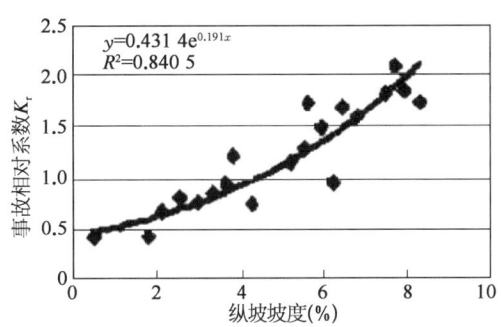

图 2-22 道路交通事故相对数与纵坡的关系

大纵坡路段上的道路交通事故主要集中在特征点上。在上坡道行驶时,事故特征点主要分布在上坡道接近坡顶的部分,以及过了坡顶后紧接着的路段上。下坡行驶时,事故特征点则主要分布在纵断面的下凹部分,这是由于汽车驶入这里时因下坡使车速达到较高的数值。纵坡过陡,上坡时需克服坡阻力和其他行车阻力增大,牵引力消耗增加,导致车速会降低。而下坡时为克服下滑加速度又需频繁刹车,制动器容易发热失灵而引起事故,特别是雨天或有冰雪时,更有滑溜的危险。

2.6.4.3 汽车性能及纵坡和车速之间的关系调查分析

1) 汽车行驶动力和自然因素

在沙漠公路纵断面设计中,最大纵坡主要取决于以下条件或要素。

(1) 汽车行驶条件。汽车在公路上行驶必须有足够的牵引力,尤其是在爬坡时必须有更大的牵引力来克服其阻力,即 $T>R$(R 为各种阻力)。阻力主要有以下两种。

① 空气阻力:

$$R_w = KFv^2 \tag{2-2}$$

式中　K——空气阻力系数$[(N \cdot s^2)/m^4]$,与空气密度、车辆形状和表面光滑度有关;在计算中采用的 K 值:半挂车为 0.04,载重车为 0.035,小客车为 0.025。

　　　F——车辆正投影面积(m^2);采用值为:半挂车为 7.0,载重车为 6.2,小客车为 2.0。

　　　v——车速(km/h)。

② 道路阻力:

$$R_R = G(f+i) \tag{2-3}$$

式中 G——车辆总重(N)。

f——滚动阻力系数,与路面状态、轮胎和车速有关;一般沥青混凝土路面为 0.01~0.02,潮湿不平的土路为 0.07~0.15,积沙公路为 0.2~0.4。

i——路线纵坡,上坡取正值,下坡取负值。

$(f+i)$——通称为道路阻力系数。

在沙粒松散无黏聚性的沙漠里,只有足够的牵引力还不能保证汽车行驶,若轮胎与路面间摩擦力不够大,车辆将在路面上打滑,不能前进。积沙厚度大于 30 cm 的路面就会有这种现象。所以其牵引力不能大于轮胎与路面间的摩擦力,即

$$T < f'G_k$$

式中 G_k——驱动轮荷载;一般情况下,小汽车为汽车总重的 0.5~0.65,载重汽车为汽车总重的 0.65~0.80。

f'——轮胎与路面的摩阻系数;路面干燥状况为 0.5~0.7,潮湿状况为 0.3~0.4,泥泞结冰、积沙情况为 0.1~0.2。

因此,汽车在行驶中牵引力与行驶阻力永远是平衡的,即

$$T = R = KFv^2 + G(f+i) \tag{2-4}$$

按上式,用载重汽车在不同纵坡行驶时进行计算,可得出如表 2-13 的结果。很明显在积沙路段,纵坡 6% 的阻力比纵坡 5.5% 的大 1.41 倍;纵坡 7% 的阻力比纵坡 5.5% 的大 1.84 倍。

表 2-13 不同纵坡下的道路阻力

纵 坡(%)	空气阻力(N)	道 路 阻 力(N)	
		沥青混凝土路面	积沙道路
5.5	1 063.3	(0.065~0.075)G	0.255G
6.0	916.8	(0.07~0.08)G	0.36G
7.0	781.2	(0.08~0.09)G	0.47G

注:由于上坡,惯性阻力未计。

以上为汽车在纵坡上爬行车速的变化情况。应用实地观测(1994 年 6—7 月在沙漠公路实测)资料印证,其结果见表 2-14。该表反映了不积沙公路纵坡的车速变化。显然,大于 6% 纵坡从坡底到

表 2-14 坡长小于 400 m 纵坡汽车车速变化

纵坡(%)	常规载重车车速(km/h)		从坡底至坡顶减速幅度(%)
	坡 底	坡 顶	
4	80	80	不减速
5	75	60	20
5.5	75	56	25
6	70	42	40
7	70	34	52

坡顶车速要降低40%以上,对汽车运行影响很大。若公路出现积沙情况,汽车车速不但要更加降低,而且还不能从积沙路面上通过。

(2)自然因素。沙漠公路沿线,夏季气温达到39.5℃,沙面温度高达70℃。再加上风多沙多对汽车机械的侵扰,均影响汽车行驶条件和爬坡能力,尤其是冬季降雪对汽车行驶条件和爬坡能力影响更大。如在国道312线果子沟积雪路段观测,载重汽车在坡长大于300 m的6%纵坡上爬行,其驱动轮不套上防滑铁链,就无法前行;即使绑上防滑链,还会出现打滑现象,纵坡为5.5%的情况稍好一些。考虑在冬季沙漠公路上仍会有0.5~0.6 mm降水形成的积雪,这对汽车在大纵坡上行驶极为不利,故一般沙漠地区选取5.5%纵坡较合适。

2) 纵坡和车速之间的关系调查分析

根据对沙漠公路不同纵坡上的车辆车速的测定,来确定沙漠公路纵坡与车速之间的关系。经对2%~7%不同纵坡情况下的车辆进行车速观测调查,其数据整理见表2-15和图2-23、图2-24。从表和图中可以看出:

表2-15 纵坡和车速的关系

序号	里程桩号	纵坡(%)	坡长(m)	平均车速(km/h)				备注
				大车上坡	小车上坡	大车下坡	小车下坡	
1	K76+800~K77+800	1.918	980	65.6	102	60.4	102.7	平纵配合路段
2	K76+480~K78+810	3.352	340	66.5	94	68.3	98	平纵配合路段
3	K81+400~K81+900	4.76	500	40.4	107	56.8	108.3	直线段
4	K59+060~K59+530	5.132	470	65.3	104.3	62.5	99.5	平纵配合路段
5	K6+880~K7+440	5.179	560	65.3	88.5	49.3	103.7	平纵配合路段
6	K77+800~K78+040	7	240	57.6	109.2	63.4	97.2	平纵配合路段
7	K58+680~K59+060	7	380	38.5	86.4	81.4	114.5	平纵配合路段
8	K80+640~K81+040	7	400	53.7	111.8	49.1	124	直线段

注:大车:大中客货车;小车:小型客车。

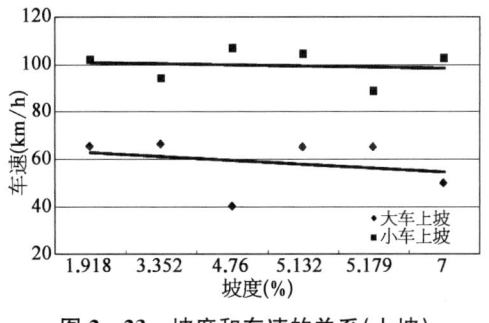

图2-23 坡度和车速的关系(上坡)

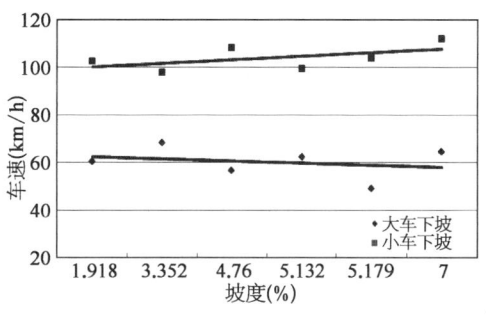

图2-24 坡度和车速的关系(下坡)

(1)车辆上坡情况。在纵坡为7%、坡长<400 m,纵坡为5%、坡长<560 m的情况下,小型客车上2%和上7%的纵坡,平均车速差距不明显,从趋势图看降低约5%左右,大型客货车平均车速降低明显,车速下降约20%左右。

(2) 车辆下坡情况。小型客车下坡随纵坡从 2% 到 7%，车速加速明显，车速增加约 9%，大型客货车车速几乎不增加，从趋势图看反而减小，并且是坡度越大下坡速度越慢，究其原因主要由于大型客货车在大坡度情况下，为防止重车失控，驾驶员不敢放手加速。

(3) 直线坡路段。小型车和大中客货车，其纵坡大（7%）、坡长短（400 m）的车速，大于纵坡小（4.76%）、坡长长（500 m）的车速，前者约为后者的 1.04～1.08 倍。可以看出大纵坡、短坡长的线形优于纵坡较小但坡长很长的线形。

(4) 大纵坡条件下的减速情况。通过对坡长 400 m、纵坡坡度为 7% 和 5.1% 上坡情况下的大型客货车和小型客车调查，其数据整理见表 2-16 和图 2-25。从表和图中可以看出：

表 2-16　大纵坡条件下汽车行驶减速情况

观测位置和距离(m)	坡长	不同纵坡度时的平均车速(km/h)			
		7%纵坡度		5.1%纵坡度	
		小型客车	大中客货车	小型客车	大中客货车
坡底 0	400	112.2	68.8	110.0	79.5
坡顶 400		98.0	31.8	95.3	65.8
减弱幅度(km/h)		14.2	37.0	14.7	13.7
减速百分比(%)		12.7	53.8	13.4	17.2

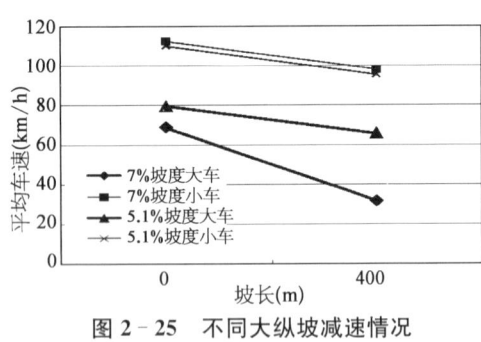

图 2-25　不同大纵坡减速情况

① 同类型车在不同的纵坡下，坡度越大大车减速越明显，大车在 7% 纵坡度下减速约 53.8%，在 5.1% 纵坡下减速约 17%；坡度对小车车速减速影响不明显，小车在 7% 纵坡下减速约 12.7%，在 5.1% 纵坡下减速约为 13.4%，非常接近。

② 同等纵坡下大型客货车车速比小型客车车速减速明显，7% 纵坡度下大车减速比小车减速多 41.1%，5.1% 下大车减速比小车减速仅多 3.8%。

③ 纵坡对小车车速影响不大，对大车影响较大。坡长在 400 m 时，纵坡度为 5%，小车和大车减速分别为 13% 和 17%；纵坡度为 7%，小车和大车减速分别约为 13% 和 54%。另外，大纵坡、短坡长的线形优于较大纵坡、长坡长的线形。一般情况下，沙漠公路应尽量将纵坡度控制在 5% 以内，可使车速的降速控制在 20% 左右。

3) 平纵组合路段车速变化情况调查分析

沙漠公路行驶车辆的运行速度在平纵组合路段受到的影响更大，将平纵组合线形和车速的调查数据整理见表 2-17，分析如下：

(1) 当平曲线内有较大纵坡时，其车速低于平曲线内无纵坡或有小纵坡的车速。

(2) 在平纵曲线组合坡段，纵坡较长时，大型客货车下坡车速为上坡车速的 0.76～0.92 倍，为减速状态。

(3) 在平曲线路段有较大纵坡时，纵坡大、坡长短路段的平均车速大于纵坡小、坡长长路段的车速。大型客货车在纵坡大（7%）、坡长短（380 m）情况下的平均车速，大于纵坡小（5.179%）、坡长长

表 2-17　不同半径和坡度情况下车速调查汇总

半径(m)	纵坡(%)	大中车(km/h)			小车(km/h)		
		上坡	下坡	平均	上坡	下坡	平均
350	1	49.75	72.25	61	58.71	83.9	71.31
	5.1	65.33	62.47	63.9	104.33	95.5	99.92
	7	38.46	81.44	59.95	86.43	114.5	100.47
400	7	57.57	63.35	60.46	109.17	97.15	103.16
500	1.92	65.6	60.4	63	102	102	102
	3.35	66.5	68.3	67.4	94	98	96

(470 m)情况下的车速,前者为后者的1.34倍。

(4) 平曲线和小纵坡组合路段的车速大于平曲线和大纵坡组合路段的车速。大型客货车在纵坡为1.918%、坡长为980 m路段的车速,大于较大纵坡4.76%、5.132%、5.179%、7%、7%,坡长分别为500 m、470 m、560 m、400 m、240 m的车速,分别是它们的1.31、1.14、1.44、1.25、1.08倍。

(5) 平曲线组合中有较大纵坡时,其车速低于平曲线内无纵坡或有小纵坡的车速。平面线形应和纵面线形协调配合,保持平衡,单方面在平面或纵面上追求高指标不仅会造成工程量增大,而且线形上会给人不愉快的感觉,从行驶角度也不顺畅,无法保持较高速度匀速行驶。

沙漠地区复合型沙垄和沙山,自然地形起伏频繁,相对高差较大,平纵线形应顺应大的地貌特点和风沙运动规律布设路线线位,平纵面线形要平顺、路基高度不宜过高,横断面尽量做成流线型,减少气流分离、流沙沉积,达到风沙流顺利通过的目的,平纵组合应结合地形地貌,利用沙漠地貌曲线风景特征引人入胜,从而避免单调。

2.6.4.4　工程量估算分析

在流动沙漠高大沙山地区的塔且沙漠公路上,选择了一段有代表性的路段,略微斜穿高大沙山沙垄,长度1.8 km,高差40.2 m,局部最大自然纵坡10.3%(落沙坡),采用5%、6%、7%、8%四种方案穿越,路面宽10 m,挖方处每侧有3 m积沙平台,填挖方边坡采用1:3,分别计算工程量,见表2-18。同时对大型车车速随纵坡的减弱率进行趋势线回归分析,将不同坡度的工程量和速度减弱情况绘制关系图(图2-26),从图中可以看出:

(1) 车辆通过高大沙山路段时,随纵坡从5%增加到8%,大车速度降低得很快,从20%降低到60%以上,从保证行车速度的角度,纵坡越缓越好。

(2) 采用5%、6%、7%、8%四种方案。随纵坡放缓工程量增加幅度很大,从8%到7%,纵坡增加1%,工程量增加1.12倍;从7%到6%以及从6%到5%,纵坡增加1%,工程量要分别增加1.55和1.59倍,可见纵坡越缓,工程量急速增长,从工程量的角度,纵坡越大,工程量越小。

(3) 工程量和纵坡在6.7%左右时,是平衡点。但当公路等级较低、车速要求不高时,为了节约造价,可采用较大纵坡,当车速要求较高时纵坡一定要放缓。推荐高大沙山地区的最大纵坡,按设计车

表 2-18　不同纵坡穿越高大沙山时的工程数量

纵　　坡	5%	6%	7%	8%
工程量(m³/km)	369 533	232 654	150 037	134 590

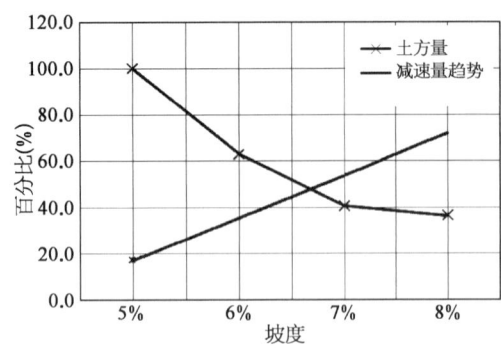

图 2-26 土方量和速度的关系

速可分别采用 5%、6%、7%、8%。

另外对自然纵坡越大的高大沙山,随纵坡放缓,工程量变化剧烈;对自然纵坡小的沙山,工程量增加幅度不大。由此可以看出,对无植被的流动沙漠,当沙山自然纵坡在 10% 以下时,考虑沙漠公路风积沙比较松软,路基土方工程施工难度不大;尽量直线穿越,可缩短路线。当沙山自然纵坡在 10% 以上时,可采用斜穿方案,综合路线延长、防护增加、运营里程增加等进行比较。

根据以上对规范规定、国内外交通事故研究、汽车行驶动力,各种不同纵坡和平纵组合下的车速调查资料分析、工程量估算分析认为,除非高大沙山工程量太大,一般情况下不宜采用 6% 以上的最大纵坡,大纵坡会增加工程量,大幅度降低行车速度,同时容易产生交通事故。所以建议沙漠公路在地形平坦、工程量增加不多的不受限路段,宜采用较高指标;对于地形复杂、工程量巨大、资金缺乏的受限路段允许使用《标准》规定值,但要慎用。综合考虑各种因素,推荐沙漠公路纵坡见表 2-19,推荐沙漠各级公路坡长限制见表 6-20。

表 2-19 推荐各级沙漠公路的最大纵坡

设计速度(km/h)	120	100	80	60	40	30	20
不受限路段最大纵坡(%)	3	3	5	5	6	6	7
受限路段最大纵坡(%)	3	4	5	6	7	8	8

表 2-20 推荐沙漠公路最大限制坡长(m)

设计速度(km/h)		纵坡坡度(%)					
		3	4	5	6	7	8
120	受限段	900	700				
	不受限段	800	500				
100	受限段	1 000	800	600			
	不受限段	900	600	400			
80	受限段	1 100	900	600	500		
	不受限段	900	700	400			
60	受限段	1 200	1 000	600	600		
	不受限段	1 000	800	600	400		
40	受限段		1 100	900	700	500	300
	不受限段		1 000	600	500		
30	受限段		1 100	900	700	500	300
	不受限段		1 000	700			
20	受限段		1 200	1 000	800	600	400
	不受限段		1 000	800	600	400	

2.6.5 竖曲线半径和最小长度

2.6.5.1 满足防沙要求的竖曲线

根据实际沙漠公路观测，在路侧防沙工程结构不完整或防沙工程失效的路段，若竖曲线两侧纵坡较大，凸凹形竖曲线段就时有积沙现象，尤其以凹形竖曲线路段积沙现象较普遍。为了摸清公路竖曲线段积沙的原因，经风洞试验得出如下结果：竖曲线模型比例1∶40，路面宽25 cm，边坡1∶3，纵向坡度凹形竖曲线为10%，凸形竖曲线为8%，试验风速为12 m/s。模型正交设置，两头顶风洞侧壁，路中心线与风向垂直，竖曲线的制高点和最低点在风洞轴线上，其两边与竖曲线圆滑连接，试验结果见表2-21、表2-22和图2-27、图2-28。

表2-21 竖曲线段风对公路正交作用的风速变化

竖曲线形式	测试风速及百分数	模拟28~200 cm高度风速加权平均值(m/s)							
		远方平地	迎风坡脚	迎风路肩	路中心与风轴的顺路距离(m)				背风路肩	背风坡脚
					0	4	8	12		
凸 形	12 m/s	10.21	10.82	12.61	12.2	12.39	12.33	11.66	12.36	7.25
	%	100	106	124	119	121	121	114	121	71
凹 形	8 m/s	6.57	6.11	8.59	7.52	8.97	6.97	11.58	6.85	6.53
	%	100	93	131	114	137	106	161	104	99

注：模拟路堤高2 m，边坡1∶3。

表2-22 不同竖曲线主要部位风速差

竖曲线形式	风轴断面风速差(%)	路顶6点风速差(%)	顺路中心4点风速差(%)	路顶6点远方平地风速差(%)	路顶6点与背风坡脚风速差(%)
凸形	3~5	3~10	2~7	20	49
凹形	17~27	24~55	24~55	25.5	26.5

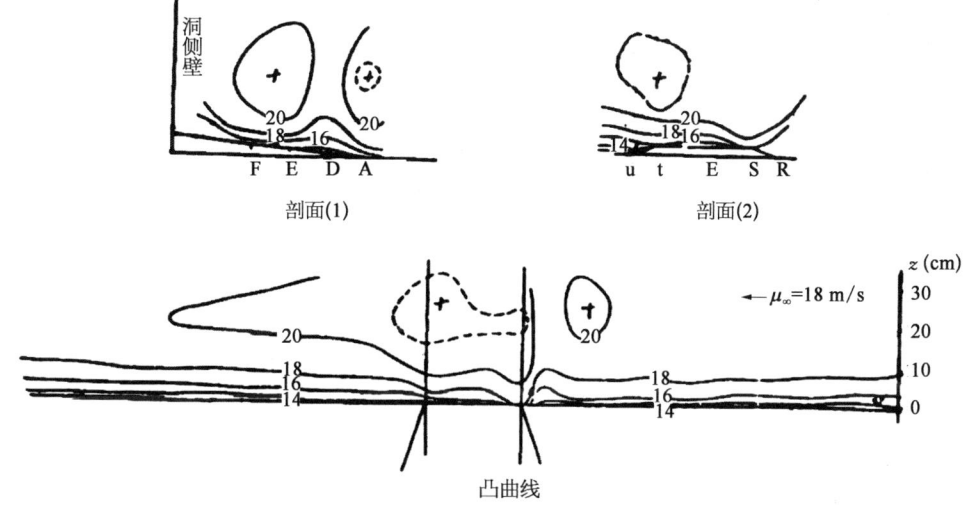

图2-27 凸形竖曲线路基流场横断面(边坡1∶3，距离为5H，模型1∶40)

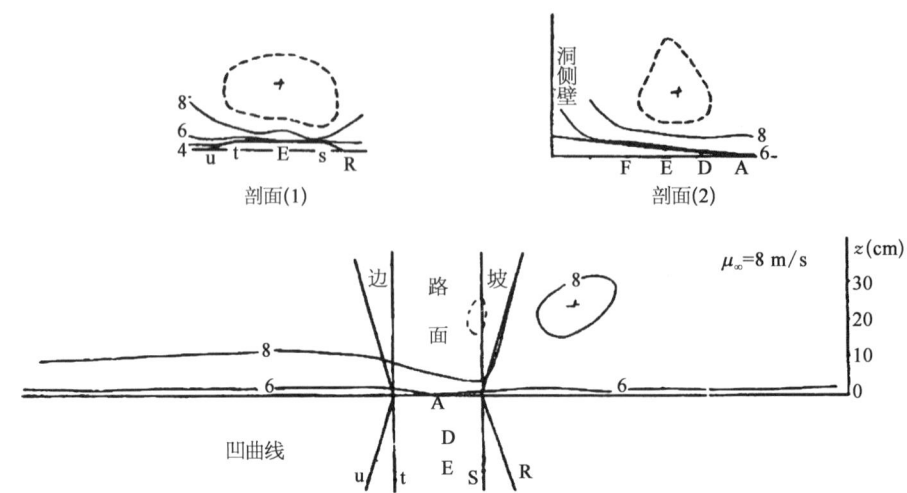

图 2-28 凹形竖曲线路基流场横断面(边坡 1∶3,距离为 $5H$,模型 1∶40)

由图 2-27、图 2-28 可见,对凹形竖曲线正交流场剖面,在路基前 $4H$(H 为路基高度)流体受到一定的阻滞减速,而一上路肩风速就有较大增加。路前减速是由于整个路段的阻滞,而一进口的增速是由于两侧边坡和路面的抬升、收缩作用产生的。进入路面风速又很快降了下来,一直到出口一段距离才慢慢恢复。从图上看,这个距离大约是 $(3\sim5)H$。这是由于两峡谷阻滞所致。而一出口减速加剧,这又是由于出口过后路基断面扩大之故。

凸形竖曲线正交流场纵剖面与一般路堤纵向流场剖面相比,其迎风坡脚的加速作用较弱,而由于迎背风的两侧有侧向的分流与集流,致使迎背风坡脚的减速作用都得到缓解。

从表 2-21 及表 2-22 中可以看出:

(1) 凸形竖曲线段路顶处风速差较小,说明路顶气流分离层厚度较薄;唯路顶与背风坡脚的风速差较大,说明背风坡脚的风影区范围较大,易形成边坡积沙。

(2) 凹形竖曲线路顶两个方向的风速差甚大,在风轴断面(路基横断面)之风速差为凸形竖曲线的 5.4~5.7 倍;顺路中心纵向风速差为凸形竖曲线的 7.9~12 倍。充分说明凹形竖曲线路顶相当大范围内的气流分离层很厚,气流越路运行易产生风沙流中沙粒的坠落堆积。这便是竖曲线段凹形竖曲线处经常出现积沙的主要原因。为了防止凹形竖曲线段由于气流不畅形成积沙现象,拉纵坡时的变坡点一定要仔细推定,最好使设凹形竖曲线的纵断面高程处于不挖或少填状态,且半径应在 2 000 m 以上。

2.6.5.2 满足视距要求的竖曲线

对于凸形竖曲线,以改善纵坡的舒顺性,保证行车视距为依据;而对于凹形竖曲线,则主要为缓和行车的颠簸和振动,同时保证夜间行车照明视距为依据。设计时以上述不利条件下计算所得的竖曲线取值。

当用圆曲线表示时,则

$$R = 100 \times L/\omega \tag{2-5}$$

式中 R——竖曲线半径(m)。

L——竖曲线长度(m)。

ω——$\omega = $坡差 $i_1 - i_2$(代数差);当 ω 为"+"时为凹形竖曲线,ω 为"−"时为凸形竖曲线。

为了满足驾驶员操作需要,竖曲线最小长度按 3 倍的计算车速(3S)的运行距离计算,如下式所示:

$$L = \frac{5}{6}V \qquad (2-6)$$

式中 V——计算车速(km/h)。

竖曲线半径主要对视距产生影响,在沙漠公路上根据缓和冲击、时间行程和视距三个限制因素计算,视距为控制因素,按沙漠公路小汽车实际运行速度,计算竖曲线半径,可以减少交通事故;最小长度按 3S 行程,不给驾驶员急促折曲的感觉。为了保持良好视距和防沙要求的线形平顺,在有条件的一般平坦沙地地形,凸形竖曲线最小半径应大于 4 500 m,一般应控制在 6 500 m 以上。

2.6.5.3 工程量估算分析

对纵坡为 7%、6%、5% 三种形式的不同半径竖曲线,进行工程量估算,见表 2-23。从表中可以看出:① 随着半径加大工程量在成倍增大;② 7% 大纵坡情况下增加量大于 6% 纵坡和 5% 纵坡;③ 竖曲线半径每增加 500 m,土方工程量增加 1.3 万～2 万多立方米。

表 2-23 竖曲线半径和工程量关系

纵坡(%)	转角(°)	半径(m)	外距 E(m)	增加工程量(m³)
7	8	1 500	3.66	
		2 000	4.88	24 400
		2 500	6.10	48 800
		3 000	7.33	73 400
6	7	1 500	2.80	
		2 000	3.74	18 800
		2 500	4.67	37 400
		3 000	5.61	56 200
5	6	1 500	2.06	
		2 000	2.75	13 800
		2 500	3.43	27 400
		3 000	4.12	41 200

从工程节约的角度认为:大纵坡时,更应注意半径的选择,在保持良好视距的前提下,不过分采用过大的半径,以免工程量过大。对纵坡不大的情况下,可采用大半径竖曲线。

通过上述防沙分析和按上述小汽车实际行车速度的理念,考虑到沙漠公路上沙质地表土方工程难度不大,对于不受限路段的竖曲线最小半径,应满足 80 km/h 速度的要求,对受限路段应满足 60 km/h 的要求。按式(2-5)、式(2-6)计算整理后,推荐竖曲线最小半径和最小长度如表 2-24 所示。

表 2-24 竖曲线最小半径和最小长度

设计速度(km/h)	地形	凸曲线(m)	凹曲线(m)	最小长度(m)
120	受限路段	11 000	4 000	100
	不受限段	17 000	6 000	100
100	受限路段	6 500	3 000	85
	不受限段	10 000	4 500	85
80	受限路段	3 000	2 000	70
	不受限段	10 000	4 500	70
60	受限路段	1 400	1 000	50
	不受限段	4 500	3 000	70
40	受限路段	1 400	1 000	50
	不受限段	4 500	3 000	70
30	受限路段	1 400	1 000	50
	不受限段	4 500	3 000	70
20	受限路段	1 400	1 000	50
	不受限段	4 500	3 000	70

2.6.6 横断面边坡

确定沙漠公路路基横断面线形参数时,主要考虑不同路基高度下路堤、路堑边坡坡度等方面的因素。

公路在沙漠中时刻面临着风蚀和沙埋的危害,为将沙漠公路可能受到的风沙危害降低到最小,沙漠中的公路路基横断面通常采用较小的路基高度和较平缓的路基边坡。边坡坡度主要依据风洞试验的数据结果、沙漠公路的设计经验和现有公路使用情况的效应观测等方面来确定不同沙漠公路路基高度对应的边坡值。

2.6.6.1 路堤

一个适应风沙流特点的较为理想的路基横断面形式,应具有良好的气流附体运动条件,即贴地层气流不分离不产生涡旋的条件。风沙对路基的危害,通常主要是由路基高度、路堤边坡等因素决定。

1) 风洞试验结果

(1) 不同边坡风速变化率。通过对同一高度的不同边坡路基进行 8 m、12 m、18 m 不同风速的风洞试验,将迎风路肩、路中心、背风路肩、背风坡脚各点的数据和迎风坡脚试验数据通过平均风速的减弱率进行比较,可以看出各点的风速变化,结果见表 2-25、图 2-29~图 2-31,从表和图中可以看出:

① 边坡为 1:1.5 时背风坡脚平均风速比背风路肩降低 75.11%,迎风路肩比迎风坡脚提高 60.99%。路中心低于迎风路肩 35.96%,为堆积状态。

② 边坡为 1:3 时背风坡脚平均风速比背风路肩降低 56.34%,迎风路肩比迎风坡脚提高 55.26%。路中心低于迎风路肩 13.84%,为堆积状态。

③ 边坡为 1:6 时背风坡脚平均风速比背风路肩降低 33.62%,迎风路肩比迎风坡脚提高 36.01%。路中心低于迎风路肩 1.77%,属均匀吹蚀状态。

表 2-25 直线形路基高 4 m、90°交角不同边坡平均风速变化百分率

位置 边坡	迎风坡脚	迎风路肩	路 中	背风路肩	背风坡脚
边坡 1:1.5	100	160.99	125.03	128.75	53.64
边坡 1:3	100	155.26	141.42	132.47	76.13
边坡 1:6	100	136.01	134.24	126.40	92.78

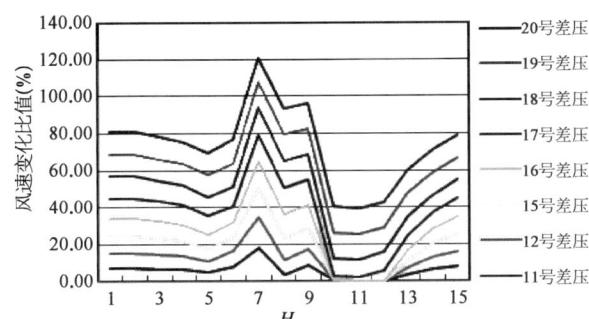

图 2-29 4 m 高路基 1:1.5 边坡 12 m/s 风速 90°交角

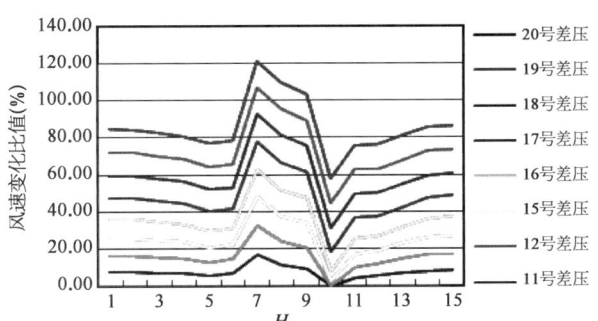

图 2-30 4 m 高路基 1:3 边坡 12 m/s 风速 90°交角

从而得出结果：

① 风区主要在背风坡脚和迎风坡脚，强风区主要在迎风路肩。

② 相同路基高度和交角的情况下，边坡越陡风速比越大，背风坡脚减速越剧烈，背风边坡和坡脚越容易积沙；迎风路肩提速越剧烈，越容易风蚀。

③ 随着边坡变缓路中心风速和路肩风速变得越来越接近，由堆积状态渐变为均匀吹蚀状态，路面越不易积沙。

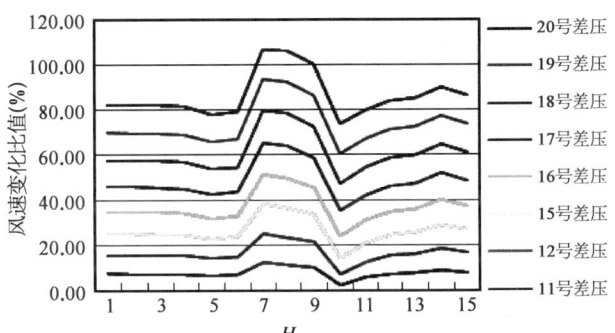

图 2-31 4 m 高路基 1:6 边坡 12 m/s 风速 90°交角

由此可以从防沙角度得出：边坡越缓气流越顺畅，边坡越陡越不利，越容易风蚀和积沙，但边坡过缓不利于风速加速，同样会造成路面积沙，综合分析认为 1:2～1:6 比较合适。

(2) 不同高度风速变化率。通过对相同边坡、不同高度的路基进行 8 m、12 m、18 m 风速的风洞试验，将迎风路肩、路中心、背风路肩、背风坡脚各点的数据和迎风边坡试验数据通过平均风速的减弱率进行比较，可以看出各点的风速变化，结果见表 2-26 和图 2-32、图 2-33，从表和图中可以看出：

① 高度 2 m 时背风坡脚平均风速比背风路肩降低 47.45%，迎风路肩比迎风坡脚提高 26.09%。

② 高度 4 m 时背风坡脚平均风速比背风路肩降低 75.11%，迎风路肩比迎风坡脚提高 60.99%。

表 2-26 直线形路基交角 90°边坡 1:1.5 不同路基高度平均风速变化百分率

位置 路基高	迎风坡脚	迎风路肩	路 中	背风路肩	背风坡脚
2 m	100	126.09	114.22	116.56	69.11
4 m	100	160.99	125.03	128.75	53.64

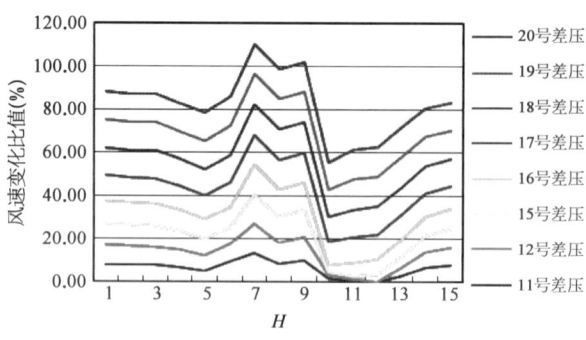
图 2-32 2 m 高路基 1:1.5 边坡 12 m/s 风速 90°交角

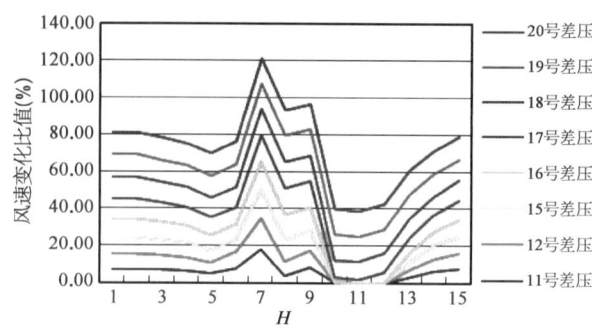
图 2-33 4 m 高路基 1:1.5 边坡 12 m/s 风速 90°交角

由此可以看出:当边坡坡度、风向交角相同时,高路基比低路基背风减速要剧烈,容易背风积沙;高路基比低路基迎风路肩提速要剧烈,容易风蚀,路基高度低气流较顺畅,路基太高不利于气流运行,越容易风蚀和积沙,建议路基高度不宜太高。

2) 效应观测结果

通过对野外沙漠公路的观测得到表 2-27 中数据,从表中可以看出:

(1) 随着路堤边坡的变缓,路面贴地层气流发生分离的现象逐渐变小,路堤对风速的减弱率也逐渐减小。同时路堤边坡越陡,路堤顶中心与背风路肩的风速减弱率愈大,背风坡积沙现象就越明显。

(2) 随着高度增加,路堤迎风坡的屏障作用加剧,流线加密程度变大,路堤越高路肩风速越大,路肩及路面上的风速也越大,风蚀破坏作用也强。

表 2-27 正交时路基高度和边坡不同时路基顶面的风速

路基		风速百分数(%)			风速减弱率(%)	
高度(m)	边 坡	迎风路肩	路中心	背风路肩	路中心	背风路肩
0.3	1:1.5	100	92.1	95.9	−7.9	−4.1
	1:3	100	104.9	110.7	+4.9	+10.7
	1:6	100	105.8	119.8	+5.8	+19.8
0.5	1:1.5	100	67.4	87.4	−32.6	−12.6
	1:3	100	91.9	82.8	−8.1	−17.2
	1:6	100	92.2	82.5	−7.8	−17.5
1	1:1.5	100	78.6	88.8	−21.4	−11.2
	1:3	100	89.2	91.6	−10.8	−8.4
	1:6	100	90.4	97.2	−9.6	−2.8
2	1:1.5	100	72.3	78.6	−27.7	−21.4
	1:3	100	87.5	99.5	−12.5	−0.5
	1:6	100	97.8	105.4	−2.2	+5.4
5	1:1.5	100	55.9	52.8	44.1	−47.2
	1:3	100	73.2	89.7	−26.8	−10.3
	1:6	100	87.8	91.3	−12.2	−8.7

3) 综合设计经验

根据观测,就地爬路基或高度小于 30 cm 路基及边坡缓于 1:3 的矮路基横断面是符合或基本符合这一条件的。但凡路基高度大于50 cm,路基边坡在1∶8以内的路基横断面,路堤顶部各部位都将产生贴地层气流分离现象。路基边坡的陡缓直接影响着路堤上各部位的风速分布,见表2-28。边坡越陡,路堤顶中心与背风路肩的风速减弱率越大,边坡越缓就越小。风速减弱率的大小反映着路面贴地层气流分离区的厚薄,从1.0 m和2 m高度的三种不同边坡路堤的风速等值线图来看(图2-34),路基边坡为1∶1.5时,路面贴地层气流发生明显的分离现象,分离厚度约20 cm左右,边坡为1∶3时,贴地层气流分离厚度约15 cm左右,而边坡为1∶8时,气流分离则不甚明显,对风速的减弱也有限。

表2-28 路基高度和边坡不同时路基顶的风速

路基		风速百分数(%)			风速减弱率(%)	
高度(cm)	边坡	迎风路肩	路中心	背风路肩	路中心	背风路肩
50	1∶1.5	100	71	78	29	22
	1∶3.0	100	71	90	23	10
	1∶4.0	100	79	92	21	8
	1∶6.0	100	87	92	13	8
	1∶8.0	100	89	96	11	4
100	1∶1.5	100	65	66	35	34
	1∶3.0	100	69	84	31	16
	1∶4.0	100	74	84	26	16
	1∶6.0	100	81	98	19	3
	1∶8.0	100	89	93	11	7
150	1∶1.5	100	60	64	40	36
	1∶3.0	100	72	77	28	23
	1∶4.0	100	76	86	24	14
	1∶6.0	100	78	91	22	9
	1∶8.0	100	90	89	10	11
200	1∶1.5	100	53	61	47	39
	1∶3.0	100	74	79	26	21
	1∶4.0	100	77	89	23	11
	1∶6.0	100	88	87	12	13
	1∶8.0	100	94	97	6	3

4) 不同边坡和路基高度的工程量分析

对不同路基高度和不同边坡情况下,沙漠常见的10 m宽路基的每公里土方工程量进行了计算,见图2-35。从图中可以看出,随着边坡变缓,路基高度增高,工程量在不同程度地增加,路基高度在1 m左右时工程量增加不明显,但到了3 m以上时,随着边坡放缓,工程量在剧烈增加,从经济的角度看路基高度最好在2 m以下,边坡陡于1∶3为好。

根据以上论述,对路基高度、边坡坡度上风速的变化规律数据做进一步的分析,再结合风沙地貌特征来综合

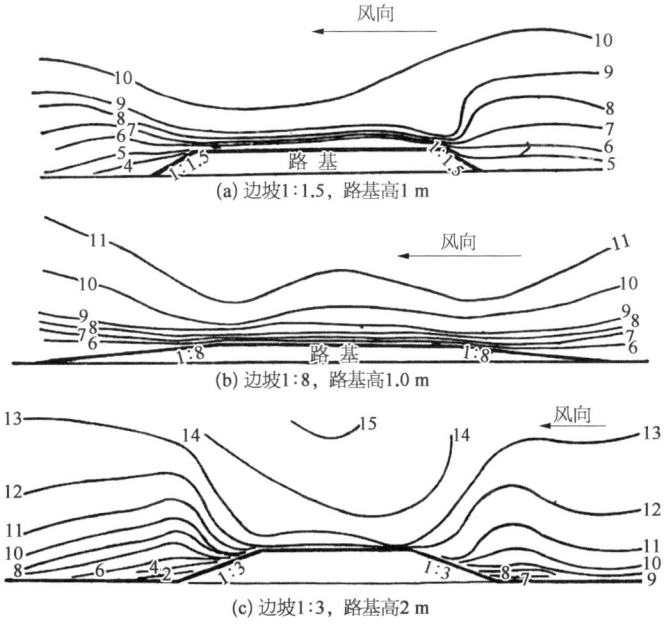

图2-34 不同边坡路堤的风速等值线

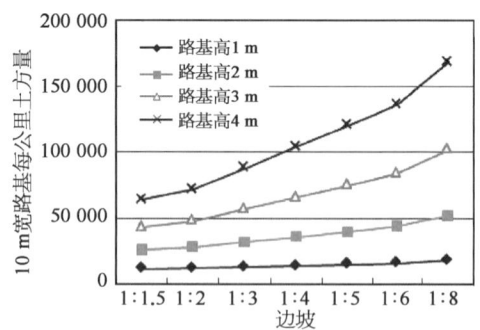

图 2-35 不同边坡和路基高度下工程量变化

确定路基横断面参数,推荐在不同路基高度下的边坡坡度,使其能在经济性和防沙能力总体效果上达到较好的效益。

建议采用表 2-29 的路基边坡。根据不同风向和路线夹角的观测数据认为,当主风向特别明显且风向和路线夹角<30°时,可以考虑适当将边坡变陡。

路基高度以低于 2 m 为宜,高于 2 m 的路基在放缓边坡的同时应做好防风蚀的措施。

表 2-29　沙漠路堤横断面边坡坡度推荐值

路基边坡 1:m 路基高度(cm)	全断面防护 或草丛路段	草丛半固定 沙地	裸露的平坦 沙地	活动沙丘及 沙垄
$H \leqslant 0.5$ m	1:3	1:3	1:3	1:3
0.5 m$\leqslant h \leqslant$2 m	1:3	1:3	缓于 1:5	缓于 1:6
$H \geqslant 2$	1:3	1:4	缓于 1:7	缓于 1:8

2.6.6.2　路堑

和路堤相似,风沙对路堑的危害,通常是由路堑深度、路堑边坡等因素决定的。

根据对试验数据的初步分析,风速在路堑断面上的变化主要是路面范围内风速的减小。实际沙漠公路工程中路堑很容易受到沙埋危害的影响,沙埋也主要发生在路面范围内,而且积沙清理起来比较困难,所以对于路堑模型风洞试验数据的分析重点就是路面范围内风速的减小量。

1) 风洞试验结果

(1) 不同边坡的风速变化率。通过对同一深度的不同边坡路堑进行 8 m、12 m、18 m 不同风速的风洞试验,将迎风路肩、路中心、背风路肩、背风坡脚各点的数据和迎风坡脚试验数据通过平均风速的减弱率进行比较,可以看出各点的风速变化,结果见表 2-30 和图 2-36～图 2-38。从表和图中可以看出:

表 2-30　直线形路堑深 4 m 90°不同边坡平均风速变化百分率

位置 边坡	迎风坡脚	迎风路肩	路　中	背风路肩	背风坡脚
1:1.5	100.00	35.94	35.31	37.19	98.95
1:3	100.00	40.66	41.46	47.22	106.50
1:6	100.00	68.96	71.65	74.60	95.35

① 边坡比 1:1.5 时迎风路肩风速比迎风坡脚降低 64.06%,背风路肩风速比迎风坡脚降低 62.81%。

② 边坡比 1:3 时迎风路肩风速比迎风坡脚降低 59.34%,背风路肩风速比迎风坡脚降低 52.78%。

③ 边坡比 1:6 时迎风路肩风速比迎风坡脚降低 31.04%,背风路肩风速比迎风坡脚降低 25.40%。

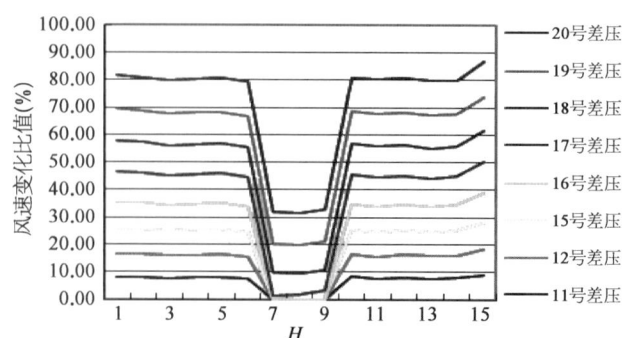

图 2-36　4 m 路堑 1:1.5 边坡 12 m/s 风速 90°交角

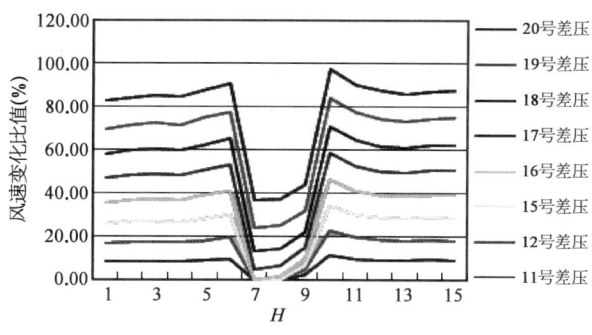
图 2-37　4 m 路堑 1∶3 边坡 12 m/s 风速 90°交角

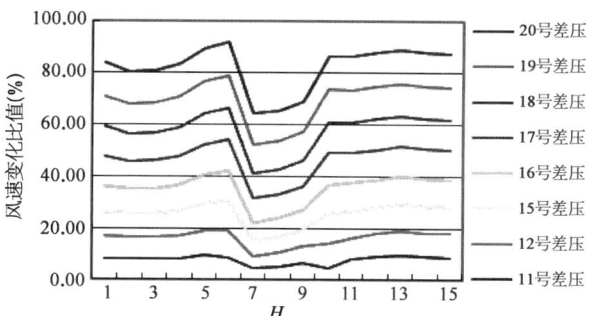
图 2-38　4 m 路堑 1∶6 边坡 12 m/s 风速 90°交角

得到以下结果：

① 风区主要在迎风边坡和路面范围，迎风路肩处风速最弱。

② 相同深度直线形路堑，边坡越陡背风减速越剧烈，越容易背风积沙；缓于 1∶3 的边坡时风速减弱率减缓。

由此可以从防沙角度得出：路堑边坡越缓气流越顺畅，边坡越陡越不利，越容易风蚀和积沙，但边坡过缓工程量太大，经济上不合理，综合分析认为路堑边坡应比路基要缓，为 1∶4～1∶7 比较合适。

（2）不同深度的风速变化率。通过对相同边坡，不同深度的路堑进行 8 m、12 m、18 m 风速的风洞试验，将迎风路肩、路中心、背风路肩、背风坡脚各点的数据和迎风坡脚试验数据通过平均风速的减弱率进行比较，可以看出各点的风速变化，结果见表 2-31 和图 2-39、图 2-40，从表和图中可以看出：

① 路堑深度 2 m 时迎风路肩风速比迎风坡脚降低 35.55%，背风路肩风速比迎风坡脚降低 22.28%。

② 路堑深度 4 m 时迎风路肩风速比迎风坡脚降低 64.06%，背风路肩风速比迎风坡脚降低 62.81%。

表 2-31　直线形路堑不同深度 90°交角边坡 1∶1.5 平均风速变化百分率

位置 深度	迎风坡脚	迎风路肩	路　中	背风路肩	背风坡脚
2 m	100.00	64.45	70.54	77.72	98.66
4 m	100.00	35.94	35.31	37.19	98.95

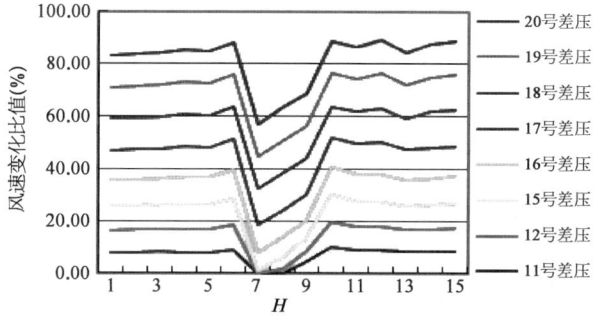
图 2-39　2 m 路堑 1∶1.5 边坡 12 m/s 风速 90°交角

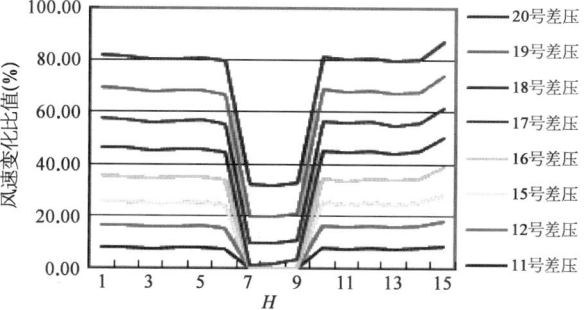
图 2-40　4 m 路堑 1∶1.5 边坡 12 m/s 风速 90°交角

由此得出结果：

① 风区主要在迎风边坡和路面范围，迎风路肩处风速最弱。

② 同边坡直线形路堑，深度越深背风减速越剧烈，越容易背风积沙。

由此可以看出：路堑的路肩、路面都处于背风减速区，当边坡坡度、风向交角相同时，深路堑比浅路堑迎风路肩和背风路肩降速要剧烈，容易积沙，浅路堑气流比深路堑顺畅，路堑太深不利于气流运行，越容易积沙，建议路堑不宜太深。

2) 效应观测结果

通过对野外沙漠公路路堑风场观测和等速图（图 2-41）的分析，可以得到以下几点：

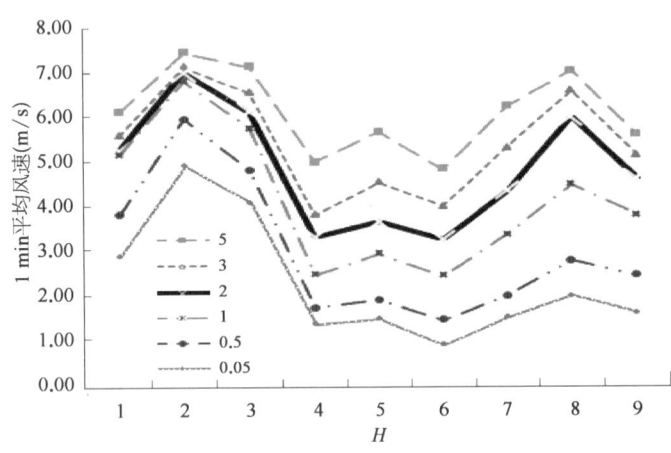

图 2-41 古尔班通古特沙漠石西路 K37 处路堑梯度 1 min 平均风速

（1）在路堑前由于没有受到外因的影响，风速变化很小。但当风沙流穿越路堑时，由于运动的气流遇到突然凹下的路堑，气流断面突然扩大，气流在低层流体逆压梯度力的作用下扩散，会很快发生减速分离，产生一个以背风坡坡脚附近为中心的分离区，使迎风侧的风速从迎风坡顶至坡脚和路肩逐渐减小。

（2）路堑的减弱区与风影区均在路堑的外边坡之内，减速的幅度很大，沉积的积沙很容易直接堆积于边坡和路面上，导致沙害。其沙害程度随着路堑深度增大而增大，若整个路堑底面上为较大范围静风区，沙害更为严重。同时随着路堑深度的增大，下风侧外边坡的风速也随之增大，风蚀也越严重。

从测到的不同边坡风速等值线图来看，一般路堑边坡较缓时，在路堑与风向正交的情况下，路堑内风沙流通过比较顺畅，有利于创造环流条件，因而表现出风沙流结构的特征值（λ）越大，这表明整个边坡越缓，路堑断面内处于沙的非堆积搬运状态，堑内基本无积沙。从流体力学的角度来看，当路堑顶口宽与其深度之比介于 10~25 时，同样具有缓坡的作用。

3) 以往综合观测和设计经验

（1）沙漠边缘及草丛固定沙地地区。这类地带的特点是：地表一般比较光坦，其粗糙度 Z_0 很小（粗糙度 Z_0 是平均风速减小到零的几何高度，以厘米为单位），在 0.3 cm 以内，对气流的阻力不大，因此当运动的风沙流遇到突然下凹的路堑，气流断面突然扩大，风速骤减（图 2-42~图 2-45）。

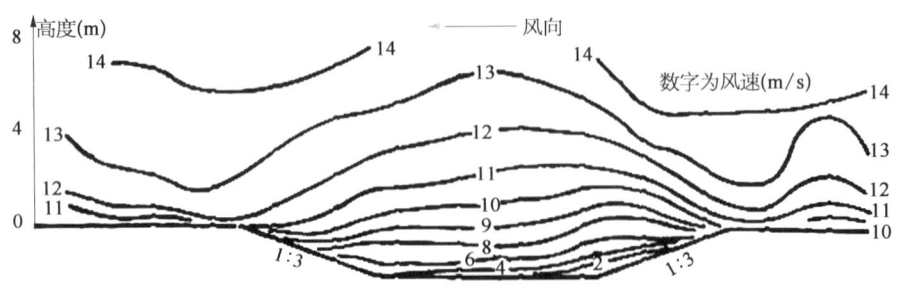

图 2-42 2 m 深路堑风场等速图

按风洞试验路堑深度为 2 m 和 4 m 的各点风速情况看（表 2-32、表 2-33），由于运动的气流，遇到突然凹下的路堑，风速骤减。与坡顶风速相比，2 m 深路堑内风速减低率达 55.0%~91.52%；4 m

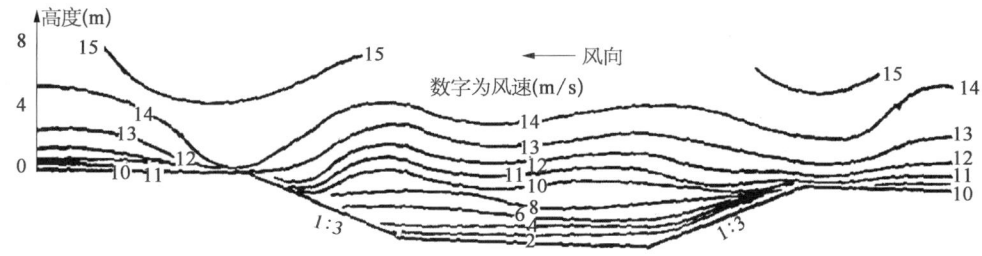

图 2-43 4 m 深路堑风场等速图

深路堑风速减弱率为 89.5%～98.82%，为 2 m 深路堑的 1.08～1.63 倍。整个路堑内气流分离层厚度均大于路堑深度。这便是路堑与主风向大角度相交路段堑内经常出现积沙的原因。较短的深路堑比很长的浅路堑积沙情况相对好一些，由于堑内的拉沟风作用，易将刮入堑内的沙子顺沟方向刮走。据观测，深度为 5 m 的路堑底其贴地层风速比路堑顶高 1.23～1.37 倍，堑内 120 cm 高度层内输沙量比堑顶高 2.56～2.89 倍。这种拉沟风随路堑深度而变，一般路堑愈深拉沟风愈大。这就是主风向与路斜交，路堑

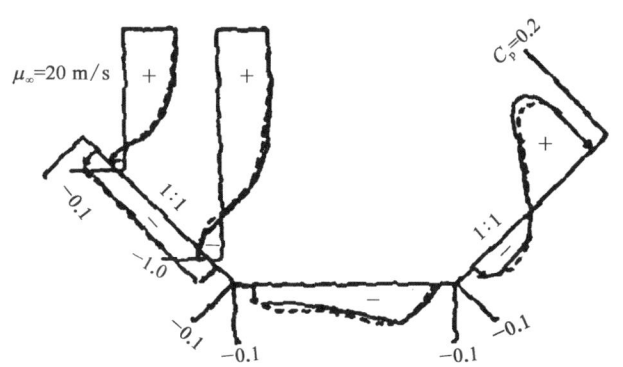

图 2-44 深路堑流场纵剖面（路面宽 6 cm）

使用效果好的原因。如民丰安迪尔河桥头，设有最大深度达 10 m 左右的深路堑，外边坡为 1∶1.5～1∶2，长度 100 m，深路堑段堑底积沙很少，出入口浅路堑段的背风坡脚有少量积沙，不影响行车。当然这种与风斜交的路堑长度不能过长，以不大于 200 m 为宜。

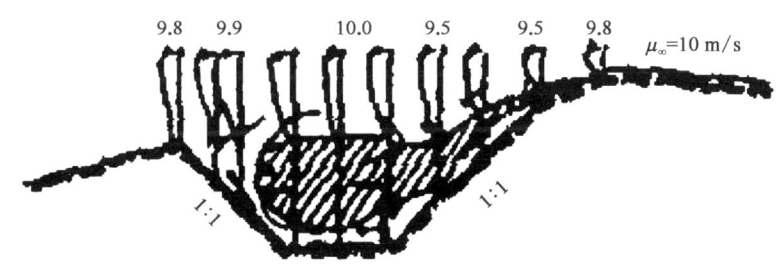

图 2-45 深路堑表压分布

表 2-32 外边坡为 1∶3 路堑的各测点风速

模拟路堑深度(cm)	测点高度(cm)	各 测 点 风 速(m/s)						
		远方平地	迎风坡顶	背风堑角	堑中心	迎风堑角	背风坡顶	远方平地
400	28	9.23	10.19	0.12	0.68	1.07	15.44	10.03
	60	10.29	12.61	0.51	1.10	3.30	14.22	11.31
	200	12.16	13.92	5.12	6.60	5.55	15.14	12.64
	400	13.45	14.66	11.27	12.51	9.52	15.46	13.67
	800	13.85	14.57	13.64	13.16	13.44	15.33	14.62

(续表)

模拟路堑深度(cm)	测点高度(cm)	各测点风速(m/s)						
		远方平地	迎风坡顶	背风堑角	堑中心	迎风堑角	背风坡顶	远方平地
200	28	9.44	11.57	0.98	4.09	5.21	15.19	10.41
	60	10.79	11.60	0.95	5.08	6.31	13.95	10.74
	200	10.37	11.38	5.76	7.46	8.54	14.95	11.30
	400	14.46	14.55	12.16	12.21	11.80	15.63	14.68
	800	13.24	13.46	12.70	12.75	13.49	14.08	13.89

表 2-33 路堑贴地层(28 mm)风速减弱率

模拟路堑深度(cm)	风速(m/s)				迎风坡顶风速减弱率(%)		
	迎风坡顶	背风堑角	堑中心	迎风堑角	背风堑角	堑中心	迎风堑角
200	11.5	0.98	4.09	5.21	91.52	64.65	55.0
400	10.19	0.12	0.68	1.07	98.82	93.33	89.50

浅路堑若其距离较长,路堑内积沙必不可免,为了防止和减轻其积沙危害,保证正常通车,要设敞开式的路堑横断面(图 2-46)。边坡采用 1:6～1:10,将变坡点修成圆弧形;土壤不稳定者,应予以加固。

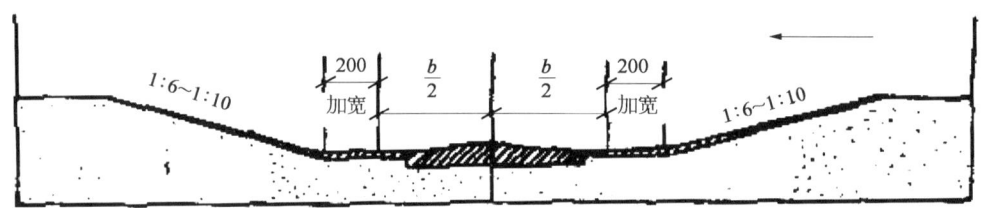

图 2-46 敞开式路堑横断面

敞开式路堑断面较好地克服了路堑因气流分离而产生的涡旋阻力;并且使堑内具有良好的气流环流条件,因而表现出风沙流结构特征(λ)均大于1(只有坡脚处接近于1),表明整个路堑断面处于沙的非堆积搬运状态(表 2-34)。

表 2-34 敞开式路堑断面与一般断面上层气流含沙量(Q)及风沙流结构特征值(λ)的对比

项目	断面形式	一般断面	敞开式路堑断面
高程(cm)	10		0.04
	9		0.06
	8	0.02	0.06
	7	0.02	0.09
	6	0.02	0.17
	5	0.04	0.26
	4	0.06	0.33
	3	0.30	0.38

(续表)

项目 \ 断面形式		一般断面	敞开式路堑断面
高程(cm)	2	0.65	0.70
	1	0.99	0.81
沙量[g/(cm·min)]	Q_{0-10}	2.10	2.90
	Q_{2-10}	0.46	0.39
	Q_{0-1}	0.99	0.81
风沙流结构特征值 = $\lambda = Q_{2-10}/Q_{0-1}$		0.50	1.70
蚀积状况		堆积	非堆积搬运

据内蒙古伊乌公路昌汉琫道班附近一段敞开式路段(边坡1:8)的实地调查,除坡脚处和个别施工质量不佳的坡面略有积沙外,整个路基无积沙现象,较好地解决了一般路堑断面容易积沙的问题。

(2)流动沙漠地区。风沙运动频繁而强劲,一般要少设路堑,若不能及时予以防护,浅路堑将很快恢复原状,深路堑主风上风侧的外边坡顶部衍生出多个小新月形沙丘或沙丘链,随着时间的推进逐渐向堑内移来;其迎风侧的外边坡则被风蚀变形,坑凹遍坡。

当不得已设置路堑时,应加强防护宽度和栅栏数量,短期内使用效果显著,在大风天观察,防沙体系布设齐全的路段风沙薄少,空气清新,能见度长远,但在防沙体系外,则风沙弥漫,空气污浊,能见度短近,反映在公路上,无积沙现象。如塔克拉玛干沙漠的塔中—且末沙漠公路,由于公路沿线风沙地貌地形特别高大、复杂,因此所设挖方路堑较多,在117.39 km长路段中共有3～6 m深度的路堑38段,单个路堑长度80～200 m合计总长5 010 m;有7～10 m深度的路堑16段,单个长度80～160 m合计总长2 020 m。建成后经多次强风暴袭击,其防沙构造基本完好,防沙成效十分显著。其主要原因在于:防沙工程及时,防沙工程的固沙、阻沙、输沙综合措施完整配套;防沙工程规模和结构切合实际,在上风侧采用芦苇方格加固宽度70～110 m,在固沙带外20 m和40 m设芦苇立式栅栏(地面以上高度130 cm)各一道;在下风侧设芦苇方格固沙带30～50 m,并在其外20 m设芦苇立式阻沙栅栏一道。在输沙方面设缓于1:3的外边坡和光平的沥青路面,形成了综合防沙体系,非常有利。

上述情况说明,一般路堑以及很深的路堑只要防护到位,短期内仍可取得好的使用效果。但从经济观点分析,深挖方尤其是8 m以上深度的挖方路堑尽量少设或不设,因为其土方量及防护量要增大许多。

综合风洞试验、效应观测和以往设计经验分析以及前面工程经济分析,综合提出沙漠公路路堑边坡坡度推荐值,见表2-35。当主风向特别明显且风向和路线夹角小于30°时,边坡可以考虑适当变陡。路堑深度以浅于2 m为宜,深于2 m的路堑在放缓边坡的同时应加强防护措施。

表2-35 沙漠公路路堑边坡坡度推荐值

路堑深度(cm) \ 路堑边坡1:m	全断面防护或草丛路段	草丛半固定沙地	裸露的平坦沙地	活动沙丘及沙垄
$H \leqslant 0.5$ m	1:4	1:4	1:4	1:5
0.5 m $\leqslant h \leqslant 2$ m	1:4	1:4	缓于1:6	缓于1:7
$H \geqslant 2$	1:3	1:5	缓于1:8	缓于1:8

2.6.7 其他指标

1) 路基超高

在公路圆曲线路段，为了抵消离心力作用，防止轮胎在路面上的横向滑移，路面设成单向超高。超高率的大小是与圆曲线半径直接相关的。

(1) 圆曲线超高计算。根据对新疆塔中—且末沙漠公路观测调查，在沙漠公路上行驶的汽车中有 40%～65% 的汽车(平均有 52.1% 的汽车)，其车速超过公路技术标准的设计车速，其中行车速度在 100 km/h 以上的汽车占 15%～33%(平均占 23.1%)。分析其原因，主要由于驾驶员操纵汽车行驶不是按公路设计速度而是根据沿途风沙地貌地形、道路、交通条件及自身驾驶技术和车辆性能来决定的。因此，为了行车安全，沙漠公路平曲线不设超高的圆曲线半径值，应适当提高为宜。

(2) 最大超高。在行驶车速较高的沙漠公路上，为了平衡离心力则要用到较大超高值。但在公路上行驶的车辆速度并不一致，还有一定数量的慢速车。为了考虑慢车的安全，对于慢车及因故停在弯道上的车辆，其离心力近于零或等于零。如超高值过大，超出轮胎与路面之间所能提供的摩阻系数，车辆有沿着路面的最大合成坡度向下滑动的危险。

确定圆曲线横断面最大超高横坡度，除根据所在地区气候条件外，还必须给驾驶员和乘客以心理上的安全感。对重丘区、高大沙山沙垄、交叉口等的公路，最大超高要比一般公路用的小一些。

综合考虑，路基超高设计按实际运行车速计算，但为了防治冬季路滑及超高产生的路基折线对防沙不利，建议最大超高不超过 6%。

2) 半填挖路基断面

按与来风方向的关系，半填挖路基断面分为迎风吹扬和背风延压两种。前者对道路来说为爬坡风，造成迎风路肩的吹蚀和背风路肩下的沉积；后者为下坡风，风沙流从高坡上下来，而且常常是伴随着下坡沙垄而来，侵害路面，也可一直掩埋路面，并向更下面的山坡爬去。

(1) 背风延压半填半挖路基。翻山风沙首先在山包略下位置上发生分离，并在这里沉积留下部分沙子，这就是山坡上沙垄形成的源头，然后很快附体下行(视山坡坡度大小而异)，直到路基的挖方开始处，由于道路断面突然扩大，风沙流很快减速分离，绝大部分的低层沙子在沉积，过了路面中线后，下层流体又开始附体加速下行，到了道路的下边坡角线，同样又发生第二次减速或分离运动。

(2) 迎风坡吹积半填半挖路基。其发生沉积的低速分离发生在迎风坡角下、迎风路肩、背风坡下和迎风外边角下等四个区域，而流速增速区在迎风坡角和外迎风坡角线上。因此，其吹蚀发生就在这两个地方。

以上两种情况的风蚀和沙埋原理同前，迎风路基边坡和背风路堑边坡的坡度值可根据风向和路基的关系，参考前面论述的推荐值。

3) 敞开断面和流线型横断面

在有条件的情况下，路堑在横断面上可采用加宽、敞开，保证气流顺畅通过，不管是路基或路堑，在放缓边坡的同时，应对路肩、坡脚等折线处进行修正，使其成为圆弧流线型横断面，更有利于风沙流通过，保证公路畅通。

4) 最短坡长

沙漠地区尽量不采用最小坡长，避免纵断面起伏过于频繁、在车速过快时产生交通事故，建议在不受限路段的最小坡长按小汽车实际运行速度 100 km/h 计算取值；受限路段按《标准》取值，但除非特殊情况，一般应尽量避免。推荐最小坡长值见表 2-36。

表 2-36 最小坡长

设计速度(km/h)	120	100	80	60	40	30	20
不受限路段最小坡长(%)	300	250	250	250	250	250	250
受限路段最小坡长(%)	300	250	200	150	120	100	60

5）公路转角

考虑交通安全和布线方便，沙漠公路的转角控制在 7～30°之间为好，过小或过大对安全和线形控制都不利。

6）缓和曲线长度

这是从驾驶操作从容、旅客感觉舒适、视觉上美观圆滑等方面考虑的。在沙漠地区其最小长度建议按高于或等于设计车速的小汽车实际运行速度用下列式子计算取得，或在《标准》规定的各级公路缓和曲线长度值的基础上增加 30 m 为宜。

(1) 依离心加速变化率计算：

$$L_s = 0.045 v^3 / R \tag{2-7}$$

(2) 依驾驶员操作反应时间，取 $t = 3$ s，则

$$L_s = v/1.2 = 0.833 v \tag{2-8}$$

式中　L_s——缓和曲线长度(m)；

　　　v——车速(m/h)。

7）其他

如平曲线最小长度、停车和超车视距等指标应按高于或等于设计车速的小汽车实际运行速度，按《标准》选择确定其长度。

第3章 沙漠地区公路路基设计

3.1 路基设计的基本原则

(1) 为了防止路基风蚀与沙埋,应根据风沙地貌地形特点、风沙运动特征、风向、风力及路线走向与主风向关系等,选择合理的路基断面形式,为流动沙粒创造非堆积搬运条件。

(2) 沙漠地区路基应注意路基填料、整体强度和稳定性问题,同时还应考虑今后养护维修和管理方便等问题。应充分贯彻因地制宜、就地取材的原则。由于风积沙具有水稳性好、易振动压实、整体抗压强度高等特点,应充分利用其做路基材料。纯风积沙可采用土工布等材料来加固修筑路基,水源缺乏地区的沙基可采用振动干压实技术。

(3) 在干旱及过干旱沙漠地区,因降水稀少,且沙的渗透性能较好,一般可考虑不设路基边沟及排水设施。

(4) 沙漠地区无论路堤或路堑,均由疏松沙粒筑成,因此其公路路肩、坡面和积沙平台均需进行全面的固沙防护工程,以防止风蚀和保持路基的稳定。防护材料可采用砂砾、黏结土、盐块、各种柴草等。

(5) 沙漠路基高度应遵循满足强度、减轻沙害、保证安全、经济合理等原则,总体采取填方略大于挖方的设计原则。

(6) 路基取土宜取自挖方断面,或取自两侧沙丘,以减少沙害。当纵向调运较远,采用路侧取土时,取土坑应设在背风侧坡脚5 m以外;当必须两侧取土时,上风侧的取土坑应挖成能增加气流上升力的弧线浅槽,浅槽应予以加固。平沙地路段不宜取土,应加以保护。

(7) 在容易积沙的路堑或半填挖路段,为防止流沙进入路肩及行车道,在挖方坡脚宜设成宽度不小于2 m的积沙平台。

(8) 尽量不设或少设高路基和深路堑。路基设计宜填挖平衡或填方略大于挖方,挖方弃土宜用于填方路基,多余弃土应置于背风一侧的低洼处,距离路堑坡顶不应小于10 m。

(9) 路基两侧10~20 m范围内的沙地应保持平顺,地上凸起物应铲除并予以整平。

3.2 沙漠地区路基合理填土高度分析

3.2.1 沙埋与路基填土高度统计分析

将2002年内蒙古赤峰、锡林郭勒盟等地所提供的所有沙漠公路调查表及2003年调查的结果汇总,把公路分成沙埋和未埋两种,并分别从小到大列出路基高度(路基高度在 0~3.5 m 之间),归纳各种高度下沙埋程度等情况,整理出"路基高度与沙埋现象"表。这里共集中了十余条线路,近百段路段。

通过以上分析,可以得到以下认识:

(1) 沙漠地区公路路基高度不应小于 30 cm,也不宜高于 200 cm;
(2) 不同沙丘类型应有不同的路基高度;
(3) 不同公路等级下应采用不同的路基高度。

分析、整理"路基高度与沙埋现象"表,做出路基高度与沙埋百分率关系曲线(图 3-1)。结果显示,路基高度在 40~60 cm,被埋概率为 60%~70%,相对其他高度的路基沙埋程度明显较轻。路基高度在 120~160 cm,沙埋概率大致也在 60%~70%这个范围内。当然,这个高度可以说只是较为理想的情况下得出的结果。从图 3-1 可以看出路基填土高度不宜过高,也不宜低于 30 cm。由于各个路段的地质、风速、沙丘形态都不尽相同,某一高度路基在一个线路路面被埋,但在另一线路可能就不会被埋;某一高度路基在一个路段路面被埋,但在另一路段极有可能就不埋。因为各线路,各路段的防护、沙丘类型甚至风速等情况都不尽相同。某个高度的路基在流动沙丘地区可能被沙埋,但在固定沙丘地区其沙埋可能性就非常小。而在做路基高度与沙埋百分率关系曲线时,忽略了上述因素。从图 3-1 可以看出:在 30~200 cm 之间沙埋概率较小。这与风沙流试验的结果较吻合;在 30 cm 以下的路基,其沙埋概率为 100%,与众多资料所介绍的沙区路基不低于 30 cm 是相符的。

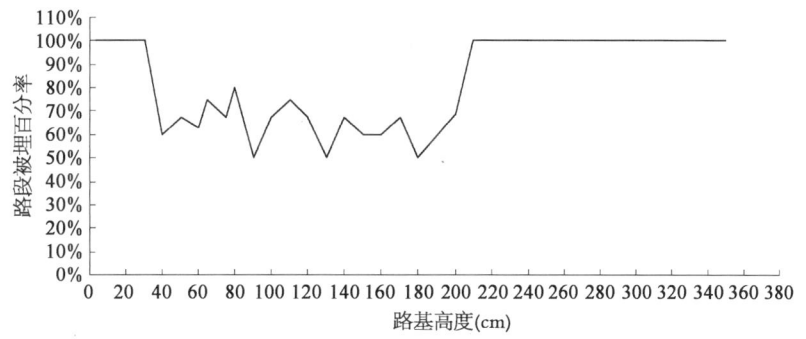

图 3-1 路基高度与沙埋百分率关系曲线

图 3-2 为固定沙丘下不同路基高度的沙埋百分率曲线,从图中看出,小于 25 cm 和大于 180 cm 高度的被埋百分率几乎为 100%;在 25~180 cm 之间的百分率较小;在 30~120 cm 之间百分率最小。在固定沙丘地区,由于植被丰富,沙源少,公路积沙危害不大,路基高度可选在 30~120 cm 之间。

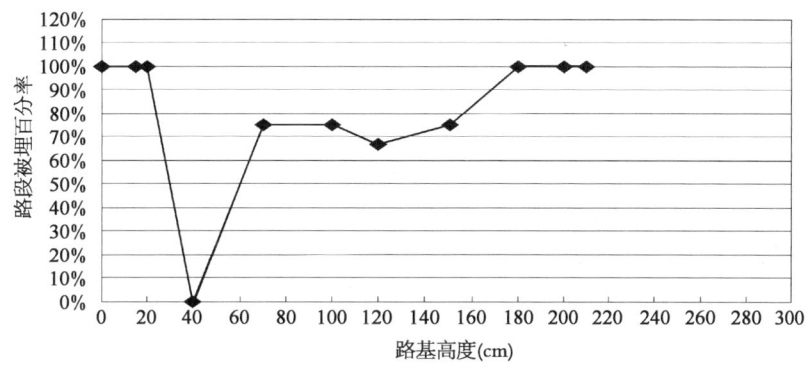

图 3-2 固定沙丘下不同路基高度的沙埋百分率曲线

图 3-3 为半固定沙丘下不同路基高度的沙埋百分率曲线，从图中看出，在 40~240 cm 之间沙埋的百分率较小。在半固定沙丘地区，由于沙源比流动沙丘少，路基高度可选在 50~200 cm 之间。

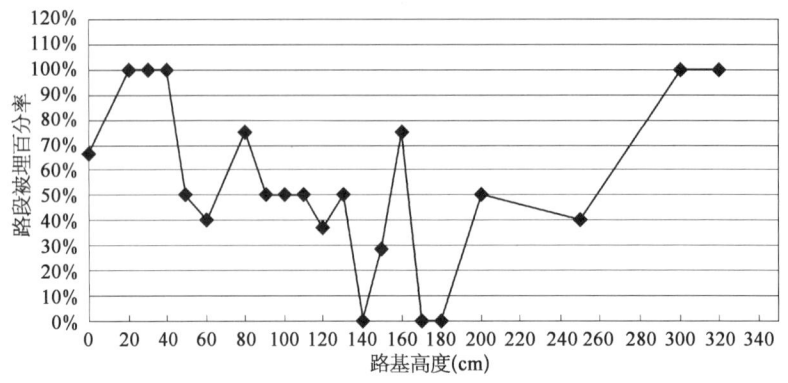

图 3-3　半固定沙丘下不同路基高度的沙埋百分率曲线

60~80 cm 之间路段被沙埋百分率为 75%；在 140~180 cm 之间的被埋百分率为 50% 左右。由于流动沙丘沙源丰富，因此路基高度选在 140~200 cm 之间较合适（图 3-4）。图 3-5 是没有考虑沙丘形态，只考虑了公路等级与沙埋的百分率曲线。

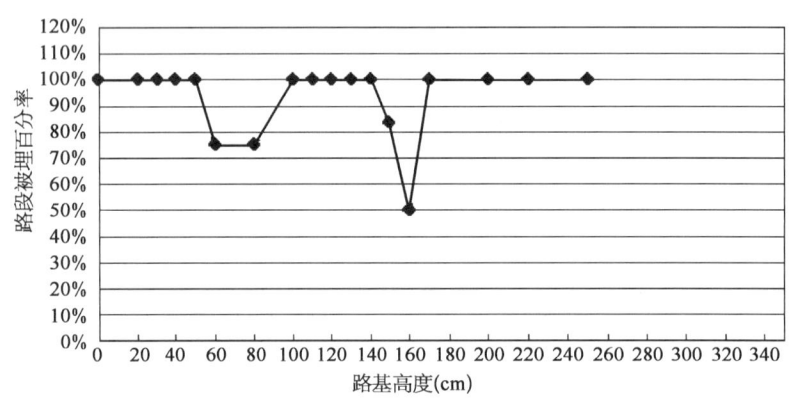

图 3-4　流动沙丘的路基高度与沙埋百分率曲线

3.2.2　风洞试验结果分析

3.2.2.1　不同路基高度风速流场的特征

在地面摩擦系数近似相等的条件下，通过对 0.5 m、1.0 m、1.5 m、2.0 m、2.5 m、3.0 m 高度路基风速流场的分析（图 3-6、表 3-1）可知：气流流经平坦开阔地面或 0.5 m 高度的路基时路面上方速度略有提高，但增幅不大，气流线基本连续，路基前后均无涡流产生；气流流经 1.0 m 以上的路基时，路面上方速度明显提高，上风坡脚处风速有所降低并出现涡旋，说明附面层已经分离，如气流中含有风积沙，部分沙粒就会在此堆积。路基高度越大，路面上方风速越高，上风坡脚处涡旋也越大。虽然没有进行吹沙试验，但根据原理及野外观测资料看，涡旋越大积沙的可能性也就越大。

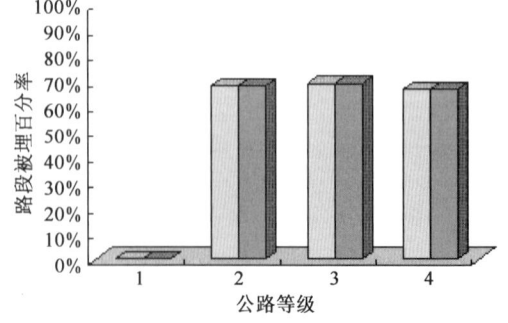

图 3-5　公路等级与路段沙埋百分率曲线
1—高速公路、一级公路；
2、3、4—分别为二、三、四级公路

表 3-1　不同路基高度的迎风坡坡脚、背风坡坡脚、路面的风速的增降幅表

路基高度(m)	迎风坡坡脚(%)	迎风坡路肩(%)	路中央(%)	背风坡路肩(%)	背风坡坡脚(%)
0.5	104	130	123	135	89
1.0	82	132	124	127	60
1.5	97	118	128	153	62
2.0	84	137	131	140	43
2.5	88	159	131	159	30
3.0	83	173	156	176	0

综合分析野外实测、风洞模拟结果,单纯从气流与路基高度的关系看,不同风向与路基夹角的风速流形成特征基本一致,高于 0.5 m 的路基,路两侧就会产生弱风区,造成积沙危害。陈广庭等曾在对塔里木沙漠公路的研究中得出路基高度应保持在 30 cm 以下的结论。实测最小高度的路堤是 0.5 m,路基边坡已经出现了低速区。单纯考虑气流场变化时,陈广庭等提出的路基高度最大不能超过 0.3 m 的意见是正确的。所以沙漠地区路基高度应限定在零路基到 0.3 m 之间。这个研究结果与兰州沙漠研究所多年的研究结果是一致的。如果在沙源不丰富的地区,路基过高就会造成路肩处风蚀,使公路损坏,所以这类地区路基高度也应限定在零路基到 0.3 m 之间。

3.2.2.2　依据风速流场资料对路基高度合理性的分析

如果没有障碍物的存在,风沙流在运行过程中,一方面不断地从地表吹起沙物质,进入风沙流中;另一方面,沙粒不断地从风沙流中沉落重新回到地面,在风沙流沿平坦沙质地表运动过程中,沿程阻力损失对风速的减弱甚微,对沙子的搬运影响不大,可在侵蚀与堆积的搬运过程中达到动态平衡。但公路路基的存在,使保持着动态平衡的风沙流在前进过程中遇到阻力,引起贴地面气流的分离,形成涡旋,使近地表面气流速度

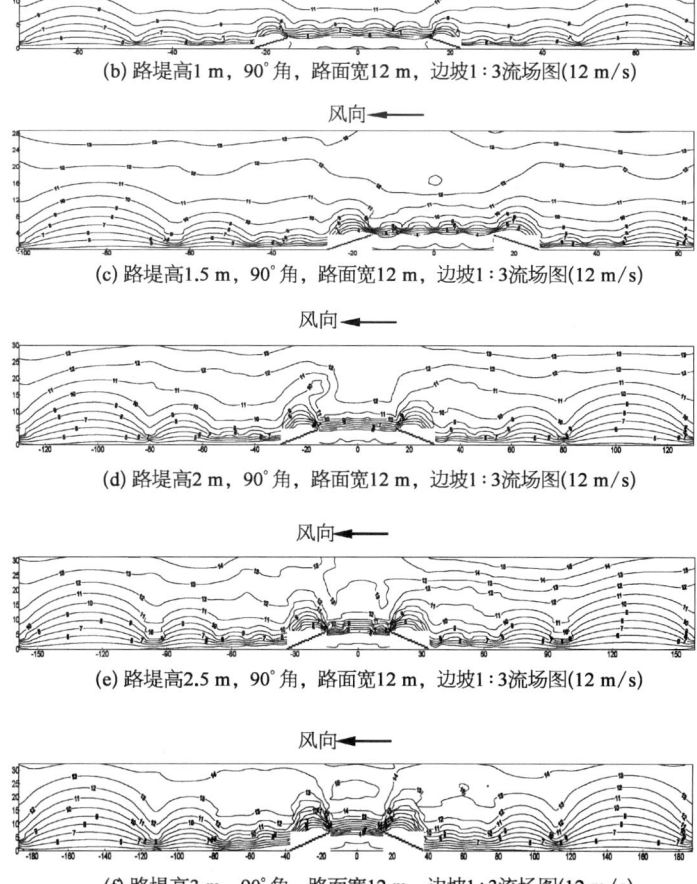

(a) 路堤高0.5 m,90°角,路面宽12 m,边坡1∶3流场图(12 m/s)

(b) 路堤高1 m,90°角,路面宽12 m,边坡1∶3流场图(12 m/s)

(c) 路堤高1.5 m,90°角,路面宽12 m,边坡1∶3流场图(12 m/s)

(d) 路堤高2 m,90°角,路面宽12 m,边坡1∶3流场图(12 m/s)

(e) 路堤高2.5 m,90°角,路面宽12 m,边坡1∶3流场图(12 m/s)

(f) 路堤高3 m,90°角,路面宽12 m,边坡1∶3流场图(12 m/s)

图 3-6　不同路基高度的风速流场图

大大降低,从而削弱了气流搬运沙粒的能力,引起多余部分沙子的跌落沉积。

当风沙流吹经公路路基时,风速在路堤迎风坡脚附近稍微降低,从而在此形成空气动力暗影区(涡旋区或弱风区),风速降低引起沙物质伴随风沙流在该处沉落。沿着迎风路堤的爬升,气流畅通无阻,风速不断加大,至路堤上方路肩处风速达到最大值,而且路基边坡越陡,风速提高得越多。风沙流穿过路面到达背风坡路基时,沿路基边坡下降方向风速下降,可形成两个或更多风速涡旋区,一个在边坡上部,另一个在坡脚处,甚至造成气流的相反运动。风沙流运动速度减小,引起其携沙能力降低,从而使绝大部分沙物质沉落在背风坡。风沙流运动速度降低越大,沙子在背风坡路基沉积越多。风速较小时(<10.7 m/s)大部分沙子沉落在背风坡的上部;而风速较大时,则沉落在中部和下部。

路堤对贴地层风速的减弱作用与其高度和边坡有关,路堤愈高陡,减速范围愈大。据吴正等(1981年)研究,就地爬路基和低路堤的路面,一般不易造成积沙;路堤发生风沙流危害只是在路线的平曲线、边坡陡的高路堤、纵断面处于凹竖曲线段和紧靠路基一侧有微地形起伏的地段。实际调查结果表明,在半荒漠区、荒漠区的零断面与低路堤是否产生沙害,主要与风沙运动形式有关:如果一个地区是以风沙流运动为主,路面就不容易积沙;如果是以沙丘整体前移为主,路面就容易积沙。以风沙流运动为主的地区如果低路堤出现积沙,很可能与路基附近有植被或有弃土等障碍物有关。

从风速流场的野外测定及风洞试验的结果看,除零路基风速流场基本保持稳定、气流线基本连续,没有出现明显的附面层分离以外,不论是低路堤还是中路堤,风速在路基上风侧和下风侧均有所降低。据有关资料,只要地形或风速出现微小的变化,饱和风沙流或过饱和风沙流都会堆积(朱震达等,1980年;吴正,1987年)。也就是说,对于高于地面的任何路堤来说,如果此时吹过来的是饱和风沙流或过饱和风沙流,路基边坡就会出现风沙流沉降,沙粒堆积。因此,仅从风速流场及沙害发生特点分析,路基高度超过地面高度时就有可能造成风沙流堆积。考虑到风速流场的变化有一个过程,实际施工时路面高度可以略微高于地面。

3.2.3 路基稳定性与路基高度关系分析

路基沉陷、路基边坡滑坍是公路上常见的破坏现象,尤其是风沙地区路基土塑性较差,抗剪能力弱,在路基较高或路基边坡坡度不合适时,便会产生路基稳定性破坏,而路基稳定性对于公路能否正常使用起着重要作用。以下将对这方面进行讨论,同时,并进行路基边坡稳定性验算,根据验算结果、以往的工程经验及调查结果,设想在满足路基稳定性的条件下给出路基合理填土高度下能够减轻公路病害的合理边坡,并试图从稳定性方面探讨路基的填土高度。

3.2.3.1 沙漠路基土的物理、力学性质

了解路基土的一些物理及力学性质对于路基填土高度及边坡坡度十分重要。沙区路基多采用沙土填筑。沙土松散无黏性,具有明显的非塑性性质。大多数情况下沙土的塑性指数几乎为零。由于它的非塑性,使得它成型较为困难,而且,成型后的路基抗剪性能也较差。虽然沙土无塑性,但渗水性能良好,毛细水上升高度很小,且有较大摩擦系数,因此采用沙土修筑的路基,具有很好的水稳定性。

沙土的平均比重一般为沙漠土的容重,较一般黏土高,在同一层沙粒中,从上至下,随深度的增加,其容重值有所减小,这是由于沙漠在形成时的筛选作用所致。大颗粒沉在下面,孔隙率较大,容重减小;反之,最上层颗粒最细,孔隙率最小,容重相对增加,压实后沙土的最大密度可达 $1.8 \sim 2.1$ g/cm^3,容重 $18 \sim 21$ kg/m^3,是天然状态下的 $1.2 \sim 1.4$ 倍。内蒙古地区,沙土的容重为 2.66 g/cm^3,密度在 $1.55 \sim 1.72$ t/m^3 之间,孔隙比在 $0.62 \sim 0.79$ 之间。沙土的摩擦角一般随其粒度变细而逐渐降低。有关资料显示,砾沙、粗沙、中沙的内摩擦角为 $32.0° \sim 40.0°$;细沙、粉沙的摩擦角为 $28.0° \sim$

36.0°。松散沙的摩擦角与自然休止角相近,密沙的摩擦角要比自然休止角大,饱和沙土比同样密度的干沙摩擦角值低1°~2°。沙漠地区沙土的内摩擦角在35.0°~39.5°之间,自然休止角在30°左右,这些可以为路基边坡设计提供依据。沙土的黏聚力 c 十分小,边坡稳定性验算时常忽略不计,取值为零。

根据新疆塔克拉玛干沙漠有关试验资料,沙土的内摩擦角在31°~36°之间。

3.2.3.2 稳定性验算

由于沙土具有较大的内摩擦角 φ 和较小的黏聚力 c,边坡滑坍时,破裂面近似平面,如图3-7a所示,因此,在稳定性分析时采用直线破裂面法。验算时,假定滑动面通过坡脚,为一直线滑动面,按下式计算得出沿此滑动面下滑的稳定系数 K:

$$K = \frac{F}{T} = \frac{G\cos\omega\tan\varphi + cl}{G\sin\omega} \qquad (3-1)$$

式中　F——抗滑力(kN);
　　　T——下滑力(kN);
　　　G——作用在滑动面上的土体重及车轮荷载(kN);
　　　ω——滑动面对于水平面的倾斜角(°);
　　　c——填料的黏聚力(kPa);
　　　φ——填料的内摩擦角(°);
　　　l——滑动面的长度(m)。

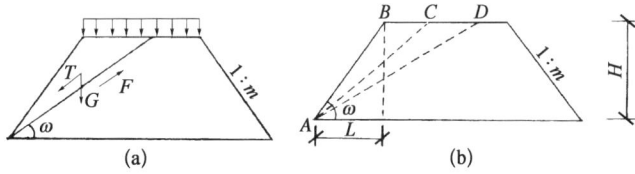

图3-7　沙基边坡稳定性验算

由于沙漠土黏聚力 c 十分小,可以忽略不计,不考虑黏聚力的影响,即取 $c=0$,则上式为 $K = \frac{\tan\varphi}{\tan\omega}$。$K=1$,路基处于极限平衡状态;$K<1$,边坡不稳定;$K>1$,边坡稳定。

为减少验算的复杂性及验算过程,在验算过程中将采用极限方式:认为边坡在最外侧失稳,如图3-7b所示,即 AB 面。观察公式 $K=\frac{\tan\varphi}{\tan\omega}$,很显然,取 AB 面为滑动面时,滑动面对于水平面的倾斜角 ω 最大,因此,稳定系数 K 最小。不难理解,若此时稳定性满足要求,则 AC、AD 等面均满足(即路基边坡稳定性良好),这是因为,相对 AB 面,AC、AD 等面坡角均较小(可以看出 ω 逐渐变小),而同一种路基土,其内摩擦角 φ 为定值,则稳定系数 K 逐渐增大,即稳定性逐步提高。在计算时,为安全起见,取路基土内摩擦角 $\varphi=35.0°$,这样所得的稳定系数 K 具有较高的安全度、可信度。采用同一高度,不同坡度逐一验算,当边坡坡度 $m=1:1.5$ 时,$\omega=33.68°$,则

$$K = \frac{\tan\varphi}{\tan\omega} = \frac{\tan35.0°}{\tan33.68°} = 1.05 > 1.0 \qquad 稳定$$

调查中发现许多路线(如G111、S306、S204、G303等)路基边坡均采用1:1.5,而且采用这一坡度除了较好地减轻路基风蚀及路面沙埋外,路基边坡稳定性也未发现异常。实际中因路基压实 φ 有所提高,且路基土并不是单纯的沙土,因此,φ 是一个大于35°的值。但从验算结果来看,稳定系数 K 是一个较小的数值,考虑到沙土塑性较差,抗剪性能亦差,因此,建议沙漠地区路基边坡坡角不宜太大,坡度不宜陡于1:1.5。

当边坡坡度 $m=1:2.0$,此时 $\omega=26.57°$,则

$$K = \frac{\tan\varphi}{\tan\omega} = \frac{\tan 35.0°}{\tan 26.57°} = 1.40 > 1.0 \qquad 稳定$$

当边坡坡度 $m = 1:2.5$,此时 $\omega = 21.80°$,则

$$K = \frac{\tan\varphi}{\tan\omega} = \frac{\tan 35.0°}{\tan 21.80°} = 1.75 > 1.0 \qquad 稳定$$

当边坡坡度 $m = 1:3.0$,此时 $\omega = 18.43°$,则

$$K = \frac{\tan\varphi}{\tan\omega} = \frac{\tan 35.0°}{\tan 18.43°} = 2.10 > 1.0 \qquad 稳定$$

当边坡坡度 $m = 1:3.5$,此时 $\omega = 15.95°$,则

$$K = \frac{\tan\varphi}{\tan\omega} = \frac{\tan 35.0°}{\tan 15.95°} = 2.45 > 1.0 \qquad 稳定$$

当边坡坡度 $m = 1:4.0$,此时 $\omega = 14.04°$,则

$$K = \frac{\tan\varphi}{\tan\omega} = \frac{\tan 35.0°}{\tan 14.04°} = 2.80 > 1.0 \qquad 稳定$$

将以上数据集中,列入表 3-2 中。

表 3-2 沙漠地区路基边坡稳定性分析

边坡坡度	1:1.5	1:2.0	1:2.5	1:3.0	1:3.5	1:4.0
稳定系数	1.05	1.40	1.75	2.10	2.45	2.80
稳定程度	稳定	稳定	稳定	稳定	稳定	稳定

若坡度继续放缓、ω 值继续变小,而稳定系数 K 会逐渐增大。因此,路基边坡稳定性无须再验算,已经满足要求。继续增加路基高度,从公式看出,若忽略黏聚力,边坡稳定性与路基高度已无关系。因此,不必再在其他高度下继续验算路基边坡稳定性。

对于其他地区,如前文所提到的:砾沙、粗沙、中沙的内摩角 φ 为 32.0°~40.0°;细沙、粉沙的 φ 值为 28.0°~36.0°,则取路基填料的内摩擦角 $\varphi = 30.0°$。边坡坡度 $m = 1:1.5$ 时,

$$K = \frac{\tan\varphi}{\tan\omega} = \frac{\tan 30.0°}{\tan 33.68°} = 0.87 < 1.0$$

可见,稳定性不满足要求,须放缓坡度。取边坡坡度 $m = 1:2.0$ 时,

$$K = \frac{\tan\varphi}{\tan\omega} = \frac{\tan 30.0°}{\tan 26.57°} = 1.15 > 1.0 \qquad 稳定$$

这种情况下,认为坡度在 1:2.0 或更缓,稳定性能才满足要求。

3.2.3.3 水文地质不良地区沙漠公路路基的最小填土高度

水文地质不良地区地下水位高,毛细作用发达,路基路面的破坏受毛细水影响极大。毛细水在道路面层下达到饱和时,冬季容易出现路基冻结与冻胀、冻裂,春天又融化及融陷,在车辆行驶作用下,容易出现道路翻浆,甚至路基沉陷,使道路破坏,导致路基失稳的情况十分突出。水文地质不良地区

的路基设计,必须考虑地下水的毛细作用。路基的最小填土高度,必须满足一定条件才能避免毛细水的影响,保证路基有足够的稳定性。考虑毛细水作用对路基稳定性方面的影响,一般给出路基最小填土高度。原铁道部第一勘察设计院提出:

$$H = h_1 + h_2 + h_3 + h \tag{3-2}$$

式中 H——最低路肩设计标高(m);

h_1——冻前地下水位标高(m);

h_2——毛细水上升高度(m);

h_3——临界冻结深度(m);

h——安全距离,毛细水顶部与冻结深之间的距离,一般取 0.3~0.5 m。

一般地,毛细水上升高度与毛细管直径(或土粒粒径)成反比,上升速度与毛细管直径(或土粒粒径)成正比,土的粒径愈小阻力愈大,上升速度愈慢。因此,一般认为毛细水上升速度:细沙土为 0.3~0.6 m;沙质黏土为 1.4~1.7 m;粉沙与黏土结合层毛细水上升高度为 1.2~1.6 m。建议水文地质不良地区路基填土高度可参照上述公式,在式(3-2)的基础上做出调整。其中一些具体数值要结合当地的实际情况试验得出。

3.2.3.4 路基填土高度与边坡坡度的关系

合理的路基边坡坡度,不仅能减轻路基边坡风蚀,保证路基稳定性良好,而且对于减少工程量、降低工程造价都是异常重要的。大体认为:边坡愈陡,路基中心与背风路肩的风速减弱率愈大;边坡愈缓就愈小。但路基边坡较陡时,路基边坡稳定性得不到保证,易造成边坡滑坍,而且贴地层气流在路基较陡时会发生明显的分离现象。而一个适应于风沙流活动特点和较为理想的路基横断面形式应具有良好的气流附体运动条件,即贴地层气流不分离、不产生涡旋的条件。因此,较为合理的路基边坡坡度显得十分重要。尽管从公式 $K = \dfrac{\tan\varphi}{\tan\omega}$ 来看,路基边坡稳定性与路基高度已无关系,但实际中它依然受路基高度影响,注意到只有路基高度和边坡坡度较为协调时,公路病害程度明显较轻。根据工程经验、调查结果及理论计算,认为:

(1) 低路堤边坡坡角应缓于 1:3.0,此时,路基高度应控制在 1.5 m 以内。这种路基多出现在固定、半固定沙丘地区。这种地区自然状况较好,较好的植被状况能减轻公路病害,此外,这种坡度也能较好地减轻路基的风蚀和路面沙埋。流动、半固定沙丘区坡度应适度放缓。

(2) 当路基高度高于 2.5 m 时,坡角可控制在 20°~40°,以坡度 1:1.5~1:2.0(26°34′~33°41′)为宜,且建议边坡坡面宜设成流线型,这种情况多出现在流动沙丘地区。给出这样的边坡及路基高度限制是考虑到流动沙丘地区的实际情况。首先,保证路基边坡稳定性满足要求,具有一定的安全性;其次,最大限度地减轻公路病害。调查中发现,把路肩与边坡相交的路基边坡削减成圆弧状的流线型路基,能消除从路肩就开始的贴地层气流分离,不产生涡流,能创造平滑的环境条件。流线型的边坡能保证风比较顺滑地流过表面,阻力很小,风速几乎没有变化。因此,动能基本没有损失,仍能沿流线断面继续前进。这样就能很好地减小路基的风蚀程度且能避免风沙流非堆积搬运通过路面,使风沙流顺利过路,避免路面沙埋。

3.2.4 沙漠公路经济性分析

沙漠地区干旱少雨,自然条件恶劣,蒸发量大,植被稀疏,风力作用活跃,地表水极度贫乏,人烟稀少。沙漠公路受当地自然条件制约,施工条件差,材料运距远,受当地经济、社会等多种因素的制约,公路投资往往十分有限。要设计经济合理的路基高度,既满足沙漠公路防止沙害和其他病害要求,又能最大限度地减少工程造价,是沙漠公路路基合理填土高度首要考虑的因素。沙漠公路路线长,自然生态十分脆弱,减少由于自然生态破坏而造成的土地沙漠化,也要求在公路取、弃土方面尽量少破坏自然植被,即尽量减少取、弃土的数量,避免不合理的取、弃土,而这些都与沙漠公路的路基高度有着密切的关系。路基愈高,对自然现状破坏愈严重,对公路本身而言,具体体现在路基土方多少及路基防护方面。

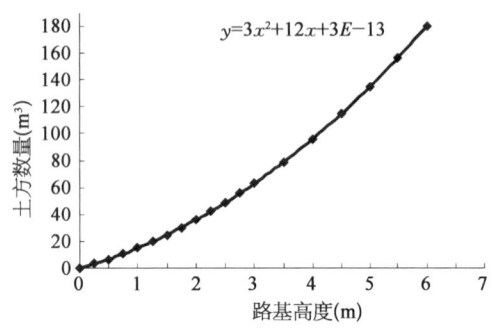

图 3-8 路基高度与土方数量的关系(一)

下面以沙漠公路 S217 线巴彦浩特—头关段公路预算为例,将在路基宽 12 m、边坡坡度为 1∶3 情况下,分析路基土方及其造价的关系。

从图 3-8、表 3-3 可知,随着路基填土高度的增大,路基土方及工程造价也不断升高。路基填土高度越高,每增加一定高度,路基土方及工程造价增加的幅度就越大。

表 3-3 每米不同路基高度工程造价

路基高度 H(m)	路基土方 V(m³)	边坡面积 S(m²)	每米造价 W(元)			差 价 (元/m³)
			土 方	边 坡	总 和	
0.25	3.19	1.58	37.01			
0.50	6.75	3.16	78.37			41.36
0.75	10.69	4.74	124.08			45.71
1.00	15.00	6.32	174.15			50.07
1.25	19.69	7.91	228.57			54.42
1.50	24.75	9.49	287.35			58.78
1.75	30.19	11.07	350.48			63.13
2.00	36.00	12.65	417.96			67.48
2.25	42.19	14.23	489.80			71.84
2.50	48.75	15.81	565.99			76.19
2.75	55.69	17.39	646.53			80.54
3.00	63.00	18.97	731.43			84.90
3.50	78.75	22.14	914.29			182.86
4.00	96.00	25.30	1 114.56			200.27
4.50	114.75	28.46	1 332.25			217.69
5.00	135.00	31.62	1 567.35			235.10
5.50	156.75	34.79	1 819.87			252.52
6.00	180.00	37.95	2 089.80			269.93

沙漠公路所处的地理位置、气候条件及沙质特性决定着沙漠公路施工与一般公路有着本质的区别。一方面,沙区路基碾压成型后不易保持,易松散,路基水分损失快,施工车辆在路基上行车困难,

这就要求有较好的施工条件来快速施工，以减少不必要的重复工作。路基上层施工前往往还需对下层压实层做进一步处理，土基最上一层或中间层需设保护层以保证成型路基的稳定，这无形中增加了工程费用。另一方面，沙漠地区普遍干旱少雨，水源供给困难，平均运距远，洒水后路基渗透快，增加了沙漠路基压实成本，因而路基造价加大。而沙漠地区受地表水影响甚微，受风沙影响较大，沙埋、风蚀是沙漠公路主要病害，而沙埋、风蚀又主要是由路基防护来解决的，路基主体及线外防护措施工程造价占有相当比重，这也是沙漠公路区别于其他公路的一个显著特点。综上所述，沙漠地区路基高度直接影响着施工难易、路基土方造价及防护工程形式、造价。路基高度增加，土方工程造价及防护工程造价也相应提高，工程成本及环境破坏程度也增大，因而环境治理费用也相应增加。因此，合理的路基高度是在满足沙漠公路使用要求的条件下，还要满足风沙对公路的危害程度较小，且工程造价较低、环境破坏程度较小基础上的合理路基填土高度。

图 3-9、图 3-10 为不同路基高度下路基土方及造价数量及其关系曲线。从图中曲线可以看出曲线段斜率表示造价随路基高度增幅快慢程度。路基高度大致可分为三个区段：路基高度在 0～1.5 m 范围内，路基土方及造价随路基高度增幅较为缓慢；路基高度在 1.5～3.0 m 范围内，增幅有所提高；3.0 m 以上增幅较大，即随路基高度增加，工程造价提高较快，这由表 3-3 中不同路基高度段每增加一定高度，土方造价差异也可以显现出来。无论是以工程造价而言，还是从路基的施工方便和成本而论，路基高度在小于 1.5 m 范围内较为理想，沙漠公路大多数为单侧或两侧取土，土方容易被调到碾压现场，而随着路基高度的增加，取土深度和宽度也随之增加，单侧或两侧取土就增加了难度，到了一定的路基高度如 2.0～2.5 m 以上，单侧或两侧取土就较为困难，部分土方必须采用远运土来解决问题，这样显然增加了土方的造价，从经济角度而言是非常不合算的。再者，施工运土车辆在沙基上行走困难，对未完全成型路基的稳定性也会有很大的影响，易造成沙基推移、坑槽等，破坏沙基的平整度。

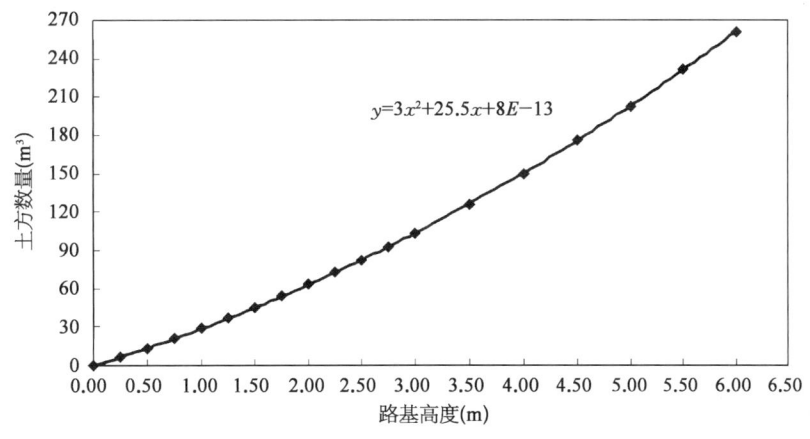

图 3-9 路基高度与土方数量的关系（二）

$y=3x^2+25.5x+8E-13$

按照公路的使用要求，高速及一级公路基本为全封闭和半封闭，路基高度一方面考虑到公路交通流量大，要求路面较厚，强度高，路基稳定性好；另一方面，为方便路线两侧树木、乡村及居民的机动车及牲畜的横向穿行，需设置一些地下过路通道，因此，高速公路和一级公路的路基相对较高。以内蒙古省际通道桑根达来—公主坟沙漠地区一级公路为例，路线穿越浑善达克沙地平原微丘区，路基平均高度为 2.43 m，这都是考虑了高速、一级公路使用要求及地形地貌特征而决定的。而二级及二级以下公路与高速、一级公路有明显不同，无论是交通量、使用要求，还是路基稳定系数、路用设施，都与高速、一级公路有着很大的差别。而且，二级及二级以下公路都没有中央分隔带，也没有封闭。因而，二

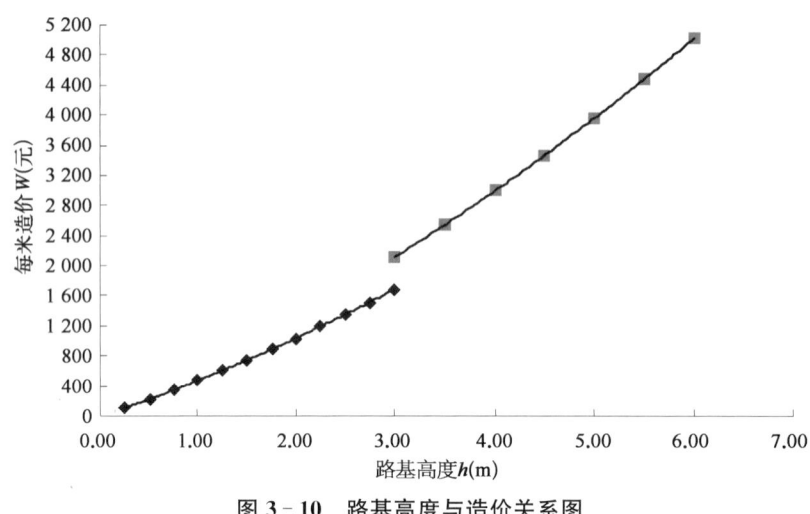

图 3-10 路基高度与造价关系图

级及二级以下公路的路基高度也与高速、一级公路有着显著的区别。高速、一级公路更注重保持公路稳定,保证交通畅通,尽量避免沙害的发生,减少养护费用;二级及二级以下公路受投资等诸多因素的制约,其路基高度考虑经济造价更多一些。

根据以上经济性分析曲线和公路使用要求,二级及二级以下沙漠公路,其路基高度应在 1.5 m 以下比较合理,且这样的高度也适宜于风沙流顺利通过。

对于高速公路和一级公路,其路基高度更多的是考虑其使用要求,一般填土高度宜不高于 3.0 m,一方面这个高度比较经济;另一方面,大于 3.0 m 的沙区路基,其边坡防护形式在设计中往往发生根本性变化。以包头—东胜一级公路为例,在沙区路段,大于 3.0 m 的填方路段,路基边坡采用拱形混凝土预制块中间植草防护;小于 3.0 m 的路段,则单纯采用格状植草予以防护。据调查资料,沙柳沙障考虑运费、栽植费等因素,以 1 m×1 m 规格为例,每亩用沙柳条 8 t,每吨 80 元,加运费 40 元、栽植费 360 元,费用为 (1.6 元/m²)×2.0 元/m²。而拱形预制混凝土块价格为 21.48 元/m²。前者以工程措施为主,后者则以植草防护为主,其工程造价显而易见。

以内蒙古省际通道桑根达来—公主埂段一级公路为例,各项经济指标如下:

(1) 土方方面:

机械土方 2.74 元/m³;

人工土方 5.23 元/m³;

填方压实 4.69 元/m³;

汽车运土 7.26 元/m³。

(2) 沙基防护工程:

碎石土封闭边坡 56.68 元/m³;

植物网格沙障 0.37 元/m²;

混凝土预制块网格护坡 5.07 元/m²;

土方压实后的平均造价为 14.69 元/m³。

防护工程方面,路基填高小于 3.0 m,路基边坡采用碎石土封闭,厚 15 cm,平均造价为 8.50 元/m²;路基高度大于 3.0 m,路基边坡采用混凝土预制块网格护坡,中间填碎石土,仅考虑 25# 混凝土预制块边坡部分工程造价,为 31.19 元/m²,这已经是碎石土封闭造价的 3.7 倍。

不同的路基高度,其路基占地面积也不相同,路基取土坑随路基高度的增加而加大,公路建设费用也增加。增用土地费 1 185.94 元/亩(1 亩=666.67 m²)。

表 3-4 为桑根达来—公主埝不同路基高度下路基占地面积(每米)。

表 3-4　桑根达来—公主埝路基占地面积(每米)

路基高度(m)	占地面积(m²)	占地费(元)
0.5	28.5	50.73
1.0	31.5	56.07
1.5	34.5	61.41
2.0	37.5	66.75
2.5	40.5	72.09
3.0	43.5	77.43

由图 3-10 可以看出,随着路基高度的增加,工程费用不断上升,当路基高度大于 3.0 m 时,为保证路基的稳定,往往采取一些其他更强有力的路基边坡防护措施来保证沙基的稳定,避免路基边坡的风蚀和水蚀。由表 3-5 中可以看出,路基高度大于 3.0 m 时,由于路基边坡防护工程措施由植物防护变为混凝土预制网格状防护,工程费用急剧上升,也增加了施工难度。在施工过程中,两侧或单侧机械取土调运到路基上变得不易,远运方工程数量比例增加。在路基填筑过程中,由于防护工程不能同步进行,路基越高越容易遭受风蚀、水蚀,加大整形、修补工程费用,也影响工程质量和沙基的稳定。因此,从工程造价而言,沙漠地区公路路基高度不宜大于 3.0 m,这对路基减少风蚀、降低工程造价都是有利的,对保持路基稳定也同样重要。

从表 3-5 中还可以看出,路基填土高度在较低的情况下,路基填土高度每增加 0.25 m,工程费用增加的数额随路基高度的增加而增大:路基高度由 0.5 m 增加到 0.75 m 时,工程费用增加 120.86 元;路基高度由 1.0 m 增加到 1.25 m 时,工程费用增加 131.88 元;路基高度由 2.0 m 增加到 2.25 m 时,工程费用增加 153.91 元;路基高度由 4.0 m 增加到 4.5 m 时,工程费用增加 473.23 元;路基高度由 5 m 增加到 5.5 m 时,工程费用增加 517.30 元。可见,路基越高,每增加同样的路基高度其工程费用增加的幅度也越大。无疑,较高的路基无论从工程造价方面还是从路基稳定性方面,都是不利的。因此,沙漠地区路基合理填土高度应在 3.0 m 以下。

表 3-5　桑根达来—公主埝一级公路不同路基高度造价表

路基高度 h(m)	路基土方 V(m³)	边坡面积 S(m²)	每米造价 W(元)			差　价 (元/m³)
			土　方	边　坡	总　和	
0.25	6.56	1.58	96.40	13.44	109.84	
0.50	13.50	3.16	198.32	26.88	225.19	115.35
0.75	20.81	4.74	305.74	40.32	346.05	120.86
1.00	28.50	6.32	418.67	53.76	472.42	126.37
1.25	36.56	7.91	537.10	67.20	604.30	131.88
1.50	45.00	9.49	661.05	80.64	741.69	137.39
1.75	53.81	11.07	790.51	94.08	884.58	142.90
2.00	63.00	12.65	925.47	107.52	1 032.99	148.40
2.25	72.56	14.23	1 065.94	120.96	1 186.90	153.91
2.50	82.50	15.81	1 211.93	134.40	1 346.32	159.42

(续表)

路基高度 h(m)	路基土方 V(m³)	边坡面积 S(m²)	每米造价 W(元) 土 方	每米造价 W(元) 边 坡	每米造价 W(元) 总 和	差 价 (元/m³)
2.75	92.81	17.39	1 363.42	147.84	1 511.25	164.93
3.00	103.50	18.97	1 520.42	161.28	1 681.69	170.44
3.50	126.00	22.14	1 850.94	690.42	2 541.36	859.67
4.00	150.00	25.30	2 203.50	789.05	2 992.55	451.19
4.50	175.50	28.46	2 578.10	887.68	3 465.78	473.23
5.00	202.50	31.62	2 974.73	986.31	3 961.04	495.26
5.50	231.00	34.79	3 393.39	1 084.95	4 478.34	517.30
6.00	261.00	37.95	3 834.09	1 183.58	5 017.67	539.33

注：$B=25.5, I=1:3, h$ 为路基高度，土方压实后单价为 14.69 元/m³。
当 $h \geqslant 3.0$ m 时护坡造价为 31.19 元/m²，当 $h \leqslant 3.0$ m 时护坡造价为 8.50 元/m²。

3.2.5　交通事故分析

以下将从交通事故的角度分析公路路基较为合适的高度。整理出"府深线乌兰陶勒盖镇—达布察克镇不同高度路基下行车事故资料"，具体情况简述如下。

(1) 路基高度在 0～1.0 m 之间事故情况：

0.3 m，轻微事故 1 起；

0.5 m，重大事故 1 起，轻微事故 1 起；

0.6 m，轻微事故 2 起；

0.7 m，一般事故 1 起；

0.8 m，轻微事故 1 起；

1.0 m，轻微事故 1 起。

(2) 路基高度在 1.0～2.0 m 之间事故情况：

1.0 m，重大事故 1 起；

1.05 m，重大事故 1 起；

1.3 m，一般事故 1 起，轻微事故 1 起；

1.4 m，轻微事故 1 起，重大事故 1 起；

1.45 m，重大事故 1 起；

1.55 m，一般事故 1 起；

1.85 m，轻微事故 1 起；

2.0 m，轻微事故 1 起。

整理资料，列出见表 3-6。

表 3-6　不同路基高度下的交通事故情况

路基高度(m)	轻微事故(起)	一般事故(起)	重大事故(起)	总计(起)
0～1.0	6	1	1	18
1.0～2.0	4	2	4	

可见,路基高度在0~1.0 m中轻微事故出现的频率为33.3%,重大事故出现的频率为5.6%,而路基高度在1.0~2.0 m时轻微事故出现的频率则减小到22.2%,而重大事故出现的频率则激增到22.2%。因此,基于避免或减少交通事故这个角度,路基高度应尽量低一些,最好保持在1.0 m内。另据一项名为"穿沙公路交通事故统计表"所载,在27起交通事故中重大事故共8起,占总交通事故的29.6%,而其中5起重大事故均发生在高度为1.0 m以上的路基上,占重大事故的62.5%。可见路基高度较高对行车不利,它对驾驶员及乘客有一定的心理影响和压力所以认为,高路基使人缺乏安全感,交通事故一般比较严重。

3.2.6 沙漠地区公路路基合理填土高度的综合分析

路基合理的填土高度是沙漠地区避免、减轻公路病害,保证路基稳定性及经济合理性的一个重要因素。前文分析了风速、路线走向与风向夹角、防护、沙丘类型等因素对路面沙埋的影响,并根据调查分析统计出沙区路基填土高度;通过现场观测,从风沙流影响因素入手,提出适应风沙流的路基填土高度。本节考虑路基稳定性、经济性对路基填土高度的影响,并根据分析及工程经验统计出沙区路基填土高度。这些为最终路基合理高度的提出奠定了基础。不难理解,既然风速等因素影响路面沙埋,那么,减轻或避免公路病害必然要考虑解决这几个方面的问题,而合理的路基填土高度也应该考虑减轻或避免公路病害。这就是说,路基合理填土高度也要解决风速、防护、沙丘类型这几个因素的影响。各地自然条件不同,沙丘类型、防护等不尽相同,它们对路基填土高度的要求也不尽相同,不难理解自然条件好的地方,其沙害程度较轻,如固定、半固定沙丘区,在同一等级公路上,路基高度可适当降低,因此路基填土高度应考虑这些因素,以尽可能地减小公路病害的程度。合理的路基填土高度不仅应该能减轻或避免公路病害,同时也应该满足稳定性的要求,尤其在沙区资源相对贫乏、经济较为落后的情况下,其经济性也颇为重要。前文路基稳定性分析及经济性分析为路基填土高度的提出提供了另一种形式的支持,而且这些分析结合了调查结果,它们为路基合理高度的提出做了良好的铺垫。因此,可以说调查结果分析为路基合理高度的可靠性、严密、准确性提供了保证。以下将通过分析及统计结果给出风沙地区不同沙丘类型下不同等级公路路基的合理高度。

3.2.6.1 路基过高或过低对公路的影响

路基填土高度的取值不当会造成一定负面影响,经验证明路基过高或过低都存在弊端,都不利于公路的使用及防治病害。

1) 路基过高对公路的影响

(1) 路基过高将增大投资,不具经济性,而且增加土地占用面积,增加安全设施。有关资料表明:当路基高度在3.71 m以下时,工程造价随路基高度基本上呈线性变化;而路基高度大于3.71 m时,工程造价会骤然上升。

(2) 路基过高对交通安全不利(后面将从调查资料分析这一因素);路基过高给强度、稳定性带来不利影响,边坡易受冲刷失稳;路基过高,路基易风蚀,而且路面易产生变形、沉降、裂缝,给日后养护带来困难。

(3) 路基过高对周围环境产生不良影响,类似一堵墙,阻隔视线,给沿线居民生活带来不便。

2) 路基过低对公路的影响

路基过低易形成驼峰竖曲线,严重影响行车舒适性,并易形成交通事故;路基过低易形成沙埋,尤其在流动沙丘区,过低的路基形成沙埋路面,严重影响交通,甚至阻断交通;路基过低使路基抵抗病害的能力减弱;此外,路基过低,排水不畅,易造成水毁或翻浆,这种情况在2003年4月份调查G109线东胜附近时曾经遇到。一般认为,沙漠地区公路路基以不低于 30 cm 为宜。

3) 路基合理高度确定的原则

路基作为公路工程的重要组成部分,必须具有一定的较为合适的填筑高度,才能减少病害,减弱因病害造成的对强度和稳定性的影响,这样对于延长公路寿命也是大有裨益的。路基所具有的一定的合适填筑高度被称为路基的合理高度。路基合理高度的确定要遵循如下原则:

(1) 综合考虑不同地区的气候特性、水文地质、土壤土质等特性,对区域土质进行分类,充分考虑路基在强度方面的要求;

(2) 保证路基最小填土高度,满足温度、盐分等方面的要求,提高路基稳定性;

(3) 考虑输沙这一重要因素,避免、减轻风蚀、沙埋等病害对路基和路面的影响;

(4) 根据公路等级、原路基、路面结构形式,结合当地情况、老路状况、病害原因等进行综合分析,充分利用旧路,降低造价,减小工程量。

3.2.6.2 路基合理填土高度的确定方法

根据路基的分类,分别找出其主要影响因素,然后确定其强度、稳定性和输沙这一功能方面要求的最小高度,并考虑经济性的要求,综合各种因素所得到的高度即可作为路基合理填土高度。调查中发现,在裸露(或植被稀疏)平坦的流动沙地及沙滩,路基高度不宜较高,应以低填为主。在 S217 一些路段,两侧植被稀疏,风沙流活动频繁,路基高度一般在 1.0 m 以上。这些路段尽管路面没有沙埋,但背风坡几乎都有不同程度的积沙。可见在平坦的流动沙地设计高路堤反而易造成沙害,特别是当反向风交替作用的情况更是如此。这是因为路基较高时,其背风坡气流分离尺度大,涡流减速强,引起沙子在背风坡的大量堆积。当出现反向风时,原有风向背风坡的积沙就成了"额外的补充沙源",增加气流中沙子的负荷,使通过路面的风沙流处于过饱和状态,从而导致路面的积沙。因此,这些路段出现路面沙埋的可能性依然存在,而且很大。根据这些情况,建议这种地区路基高度取 80 cm 以下。边坡采用应较缓以 1∶3 为宜,边坡应设计成圆弧状流线型,保证风沙流顺利过路。在固定、半固定沙丘等丘间低地,不宜设零断面,宜设高度为 40~60 cm 的低路基。S217 吉巴线某段为白刺沙包,沙丘高度多在 1.5 m 以下,该段路基高度在 0.8~1.2 m 范围内,调查显示该段路状态良好,除极少部分路段边坡有轻微积沙外,几乎没有什么其他病害。而在乌海—吉兰泰某段,该段路基填土高度在 2.2 m 左右,路基宽 12.0 m,路面 9.0 m,该路段有一处整个路面积沙,积沙长度达 40 m 之多,厚度约 7.0 cm,沙埋相当

图 3-11 整个路面沙埋

严重,已影响行车(图 3-11)。

在流动沙丘地段,风沙活动频繁,自然条件较差,路基高度应相应提高,否则容易造成沙埋路面,甚至沙丘上路,尤其在流动沙丘地段路基高度应在 2.0 m 左右。锡林郭勒盟交通科学研究所 2002 年 5 月调查 303 国道的资料显示,303 国道的沙丘平均高度 10.8 m,采用路基高度一般在 2.0~2.5 m 之间,至今该路段路面未出现沙阻、沙埋等病害,而且路基稳定性良好。

下面将综合考虑调查分析、风沙试验、经济性分析、路基稳定性分析中所提出的路基填土高度值,综合考虑各地水文地质、沙丘类型和自然条件及路基强度、稳定性、经济性等众多因素,提出不同沙丘类型下不同等级公路路基填土高度推荐值,以便为沙区路基设计提供参考。

1) 路基沙埋调查分析所提出的路基填土高度

依据调查结果及其分析统计出路基填土高度,这一高度的提出主要依照调查结果,而调查主要从避免路面沙埋这一因素着手,因而所提出路基填土高度应能避免并至少能减轻公路沙埋这一主要沙漠公路病害。调查是统计路基合理填土高度中的一个重要环节,调查结果是沙漠公路现状的真实反映,沙漠公路的病害情况能通过调查结果较直观地反映出来,因此,依照调查所得出的结果也应该能解决沙漠公路中的一些问题。在调查分析中,根据 G109、G210、S306、S307、S217 及穿沙公路等十余条线路近百段路段的调查情况列出"路基高度与沙埋现象表"。表中涵盖"路段、沙丘类型、沙埋情况及路基高度"等几项。根据"路基高度与沙埋现象表"所提供的结果做出"路基高度与路段沙埋百分率关系曲线",从曲线中可以看出大概分为这样几部分:路基高度在 0~30 cm 之间,路段被埋百分率高达 100%。各种沙丘类型下路基高度的被埋概率,可以看出:对于固定沙丘地区,小于 25 cm 和大于 180 cm 的高度的被埋几乎为 100%;在 25~180 cm 之间的百分率较小;在 30~120 cm 之间百分率最小。由于固定沙丘地区植被丰富,沙源少,公路积沙危害不大,路基高度可选在 30~120 cm 之间;对于半固定沙丘地区,在 40~240 cm 之间沙埋的百分率较小。由于半固定沙丘地区沙源比流动沙丘少,路基高度可选在 50~200 cm 之间;对于流动沙丘地区,在 40~90 cm 之间沙埋的百分率为 75%;在 140~180 cm 之间的被埋百分率为 50% 左右。由于流动沙丘地区沙源丰富,因此路基高度选在 140~200 cm 之间较合适。

这样,根据调查结果所做出的"路基高度与路段沙埋百分率关系曲线"和各种沙丘类型下路基高度的被埋概率,以及一些工程的实践,提出了不同沙丘类型下各级公路路基统计高度推荐值,见表 3-7。

表 3-7 不同沙丘类型下各级公路路基统计高度推荐值　　　　　　　　(cm)

公路等级	沙丘类型		
	固定沙丘	半固定沙丘	流动沙丘
高速、一级公路	40~80	80~160	160~220
二级公路	40~80	80~160	150~200
三级公路	40~60	80~120	150~180
四级公路	30~60	80~120	140~180

2) 路基稳定性分析所提出的路基填土高度

通过路基稳定性分析探求路基填土高度是一道必不可少的程序,无论什么样的路基首先它必须保证其强度和稳定性满足要求,这是保证道路通行的关键。在路基稳定性分析中,首先了解了沙漠路基土的物理、力学性质,其情况大致如下:

路基土是沙漠上经过处理后的产物。沙漠土松散无黏性,具有明显的非塑性性质。多数情况下沙漠土的塑性指数几乎为零。由于它的非塑性,使得它成形较为困难,只有在一些特定的压实机械作用下才能达到较好的压实度。压实后沙土的最大密度可达 1.8~2.1 g/cm³,容量 18~21 g/cm³,为天然状态下的 1.2~1.4 倍,沙漠地区土的内摩擦角在 35.0°~39.5°之间,另外,沙漠土的黏聚力十分小,边性稳定性验算时常忽略不计。

在了解沙漠土的基础上,进行了路基稳定性验算。验算结果表明:沙漠地区路基边坡坡度在缓于 1:1.5(约 33°41′)时,路基边坡稳定性良好。且由于沙漠上的黏聚力较小,忽略黏聚力时,路基边坡稳

定性受路基高度影响较小,但结合调查结果,建议不同路基高度下边坡坡度采用如下:

(1) 路基高度在 1.5 m 以内,路基边坡坡度应缓于 1:3.0。这种路基多出现在固定、半固定沙丘区,若在流动沙丘区路基边坡坡度要适当放缓。

(2) 当路基高度大于 2.5 m 时,边坡坡度应控制在 20°～40°,以 1:1.5～1:2.0(26°34′～33°41′)为宜,且建议边坡坡面设成流线型。对于水文地质不良地区,路基最小填土高度可参照公式:

$$H = h_1 + h_2 + h_3 + h$$

其他不良水文路段,结合调查结果,发现路基高度在 1.0 m 以上的路段,未出现稳定性破坏这类病害。据相关资料,内蒙古许多地区毛细水上升高度为 0.3～0.6 m。

3) 路基经济性分析结果

沙漠地区干旱少雨,自然条件恶劣,生态环境较差。而且沙漠多分布在西部省区,经济相对落后,因而在那里经济性相对十分重要。而路基高度对于土方量影响巨大,土方量直接决定工程造价,因此路基高度对于公路工程造价有很大影响,表 3-8 是沙漠地区二级公路因路基高度提高引起工程量及工程造价增加的情况,由此,路基高度对路基经济性的影响可见一斑。

表 3-8 路基每提高 0.5 m,每公里工程和造价增加情况

路基高度范围(m)	12 m 宽路基增加工程量(m^3)	增加造价(元)		8.5 m 宽路基增加工程量(m^3)	增加造价(元)	
		新地推土	10 km 内运距		就地推土	10 km 内运距
0.5～1.0	7 125	17 812.5	135 375	5 375	13 437.5	102 125
1.0～1.5	7 875	19 687.5	149 625	6 125	15 312.5	116 375
1.5～2.0	8 625	21 562.5	163 875	6 875	17 187.5	130 625
2.0～2.5	9 375	23 437.5	178 125	7 625	19 062.5	144 875
2.5～3.0	10 125	25 312.5	192 375	8 375	20 937.5	159 125

表 3-8 对于路基高度对工程造价影响这一方面应该有很大的说服力,路基高度提高 0.5 m 每公里造价可增加数万元甚至数十万元,因此,经济性这个十分突出的问题不能不引起重视,不能不予以考虑。3.3.4 节中结合具体工程实例讲述路基高度对经济性的影响,分析中,通过大量详实的数据、图表及关系曲线等,结合公路使用要求,建议二级及二级以下沙漠公路,路基高度应在 1.5 m 以下比较合理,且这样的高度也适宜于风沙流顺利过路,能有效地避免路面沙埋。

4) 交通事故分析所提出的路基填土高度

路基高度对交通事故的发生及其程度有一定影响,路基高度较高对行车不利。它对驾驶人员及乘客有一定的心理影响和压力,高路基相对低路基使人缺乏安全感,一般较容易引发交通事故,且交通事故相对较为严重。基于避免或减少交通事故这一角度,路基高度应尽量放低,以保持在 1.0 m 内为宜。

5) 风沙流场观测分析所提出的路基填土高度

风沙是产生公路病害最直接最根本的原因,因此对风沙做一定的研究十分必要。风沙试验通过对路基高度与沙埋程度的单相关分析,得出公路沙埋并不仅仅与路基高度有关,而是受多个因素影响。试验结果表明,公路积沙程度与路基高度、沙丘密度、沙丘类型、沙丘距公路的直线距离(简称沙丘距离)、沙丘走向、流动程度、防护措施、风速>8 m/s 日数、主风向与路线走向的夹角、自然地理带 10 个因素相关。对其进行分析,结果如下:① 10 个因素中公路积沙影响程度由大到小依次为路基高

度、沙丘距离、风速>8 m/s 日数、流动程度、沙丘类型、自然地理带、主风向与路线走向的夹角、沙丘高度、沙丘密度及防护措施;② 与积沙程度呈正相关的因素是低于 100 cm 的路基高度(0.0~50 cm、50~100 cm)、沙丘距离(≤10 m)、>8 m/s 日数(≤30 d、30~60 d)流动程度(流动)、沙丘走向(横向)、自然地理地带(荒漠区)、主风向与路的夹角(30°~60°)、沙丘高度(≤3 m)、>8 m/s 日数(>60 d)。防护措施从相关分析结果来看,可以看出路基高度在 10 个因素中对沙埋程的影响最大,0~100 m 呈正影响,路基在 100~200 m、200~300 m、>300 m 呈负影响,根据风沙试验结果建议一般通过风沙区的合理路基高为 0~2 m。再进一步根据沙源的不同,可继续划分:流动沙丘区的合理路基高度为 1.0~2.0 m;半固定沙丘区由于沙源比流动沙丘区相对较少,建议合理路基高度取 0.5~1 m;固定沙丘区由于植被丰富,沙源少,对公路积沙的危害较小,建议合理路基高度取 0~0.5 m。

3.2.6.3 路基合理高度推荐值

沙漠路基合理填土高度确定,不能单纯地考虑一方面的因素,必须综合考虑多种因素。要综合考虑不同地区气候特性、水文地质条件、有无防护措施及防护形式;综合考虑各种不同沙丘类型下各级公路情况,要保证路基最小填土高度,满足路基稳定性的要求;要充分考虑经济性要求,避免、减轻风蚀、沙埋等病害对公路的影响。沙漠路基合理填土高度将主要以调查所提供路基高度为主要参考对象。因为调查结果是沙漠公路状况的真实反映,沙漠公路中的病害,像风蚀、沙埋、路基稳定性破坏等情况及路基稳定性良好的一方面都会通过调查表现出来,通过调查所总结出来的路基高度不能有效地控制病害。在交通事故分析中,基于避免或减少交通事故这一角度,路基高度宜保持在 1.0 m 以内。这一高度基本能保证行车安全,但同时也要保证公路受病害的影响较小,因为在自然条件恶劣的沙区,较低的路基很难避免沙埋,为减轻病害影响,不宜采用较低的路基。在路基稳定性分析中,给出与路基高度相对应路基边坡坡度,合适的路基高度必须有与之相对应的边坡坡度,这样才能保证风沙顺利通过路面。但由于边坡稳定性验算中忽略了路基土黏聚力,仅从验算公式上来看,路基高度对边坡稳定性没有影响,分析中所提供的路基高度也是参考调查结果及工程经验所得出的。在水文地质不良地区,可根据具体情况处理,主要是考虑避免毛细水作用的影响。风沙试验所提供的路基填土高度也极具参考性。合理的路基填土高度加之适宜的边坡坡度及坡面形式,能有效地保证风沙流顺利过路,避免风沙流遇阻灌路面造成路面沙埋,这种填土高度应与调查分析所提供的填土高度有机地结合起来,当然经济性分析、路基稳定性分析所提供的路基填土高度也应引起注意,比如在水文地质不良地区,应满足路基最小填土高度的要求,这是路基强度、稳定性要求得到满足的基本保证。

1) 权重分析

讨论完各个因素对路基填土高度的影响,以下将从另一种形式探讨如何将以上因素有机地结合起来,从而得出沙区路基填土高度的推荐值。列出各种沙丘类型,不同公路等级相同路基高度下调查结果、风沙流试验、路基稳定性分析及其他因素所占权重,并按此权重乘以各自路基高度,提出沙区路基填土高度的推荐值。这样能兼顾多方面使每个因素都能够被充分地考虑其中。

(1) 固定沙丘。

① 高速、一级公路:

调查结果所占权重=调查的路段数/总路段数=3/(3+2)=0.6

风沙试验所占权重=风沙试验的路段数/总路段数=2/(3+2)=0.4

路基高度:下限:$40×0.6+0×0.4=24$ cm

上限:$80×0.6+50×0.4=68$ cm

路基填土高度取值:30~70 cm

② 二级公路：

调查结果所占权重＝调查的路段数/总路段数＝7/(7+4)＝0.636

风沙试验所占权重＝风沙试验的路段数/总路段数＝4/(7+4)＝0.364

路基高度：下限：40×0.636+0＝25.44 cm

上限：80×0.636+50×0.364＝69.06 cm

路基填土高度取值：30～70 cm

③ 三级公路：

调查结果所占权重＝调查的路段数/总路段数＝10/(10+3)＝0.769

风沙试验所占权重＝风沙试验的路段数/总路段数＝3/(10+3)＝0.231

路基高度：下限：40×0.769+0×0.231＝30.76 cm

上限：60×0.769+50×0.231＝57.69 cm

路基填土高度取值：30～60 cm

④ 四级公路：

调查结果所占权重＝调查的路段数/总路段数＝7/(7+3)＝0.7

风沙试验所占权重＝风沙试验的路段数/总路段数＝3/(7+3)＝0.3

路基高度：下限：40×0.7＝28 cm

上限：60×0.7+50×0.3＝57 cm

路基填土高度取值：30～60 cm

(2) 半固定沙丘。

① 高速、一级公路：

调查结果所占权重＝调查的路段数/总路段数＝5/(5+2)＝0.714

风沙试验所占权重＝风沙试验的路段数/总路段数＝2/(5+2)＝0.286

路基高度：下限：80×0.714+50×0.286＝71.42 cm

上限：160×0.714+100×0.286＝142.84 cm

路基填土高度取值：71.4～142.8 cm

② 二级公路：

调查结果所占权重＝调查的路段数/总路段数＝4/(4+4)＝0.5

风沙试验所占权重＝风沙试验的路段数/总路段数＝4/(4+4)＝0.5

路基高度：下限：80×0.5+50×0.5＝65 cm

上限：160×0.5+100×0.5＝130 cm

路基填土高度取值：65～130 cm

③ 三级公路：

调查结果所占权重＝调查的路段数/总路段数＝21/(21+3)＝0.875

风沙试验所占权重＝风沙试验的路段数/总路段数＝3/(21+3)＝0.125

路基高度：下限：80×0.875+50×0.125＝76.25 cm

上限：120×0.875+100×0.125＝117.5 cm

路基填土高度取值：76.25～120 cm

④ 四级公路：

调查结果所占权重＝调查的路段数/总路段数＝3/(3+3)＝0.5

风沙试验所占权重＝风沙试验的路段数/总路段数＝3/(3+3)＝0.5

路基高度：下限：80×0.5＋50×0.5＝65 cm

上限：120×0.5＋100×0.5＝110 cm

路基填土高度取值：65～110 cm

(3) 流动沙丘。

① 高速、一级公路：

调查结果所占权重＝调查的路段数/总路段数＝1/(1+2)＝0.333

风沙试验所占权重＝风沙试验的路段数/总路段数＝2/(1+2)＝0.667

路基高度：下限：160×0.333＋100×0.667＝119.98 cm

上限：220×0.333＋200×0.667＝206.7 cm

路基填土高度取值：120～207 cm

② 二级公路：

调查结果所占权重＝调查的路段数/总路段数＝14/(14+4)＝0.778

风沙试验所占权重＝风沙试验的路段数/总路段数＝4/(14+4)＝0.222

路基高度：下限：150×0.778＋100×0.222＝138.9 cm

上限：200×0.778＋200×0.222＝200 cm

路基填土高度取值：139～200 cm

③ 三级公路：

调查结果所占权重＝调查的路段数/总路段数＝10/(10+3)＝0.769

风沙试验所占权重＝风沙试验的路段数/总路段数＝3/(10+3)＝0.231

路基高度：下限：150×0.769＋100×0.231＝138.45 cm

上限：180×0.769＋200×0.231＝184.62 cm

路基填土高度取值：138～185 cm

④ 四级公路：

调查结果所占权重＝调查的路段数/总路段数＝12/(12+3)＝0.8

风沙试验所占权重＝风沙试验的路段数/总路段数＝3/(12+3)＝0.2

路基高度：下限：140×0.8＋100×0.2＝132 cm

上限：180×0.8＋200×0.2＝184 cm

路基填土高度取值：132～184 cm

权重分析结果见表 3-9。

表 3-9　权重分析结果　　　　　　　　　　　　　　　　　　　　　　(cm)

公路等级	沙丘类型		
	固定沙丘	半固定沙丘	流动沙丘
高速、一级公路	830～70	1 070～150	120～210
二级公路	530～70	1 070～130	140～200
三级公路	30～60	870～120	140～180
四级公路	30～60	870～110	130～180

2) 路基合理填土高度推荐值

权重分析中,将调查所推荐的结果、风沙流场及交通事故分析所得的结果进行了加权分析计算,没有计入经济分析的因素,考虑到高等级公路与一般公路对功能的要求不同,因此,结合经济条件给出其合理高度的推荐值。

从调查结果来看,高速、一级公路平纵面要求高,路基填土高度的选择应主要考虑公路使用要求、平纵面指标及通道设置等;沙丘起伏大的地区、城镇较多的地区,路基填土高度也相应较高;而地势较平坦的地区路基填土高度也相应低一些。同时,在高速、一级公路上路基高度也应考虑风沙流特征,避免、减轻公路病害;从调查的二级及二级以下沙漠公路,路基填土高度一般相对高速、一级公路有所降低,填土高度大多在2.0 m以下,这种路基高度更重要的是考虑风沙流特征,顺应地势,而且低等级公路更注重经济性要求,因此,所采用的路基填土高度一般会有所降低。以干旱荒漠区S307尚德—孟根、S217巴彦浩特—达来呼布、巴彦浩特—吉兰泰三级公路为例,沙漠路基高度大多在1.2 m之下,边坡坡度1∶3.0,路线基本顺应地势,从调查的情况来看,公路病害较轻,尤其是S217。这就是说,低等级公路路基设计中路基填土高度的选择应遵循适应风沙流特征,同时应考虑经济性的要求。

风沙流场的试验以及概率统计分析的结论认为,路基高度在30～200 cm之间,沙埋概率较小;交通事故分析认为在100 cm左右。因此,可认为在30～200 cm之间沙漠地区的公路路基高度较为合适。但是,由于沙丘类型的不同,防护情况的差异,不同公路等级的不同功能要求、经济性等情况,提出表3-10的合理高度推荐值。

权重结果分析上、下限范围是沙埋概率较小的数值范围,但是根据公路等级的要求、经济性等情况,其高度应根据沙丘距路距离、沙丘流动程度、沙源丰富程度等进行考虑。在沙丘距路距离近、沙丘流动性强的地区,路基高度应适当提高。在沙源不是很丰富、以风沙流为主要沙害形式的地区,以低填为宜。

表3-10 路基合理填土高度推荐值 (m)

公 路 等 级	沙 丘 类 型		
	固定沙丘	半固定沙丘	流动沙丘
高速、一级公路	1.0～1.6	1.0～1.8	1.0～2.0
二级公路	0.5～1.0	0.6～1.2	0.6～1.5
三级公路	0.3～0.8	0.5～1.0	0.5～1.2
四级公路	0～0.5	0.3～0.6	0.3～0.8

3.3 沙漠地区公路路基合理断面形式

3.3.1 西部三类沙漠地区公路路基使用状况调查

2002年7—9月进行了不同类型沙漠地区公路横断面的调研勘察,调查范围覆盖新疆、内蒙古、陕西、宁夏等省区的流动型、半流动型及固定型沙漠、沙地。调查的路基包括路堤、路堑和半填半挖三种形式,调查的具体内容有路线名称、路段桩号、路基高度、路基横断面坡度、路面宽度、积沙带宽度、沙害状况、路线方位角、与主风向夹角以及有关建设年限、防护情况等方面的信息。了解目前西部各省区按照原路基设计规范设计并修建的沙漠公路路基的横断面形式,在经过多年运营后公路路基的使用现状,尤其是横断面形式的变化情况,从而确定公路路基设计规范中关于沙漠地区路基横断面坡度的适应程度。

3.3.1.1 流动性沙漠地区公路路基使用状况调查及分析

流动性沙漠的调查工作是在新疆的塔克拉玛干沙漠中进行的。塔克拉玛干沙漠位于塔里木盆地之中,该盆地东西长约 1 500 km,南北宽约 600 km,面积约为 53 万 km²,盆地的中央为塔克拉玛干沙漠,沙漠面积为 33.76 万 km²,占盆地面积的 63.70%。年蒸发量约在 2 000 mm 以上,而降雨量仅为 30 mm 左右,属极端干旱地区,除边缘有大量的胡杨、红柳等乔灌木分布外,腹地仅有极少数的红柳和芦苇,多为一望无际的沙海。

工作组于 2002 年 7 月中旬携带全站仪、水平仪、GPS、地质罗盘、钢尺等测量工具,乘车对塔克拉玛干沙漠公路进行了为期近 10 天的调查测量工作,调查范围包括现有的使用多年的沙漠公路,以及在建的两条沙漠公路,具体情况见表 3-11。

表 3-11 调查范围

调 查 段 落	段落长度(km)	道路等级	路基宽度(m)	建设年限(年)
沙漠公路轮南—塔中 4 段	320	三级	10	1992—1993
沙漠公路塔中—民丰段	300	三级	10	1994—1995
沙漠公路塔中 4—塔中 1 段	38	三级	10	1996
沙漠公路塔中 1—且末段	120	三级	10	2000—2002
塔中 1 号沙漠公路	78	三级	10	2000—2002

沙漠公路的路基横断面坡度虽然是按照原路基设计规范设计,并且所有路段边坡均设有草方格沙障,但在施工和运营过程中受施工质量和风沙沉积的影响仍然会发生变化,最终所形成的路基边坡是相对稳定的,且在当地的环境下成为输沙和阻沙相对平衡的这样一种横断面坡度。它的变化是随机的且局限在一定范围内。采用概率统计的方法分析横断面坡度的变化范围,就会发现在流动性沙漠地区目前公路路基设计规范有关二级公路以下的横断面坡度的适应程度。

1) 分布规律的检验

为了找出沙漠公路实际边坡变化的一般规律,按照出现的概率情况进行初步统计处理,处理结果见表 3-12。

表 3-12 各路段边坡值的概率计算

边坡比值	1:2	1:2.5	1:3	1:4	1:5	1:6	1:7	1:10
边坡比率 X	0.500 0	0.400 0	0.333 3	0.250 0	0.200 0	0.166 7	0.142 9	0.100 0
个数 N	2	3	3	2	2	1	2	1

样本均值 $$\bar{x} = \frac{1}{n}\sum_{i=1}^{n} x_i = 0.290\ 768 \tag{3-3}$$

样本方差(未修正) $$S^2 = \frac{1}{n}\sum_{i=1}^{n}(x_i - \bar{x})^2 = 0.015\ 257\ 867 \tag{3-4}$$

其中 $n = 16$

初步假设它们服从正态分布,则上述参数分别是总体均值 μ 和方差 σ^2 的极大似然估计。

做出原假设: H_0: 总体服从正态分布,即 $X \sim N(0.29077, 0.01526)$,将样本数据分组,见表 3-13。

表 3-13 分组进行概率计算

J	分 组	实际频数 n_j	概率 p_j	理论频数 np_j	$(n_j - np_j)^2$	$\dfrac{(n_j - np_j)^2}{np_j}$
1	$(-\infty, 0.2)$	4	0.23270	3.72320	0.07662	0.02058
2	$[0.2, 0.3)$	4	0.29520	4.72320	0.52302	0.11073
3	$[0.3, 0.4)$	3	0.28270	4.52320	2.32014	0.51294
4	$[0.4, 0.5)$	3	0.14390	2.30240	0.48665	0.21136
5	$[0.5, \infty)$	2	0.04550	0.72800	1.61798	2.22251
合 计						3.07812

根据 χ^2 拟和优度检验知:

$$\chi^2 = \sum_{j=1}^{r} \frac{(n_j - np_j)^2}{np_j} \sim \chi^2(r-1-k) \tag{3-5}$$

式中 r——分组数,这里为 5;

k——总体分布中的未知参数,正态总体为 2,即总体均值 μ 和方差 σ^2。

该检验的拒绝域为

$$\chi^2 = \sum_{j=1}^{r} \frac{(n_j - np_j)^2}{np_j} > \chi^2_{1-\alpha}(r-1-k) \tag{3-6}$$

在这里,显著性水平为 95%,即 $1-\alpha = 0.95$,所以 $\alpha = 0.05$。查分布表可知

$$\chi^2_{1-\alpha}(r-1-k) = \chi^2_{0.95}(2) = 5.991 \tag{3-7}$$

而检验统计量的观测值为

$$\chi^2 = \sum_{j=1}^{r} \frac{(n_j - np_j)^2}{np_j} = 3.07812 < \chi^2_{1-\alpha}(r-1-k) = \chi^2_{0.95}(2) = 5.991$$

所以接受原假设,即流动性沙漠公路使用 10 年后路堤边坡坡度的变化服从正态分布,并由此可判断其构成总体各路基高度的边坡值也呈正态分布。

2) 不同路堤高度边坡均值的区间估计

(1) 路堤高度 0.3~0.5 m 时的边坡坡度均值区间估计。

选取枢轴量为

$$J = \sqrt{n}\, \frac{\bar{X} - \mu}{S^*} \sim t(n-1) \tag{3-8}$$

则置信度为 $1-\alpha$ 时的置信上下限为

$$\left(\bar{X} \pm \frac{S^*}{\sqrt{n}} t_{1-\alpha/2}(n-1) \right) \tag{3-9}$$

其中

$$S^{*2} = \frac{1}{n-1}\sum_{i=1}^{n}(x_i - \bar{x})^2 \tag{3-10}$$

本题中各个量如下。

样本均值：$\bar{x} = \frac{1}{n}\sum_{i=1}^{n}x_i = 0.2159$，对应的边坡比率为 $1:4.63$。

样本方差（修正）$S^{*2} = \frac{1}{n-1}\sum_{i=1}^{n}(x_i - \bar{x})^2 = 0.009286$；

$\alpha = 0.05$，所以 $1-\alpha/2 = 0.975$；$n = 9$

查表知：$t_{1-\alpha/2}(n-1) = t_{0.975}(8) = 2.306$。

将以上数据代入置信区间，即得到总体均值 $\bar{x}$ 在置信度为 95% 的置信区间为 (0.1373, 0.2944)。其对应的边坡比率分别为 1:7.28 和 1:3.40，与路基设计规范推荐的边坡比率 1:6 对比可以发现，规范值虽然也在范围之内，但偏上限，基本上适应；因此认为流动性沙漠地区路堤高度 0.3~0.5 m 时的边坡坡度推荐为 1:5 更加合理。

(2) 路堤高度 0.5~1.0 m 时的边坡坡度均值区间估计。按照上述方法可计算出边坡的坡度总体均值 $\bar{x}$ 在置信度为 95% 时的置信上下限为 (0.1867, 0.4356)。对应的边坡比率为 1:5.4 和 1:2.3，与原路基设计规范推荐的边坡比率 1:8 对比可以发现，规范值已不在区间内，可以说不具指导意义；因此认为流动性沙漠地区路堤高度 0.5~1.0 m 时的边坡坡度推荐为 1:4 更加合理。

(3) 路堤高度 >1.0 m 时的边坡坡度均值区间估计。按照上述方法可计算出边坡的坡度总体均值 $\bar{x}$ 在置信度为 95% 时的置信上下限为 (0.2339, 0.3813)。对应的边坡比率为 1:4.3 和 1:2.6，与原路基设计规范推荐的边坡比率 1:3 对比可以发现，规范值虽在区间内，但在中值偏下，基本适应实际情况；因此认为流动性沙漠地区路堤高度 >1.0 m 时的边坡坡度推荐为 1:3.5 更加合理。

3）不同路堑高度边坡均值的区间估计

参照路堤边坡的分析方法，对路堑边坡的调查数据进行类似分析。

(1) 路堑高度 ≤1.5 m 时的边坡坡度均值区间估计。边坡的坡度总体均值 $\bar{x}$ 在置信度为 95% 时的置信上下限为 (0.1713, 0.5104)。对应的边坡比率为 1:5.84 和 1:1.96，与原路基设计规范推荐的边坡比率范围 1:4~1:10 对比可以发现，规范值的上下限均高于实际应用值，指导意义不强；因此将规范推荐值与实际调查值相结合，认为流动性沙漠地区路堑高度 ≤1.5 m 时的边坡坡度推荐为 1:4~1:6 时更加合理。

(2) 路堑高度 ≥1.5 m 时的边坡坡度均值区间估计。边坡的坡度总体均值 $\bar{x}$ 在置信度为 95% 时的置信上下限为 (0.3129, 0.3986)。对应的边坡比率为 1:3.20 和 1:2.51，与原路基设计规范推荐的边坡比率范围 1:1.5~1:4 对比可以发现，规范值的上下限包含了实际应用值，具有一定的指导意义；将规范推荐值与实际调查值相结合，认为流动性沙漠地区路堑高度 ≤1.5 m 时的边坡坡度推荐为 1:2.5~1:4 时更加合理。

4）不同路堑深度积沙带宽度的均值区间估计

在所调查的路段，有的地段设了积沙带，有的则未设，路堑深度多在 1.5 m 以上；设积沙带的路堑段主风向的背风侧较宽，迎风侧较窄；对所调查数据分析发现，边坡的坡度总体均值 $\bar{x}$ 在置信度为 95% 时的置信区间为 (2.06, 1.44)，分析结果与路基设计规范 1.5 m 以内深度的积沙带宽度的推荐指标 1~2 m 接近,而与 1.5 m 深度以上的推荐指标 2~4 m 差距较大,说明规范推荐指标与实际应用状况基本不相适应。

3.3.1.2 半固定型沙漠地区公路路基使用状况调查及分析

半固定沙漠的调查工作是在新疆位于准噶尔盆地中央的古尔班通古特沙漠中的油田公路进行的。准噶尔盆地似不等边三角形,东西长约 850 km,南北最宽处约为 380 km,盆地面积为 22 万 km²。盆地腹部为古尔班通古特半流动沙漠,面积约为 4.5 万 km²,占盆地面积的 20.5%,年降水量 100~80 mm,年蒸发量达到 1 600 mm 以上,固定半固定沙丘面积曾经占到沙漠总面积的 97%、植物覆盖度在固定沙丘上可达 40%~50%。20 世纪 80 年代后期,为了油田的开发,在沙漠边缘和腹地修筑了不少简易公路,90 年代初伴随着油田的产出,在原有简易公路的基础上修建起了三级公路,尤其在准噶尔东部地区油田干线公路、支线公路已经成网,调查组所调查的对象正是这些公路。需要说明的是,所调查路段的边坡,在设计和施工中均采用了芦苇草方格沙障防护,目前这些草方格虽已腐烂,但天然生长的沙漠植物已基本恢复,起到了良好的护坡作用,因此目前所调查的边坡是在防护条件下的边坡。调查范围见表 3-14。参考流动性沙漠地区路基横断面边坡调查数据的数理统计分析方法,对所调查的数据进行分析如下:

1) 路堤高度<1 m 时的边坡坡度值的分析

正如上述各个调查路段所描述的那样,在半固定沙漠地区低矮路堤横断面的坡度设置优先考虑的是植被易自然恢复的坡度,由于施工的原因会造成路基范围内的植被发生破坏,因此路基受风的危害主要体现在沙埋和风蚀两个方面,由于未破坏处植被相对稳定,移动沙源较少,沙埋沙影响可以忽略不计,风蚀是主要危害。风流场的规律表明,无论采用怎样的横坡度,当风速超过起沙风后,风蚀就会发生,路基高度越大、边坡越陡,风蚀就越严重。原路基设计规范将 1 m 以内的路堤高度划分为两个等级,在调查研究过程中发现,从路堤的输沙效果和路堤的建设投资两方面考虑,认为:在半固定沙漠地区以 1 m 为界,1 m 以内的路堤边坡尽量放缓,考虑到边坡上植物的生长以缓于 1∶2 为宜。高于 1 m 的路堤,则应做较详细调查,看其边坡实际的分布情况。因此对高于 1 m 的路堤进行了详细调查,而对低于 1 m 的路堤仅做定性的分析。

2) 路堤高度>1 m 时的边坡坡度值的分析

参照流动性沙漠地区公路路基边坡的统计分析方法,对半固定沙漠地区路堤高度>1.0 m 时的边坡坡度均值进行估计,则边坡的坡度总体均值 $\bar{x}$ 在置信度为 95% 时的置信上下限为 (0.234 2, 0.474 3)。对应的边坡比率为 1∶4.3 和 1∶2.1,建议在该类地区,边坡比率限制在 (1∶4.5,1∶2.0) 范围内,原路基设计规范对于草丛固定沙地路堤有 1∶2 的边坡比率规定,而对半固定沙漠地区能够自然生长植被,但生态非常脆弱的地区没有明确规定,本研究调查过程弥补了原规范的不足之处。

表 3-14 调查范围

调查段落	段落长度(km)	道路等级	路基宽度(m)	建设年限(年)
彩南油田小区沙漠公路	20	三级	11	1994—1995
彩南油田—沙南油田沙漠公路	65	三级	10	1995—1996
彩南油田—石西油田沙漠公路	113	三级	10	2001—2002
石西油田—克拉玛依油田沙漠公路	140	三级	11	1997

3) 路堑深度≤1.5 m时的边坡坡度值的分析

正如对半固定沙漠地区路堤高度＜1 m时的边坡坡度值的分析,路堑深度≤1.5 m时的边坡坡度值的调查分析也存在类似的情况。该类地区的路堑风沙危害也表现为两方面,背风堑坡的沙沉积和迎风堑坡的风蚀,路堑越深,堑坡越陡,风沙危害也越大。背风堑坡的沙沉积可通过降缓堑坡坡度、预留积沙平台和保持堑坡外的植被不被破坏而得到缓解;但迎风堑坡的风蚀却必须通过人工沙障和使用中的植被自然恢复得以缓解,当路堑深度≤1.5 m时,上述措施受工程造价的制约较少,边坡的选择主要从边坡草方格沙障的设置和植被易于恢复方面来确定。而当路堑深度≥1.5 m时,上述措施就会引起激增,而受到制约,因此需对路堑边坡有所规定。综上所述,通过对半固定沙漠的调查分析,推荐路堑深度≤1.5 m时的横断面边坡至少缓于1:3。

4) 路堑深度≥1.5 m时的边坡坡度值的分析

参照流动性沙漠地区公路路基边坡的统计分析方法,根据调查的数据,对半固定沙漠地区路堑深度≥1.5 m时的边坡坡度均值进行分析,则当边坡总体均值 $\bar{x}$ 在置信度为95%时的置信上下限为(0.310 4, 0.487 5)。对应的边坡比率为1:3.2和1:2.1,则建议在该类地区,边坡比率限制在(1:3.0, 1:2.0)范围内,原路基设计规范未将该类地区与流动型沙漠和固定型沙漠区分开来,一律确定为1:1.5~1:4,虽然该范围也包含了上述建议的范围,具有一定的适用性,但其范围依然较大。考虑到不同类型沙漠的特殊性,建议路堑边坡坡度仍按照路基类型分类确定,而不是简单地按照深度划界确定。

3.3.1.3　固定型沙漠地区公路路基使用状况调查及分析

固定型沙漠的调查工作是在内蒙古和陕西两省区完成的。调查对象为内蒙古的浑善达克沙地、乌兰布和沙漠,陕西与内蒙古交界的毛乌素沙漠及宁夏界内的腾格里沙漠沙坡头等地区已成型的和正在修建的沙漠公路。

1) 浑善达克沙地调查分析

浑善达克沙地位于内蒙古的北部,属固定型沙漠,与蒙古接壤,面积为2.14万 km^2,年降雨量为289.2~389.2 mm,年蒸发量为1 709.9~1 975.6 mm,最高气温36~40℃,年最低气温-42.4~-32.2℃,年平均风速2.8~3.9 m/s。多雨的年份,这里是一望无际的草原,少雨年份则表现出沙地裸露、植被稀少的景象,但整个沙地没有沙丘分布,地势较平缓。调查点位于国道208线苏尼特右旗—二连浩特路段上。国道208线横穿整个沙地,为南北走向,与沙地主风向呈大角度相交。该路连接集宁—二连浩特,等级为三级,路基宽度为8.5 m,路面宽度为7.0 m。

沿线路堤高度多在1~2 m之间,横断面边坡坡度在1:1.5~1:3之间,与原路基设计规范中沙地条件下路堤边坡指标1:2基本一致;沿线路堑深度多为≥1.5 m的路段,横断面边坡坡度则在1:4~1:8之间,与原路基设计规范确定的指标1:1.5~1:4出入较大,见图3-12。全路沿线虽未设任何形式的沙害防护设施,但也没有形成危及行车安全的沙害,仅在部分低矮路堑段有沙舌掩埋路肩的情况;而在一些路堤段,尽管路基两侧40 m范围内植被稀少,沙地裸露,因路堤横断面边坡坡度设置恰当,除路肩处有轻微风蚀外,没有形成较大规模的沙害。

由此可得出初步结论,通过该类沙地的公路,按照原路基设计规范推荐的路堤边坡指标,在不设防护的条件下,路堤段不会产生规模沙害,规范推荐指标基本适应;而路堑段若采用原路基设计规范推荐的指标,在边坡不设防护的条件下就有可能产生一定规模的沙害,原路基设计规范推荐指标基本不适应。

2) 乌兰布和沙漠调查分析

乌兰布和沙漠面积为0.99万 km^2,年降雨量108~119 mm,蒸发量2 955 mm,最高温度41.8℃,

图 3‑12　国道 208 线苏尼特右旗—二连浩特段公路路堑地段横断面

最低温度 31.2℃,年平均风速 2.7~3.1 m/s。调查点位于 1998 年建成通车的巴音浩特—吉兰特盐场专用线上,公路等级为二级,路堤边坡为 1∶1.5~1∶2,沿线路基未采取路堑设计方式。公路沿线地形较开阔,没有大型沙丘分布,该路段在修建好的四年运营期中,最大的沙害就是路堤边坡的风蚀,因全线在设计时已考虑采用黏土护坡,见图 3‑13,所以这种侵蚀也是微不足道的。

图 3‑13　乌兰布和沙漠公路

调查路段路堤边坡采用了 1∶1.5~1∶1.2 坡度,且设计了黏土护坡,与原路基设计规范推荐的边坡指标和防护措施完全一致,在运营的四年中未受到风沙流破坏性的侵害,说明规范推荐的指标和相应措施是合适的,完全适应这类地区。

3）毛乌素沙漠调查分析

毛乌素沙漠位于内蒙古南部、陕西北部,面积为 3.21 万 km^2,是我国几个典型的固定型沙漠之一;毛乌素沙漠年降雨量为 387.7~346.7 mm,蒸发量为 2 254~2 253 mm,年最低气温为 −29.8~−31.4℃,年最高气温为 35.3~36.6℃,地下水位较浅。从目前的景观看,公路沿线所通过的区域内植被茂盛,沙丘上灌木、乔木生长情况良好,少有沙丘裸露,见图 3‑14。在该沙漠调查的路段有以下两段:

（1）省道 S204 线榆林—神木段。该路为省道 S204 线的组成部分,道路等级为二级,路基宽度为

图 3-14 毛乌素沙漠景观

12 m,路面宽度 9 m,路肩采用沥青面层硬化,路线走向与主风向基本垂直。该路原设计路基横断面边坡坡度均按照一般地区的选用,但在施工和养护的过程中,路基横断面已发生了变化,路堤横坡度为 1:1.5~1:4,均未设坡面防护;从使用情况看,无论是路堤段还是路堑段都没有发生沙害情况。

(2) 榆林—靖边在建高速公路。该路是西部大通道内蒙古包头经陕西西安、重庆至广西北海的组成部分,全长 115.92 km,路基宽度有 26 m 和 35 m 两种。该路基采用了多种横断面形式,有整体式路基横断面形式,也有分离式路基横断面形式。沿线针对不同的地质条件采取了不同的路基横断面边坡。对于风积沙的路堤和路堑,主要是采取了黏土表层覆盖和植被恢复等措施。对应于不同防护措施,所采用的路基横断面坡度为:

① 黏土覆盖加植草绿化:当路堤高度 $h \leqslant 1.0$ m 时,路堤横坡度为 1:8;路堤高度 1.0 m$< h \leqslant$3.0 m 时,路堤横坡度为 1:3.0;路堤高度 3.0 m$< h \leqslant$8.0 m 时,路堤横坡度为 1:2.0。

② 当路堑深度 $h \leqslant 1.5$ m 时,仅植草绿化,路堑横坡度为 1:8;路堑深度 1.5 m$< h \leqslant$6.0 m 时,仅植草绿化,路堑横坡度为 1:4.0;路堑深度 $h \geqslant 6.0$ m 时,采用三维土工网垫植草绿化,路堑横坡度为 1:2。

榆林—神木段的调查资料说明,在当地的自然条件下,当二级路的路堤边坡采用 1:1.5~1:4 时,只要坡面植被栽种及时,路堤边坡不需要采取特殊的防护措施,边坡就能保持稳定。因此可以说原路基设计规范推荐的路堤高度>1 m 时的边坡指标 1:2 也是基本属于上述边坡范围的。

榆林—靖边高速公路的调查资料弥补了原路基设计规范中沙漠地区高速公路路基横断面坡度的推荐指标。从对上述各指标的分析可以发现,路堤高度的界限值有所变化,与二级路相对应的高度界限范围内,高速路的边坡上限值远大于二级路的。判别这些指标是否合理的依据就是在这种边坡条件下,植被能否迅速得到恢复,且在自然条件下能否长期保持。而该路段在路面尚未完工的条件下就已经形成了较稳定的防护,且在完工运营两年后的自然环境条件下依旧起到良好的防护作用,使路基免受风蚀危害,说明在固定沙漠地区,其采用的边坡指标是合理的,可以作为高速公路路基设计规范中该类沙漠条件下路基边坡的推荐指标。

3.3.2 室内风洞试验分析

风洞是一种进行空气动力学测量用的试验设备,是指在一个管道内,用动力设备驱动一股速度可控的气流,用以对模型进行空气动力试验的一种设备。风洞试验是采用相似性原理在室内仿真室外的风场,然后观测风场下相应比例模型不同位置的风速、风压等系列参数变化规律,最终达到认识自然状态下被模拟物的流场变化规律。此次风洞试验所采用的是近似模拟原则,主要是研究沙漠地区不同的公路路基形式的流场特性、积沙形态等,为最终获得输沙效果好、建设费用适中的合理横断面形式奠定理论基础。具体试验内容则是针对沙漠地区的公路路基和路堑等对象,研究其不同路基(或路堑)高度(或深度)、各种边坡比例以及不同风向夹角等条件下的流场特征、积沙形态,分析气流通过各种路基(路堑)模型的绕流特性和堆积形态,最终判定不同路基(路堑)断面形式在沙漠地区应用的合理性。

3.3.2.1 风洞试验设备及方案

本试验是在中国科学院寒区旱区环境与工程研究所风沙环境风洞中进行的,见图3-15。该风洞是一闭口直流吹气式风洞,全长37.8 m,其中试验段长16.2 m,截面积为$(1.0 \times 0.6) m^2$,风速从2 m/s到35 m/s连续可调,紊流强度小于0.4%。

图3-15 风洞试验设备

1) 风洞试验方案

风洞试验方案由路基形式、路堤高度、路堑深度、边坡、风向夹角、分离形式等不同因素组合而成,见图3-16,共有300余组不同组合。

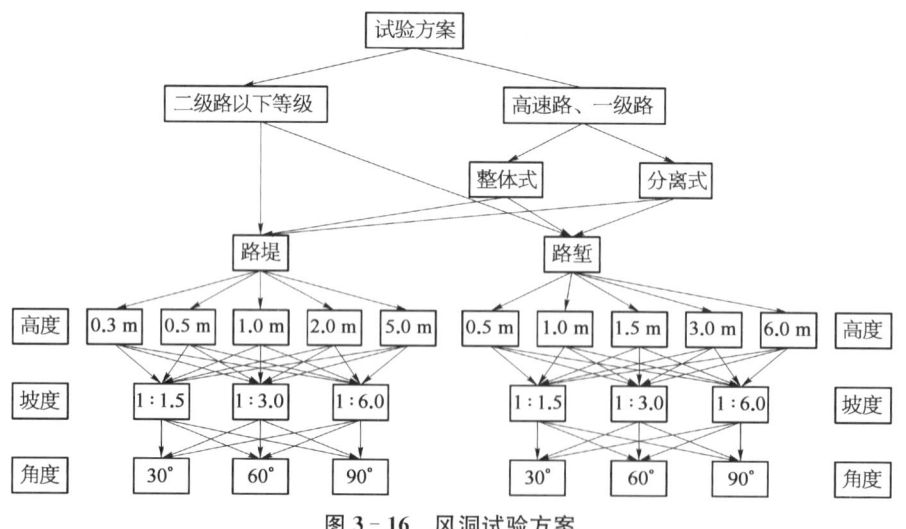

图3-16 风洞试验方案

2) 风洞试验方法

(1) 测点位置设置。按照相似原则确定模型的比例为1:40,并按照该比例做好模型固定在供风速测定的环境风洞中,沿其轴向(风洞内风向)测试风速场断面,断面上测点的位置分别为:模型前20h(h为模型模拟的路基高度或深度,下同)、模型前10h、模型前5h、模型前3h、模型前1h、迎风坡坡脚、迎风坡路肩、路中心、背风坡路肩、背风坡坡脚、模型后 $1h$、模型后 $3h$、模型后 $5h$、模型后 $10h$、模型后 $20h$，共计 15 个点，见图 3-17。

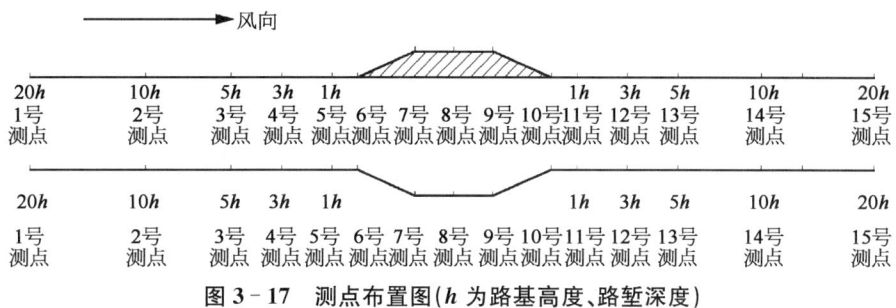

图 3-17 测点布置图（h 为路基高度、路堑深度）

(2) 风速测定。在上述风洞中模型前后的 15 个点位上，采用风速廓线仪同时记录 8 个不同高度 0.3 cm、0.6 cm、1.2 cm、2.4 cm、8.0 cm、16.0 cm、20.0 cm、24.0 cm 的风速；测量中，必须保证各测点同步进行，消除风速脉动因素，取得具有统计意义的平均结果。为了保证测量精度，所有试验数据均由数采仪和计算机采集完成，风洞进口风速采用皮托管和微压计测量。

3.3.2.2 路堤风洞试验结果分析

以往对于风洞试验的结果分析多采用定性的方法。为了更准确地反映不同类型的边坡形式对路基输沙、阻沙能力的影响程度，此次除进行定性分析外，还提出了以弱风区面积 Q 和阻沙性能指数 r 作为定量指标来衡量路堤阻沙、输沙能力强弱的方法。当弱风区面积 Q、r 较小时，即可表明路堤的输沙能力强，阻沙能力弱；反之则路堤阻沙能力强，输沙能力弱。

1) 路堤断面对流场影响区域分析

如图 3-18 为相同路堤高度，不同路堤边坡下的三种流场分布形式。观察这三种形式可以发现：

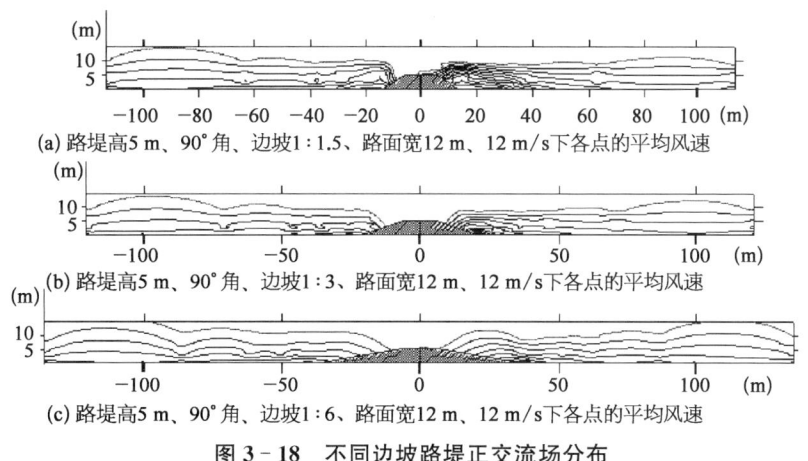

图 3-18 不同边坡路堤正交流场分布

(1) 风沙流通过路堤时，受路堤影响流场发生变化的范围是路两侧 10 倍路堤高度距离范围内。

(2) 迎风路肩风速最大，且在坡脚处有弱风区存在，弱风区长度是路堤高度的 3~5 倍。

(3) 背风侧的风速从路肩至坡脚逐渐减小，坡脚最小，并在背风侧再次形成一个弱区域，弱区域范围为路堤高的 7~10 倍。

2) 路堤边坡对输沙性能的影响

如图 3-18，从三幅图的流场外形可以发现，通过路堤的流场随着边坡的变缓而趋向于对称路堤中心线分布。边坡较陡的路堤路肩产生风蚀，背风侧弱风区面积较大，随着坡度变缓，风蚀强度减弱，背风侧弱风区面积减小。

3) 路堤高度对输沙性能的影响

如图 3-19，分析三幅图的流场外形可以发现，受路堤高度影响产生的弱风区域长度为在迎风侧路堤高度的 3~5 倍；在背风侧弱风区域的长度为路堤高度的 7~10 倍，弱风区面积均随着高度的增加成比例地增加。

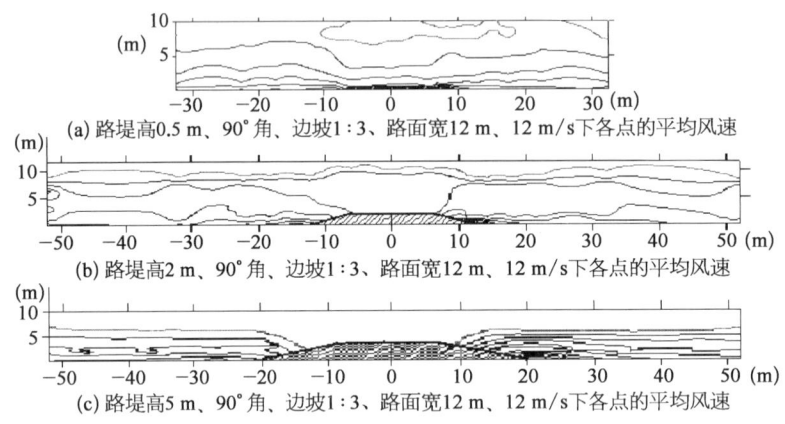

图 3-19 不同路堤高度正交流场分布

4) 路堤宽度对输沙性能的影响

图 3-20 为相同路堤高度不同路堤宽度的流场分布，从流场的分布形状可以发现，两种条件下的流场分布情况极为相似，只是 24 m 宽路堤较 12 m 宽路堤的迎风坡肩和背风坡肩速度有所提高。

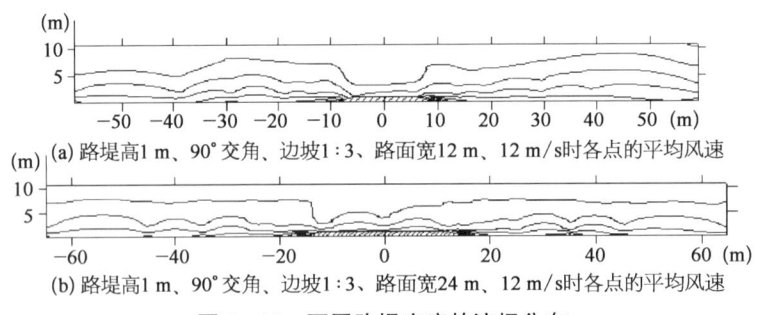

图 3-20 不同路堤宽度的流场分布

5) 不同风向角度对路堤输沙性能的影响

图 3-21 为相同路堤高度不同风向交角的流场分布。从几何尺寸方面来分析，当风向与路堤的交角逐渐减小时，沿风向切割路堤所获得的横断面边坡随交角的减小而变缓，因此其流场的变化规律与边坡减缓的变化规律相近，从流场的分布形状也可以发现类似的规律，当交角由 30°变化到 90°时，迎风侧和背风侧风速均有减弱趋势，迎风侧弱风区区域变化不大，但背风侧弱风区域明显增长。

6) 中央隔离带对路堤输沙性能的影响

从图 3-22 可以发现，在相同的路堤条件下，增设了中央隔离带后，通过路堤的流场发生了显著的变化，迎风侧影响区增长近 10 倍的路堤高度，弱风区域面积增大；路中央的隔离栏前后的路面范围内形成小范围弱风区域，同时在背风侧形成更大范围的影响区域，其长度增长 15 倍路堤高度以上，弱风区长度也将增长 5 倍的路堤高度。

7) 中央隔离形式对路堤输沙性能的影响

从图 3-23 可以发现，不同的中央隔离形式对路堤流场有着显著的影响，随着中央防撞栏从完全

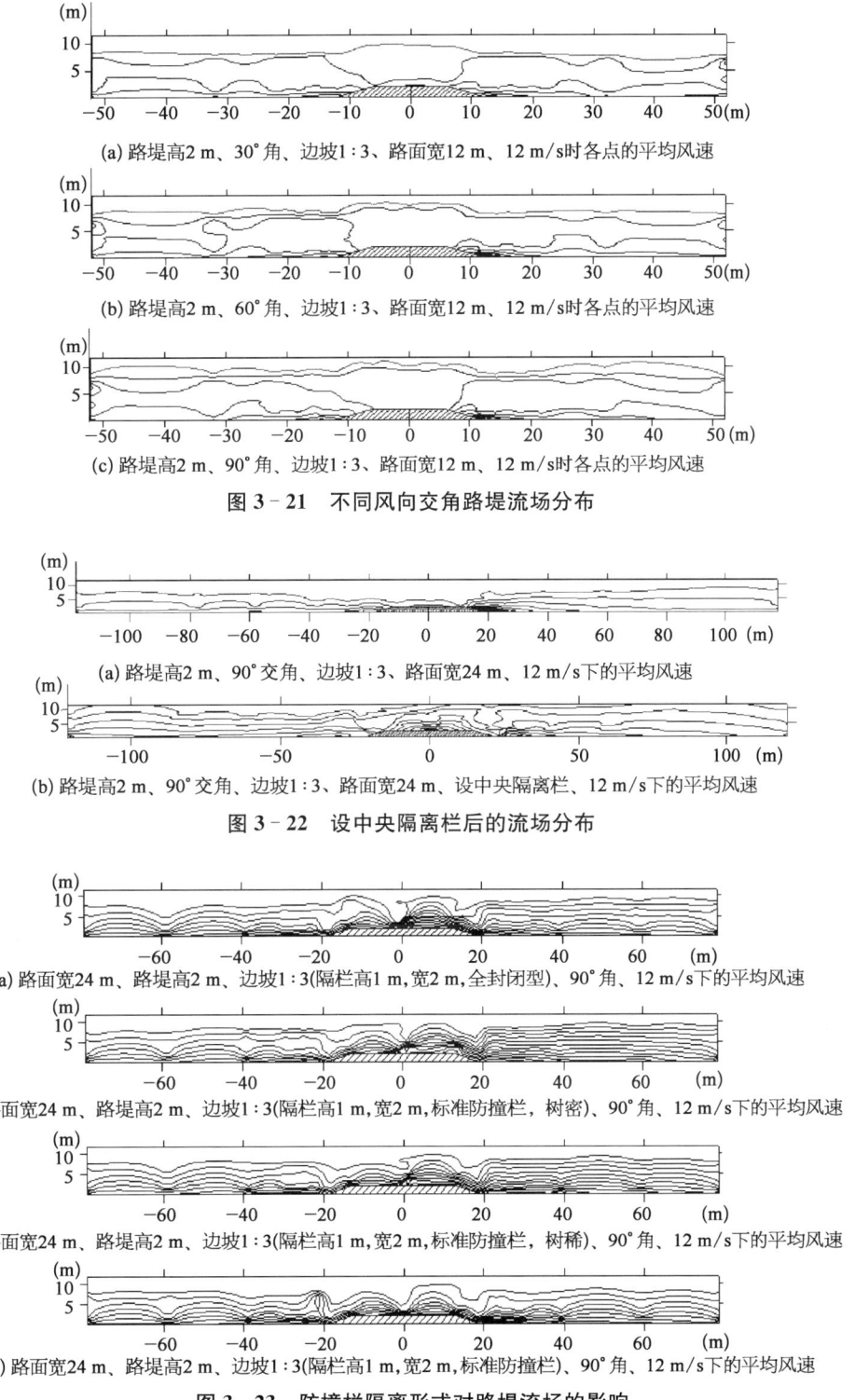

(a) 路堤高2 m、30°角、边坡1∶3、路面宽12 m、12 m/s时各点的平均风速

(b) 路堤高2 m、60°角、边坡1∶3、路面宽12 m、12 m/s时各点的平均风速

(c) 路堤高2 m、90°角、边坡1∶3、路面宽12 m、12 m/s时各点的平均风速

图 3-21　不同风向交角路堤流场分布

(a) 路堤高2 m、90°交角、边坡1∶3、路面宽24 m、12 m/s下的平均风速

(b) 路堤高2 m、90°交角、边坡1∶3、路面宽24 m、设中央隔离栏、12 m/s下的平均风速

图 3-22　设中央隔离栏后的流场分布

(a) 路面宽24 m、路堤高2 m、边坡1∶3(隔栏高1 m,宽2 m,全封闭型)、90°角、12 m/s下的平均风速

(b) 路面宽24 m、路堤高2 m、边坡1∶3(隔栏高1 m,宽2 m,标准防撞栏，树密)、90°角、12 m/s下的平均风速

(c) 路面宽24 m、路堤高2 m、边坡1∶3(隔栏高1 m,宽2 m,标准防撞栏，树稀)、90°角、12 m/s下的平均风速

(d) 路面宽24 m、路堤高2 m、边坡1∶3(隔栏高1 m,宽2 m,标准防撞栏)、90°角、12 m/s下的平均风速

图 3-23　防撞栏隔离形式对路堤流场的影响

封闭式到完全透风式，对路堤流场的影响范围也在缩短，尤其表现在防撞栏后的影响区域在缩小，也即弱风区面积在缩小。因此中央分隔带的形式应采用疏透形式，在防撞栏间不种植任何植物，最好采用钢丝绳式的隔离栏。

8) 中央分离带宽度对路堤输沙性能的影响

如图 3-24，路堤中央设 6 m、12 m 宽分离带后的流场与 24 m 路堤的流场分布形式有所区别，设置 12 m 宽、深度 80 cm 分离带的路堤流场与未设分离带的路堤流场分布形式相似,均在路中央处发生减速,而在背风坡脚处出现明显的弱风区;相比之下,6 m 的分离带宽度所具有的流场却与上述两种有明显区别,在分离带处明显加速,且在背风坡脚处的弱风区面积则明显减小,由此判断分离带的宽度对于输沙效果并非越宽越好,而是应限制在一定范围内,这个范围是 6～12 m,且保证道路的安全运营。

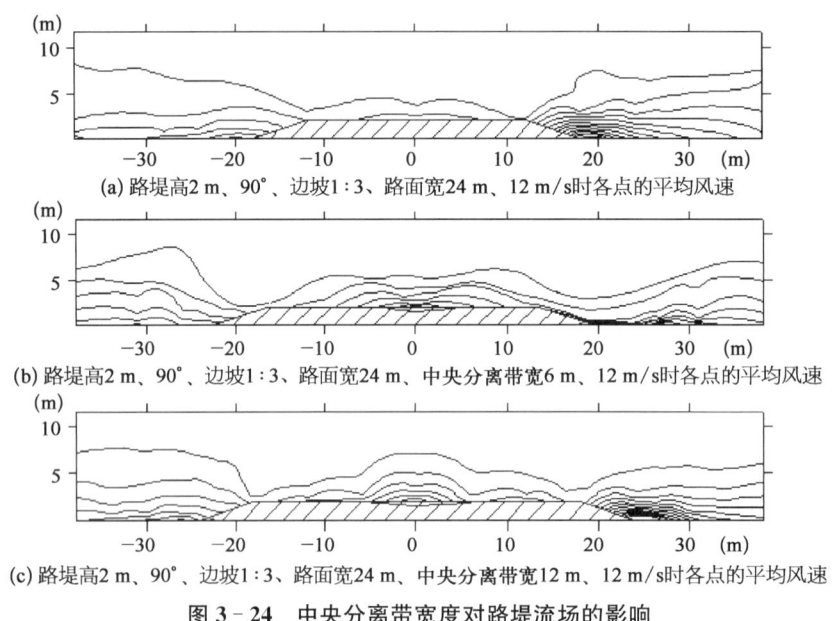

图 3-24 中央分离带宽度对路堤流场的影响

9) 弱风区面积 Q 的计算

在全面分析了各类路堤形式大量的流场图后,发现可以采用弱风区的面积 Q 来定量评价路堤的输沙、阻沙能力。进一步的分析表明该指标与路堤高度、边坡存在着密切的关系。这里对弱风区面积 Q 做如下定义:在风洞中由 12 m/s 风速通过路堤形成的流场图中,小于 6 m/s 风速线与基准面间的区域称为弱风区,在流场图中路堤两侧的弱风区面积之和即为路堤弱风区面积 Q 值,见图 3-25。

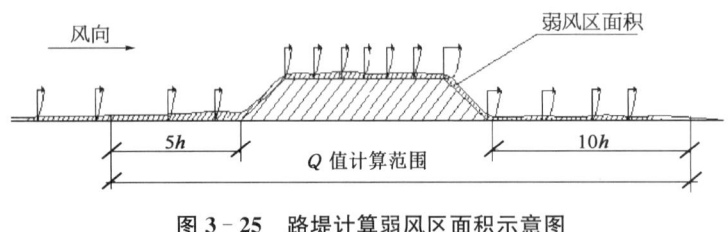

图 3-25 路堤计算弱风区面积示意图

根据弱风区的定义,只要在 15 个流场观测点上,寻找出每个点上风速 6 m/s 对应的高度 z,并计算如图 3-25 所示范围内各点间的梯形面积,求和即为 Q。

已知距地面任意高度的风速可以表示为

$$u = 5.75 u_* \lg \frac{z}{z_0} \tag{3-11}$$

式中 u——高度 z 处的风速(m/s);

u_*——摩阻速度,按式 $u_* = \dfrac{u_2 - u_1}{5.75 \lg(z_2 - z_1)}$ 计算;

z_0——光滑床面与空气黏滞性有关的参数,按下式计算:

$$\lg z_0 = \frac{\lg z_2 - \dfrac{u_2}{u} \lg z_1}{1 - \dfrac{u_2}{u_1}} \tag{3-12}$$

式中　u_1、u_2——分别为某一侧点上高度 z_1、z_2 处的风速(m/s)。

则某一个测点上速度 6 m/s 对应的高度为

$$z_i = 10^{\left(\frac{u}{5.75 u_*} + \lg z_0\right)}$$

弱风区面积：
$$Q = \sum_{i=1}^{n} z_i x_i \tag{3-13}$$

式中　x_i——Q 值计算范围内某两测点间的距离，为路堤高 h 的倍数(m)。

10) 阻沙性能指数 r 的计算

弱风区面积是反映一个断面实际输沙能力的绝对指标，它会随着路基的尺寸改变而改变；这样就会出现相同外形不同尺寸的两个横断面会有不同阻沙性能指数的情况，尤其是无法与沙漠公路实体路段相对比。为了避免上述情况的发生，同时考虑下一步与路基经济性指标做综合分析，这里引入一个相对指标，即路基阻沙性能指数 r。随着 r 值的增大，路基的输沙性能逐渐减小，阻沙性能提高。

由于在大气环境下，气流所搬运的沙绝大部分(90%以上)是在离沙质地表 30 cm 高度内通过的，因此将路基弱风区面积 Q 与弱风区面积计算范围内，地面高 30 cm 以下所占相应面积 D 之比确定为路基的阻沙性能指标，是能够满足上述要求的。阻沙性能指数

$$r = \frac{Q}{D} \tag{3-14}$$

式中　Q——确定类型的横断面弱风区面积(m²)，根据风洞试验数据采用式(3-13)计算；

　　　D——弱风区计算区域内 30 cm 高度以下面积。

路堤的 Q 值可按下式计算(路堑也有类似的计算公式)：

$$D = 15 \times h \times 0.3 + (b + h \times i) \times 0.3 \tag{3-15}$$

式中　h——路堤高度；

　　　b——路堤宽度；

　　　i——路堤边坡坡度。

r 值是一个大于零的自然数，一般情况下小于 1，但在深路堑、高路堤陡边坡气流受到严重阻滞弱风区面积较大的情况下，该指标也有大于 1 的数十倍的情况。

11) 阻沙性能指数 r 与流场速度的关系

本次研究的基础风洞试验数据均在 12 m/s 情况下获取，但为了获得 r 随风速的变化规律，风洞试验又安排了相同模型下不同风速的试验，试验结果分析表明，r 随风速 v 的变化规律呈幂函数变化，可用下式表示：

$$r = A v^{-B} \tag{3-16}$$

式中　r——阻沙性能指数；
　　　v——流场速度(m/s)；
　A、B——回归系数。

不同的坡度和高度，上述模型也有所不同，这里以路堤边坡 1：4.5、宽度 12 m 为例，做不同高度、风向夹角所对应的回归分析，结果见表 3-15。

表 3-15　路堤阻沙性能指数 r 与风速回归方程及相关系数

路基高度(m)	风向与路基夹角(°)	路堤阻沙性能指数 r	复相关系数 R^2
0.5	30	$r=929.28v^{-2.8575}$	0.9931
	60	$r=298.90v^{-2.5768}$	0.9786
	90	$r=101.15v^{-2.0162}$	0.9616
2.0	30	$r=759.32v^{-2.9282}$	0.9568
	60	$r=306.16v^{-2.4737}$	0.9688
5.0	60	$r=895.13v^{-2.839}$	0.9900
	90	$r=122.00v^{-1.9475}$	0.9477

上式表明随着风速的增大，阻沙性能指数在迅速减小，整个变化趋势是单调递减。比较表 3-15 中不同夹角的回归系数 A、B 值，可以发现，随着风向与路线夹角的增大，阻沙性能指数受风速影响减弱。

12) 阻沙性能指数 r 与路堤边坡坡度 i 的关系

采用数理统计中回归分析法分析阻沙性能指数比值在相同路堤高度下，随边坡、风向夹角的变化趋势。分析表明，阻沙性能指数随路基高度的变化呈现负指数变化：

$$r = A\mathrm{e}^{-Bi} \tag{3-17}$$

式中　r——阻沙性能指数；
　　　i——边坡坡度；
　A、B——回归系数。

回归结果见表 3-16。

表 3-16　阻沙性能指数 r 与边坡坡度 i 回归方程及相关系数

路基宽度(m)	风向与路基夹角(°)	高度(m)	回归方程	相关系数
12	90	0.5	$r=0.4019\mathrm{e}^{-0.2728i}$	0.9932
		2	$r=0.7945\mathrm{e}^{-0.2494i}$	0.8181
		5	$r=7.6035\mathrm{e}^{-0.5102i}$	0.9353
	60	0.5	$r=0.3321\mathrm{e}^{-0.1665i}$	0.9891
		2	$r=1.5335\mathrm{e}^{-0.3743i}$	0.7588
		5	$r=2.3591\mathrm{e}^{-0.4076i}$	0.7489
	30	0.5	$r=0.2548\mathrm{e}^{-0.1482i}$	0.9287
		2	$r=0.4168\mathrm{e}^{-0.1749i}$	1

(续表)

路基宽度(m)	风向与路基夹角(°)	高度(m)	回归方程	相关系数
24	90	0.5	$r = 0.275\,8\mathrm{e}^{-0.307\,5i}$	0.994 6
		2	$r = 0.358\,9\mathrm{e}^{-0.215i}$	0.934 5
		5	$r = 4.306\,6\mathrm{e}^{-0.450\,4i}$	0.880 5
	60	0.5	$r = 0.280\,6\mathrm{e}^{-0.250\,9i}$	0.965 6
		2	$r = 0.422\mathrm{e}^{-0.256\,8i}$	0.994 6
		5	$r = 2.912\mathrm{e}^{-0.413\,8i}$	0.989 6
	30	0.5	$r = 0.136\,4\mathrm{e}^{-0.189\,4i}$	0.956 5
		2	$r = 0.239\,4\mathrm{e}^{-0.216\,2i}$	0.817 1

从回归方程可以发现,路堤的阻沙能力随着边坡的增大而减小,在 0.5 m 高度时,1∶1.5 坡度时的阻沙能力是 1∶6 时的 1.7 倍;而在 5 m 高度时,1∶1.5 坡度时的阻沙能力是 1∶6 时的 12.4 倍。由此可以看出,路堤坡度对阻沙性能的影响会随着高度的增加而明显增加。

13) 阻沙性能指数 r 与路堤高度 h 的关系

采用数理统计中回归分析法分析阻沙性能指数 r 在相同路堤坡度、风向夹角的情况下,随路堤高度 h 的变化趋势。分析表明,在边坡为 1∶1.5 时,阻沙性能指数 r 与路堤高度 h 呈现良好的指数模式,而随着边坡的变缓 r 与路堤高度 h 呈现良好的直线模式,均可通过显著性检验,见以下两式:

$$r = A_1 \mathrm{e}^{B_1 h} \text{(适用于 1∶1.5 边坡)}$$

$$r = A_1 h + B_1 \text{(适用于 1∶1.3、1∶6 边坡)}$$

式中　r——阻沙性能指数;
　　　h——路堤高(m);
A_1、B_1——回归系数。

具体分析结果见表 3-17。

表 3-17　路堤边坡阻沙性能指数 r 与路堤高度 h 回归方程及相关系数

路基宽度(m)	风向与路基夹角(°)	边　坡	回归方程	相关系数
12	90	1∶1.5	$r = 0.173\,5\mathrm{e}^{0.660\,3h}$	0.973 5
		1∶3	$r = 0.216\,7h + 0.019\,4$	0.977 2
		1∶6	$r = 0.069\,2h + 0.060\,2$	0.976 0
	60	1∶1.5	$r = 0.204\,2\mathrm{e}^{0.505h}$	0.795 6
		1∶3	$r = 0.047\,2h + 0.16$	0.918 6
		1∶6	$r = 0.030\,1h + 0.117$	0.872 2
	30	1∶1.5	$r = 0.176\,7\mathrm{e}^{0.268\,8h}$	0.939 7
		1∶3	$r = 0.046\,7h + 0.119\,8$	0.937 4
		1∶6	$r = 0.041\,5h + 0.069\,9$	0.863 5

(续表)

路基宽度(m)	风向与路基夹角(°)	边坡	回归方程	相关系数
24	90	1:1.5	$r=0.1045e^{0.7049h}$	0.8959
		1:3	$r=0.1571h+0.0104$	0.9343
		1:6	$r=0.0622h+0.0072$	0.9848
	60	1:1.5	$r=0.1376e^{0.4426h}$	0.9631
		1:3	$r=0.1613h-0.0347$	0.8925
		1:6	$r=0.0385h+0.0281$	0.9809
	30	1:1.5	$r=0.101e^{0.241h}$	0.8201
		1:3	$r=0.0265h+0.0567$	0.9352
		1:6	$r=0.0298h+0.0292$	0.9018

14) 路堤边坡阻沙性能指数 r 与边坡 h、i 的综合关系分析

利用数理统计分析软件 SPSS 对高度和边坡及阻沙性能指数进行多变量分析,得到如下分析结果:

$$r = A_2 + B_2 i + C_2 h \tag{3-18}$$

式中 A_2、B_2、C_2——回归常量;

r——阻沙性能指数;

i——边坡坡度;

h——路基高度。

具体分析结果见表 3-18。

表 3-18 路堤边坡阻沙性能指数 r 与边坡 i、高度 h 的回归方程及相关系数

路基宽度(m)	风向与路基夹角(°)	路堤阻沙性能 r	复相关系数
12	90	$r=0.596+0.404h-0.204i$	0.550
	60	$r=0.550+0.155h-0.121i$	0.503
	30	$r=0.218+0.06970h-0.0321i$	0.848
24	90	$r=0.446+0.280h-0.156i$	0.572
	60	$r=0.251+0.151h-0.076 2i$	0.680
	30	$r=0.12+0.03521h-0.0179i$	0.894

分析表 3-18 中各回归方程的 A、B 系数可以发现,A/B 的比值在 2.2~1.5 之间(置信度 95%)变化,说明高度对于路堤阻沙性能的影响程度是坡度的 2 倍左右,这一结果也可通过进一步求解偏相关系数获得。

3.3.2.3 路堑风洞试验结果的定性分析

1) 路堑断面对流场影响区域分析

通过对路堑风场等速图的分析,可以发现通过路堑的总体流场趋势,在路堑迎风坡上,气流运动发生阻滞,近地面层风速逐渐减低,流线加密,在背风坡脚下达到最小;在路中央和迎风坡脚速度略有

增强,但总体上整个路堑内风速消减过快,是一个流场分布较为均匀的弱风区;通过路堑上部的流场受到下方的气流略有减缓外,变化较小。因此可以判定路堑断面形式对流场的实质性影响区域就是路堑两侧堑顶间的距离。

2) 路堑边坡对输沙性能的影响

如图 3-26,从风速等值线图的变化情况可以发现,随着路堑边坡的变缓,流场图趋于路堑中心线的对称,也即进出路堑的流场趋于平衡;随着路堑边坡的进一步变缓,路堑逐渐形成浅槽效应,当路堑顶口宽与其深度之比介于 10~25 时,就会形成较强的浅槽效应,此时路堑内的弱风区趋于零,积沙的可能性进一步减小;从风速的分布情况则可以发现随着坡度的变缓,通过路堑的风速在逐渐加快,路堑朝着输沙性能好的方向变化。

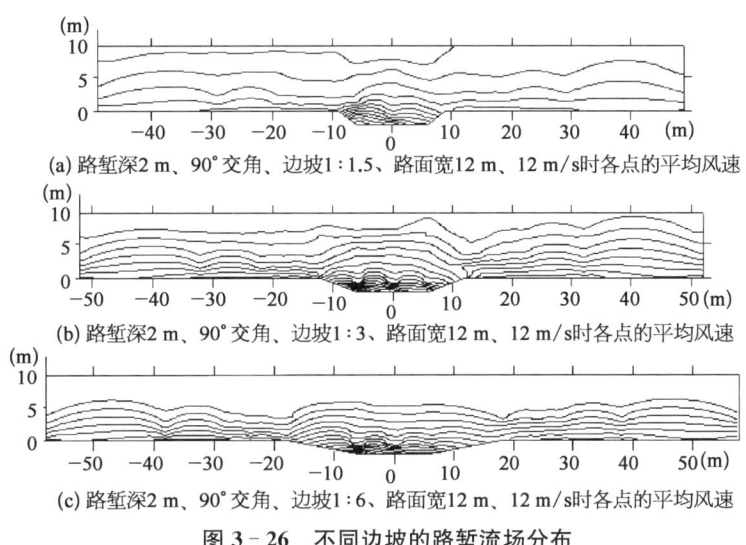

图 3-26 不同边坡的路堑流场分布

3) 路堑深度对输沙性能的影响

如图 3-27,从流场的变化可以发现,当路堑边坡为一适当的定值时,随着路堑深度的增大流场趋于路中心位置对称,坡脚弱风区在逐渐增大,说明路堑的输沙能力减弱、阻沙能力在逐渐提高。

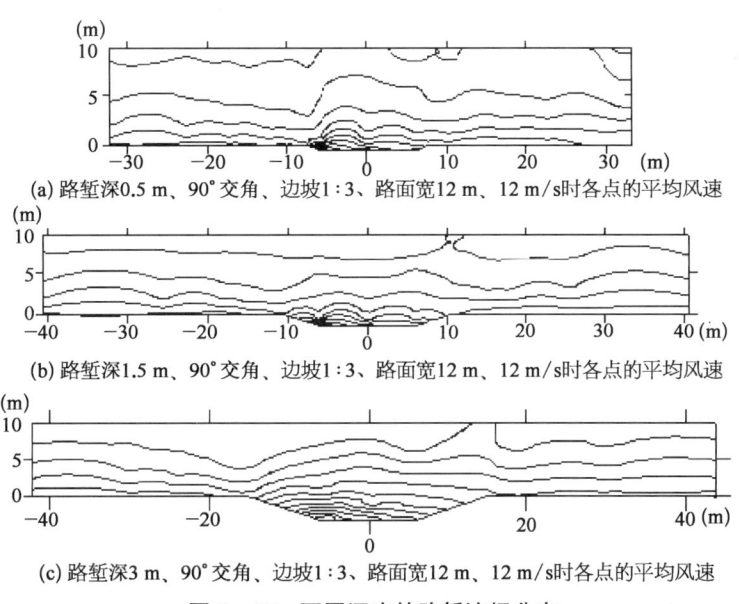

图 3-27 不同深度的路堑流场分布

4) 风向风力对输沙性能的影响

如图 3-28,从不同交角的三个流场的变化趋势可以发现,随着交角的减小,通过路堑的流场趋于对称,背风侧的堑坡底的弱风区面积在逐渐减小,路堑内积沙的可能性在减小。

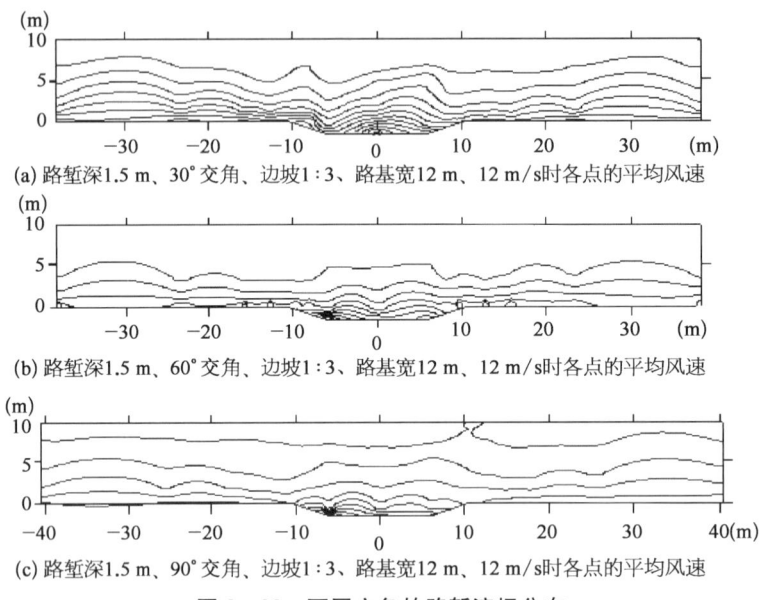

图 3-28 不同交角的路堑流场分布

5) 路基宽度对输沙性能的影响

如图 3-29,观察两种不同宽度的路堑断面流场图可以发现,两个流场的形状非常相似,但 24 m 路堑的流场变化幅度较 12 m 路堑明显增大,即在进入和流出路堑坡顶时 24 m 路堑较 12 m 路堑流场速度有所增大;在进入路堑后,背风坡上流场速度迅速减弱,但 24 m 路堑较 12 m 路堑流场速度减少幅度较小;流场在路堑中心处的速度有增强的趋势,24 m 路堑较 12 m 路堑增强趋势更为明显,该趋势同样表现在迎风坡上;由此可以判断 24 m 宽度路堑尽管具有较大的宽度,但其背风坡脚弱风区面积和迎风坡脚弱风区面积却不一定大于 12 m 路堑的。

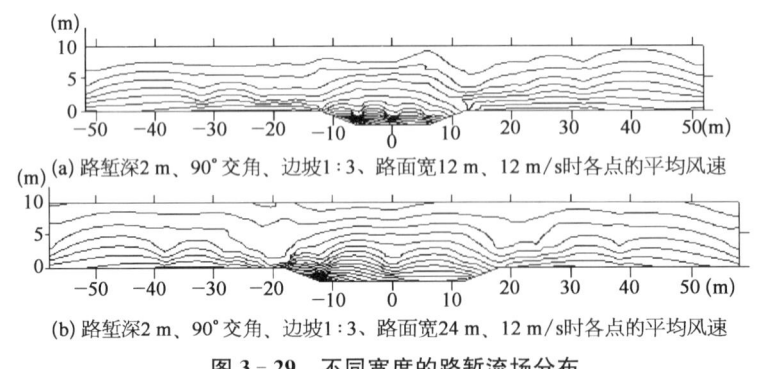

图 3-29 不同宽度的路堑流场分布

6) 阻沙性能指数 r 与路堑边坡坡度 i 的关系

与路堤试验结果的定量分析方法相同,这里同样采用输沙能力指标 r 来评价路堑的输沙能力。路堑弱风区的定义与路堤相同,但计算图示与路堤略有区别,见图 3-30。

通过路堑的流场图中,小于 6 m/s 风速线与路堑基准面间的区域称为弱风区,该区域面积即为路堑弱风区面积 Q 值,计算方法同路堤断面;而 30 cm 以内主要输沙区域面积 D,采用下式计算:

$$D = 0.3 \times (b + 2 \times h \times i) \quad (3-19)$$

式中 D——路堑范围内 30 cm 高度以下面积(m^2);
b——路基宽度(m);
h——路堑深度;
i——边坡坡度。

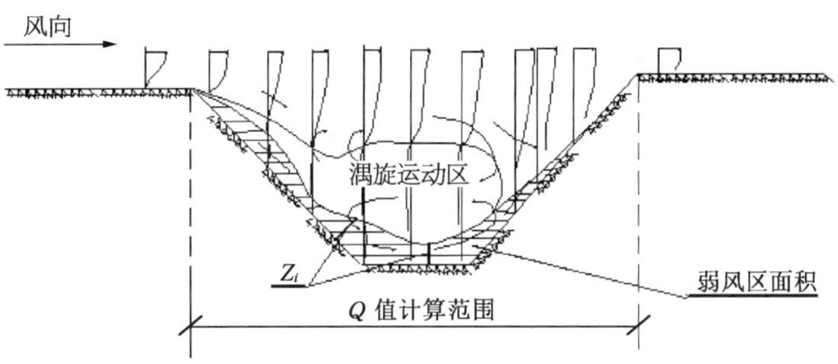

通过对路堑阻沙性能 r 与边坡坡度的回归分析发现,两者的变化符合对负指数变化模式:

$$r = A e^{-Bi} \quad (3-20)$$

式中 r——阻沙性能指数;
i——边坡坡度;
A、B——回归系数。

回归分析结果见表 3-19。

图 3-30 路堑弱风区面积 Q 计算范围

表 3-19 阻沙性能指数 r 与边坡坡度 i 的回归方程及相关系数

路基宽度(m)	风向与路基夹角(°)	高度(m)	回 归 方 程	相 关 系 数
24	90	0.5	$r = 0.277\,9 e^{-0.189\,9i}$	0.947 6
		2	$r = 1.130\,2 e^{-0.259\,9i}$	0.913 2
		5	$r = 36.063 e^{-0.533\,5i}$	0.998 6
	60	0.5	$r = 0.646\,4 e^{-0.444\,6i}$	0.999 4
		2	$r = 1.513\,4 e^{-0.281\,6i}$	0.999 2
		5	$r = 7.850\,8 e^{-0.517\,4i}$	0.884 5
	30	0.5	$r = 0.243\,9 e^{-0.224\,4i}$	0.940 1
		2	$r = 0.827\,5 e^{-0.353\,2i}$	0.894 4

上述表达式反映了路堑的阻沙性能 r 随着边坡坡度 i 的变缓而减弱;但随着路堑深度增加而增加,这种趋势随着路堑深度的增大而急剧增大,如在路堑交角为 90°时,5 m 深的路堑在坡度为 1∶2 时,阻沙性能指数 r 是 2 m 深路堑阻沙性能指数的 18 倍;而在相同条件下,2 m 深的路堑则是 0.5 m 深路堑的 3.5 倍;当高度为 2 m 时,路堑边坡从 1∶1.5 增加到 1∶6 时,路堑阻沙性能指数减少 3.2 倍。说明路堑走向与风向正交时,路堑边坡应尽量放缓,深度应尽量小。

7) 阻沙性能指数 r 与路堑深度 h 的关系

用数理统计和绘趋势图方法分析 24 m 宽和 12 m 宽两种宽度条件下路基阻沙性能指数 r 与路堑深度 h 的关系,可以发现:

(1) 在 24 m 宽度条件下,路堑的阻沙性能指数 r 与路堑深度 h 有如下函数关系:

$$r = A_1 e^{B_1 h} \quad (3-21)$$

式中 r——阻沙性能指数;

h——路堤高;

A_1、B_1——回归系数。

回归分析结果如表 3-20。

表 3-20 路堑阻沙性能指数 r 与路堑深度 h 的回归方程及相关系数

路基宽度(m)	风向与路基夹角(°)	边坡	阻沙性能指数 r	相关系数
24	90	1∶1.5	$r = 0.104e^{1.0383h}$	0.9861
		1∶3	$r = 0.0847e^{0.874h}$	0.9799
		1∶6	$r = 0.0571e^{0.6793h}$	0.9481
	60	1∶1.5	$r = 0.2305e^{0.62941h}$	0.9853
		1∶3	$r = 0.1544e^{0.4572h}$	0.8266
		1∶6	$r = 0.0513e^{0.5645h}$	0.647
	30	1∶1.5	$r = 0.1516e^{0.5776h}$	0.8662
		1∶3	$r = 0.0768e^{0.5044h}$	0.963
		1∶6	$r = 0.0487e^{0.4506h}$	0.884

(2) 在 12 m 宽度条件下,路堑的阻沙性能指数 r 与路堑深度 h 所表现出的关系,很难用一种简单的数学模型来描述,见图 3-31,该图所表现出的趋势与 24 m 宽度路堑也相差较远。这也为今后更深入的研究提出了两个方面的问题:

① 是否由于 1∶40 风洞试验模型较小,路堑随深度变化过程中风场产生了空气动力学上所谓的"狭管效应",造成了试验数据的紊乱,没有真正反映出路堑阻沙性能随深度的变化趋势。

② 是否路堑断面形式的阻沙性能指数在从其宽度由小变大时,存在一个宽度范围,在这个范围内路堑的阻沙性能趋势是从驼峰状的曲线模式,转化为指数曲线变化模式。

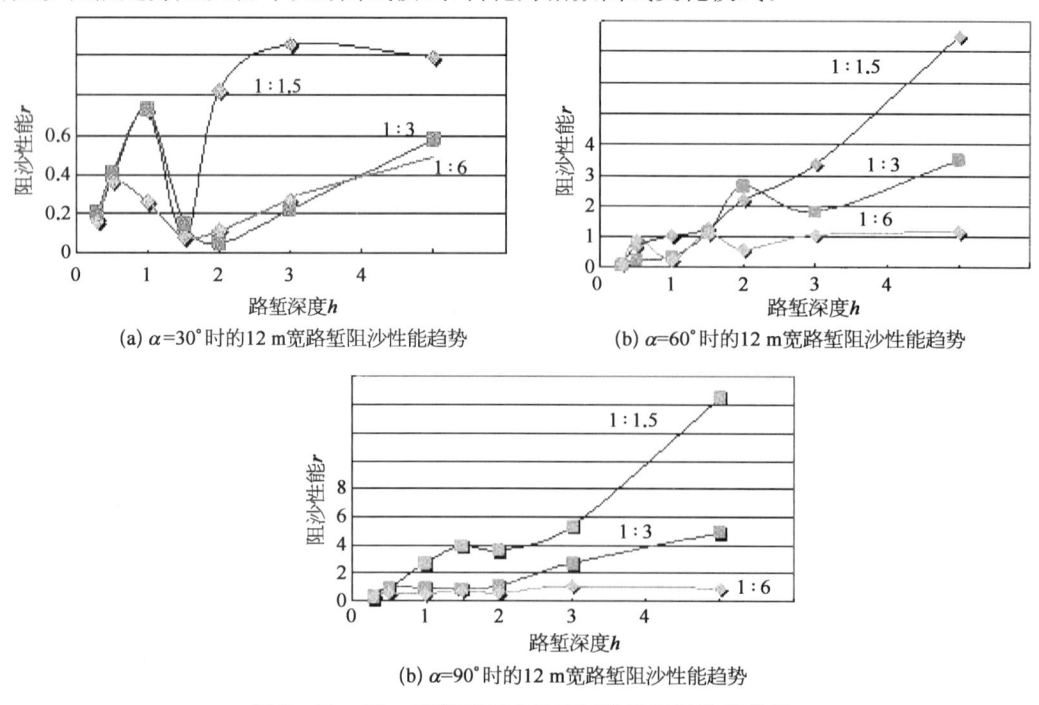

图 3-31 12 m 路堑不同交角不同边坡阻沙性能趋势

(3) 对于12 m宽的路堑,不论风向夹角、路堑横断面坡度如何变化,在深度1~2 m间总存在一个阻沙性能指数的最低点。

(4) 对于24 m宽的路堑,路堑的阻沙性能随着路堑边坡的增大而增大,在90°时,深度为1 m的路堑,当边坡坡度从1∶1.5放缓到1∶6时,其阻沙性能减少2.6倍;相同边坡1∶6条件下,深度从1 m增至6 m时,阻沙性能提高20.8倍。由此可以发现,路堑深度对于输沙性能的影响远大于路堑边坡,这在下一步的多元回归分析中也可得到验证。上述对于阻沙性能的定量分析,与定性分析结果非常相似,从一个方面验证了回归分析模型的正确性。

8) 路堑阻沙性能指数r与路堑边坡坡度i、路堑深度h的多元分析

利用数理统计分析软件SPSS分析阻沙性能指数r与路堑深度h、边坡坡度i二元变量间的关系,可以获得如下结果:

$$r = A_2 + B_2 i + C_2 h \qquad (3-22)$$

式中 A_2、B_2、C_2——回归常量;
　　　r——阻沙性能指数;
　　　h——路堑深度;
　　　i——路堑边坡坡度。

回归分析结果见表3-21。比较回归公式可以发现路堑深度h对路堑阻沙性能的影响是边坡坡度i对阻沙性能指数影响的2倍左右。

表3-21 路堑阻沙性能指数r与深度、边坡坡度i的二元回归分析结果

路基宽度(m)	风向与路堑夹角(°)	阻沙性能指数r	复相关系数
24	90	$r = -0.397 + 1.729h - 0.641i$	0.596
	60	$r = 0.619 + 0.427h - 0.216i$	0.547
	30	$r = 0.269 + 0.130h - 0.0659i$	0.746

3.3.3 依托工程观测与分析

通过室内风洞试验可以获得通过各种公路横断面形式的流场分布图示,并且通过进一步的分析可以获得表达各种横断面输沙、阻沙能力的数学模型,然而这些图示和模型能否真正反映三种类型沙漠形态下公路路基横断面各种形式实际的流场状况和在不同地表植被覆盖条件下的输沙、阻沙能力,有待于进一步修正,在三类沙漠地区选择依托工程进行观测正是为了上述目的而进行的工作。室内风洞试验试验组数巨大,因此依托工程观测验证工作仅选择有代表性的断面形式进行,即分别在塔克拉玛干流动型沙漠新建公路上选择7个断面、在古尔班通古特半固定型沙漠已建成路段上选择6个断面、在毛乌素固定型沙漠新近通车的高速路段上选择5个断面进行观测验证工作。观测设备采用YMZX多功能全自动野外风沙监测仪,该设备由6套风向风速传感器、2套集沙仪、风向风速传感器和数据采集仪及监测车内计算机接收设备构成,见图3-32,数据接收设备具有10个模拟单端通道、8个数字通道和3个计数器通道,每秒钟发送10组数据,精度和自动化程度都较高。

3.3.3.1 流动性沙漠依托工程风沙流观测与分析

2004年10月对塔克拉玛干沙漠南缘新近完工的依托工程各类型断面进行了为期近15 d的观测,观测断面见表3-22。观测指标是每个断面上各观测点0.05 m、0.5 m、1.0 m、2.0 m、3.0 m、5.0 m

图 3-32 野外风速输沙量监测仪

六个高度上的风向风速以及 0.5 m 高度以下集沙量和风向风速,观测图示见图 3-33,同时采用图 3-34 所示模式计算 1 min 的平均风速,作为每个高度的代表风速,根据观测结果可绘制相应的实测断面流场图。

表 3-22 塔克拉玛干沙漠依托工程野外监测点

序 号	野外风沙监测横断面	路基宽度(m)	路基形式	边坡坡度	路基高度或深度(m)	
					左 侧	右 侧
1	K1670+640	8.5	路堤	1:3	0.44	0.84
2	K1671+500	24	路堑	1:3	0.41	0.31
3	K1671+600	24	路堤	1:3	0.86	0.50
4	K1673+240	8.5	路堑	1:6	5.65	5.65
5	K1673+640	8.5	路堤	1:6	1.0	1.0
6	K1678+900	8.5	路堤	1:3	0.78	0.69
7	K1680+480	24+12	路堑	1:3	0.41	0.31

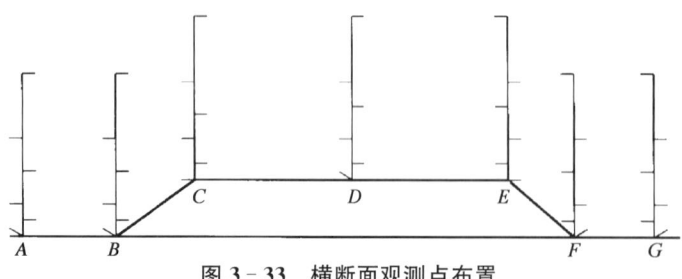

图 3-33 横断面观测点布置

A—迎风坡沙地;B—迎风坡坡脚;C—迎风坡路肩;D—路面中心;
E—背风坡路肩;F—背风坡坡脚;G—背风坡沙地

1) 路堤观测结果与室内风洞试验结果的对比分析

(1) 流场对比分析。如图 3-35,从现场观测所得到的流场和风洞试验流场对比可以发现,在路堤高度、路堤边坡相近的情况下,实地观测的流场与室内风洞试验绘制的流场图基本相同,不同之处在于实地观测时最大风速远大于 12 m/s,使得流场变化更趋激烈,其他断面也有类似结果。

(2) 定量对比分析。为了与室内风洞试验结果相对比,将实际观测所得的流场弱风区面积 $Q_p(d)$ 除以 30 cm 主要输沙层面积 $D_p(d)$ 得到 r_p。计算图示同室内风洞试验数据分析图 3-35。路堤的实际阻沙性能指数可用下式计算:

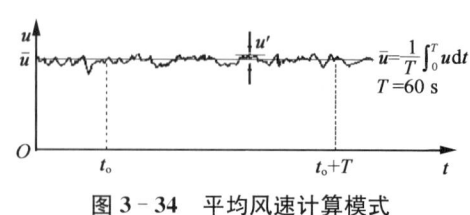

图 3-34 平均风速计算模式

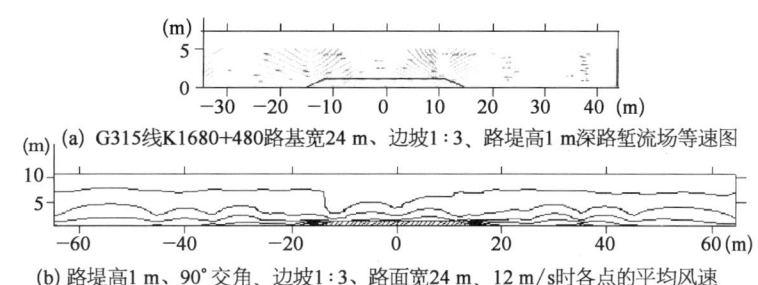

(a) G315线K1680+480路基宽24 m、边坡1:3、路堤高1 m深路堑流场等速图

(b) 路堤高1 m、90°交角、边坡1:3、路面宽24 m、12 m/s时各点的平均风速

图3-35 依托工程24 m宽路堤现场观测和风洞试验相似断面流场对比

$$r_p(d) = \frac{Q_p(d)}{D_p(d)} \tag{3-23}$$

则室内风洞试验模型的室外修正系数 $K_p(d)$ 为

$$K_p(d) = \frac{r_p(d)}{r(d)} \tag{3-24}$$

式中 $r_p(d)$——依托试验工程的路堤阻沙能力指标；

$r(d)$——风洞试验所获得相应路堤的阻沙能力指标。

对国道315线依托工程路堤断面形式观测计算所得到的修正系数见表3-23。

表3-23 国道315线依托工程路堤形式阻沙性能修正系数

里 程 桩 号	路基宽度(m)	主风向夹角(°)	边 坡	高度(m)	修正系数 $K_p(d)$
K1670+640	8.5	30	1:3	0.6	0.95
K1671+600	24	30	1:3	0.6	0.99
K1678+900	8.5	22~50	1:3	0.7	0.95
K1673+640	8.5	22.5	1:6	1.0	0.91

定量分析结果表明：

① 采用上述分析方法计算室外依托试验工程的路堤阻沙性能指数 $r_p(d)$，并将其与风洞试验模型的阻沙性能指数 $r(d)$ 之比作为修正系数 $K_p(d)$ 是一个行之有效的方法。

② 平均相对误差在5%左右，证实了风洞试验在交角30°和60°情况下，不同边坡与阻沙性能指数模拟方程的精度较高；在90°交角情况下风洞试验分析结果与野外风沙观测结果略有差异，可采用野外风沙观测的一般规律进行修正，即当公路与风向的夹角每增加22.5°时，路堤弱风区面积增加5%，即公路与风向的夹角每增加22.5°积沙量增加5%。

③ 24 m宽路堤在30°风向交角的情况下，流场最接近实际情况。

2) 流动型沙漠路堑横断面与室内风洞试验结果的对比分析

(1) 流场对比分析。如图3-36，从现场观测所得到的流场和风洞试验流场对比可以发现，在路堑深度、路堑边坡相近的情况下，实地观测的流场与室内风洞试验绘制的流场在距中心两侧20 m范围内非常接近，25 m以外有所出入，说明野外实测路堤的两侧地形、地貌条件及风速与风洞内试验条件有所区别，在计算路堤的输沙能力时，要考虑相应的修正。

(2) 定量对比分析。将实际观测所得的路堑流场弱风区面积 $Q_p(q)$ 除以30 cm主要输沙层面积

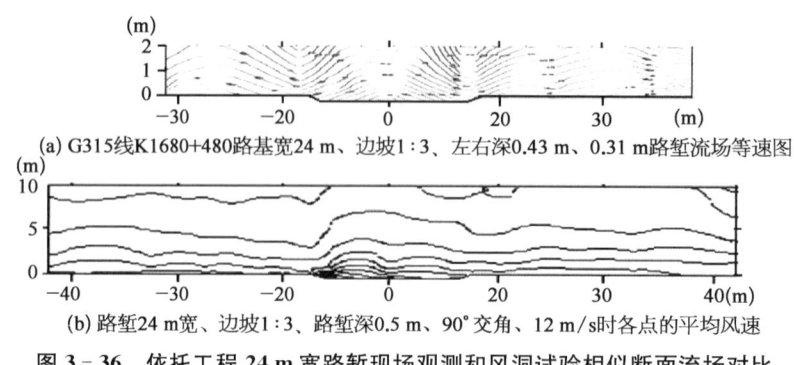

图 3-36 依托工程 24 m 宽路堑现场观测和风洞试验相似断面流场对比

$D_p(q)$ 得到 $r_p(q)$。计算图示同室内风洞试验数据分析图。则路堑的实际阻沙性能指数可用下式计算:

$$r_p(q) = \frac{Q_p(q)}{D_p(q)} \tag{3-25}$$

室内风洞试验模型的室外修正系数 $K_p(q)$ 为

$$K_p(q) = \frac{r_p(q)}{r(q)} \tag{3-26}$$

式中 $r_p(q)$——依托试验工程的路基阻沙能力指标;

$r(q)$——风洞试验所获得相应路基的阻沙能力指标。

对国道 315 线依托工程路堑断面形式观测计算所得到的修正系数见表 3-24。

表 3-24 国道 315 线依托工程路堑形式阻沙性能修正系数

里程桩号	路基宽度(m)	主风向夹角(°)	边 坡	路堑深度(m)	修正系数 $K_p(d)$
K1680+480	24	22.5	1∶3	0.4,0.3	0.97
K1673+240	8.5	0~22.5	1∶6	5.6	0.92
K1671+500	24	0~22.5	1∶3	8.0	无可比路堑

定量分析结果表明:在与路堑小交角的情况下,24 m 宽路堑实际的阻沙性能与室内风洞试验结果误差较小;而实际 8.5 m 宽路堑阻沙性能与之相比则误差较大。

3.3.3.2 半流动性沙漠依托工程风沙流观测与分析

2003 年 9 月、2004 年 4 月对位于古尔班通古特沙漠中的依托工程进行了为期 20 d 的野外考察和野外风沙观测,观测仪器、风沙流速的计算方法与上述流动性沙漠调查相同,观测横断面见表 3-25。

表 3-25 古尔班通古特沙漠石西—彩南公路不同横断面形式野外观测

监测序号	野外风沙监测横断面	路基形式	边坡坡度		高度或深度(m)	
			左边坡	右边坡	路 堤	路 堑
1	K37+440	路堑	1∶8.3	1∶4.6		2.0
2	K37+760	路堤	1∶2.7	1∶2.6	2.0	
3	K37+520	路堑	1∶6.3	1∶3.4		2.5

(续表)

监测序号	野外风沙监测横断面	路基形式	边坡坡度 左边坡	边坡坡度 右边坡	高度或深度(m) 路堤	高度或深度(m) 路堑
4	K33+400	路堤	1∶2.3	1∶2.2	4.0	
5	K32+810	路堑	1∶5.4	1∶5.1		1.0

1) 10 m 宽度路堤观测结果与室内风洞试验结果的对比分析

(1) 流场对比分析。分析图 3-37 可以发现,古尔班通古特沙漠中的依托工程路堤野外观测横断面的流场与室内风洞试验流场极为相似,区别仅在于依托工程背风一侧 25 m 以外的流场受周围地形影响,风速等速线变化较为剧烈。

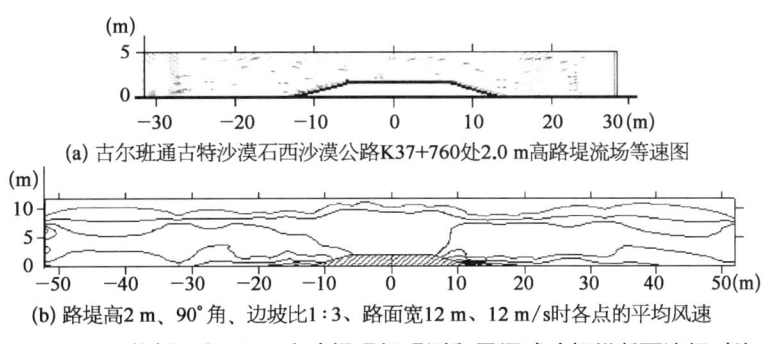

(a) 古尔班通古特沙漠石西沙漠公路 K37+760 处 2.0 m 高路堤流场等速图

(b) 路堤高 2 m、90°角、边坡比 1∶3、路面宽 12 m、12 m/s 时各点的平均风速

图 3-37 依托工程 10 m 宽路堤现场观测和风洞试验相似断面流场对比

(2) 定量对比分析。仍采用流动性沙漠路堤阻沙性能的计算方法计算古尔班通古特沙漠各依托工程试验断面的阻沙性能指数,并进一步计算修正系数 $K_p(d)$ [式(3-26)],计算结果见表 3-26。

表 3-26 古尔班通古特沙漠彩南—石西公路依托工程路堤形式阻沙性能修正系数

里程桩号	路基宽度(m)	主风向夹角(°)	边坡	高度(m)	修正系数 $K_p(d)$
K37+760	10	90	1∶2.7	2.0	1.13

定量分析结果表明:在半固定沙漠地区的公路路堤的实际阻沙能力大于室内风洞试验路堤模型的阻沙能力。

2) 10 m 宽度路堑观测结果与室内风洞试验结果的对比分析

(1) 流场对比分析。分析图 3-38 可以发现,古尔班通古特沙漠中依托工程的路堑观测断面流场与室内风洞试验流场极为相似,区别仅在于试验断面坡顶入口位置的流场较风洞试验模型断面相同

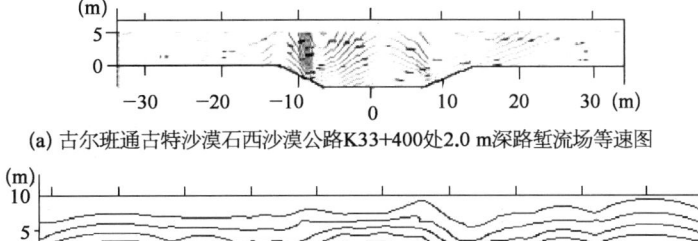

(a) 古尔班通古特沙漠石西沙漠公路 K33+400 处 2.0 m 深路堑流场等速图

(b) 路堑深 2 m、90°交角、边坡 1∶3、路面宽 12 m、12 m/s 时各点的平均风速

图 3-38 依托工程 10 m 宽路堑现场观测和风洞试验相似断面流场对比

位置流场变化剧烈,主要是受坡顶地形或植被情况影响所致。

（2）定量对比分析。仍采用流动性沙漠路堑阻沙性能的计算方法计算古尔班通古特沙漠试验断面的阻沙性能指数,并进一步计算修正系数 $K_p(q)$,计算结果详见表 3-27。

表 3-27　古尔班通古特彩南—石西公路依托工程路堑形式阻沙性能修正系数

里程桩号	路基宽度(m)	主风向夹角(°)	边　坡	高度(m)	修正系数 $K_p(d)$
K32+810	10	30	1∶5.4	2.0	1.05
K37+440	10	0	1∶2.3	2.0	1.03

定量分析结果表明：半固定沙漠中路堑的修正系数均在 1 以上,说明野外试验断面的阻沙能力大于室内风洞试验模型的阻沙能力,这一点与路堤断面分析的结果一致。

3.3.3.3　固定型沙漠依托工程风沙流观测与分析

2004 年 3 月—2004 年 4 月由新疆气象工程中心和榆靖高速公路管理处组成的风沙流现场观测小组,对位于毛乌素沙漠中榆靖高速公路上的依托工程试验段进行了为期 15 d 的观测,观测仪器、流速的计算方法与上述流动性沙漠调查相同,调查断面见表 3-28。

表 3-28　毛乌素沙漠榆靖高速公路不同横断面形式野外监测

监测序号	观测横断面里程	路基形式	边坡坡度		路基高度或深度(m)	
			左边坡	右边坡	路堤高	路堑深
1	122+260	路堑	1∶3	1∶5		1.02,2.79
2	135+000	路堑	1∶3	1∶4		1.34,2.10
3	147+300	路堤	1∶5	1∶4	2.10,2.82	
4	167+300	路堤	1∶5	1∶3	1.74,1.78	
5	173+000	路堑	1∶3	1∶2		1.02,2.73

1) 路堤观测结果与室内风洞试验结果的对比分析

（1）流场对比分析。如图 3-39 为带有防撞中央隔离带的高速公路路堤的现场和风洞试验流场图的对比图。比较两图可以发现,两个流场的总体分布极为相似,尤其表现在中央隔离带后的流场分布情况。现场观测图迎风侧(左侧)进入路堤范围内的流场与风洞试验略有差别,主要是由于迎风侧附近地形存在一定的起伏,引起进入路基的流场发生变化。

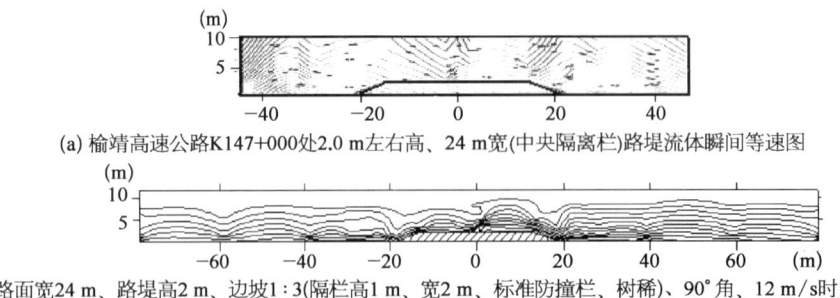

(a) 榆靖高速公路K147+000处2.0 m左右高、24 m宽(中央隔离栏)路堤流体瞬间等速图

(b) 路面宽24 m、路堤高2 m、边坡1∶3(隔栏高1 m、宽2 m、标准防撞栏、树稀)、90°角、12 m/s时的平均风速

图 3-39　依托工程 24 m 宽路堤中央隔离带现场观测和风洞试验相似断面流场对比

（2）定量对比分析。仍采用半固定型沙漠路堤阻沙性能的计算方法计算毛乌素固定沙漠各试验断面的阻沙性能指数,并进一步计算修正系数 $K_p(d)$,计算结果见表 3-29。

表 3-29 毛乌素固定沙漠榆靖高速公路依托工程路堤形式阻沙性能修正系数

里程桩号	路基宽度(m)	主风向夹角(°)	边坡		高度(m)	修正系数 $K_p(d)$
			左	右		
K167+300	24	45	1:5	1:3	1.74,1.78	1.11
K147+000	35	45	1:5	1:4	2.1,2.8	1.11

定量分析结果表明：固定沙漠中路堤的修正系数均在 1.1 以上，说明野外试验断面的阻沙能力大于或等于室内风洞试验模型的阻沙能力。

2) 路堑观测结果与室内风洞试验结果的对比分析

(1) 流场对比分析。如图 3-40 为 35 m 宽野外路堑试验工程流场和室内相似模型风洞试验流场图。比较两个流场图可以发现，在路堑范围内的流场分布情况两者极为相似，但在左侧进入路堑位置两者还是具有明显的差异，相比较而言，风洞试验流场具有较大的弱风区；分析其原因发现，风洞试验模型是完全对称的，而实测横断面两侧有 80 cm 的高度差，是不完全对称的，但这样小的几何尺寸误差仍然在流场中有所反映，说明实地流场野外风沙观测具有良好的精确度。此外还可发现对于路堑断面形式，进风一侧略低于迎风侧，有利于减小整个路堑的弱风区面积。

(2) 定量对比分析。仍采用半固定型沙漠路堑阻沙性能的计算方法计算毛乌素沙漠试验断面的阻沙性能指数，并进一步计算修正系数 $K_p(q)$，计算结果见表 3-30。

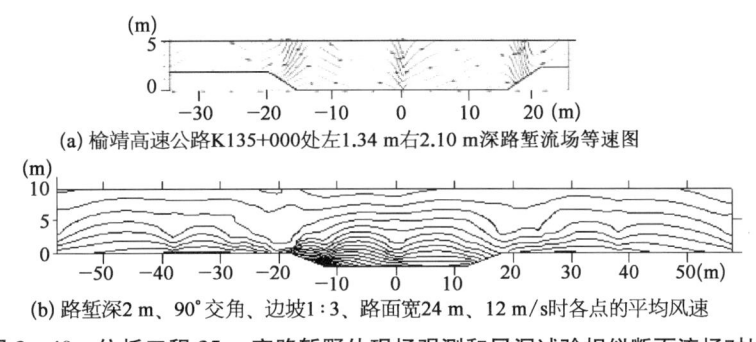

(a) 榆靖高速公路 K135+000 处左 1.34 m 右 2.10 m 深路堑流场等速图

(b) 路堑深 2 m、90°交角、边坡 1:3、路面宽 24 m、12 m/s 时各点的平均风速

图 3-40 依托工程 35 m 宽路堑野外现场观测和风洞试验相似断面流场对比

表 3-30 毛乌素固定沙漠榆靖高速公路依托工程路堑形式阻沙性能修正系数

里程桩号	路基宽度(m)	主风向夹角(°)	边坡		深度(m)	修正系数 $K_p(d)$
			左	右		
K135+000	35	45	1:3	1:4	1.3,2.1	1.0
K147+000	35	45	1:3	1:5	1.02,2.8	1.0
K173+000	35	45	1:3	1:2	1.02,2.66	0.97

定量分析结果表明：固定沙漠中路堑的修正系数均在 1.0 左右，说明试验断面的阻沙能力与室内风洞试验模型的阻沙能力相当。结合上述定性分析，在不对称的情况下，阻沙能力仍然相当，说明风洞试验弱风区相对较小，这一点在其他断面的观测结果中已得到验证。

通过以上研究，可以得出如下结论：

(1) 对比分析室内风洞试验流场图和三类沙漠野外依托工程试验断面的流场图可以发现，在路基断面形状相似时，大多数流场图也相似，仅在路基范围以外存在差异，这种差异是由地形起伏和地表植被覆盖以及沙漠公路施工地段百年板结土遭受破坏影响所致;说明在用室内风洞试验结果计算路基的阻沙性能指数时,需要进行相应的修正。

(2) 采用室内风洞试验数据计算阻沙性能指数 r 的方法,计算室外依托靖榆工程试验路的路堤阻沙性能指数 $r_p(d)$、$r_p(q)$,并将其与风洞试验相同模型的 $r(d)$、$r(q)$ 相比作为室内风洞试验的修正系数 K_p,是一个衡量两者阻沙性能差别的切实可行的方法。

(3) 定量对比分析结果表明:固定沙漠高速公路中央隔离带路堤的修正系数均在 1.1 以上,说明野外风沙监测断面的阻沙能力大于室内风洞试验模型的阻沙能力;固定沙漠公路中路堑的修正系数均在 0.97~1.0 之间,说明试验断面的野外风沙监测阻沙能力与室内风洞试验模型的阻沙能力相当或略偏小。

(4) 半固定沙漠公路路堤修正系数在 1.08~1.13 之间,半固定沙漠地区的公路路堤的实际阻沙能力明显大于室内风洞试验路堤模型的阻沙能力;半固定沙漠中公路路堑的修正系数均在 1.03~1.05 之间,说明试验断面的阻沙能力大于室内风洞试验模型的阻沙能力。

3.3.4 沙漠地区公路路基横断面形式的经济合理性分析

影响沙漠地区公路路基断面形式的因素除了路基外观的输沙性能外,另一个重要因素就是路基建设过程中的造价和建成运营过程中的养护费用。根据所获得的反映路堤和路堑的阻沙性能的数学模型可以发现,路堤的阻沙能力随着路堤边坡的减缓而减弱,随着路堤高度的增加而增加;路堑的阻沙能力随着路堑深度的增加而提高,随着路堑坡度的变缓而减弱;从上述路基阻沙能力的变化趋势结合公路建设养护的一般规律可以发现,在阻沙能力减弱即输沙能力增强的同时,路基的建设费用也随之增加,而养护费用却在下降。如何均衡这几种因素,找到一个路基输沙性能良好且公路建设养护费用适当的公路路基坡度和对应高度的合理范围,则是最终所要解决的问题。为此,探索公路建设、养护费用与沙漠地区公路路基几何尺寸间的数学关系是解决上述问题的又一个关键步骤。

3.3.4.1 沙漠公路建设费用与公路路堤横断面边坡和高度关系的数学模型

1) 二级以下等级公路路堤建设费用和养护费用与边坡的关系

在详细计算了 0.3~5 m 的路堤高度范围内,每个高度上不同边坡路堤的工程量后,参照依托工程单价,可以计算出相应的路堤建设费用;此外参照国内多条沙漠公路整个运营寿命周期内的公路养护成本计算出因路基风蚀或表面积沙所支出的费用,并统一折算成净现值。将建设费用扣除养护成本,采用数理统计方法进一步分析这些数据,可以发现工程造价(即建设费用扣除养护成本,以后统称)与边坡坡度有如下关系:

$$F_1 = K_1 e^{K_2 i} \tag{3-27}$$

式中 F_1——工程造价(元/千元);

K_1、K_2——回归系数;

i——路堤边坡坡度。

回归分析结果见表 3-31。

表 3-31 每公里路基总成本与路基边坡坡度的对应关系分析

序 号	路基高度(m)	堑内影响区	复相关系数
1	0.3	$F_1 = 61094e^{-0.0140i}$	$R^2 = 0.9870$
2	0.6	$F_1 = 112574e^{0.009i}$	$R^2 = 0.9736$

(续表)

序 号	路基高度(m)	堑内影响区	复相关系数
3	1.0	$F_1 = 181\,199\mathrm{e}^{0.056\,8i}$	$R^2 = 0.996\,0$
4	1.2	$F_1 = 214\,247\mathrm{e}^{0.011\,1i}$	$R^2 = 0.995\,8$
5	1.5	$F_1 = 269\,954\mathrm{e}^{0.056\,6i}$	$R^2 = 0.996\,8$
6	1.8	$F_1 = 331\,494\mathrm{e}^{0.066\,0i}$	$R^2 = 0.996\,2$
7	2.1	$F_1 = 399\,134\mathrm{e}^{0.073\,5i}$	$R^2 = 0.996\,1$
8	2.5	$F_1 = 490\,929\mathrm{e}^{0.083\,1i}$	$R^2 = 0.995\,7$
9	3.0	$F_1 = 607\,361\mathrm{e}^{0.094\,3i}$	$R^2 = 0.994\,9$
10	5.0	$F_1 = 1\,000\,000\mathrm{e}^{0.125\,5i}$	$R^2 = 0.991\,7$

按照表3-31中各回归方程，可计算出每一个高度所对应的工程总造价随着边坡减缓的变化率，这里定义为工程造价指数：

$$V_{1j} = \frac{F_{1j} - F_{11}}{F_{11}} \times 100\% \quad (j=2,3,\cdots,8) \tag{3-28}$$

式中 V_1——工程造价指数(%)；

F_{11}——坡度1∶1.5对应的工程造价(元/km)；

F_{1j}——坡度1∶j对应的工程造价(元/km)。

分析每个高度上各边坡对应的造价增加比率V_1与边坡i的关系，发现两者表现出二次抛物线的函数关系：

$$V_1 = K_3 i^2 + K_4 i + C_1 \tag{3-29}$$

式中 V_1——每个高度上的工程造价指数(%)；

K_3、K_4——回归系数；

i——路堤边坡坡度(例如路基边坡为1∶3时，i值为3，以此类推)；

C_1——常数。

针对每个路堤高度分析所得的工程造价指数随坡度变化的回归方程见表3-32。

表3-32 工程造价指数与路基边坡坡度的对应关系分析

路基高度(m)	路基边坡坡度与工程总造价变化率回归方程	相 关 系 数
0.3	$V_1 = -0.067\,1i^2 - 0.076\,8i + 0.467$	$R^2 = 0.981\,2$
0.6	$V_1 = 0.039\,0i^2 + 0.575\,9i - 1.069\,9$	$R^2 = 0.980\,5$
1.0	$V_1 = -0.021\,7i^2 + 7.199\,8i - 7.136\,2$	$R^2 = 0.999\,8$
1.2	$V_1 = 0.134\,4i^2 + 3.936\,9i - 5.085\,3$	$R^2 = 0.996\,8$
1.5	$V_1 = 0.153\,5i^2 + 5.474\,4i - 6.790\,4$	$R^2 = 0.997\,7$
1.8	$V_1 = 0.203\,6i^2 + 6.427\,8i - 8.126\,3$	$R^2 = 0.997\,3$
2.1	$V_1 = 0.222\,5i^2 + 7.448\,4i - 9.324\,5$	$R^2 = 0.997\,5$
2.5	$V_1 = 0.264\,5i^2 + 8.690\,9i - 10.869$	$R^2 = 0.997\,6$

(续表)

路基高度(m)	路基边坡坡度与工程总造价变化率回归方程	相 关 系 数
3.0	$V_1 = 0.2952i^2 + 10.453i - 12.994$	$R^2 = 0.9976$
5.0	$V_1 = 0.2952i^2 + 10.453i - 12.994$	$R^2 = 0.9978$

2) 一级、高速公路路堤建设费用和养护费用与边坡的关系

详细计算高速、一级公路路堤整体式和分离式两种断面,填土高度从 0.3 m 至 5 m 范围内各高度对应的不同边坡情况下的整体式和分离式路堤的工程数量。平均两者后作为代表工程数量,参照上述计算方法可计算出每公里填方路堤建设费用。参照二级路的养护标准确定出每公里 15 年用于路堤清理表面积沙和路肩风蚀发生的养护费用。计算工程造价并采用数理统计方法进一步分析这些数据,可以发现工程造价与边坡坡度有如下关系:

$$F_2 = L_1 e^{L_2 i} \tag{3-30}$$

式中 F_2——工程造价;
  L_1、L_2——回归系数;
  i——路堤边坡坡度。

回归分析结果见表 3-33。

表 3-33 每公里路基总成本与路基边坡坡度的对应关系分析

路基高度(m)	路基边坡坡度与工程总造价对应关系回归方程	相 关 系 数
0.3	$F_2 = 1196.22i^2 + 1508.8i + 110058$	$R^2 = 0.9898$
0.6	$F_2 = 112574e^{0.0090i}$	$R^2 = 0.9736$
1.0	$F_2 = 181199e^{0.0568i}$	$R^2 = 0.9960$
1.2	$F_2 = 214247e^{0.0111i}$	$R^2 = 0.9958$
1.5	$F_2 = 269954e^{0.0566i}$	$R^2 = 0.9968$
1.8	$F_2 = 331494e^{0.0660i}$	$R^2 = 0.9962$
2.1	$F_2 = 399134e^{0.0735i}$	$R^2 = 0.9961$
2.5	$F_2 = 490929e^{0.0831i}$	$R^2 = 0.9957$
3.0	$F_2 = 607361e^{0.0943i}$	$R^2 = 0.9949$
5.0	$F_2 = 1000000e^{0.1255i}$	$R^2 = 0.9917$

同二级以下公路的计算方法,按照表 3-33 中各 F_2 回归方程,可计算出一级、高速公路路堤每一个高度所对应的工程造价指数:

$$V_{2j} = \frac{F_{2j} - F_{21}}{F_{21}} \times 100\% \tag{3-31}$$

式中 V_{2j}——一级、高速公路路堤的工程造价指数(%);
  F_{21}——1∶1.5 对应的工程造价(元/km);
  F_{2j}——坡度 1∶j 所对应的工程造价(元/km)。

同二级以下公路路堤,分析每个高度上各边坡对应的工程造价指数 V_2 与边坡 i 的关系,发现两者

也表现出二次抛物线的函数关系：

$$V_2 = L_3 i^2 + L_4 i + C_2 \tag{3-32}$$

式中　V_2——每个路堤高度上的工程造价指数(%)；

　　　L_3、L_4——回归系数；

　　　i——路堤边坡坡度；

　　　C_2——常数。

针对每个路堤高度分析得出工程造价指数随坡度变化的回归方程，见表 3-34。

表 3-34　每公里路基总工程造价指数与路基边坡坡度的对应关系分析

路堤高度(m)	路基边坡坡度与工程总造价对应关系回归方程	相 关 系 数
0.3	$V_2 = 0.1806i^2 - 1.3886i + 1.2924$	$R^2 = 0.9898$
0.6	$V_2 = 0.4708i^2 - 0.4789i - 0.0343$	$R^2 = 0.9999$
1.0	$V_2 = 0.0506i^2 + 1.4007i - 1.8598$	$R^2 = 0.9961$
1.2	$V_2 = 0.0621i^2 + 1.6486i - 2.1984$	$R^2 = 0.9960$
1.5	$V_2 = 0.0828i^2 + 2.1809i - 2.8709$	$R^2 = 0.9965$
1.8	$V_2 = 0.0968i^2 + 2.5205i - 3.3222$	$R^2 = 0.9965$
2.1	$V_2 = 0.1103i^2 + 2.7683i - 3.6732$	$R^2 = 0.9964$

3.3.4.2　沙漠公路建设费用与公路路堑横断面边坡和深度关系的数学模型

1) 二级以下等级公路路堑建设费用和养护费用与边坡的关系

在详细计算了 0.5～6 m 的路堑深度范围内，1∶1.5～1∶8 边坡范围内，每个深度上不同边坡路堑的工程量后，仍参照"若羌—且末"依托工程单价，可以计算出相应的路堑建设费用；参照上述方法计算工程造价并分析这些数据，可发现路堑工程造价与边坡坡度也有与路堤类似的函数关系：

$$F_3 = M_1 e^{M_2 i} \tag{3-33}$$

式中　F_3——路基工程总造价；

　　　M_1、M_2——回归系数；

　　　i——路堤边坡坡度。

回归分析结果见表 3-45。

表 3-35　每公里路堑总成本与路堑边坡坡度的对应关系分析

路堑深度(m)	路基边坡坡度与工程总造价对应关系回归方程	相 关 系 数
0.5	$F_3 = 94087 e^{0.0094i}$	$R^2 = 0.9763$
1.0	$F_3 = 112574 e^{0.0316i}$	$R^2 = 0.9942$
1.5	$F_3 = 293665 e^{0.0465i}$	$R^2 = 0.9951$
3.0	$F_3 = 589057 e^{0.0917i}$	$R^2 = 0.9942$
6.0	$F_3 = 1000000 e^{0.1302i}$	$R^2 = 0.9918$

同二级以下等级公路路堤的分析原理,按照表 3-35 中各 F_3 回归方程,可计算出二级以下公路路堑每一个深度所对应的工程总造价随着边坡减缓的变化率:

$$V_{3j}=\frac{F_{3j}-F_{31}}{F_{31}}\times100\% \quad (i=2,3,\cdots,8) \quad (3-34)$$

式中 V_{3j}——二级以下等级公路路堑工程造价指数(%);

F_{31}——1∶1.5 对应的工程造价(元/km);

F_{3j}——坡度 1∶j 所对应的工程造价(元/km)。

每个路堑深度上各边坡对应的工程造价指数 V_3 与边坡 i 的关系,发现两者也表现出二次抛物线的函数关系:

$$V_3=M_3i^2+M_4i+C_3 \quad (i=1.5,2,3,\cdots,8) \quad (3-35)$$

式中 V_3——每个路堑深度上的工程造价指数(%);

M_3、M_4——回归系数;

i——路堤边坡坡度;

C_3——常数。

针对每个路堑深度分析得出工程造价指数随坡度变化的回归方程,见表 3-36。

表 3-36 每公里路堑工程造价指数与路堑边坡坡度的对应关系分析

路堑深度(m)	路堑边坡坡度与工程总造价变化率对应关系回归方程	相 关 系 数
0.5	$V_3=0.066\ 9i^2+0.367\ 9i-0.685\ 6$	$R^2=0.993\ 1$
1.0	$V_3=0.144\ 3i^2+2.202\ 4i-2.934\ 5$	$R^2=0.997\ 7$
1.5	$V_3=0.224\ 7i^2+3.394\ 3i-4.530\ 7$	$R^2=0.997\ 7$
3.0	$V_3=0.323\ 3i^2+9.664\ 9i-12.427$	$R^2=0.996\ 2$
6.0	$V_3=0.482\ 3i^2+16.523i-20.241$	$R^2=0.998\ 0$

2) 一级、高速公路路堑建设费用和养护费用与边坡的关系

详细计算高速、一级公路路堑整体式和分离式两种断面,深度从 0.5 m 至 6 m 范围内、坡度从 1∶1.5 至 1∶8 范围内各深度对应的不同坡度的整体式和分离式路堤的工程数量。取其均值作为代表工程数量。参照上述方法计算工程造价,分析这些数据可得到如下关系:

$$F_4=N_1e^{N_2i} \quad (i=1.5,2,3,\cdots,8) \quad (3-36)$$

式中 F_4——工程造价;

N_1、N_2——回归系数;

i——路堤边坡坡度。

回归分析结果见表 3-37。

表 3-37 每公里路基总成本与路基边坡坡度的对应关系分析

路基高度(m)	路基边坡坡度与工程总造价对应关系回归方程	相 关 系 数
0.5	$F_4=172\ 164e^{0.002\ 5i}$	$R^2=0.904\ 2$
1.0	$F_4=335\ 132e^{0.018i}$	$R^2=0.994\ 2$

(续表)

路基高度(m)	路基边坡坡度与工程总造价对应关系回归方程	相 关 系 数
1.5	$F_4 = 500\,840\mathrm{e}^{0.030\,8i}$	$R^2 = 0.995\,6$
3.0	$F_4 = 1\,000\,000\mathrm{e}^{0.056\,3i}$	$R^2 = 0.997\,0$
6.0	$F_4 = 2\,000\,000\mathrm{e}^{0.095\,4i}$	$R^2 = 0.995\,3$

同二级以下等级公路路堑工程造价的分析原理,可计算出不同路堑深度下所对应的工程总造价随着边坡改变而变化的工程造价指数:

$$V_{4j} = \frac{F_{4j} - F_{41}}{F_{41}} \times 100\% \quad (i=2,3,\cdots,8) \quad (3-37)$$

式中 V_{4j}——工程造价指数(%);

F_{41}——坡度 1∶1.5 对应的工程造价(元/km);

F_{4j}——坡度 1∶j 所对应的工程造价(元/km)。

分析每个路堑深度上各边坡对应的工程造价指数 V_4 与边坡 i 的关系,发现两者也表现出二次抛物线的函数关系:

$$V_4 = N_3 i^2 + N_4 i + C_4 \quad (i=1.5,2,3,\cdots,8) \quad (3-38)$$

式中 V_4——高速、一级公路路堑工程造价指数(%);

N_3、N_4——回归系数;

i——路堤边坡坡度($i=1.5,2,\cdots,6$);

C_4——常数。

针对每个路堑深度分析得出工程造价指数随坡度变化的回归方程,见表 3-38。

表 3-38 每公里路基工程造价指数与路基边坡坡度的对应关系分析

路堑深度(m)	路基边坡坡度与工程总造价对应关系回归方程	相 关 系 数
0.5	$V_1 = 0.034\,2i^2 - 0.052\,6i - 0.124\,9$	$R^2 = 0.968\,6$
1.0	$V_1 = 0.059\,6i^2 + 1.376\,7i - 1.817\,4$	$R^2 = 0.996\,7$
1.5	$V_1 = 0.086\,3i^2 + 2.632\,8i - 3.396$	$R^2 = 0.996\,7$
3.0	$V_1 = 0.187\,3i^2 + 5.125\,8i - 6.418\,3$	$R^2 = 0.997\,8$
6.0	$V_1 = 0.306\,6i^2 + 10.587i - 12.989$	$R^2 = 0.998\,0$

通过对沙漠地区公路路基建设、养护费用与边坡、高度或深度等指标较为系统的经济分析,可以总结出以下几点:

(1) 低路堤宜采用较缓的路堤边坡,高路堤宜采用较陡的路基边坡,两者的分界高度一般在 0.5～0.7 m。

(2) 路堑边坡坡度的变化具有特定的深度分界特征值,当路堑深度在 0.5～0.8 m 以内时,其边坡坡度以 1∶3 左右最经济;当路堑深度在 0.8～1.2 m 以内时,其边坡坡度以 1∶2 左右最经济;当路堑深度大于 1.5 m 后,最经济边坡在 1∶1.5 左右。

(3) 从沙漠公路工程经济学角度出发,针对二级以下等级和一级、高速公路提出了建设、养护费用随公路路基的坡度、高度等几何参数变化的数学模型,见表 3-39、表 3-40。

表 3-39 沙漠地区路堤公路工程费用随几何参数的变化关系

序号	二 级 以 下	一级、高速
1	$F_1 = K_1 e^{K_2 i}$ ($i = 1.5, 2, \cdots, 8$) F_1:工程总造价(元);i:边坡坡度; K_1、K_2:回归参数(元)	$F_2 = L_1 e^{L_2 i}$ ($i = 1.5, 2, \cdots, 8$;$h = 0.5, 1, \cdots, 5$ m) $F_2 = L_1 i^2 + L_2 i + C_2$ (i 同上;$h = 0.3$ m) F_2:工程总造价(元);i:边坡坡度; L_1、L_2、C_2:回归参数(元)
2	$V_1 = K_3 i^2 + K_4 i + C_1$ ($i = 1.5, 2, \cdots, 8$) V_1:工程造价指数(%);i:边坡坡度; K_3、K_4、C_1:回归参数(元)	$V_2 = L_3 i^2 + L_4 i + C_2$ ($i = 1.5, 2, \cdots, 8$) V_2:工程造价指数(%);i:边坡坡度; L_3、L_4、C_2:回归参数(元)

表 3-40 沙漠地区路堑公路工程费用随几何参数的变化关系

序号	二 级 以 下	一级、高速
1	$F_3 = M_1 e^{M_2 i}$ ($i = 1.5, 2, \cdots, 8$) F_3:工程总造价(元);i:边坡坡度; M_1、M_2:回归参数(元)	$F_4 = N_1 e^{N_2 i}$ ($i = 1.5, 2, \cdots, 8$) F_4:工程总造价(元);i:边坡坡度; N_1、N_2:回归参数(元)
2	$V_3 = M_3 i^2 + M_4 i + C_3$ ($i = 1.5, 2, \cdots, 8$) V_3:工程造价指数(%);i:边坡坡度; M_3、M_4、C_3:回归参数(元)	$V_4 = L_3 i^2 + L_4 i + C_2$ ($i = 1.5, 2, \cdots, 8$) V_4:工程造价指数(%);i:边坡坡度; L_3、L_4、C_2:回归参数(元)

3.3.5 沙漠地区公路路基合理横断面形式推荐

在调查了原路基设计规范有关沙漠公路设计指标的使用状况后,探讨了路基不同断面形式的阻沙性能随路基几何参数的变化规律,即阻沙性能指数随路基边坡、路基高度(深度)的变化规律;探讨了路基工程费用随几何参数的变化规律,即路基造价指数随路基高度(深度)、坡度的变化规律。合理断面的推荐工作则是对上述研究成果进行综合分析、研究,提出兼顾路基阻沙性能、工程费用以及使用状况等三方面因素的沙漠地区公路路基合理断面形式。

3.3.5.1 阻沙性能和工程费用对断面形式影响的综合分析

为了将阻沙性能指数与工程费用指标在一个量纲下进行分析,在不影响其物理含义、数值精度的前提下,将阻沙性能指数、工程造价指数做如下变化。

1) 阻沙性能指数 r 的归一化指标 r_c

公路路基(路堤、路堑相同)阻沙性能指数 r 的归一化指标 r_c 可采用下式进行计算:

$$r_c = \frac{r_i}{r_{1.5}} \times 100\% \quad (i = 1.5, 2, 3, \cdots, 6) \tag{3-39}$$

式中 r_c——路堤阻沙性能指数归一化指标(%);

r_i——某一路堤高度(或深度)上边坡坡度为 1:i 时的阻沙性能指数;

$r_{1.5}$——边坡坡度 1:1.5 时的路堤阻沙性能指数。

分析各路堤高度上的 r_c 值,发现其与边坡值 i 仍有良好的负指数的函数关系:

$$r_c = N_1 e^{-N_2 i} \quad (i=1.5, 2, 3, \cdots, 6) \tag{3-40}$$

式中 N_1、N_2——回归系数；

$\quad\quad i$——边坡坡度。

2) 工程费用指标 V 的归一化指标 V_c

公路路基(路堤、路堑相同)工程造价指数 V 的归一化指标 V_c 的计算如下。

按照式(3-29)分别计算某一路堤高度各边坡所对应的 V 值，然后按照下式计算 V_c：

$$V_c = \frac{V_i}{V_{1:6}} \times 100\% \quad (i=1.5, 2, 3, \cdots, 6) \tag{3-41}$$

式中 V_c——路堤工程造价指数归一化指标(%)；

$\quad\quad V_i$——边坡坡度为 $1:i$ 时的工程造价指数，可分别采用式(3-29)、式(3-32)、式(3-35)、式(3-38)计算 V_1、V_2、V_3、V_4；

$\quad\quad V_{1:6}$——边坡坡度 $1:6$ 时对应的工程造价指数(%)。

分析每个高度上工程造价指数归一化指标 V_c 与边坡 i 仍有良好的二次抛物线的函数关系：

$$V_c = P_1 i^2 + P_2 i + E \quad (i=1.5, 2, 3, \cdots, 6) \tag{3-42}$$

式中 V_c——工程造价指数归一化指标(%)；

$\quad P_1$、P_2——回归方程系数；

$\quad\quad i$——路堤边坡坡度；

$\quad\quad E$——常数。

3) 用于综合分析的数学模型

针对二级以下等级和一级、高速公路的具体表达公式，见表 3-41、表 3-42。

表 3-41 公路路堤合理坡度选择方程组

路堤宽度(m)	风向与路堤夹角(°)	路堤高度(m)	修正方程典型表达式	相关系数
12	30	0.5	$V_c = 19.6x^2 - 28.4x + 8.8$	$R^2 = 1.0000$
			$r_c = 139.78 e^{-0.3512x}$	$R^2 = 0.9936$
		2.0	$V_c = 40.36x^2 - 111.44x + 71.08$	$R^2 = 1.0000$
			$r_c = 154.71 e^{-0.3939x}$	$R^2 = 0.9663$
	60	0.5	$V_c = 19.6x^2 - 28.4x + 8.8$	$R^2 = 1.0000$
			$r_c = 149.35 e^{-0.3822x}$	$R^2 = 0.9927$
		2.0	$V_c = 40.36x^2 - 111.44x + 71.08$	$R^2 = 1.0000$
			$r_c = 204.77 e^{-0.9036x}$	$R^2 = 0.8862$
		5.0	$V_c = 16.92x^2 - 17.68x + 0.76$	$R^2 = 1.0000$
			$r_c = 225.7 e^{-1.019x}$	$R^2 = 0.8918$
	90	0.5	$V_c = 19.6x^2 - 28.4x + 8.8$	$R^2 = 1.0000$
			$r_c = 201.72 e^{-0.6042x}$	$R^2 = 0.9274$

(续表)

路堤宽度(m)	风向与路堤夹角(°)	路堤高度(m)	修正方程典型表达式	相 关 系 数
12	90	2.0	$V_c = 40.36x^2 - 111.44x + 71.08$	$R^2 = 1.0000$
			$r_c = 168.46e^{-0.6119x}$	$R^2 = 0.9386$
		5.0	$V_c = 16.92x^2 - 17.68x + 0.76$	$R^2 = 1.0000$
			$r_c = 318.79e^{-1.2062x}$	$R^2 = 0.9955$

路堤宽度(m)	风向与路堤夹角(°)	路堤深度(m)	修正方程典型表达式	相 关 系 数
24	30	0.5	$V_c = 33.394x^2 - 83.576x + 50.182$	$R^2 = 1.0000$
			$C_c = 155.04e^{-0.4437x}$	$R^2 = 0.9936$
		2.0	$V_c = 19.201x^2 - 111.44x + 71.08$	$R^2 = 1.0000$
			$r_c = 157.13e^{-0.5307x}$	$R^2 = 0.938$
	60	0.5	$V_c = 33.394x^2 - 83.576x + 50.182$	$R^2 = 1.0000$
			$r_c = 179.e^{-0.585x}$	$R^2 = 1.0000$
		2.0	$V_c = 19.201x^2 - 26.802x + 7.6018$	$R^2 = 1.0000$
			$r_c = 186.95e^{-0.5861x}$	$R^2 = 0.9865$
		5.0	$V_c = 17.82x^2 - 21.28x + 3.46$	$R^2 = 1.0000$
			$r_c = 291.92e^{-0.9127x}$	$R^2 = 0.917$
	90	0.5	$V_c = 33.394x^2 - 83.767x + 50.182$	$R^2 = 1.0000$
			$r_c = 211.54e^{-0.7017x}$	$R^2 = 0.9864$
		2.0	$V_c = 19.201x^2 - 26.802x + 7.6081$	$R^2 = 1.0000$
			$r_c = 179.84e^{-0.4592x}$	$R^2 = 0.8116$
		5.0	$V_c = 17.82x^2 - 21.28x + 3.46$	$R^2 = 1.0000$
			$r_c = 267.06e^{-1.0853x}$	$R^2 = 0.9737$

表 3-42 公路路堑合理坡度选择方程组

路堑宽度(m)	风向与路堑夹角(°)	路堑深度(m)	修正方程典型表达式	相 关 系 数
24	30	0.5	$V_c = 50x^2 - 150x + 100$	$R^2 = 1.0000$
			$G_c = 131.4e^{-0.384x}$	$R^2 = 0.7999$
		2.0	$V_c = 18.463x^2 - 23.852x + 5.389$	$R^2 = 1.0000$
			$r_c = 191.73e^{-0.6948x}$	$R^2 = 0.9882$
		5.0	$V_c = 17.029x^2 - 18.116x + 1.087$	$R^2 = 1.0000$
			$r_c = 229.72e^{-0.8853x}$	$R^2 = 0.9891$
	60	0.5	$V_c = 50x^2 - 150x + 100$	$R^2 = 1.0000$
			$r_c = -141.86e^{-0.384x}$	$R^2 = 0.9767$
		2.0	$V_c = 18.463x^2 - 23.852x + 5.389$	$R^2 = 1.0000$
			$r_c = 231.61e^{-0.8162x}$	$R^2 = 0.9975$

(续表)

路堑宽度(m)	风向与路堑夹角(°)	路堑深度(m)	修正方程典型表达式	相 关 系 数
24	60	5.0	$V_c = 17.029x^2 - 18.116x + 1.087$	$R^2 = 1.0000$
			$r_c = 221.99e^{-0.9135x}$	$R^2 = 0.9538$
	90	0.5	$V_c = 50x^2 - 150x + 100$	$R^2 = 1.0000$
			$r_c = 151.61e^{-0.384x}$	$R^2 = 0.9794$
		2.0	$V_c = 18.463x^2 - 23.852x + 5.389$	$R^2 = 1.0000$
			$r_c = 201.46e^{-0.6588x}$	$R^2 = 0.9882$
		5.0	$V_c = 17.029x^2 - 18.116x + 1.087$	$R^2 = 1.0000$
			$r_c = 350.48e^{-1.1973x}$	$R^2 = 0.9933$

4) 综合分析模型的沙漠类型修正

汇总分析实际所调查的上述路堤、路堑修正系数，并参照流动性沙漠二级及二级以下公路路基和高速及一级路路基修正系数间的对比关系，弥补固定、半固定沙漠中未观测的横断面形式的修正系数，可得表 3-43，并将表 3-43 中系数乘以所对应的模型，就可得到各模型的修正模式。

路堤：

$$r_c = K_p(d) N_1 e^{-N_2 i} \quad (i = 1.5, 2, 3, \cdots, 6) \quad (3-43)$$

$$V_c = P_1 i^2 + P_2 i + E \quad (i = 1.5, 2, 3, \cdots, 6) \quad (3-44)$$

路堑：

$$r_c = K_p(q) N_1 e^{-N_2 i} \quad (i = 1.5, 2, 3, \cdots, 6) \quad (3-45)$$

$$V_c = P_1 i^2 + P_2 i + E \quad (i = 1.5, 2, 3, \cdots, 6) \quad (3-46)$$

3.3.5.2 兼顾阻沙性能和工程费用的合理断面形式

分别求解修正后的综合分析模型式(3-43)、式(3-44)和式(3-45)、式(3-46)或绘制如图 3-41 的解析图，可以得到不同沙漠类型对应的各等级公路路基合理的横断面坡度范围，见表 3-44。之所以将求解出的坡度值 i 控制在 0.4~0.7 范围内，是考虑回归分析中可能存在的误差，而上述区域误差满足确定边坡坡度要求。

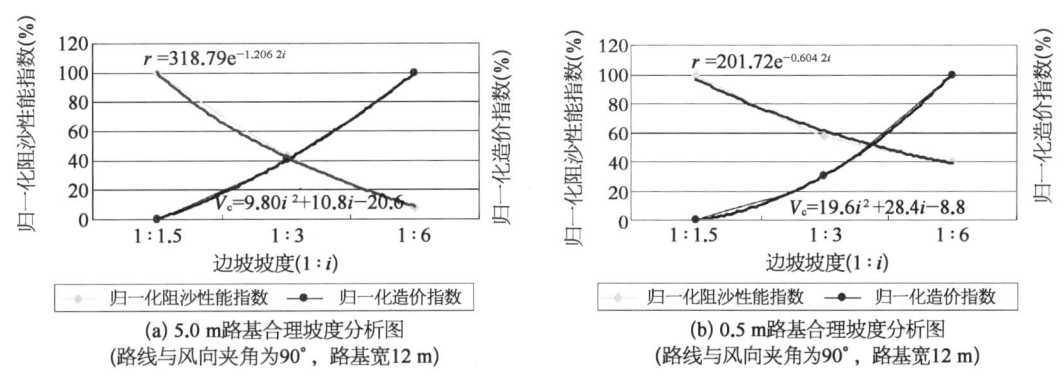

(a) 5.0 m路基合理坡度分析图
(路线与风向夹角为90°，路基宽12 m)

(b) 0.5 m路基合理坡度分析图
(路线与风向夹角为90°，路基宽12 m)

图 3-41 沙漠地区公路路基合理断面解析图

表 3-43 公路路基合理坡度选择方程组的沙漠类型修正系数

沙漠类型	路基形式	路基宽度(m)	风向与路基夹角(°)	沙漠类型修正系数
流动	路堤	12	30	1.03
			60	1.08
			90	1.16
		24	30	1.01
			60	1.06
			90	1.11
	路堑	12	30	0.92
			60	0.95
			90	1.00
		24	30	0.97
			60	1.02
			90	1.07
半固定	路堤	12	30	1.01
			60	1.06
			90	1.13
		24	30	0.99
			60	1.04
			90	1.11
	路堑	12	30	1.04
			60	1.09
			90	1.14
		24	30	1.10
			60	1.15
			90	1.20
固定	路堤	12	30	1.07
			60	1.13
			90	1.19
		24	30	1.05
			60	1.11
			90	1.17
	路堑	12	30	0.92
			60	0.97
			90	1.02
		24	30	0.94
			60	0.99
			90	1.04

表 3-44　公路路基阻沙性能和经济指标的合理断面坡度

沙漠类型	路基形式	路基宽度(m)	风向与路基夹角(°)	路基高度(m) 路堤高度	路基高度(m) 路堑深度	边 坡 坡 度
流　动	路　堤	12	30	0.5		1∶4.4～1∶4.9
				2		1∶4.2～1∶4.8
			60	0.5		1∶4.5～1∶5.1
				2		1∶3.8～1∶4.4
				5		1∶2.8～1∶3.3
			90	0.5		1∶4.3～1∶4.7
				2		1∶3.4～1∶4.0
				5		1∶2.7～1∶3.2
		24	30	0.5		1∶4.2～1∶5.0
				2		1∶3.8～1∶4.4
			60	0.5		1∶4.0～1∶4.8
				2		1∶3.8～1∶4.6
				5		1∶3.1～1∶3.7
			90	0.5		1∶3.8～1∶4.6
				2		1∶4.2～1∶5.0
				5		1∶3.1～1∶3.7
	路　堑	24	30		0.5	1∶4.3～1∶5.0
					2	1∶3.3～1∶4.2
					5	1∶2.6～1∶3.4
			60		0.5	1∶4.4～1∶5.1
					2	1∶3.4～1∶4.2
					5	1∶2.8～1∶3.4
			90		0.5	1∶4.5～1∶5.1
					2	1∶3.5～1∶4.3
					5	1∶2.9～1∶3.5
半固定	路　堤	12	30	0.5		1∶4.3～1∶4.8
				2		1∶4.1～1∶4.7
			60	0.5		1∶4.3～1∶5.0
				2		1∶3.8～1∶4.3
				5		1∶2.8～1∶3.4
			90	0.5		1∶4.2～1∶4.8
				2		1∶4.2～1∶4.6
				5		1∶2.9～1∶3.2
		24	30	0.5		1∶4.0～1∶4.8
				2		1∶3.7～1∶4.3

(续表)

沙漠类型	路基形式	路基宽度(m)	风向与路基夹角(°)	路基高度(m) 路堤高度	路基高度(m) 路堑深度	边 坡 坡 度
半固定	路堤	24	60	0.5		1∶3.9～1∶4.7
				2		1∶3.7～1∶4.4
				5		1∶3.0～1∶3.6
			90	0.5		1∶3.7～1∶4.5
				2		1∶4.0～1∶4.8
				5		1∶3.0～1∶3.6
	路堑	24	30		0.5	1∶4.2～1∶4.9
					2	1∶3.2～1∶4.1
					5	1∶2.5～1∶3.3
			60		0.5	1∶4.3～1∶5.0
					2	1∶3.3～1∶4.1
					5	1∶2.7～1∶3.3
			90		0.5	1∶4.4～1∶5.0
					2	1∶3.4～1∶4.2
					5	1∶2.8～1∶3.4
固 定	路堤	12	30	0.5		1∶4.2～1∶4.7
				2		1∶4.0～1∶4.6
			60	0.5		1∶4.2～1∶4.6
				2		1∶4.0～1∶4.4
				5		1∶2.6～1∶3.2
			90	0.5		1∶3.9～1∶4.4
				2		1∶4.0～1∶4.5
				5		1∶2.6～1∶3.4
		24	30	0.5		1∶4.0～1∶4.6
				2		1∶3.6～1∶4.2
			60	0.5		1∶3.8～1∶4.6
				2		1∶3.7～1∶4.2
				5		1∶3.1～1∶3.9
			90	0.5		1∶3.6～1∶4.5
				2		1∶3.8～1∶4.5
				5		1∶3.0～1∶3.6
	路堑	24	30		0.5	1∶4.2～1∶4.9
					2	1∶3.2～1∶4.1
					5	1∶2.5～1∶3.3
			60		0.5	1∶4.3～1∶5.0

(续表)

沙漠类型	路基形式	路基宽度(m)	风向与路基夹角(°)	路基高度(m)		边 坡 坡 度
				路堤高度	路堑深度	
固 定	路 堑	24	60		2	1∶3.3～1∶4.1
					5	1∶2.7～1∶3.3
			90		0.5	1∶4.4～1∶5.0
					2	1∶3.4～1∶4.2
					5	1∶2.8～1∶3.4

3.3.5.3 沙漠地区公路路基合理断面形式的推荐

确定了路基在不同条件下的合理坡度范围后,如何在这些坡度范围内进一步确定不同等级道路在不同的高度或深度、风向交角等条件下的界限值是下一步必须进行的工作,这也是本研究的最终目的。但需要说明的是,由于最终被用于校正的来自三类沙漠中已有公路的调查数据,均取自不同形式防护之下路基横断面,因此表3-44中所推荐的合理边坡也是在以下不同边坡防护前提之下使用的。

(1)对流动性沙漠:路基边坡值是在采用了以工程措施为主的综合防护体系,且边坡采用草方格沙障或黏土、砂砾护坡等防护的条件下,推荐的合理边坡指标范围。

(2)对半固定沙漠:路基边坡值是在采用了工程措施综合防护体系,且边坡采用草方格沙障或黏土等防护的条件下,推荐的合理边坡指标范围。

(3)对固定性沙漠:路基边坡值是在路基采用了工程加植物措施综合防护体系,且边坡采用植物或黏土等防护的条件下,推荐的合理边坡指标范围。

1)合理边坡的趋势分析

观察表3-49所示不同条件下的合理坡度,可以发现以下特点:

(1)随着路基高度或深度的增加,路基的坡度在变陡,i值减小,这一点是符合工程造价变化趋势的。随着路基与风向角度的减小,路基合理边坡在变陡,i值减小。

(2)研究分析中所选用的路基高度或深度间隔0.5 m、2 m、5 m 值所对应的合理坡度范围相邻指标间均有重叠或接近,为具体确定不同高度的合理断面形式提供了便利。

(3)随着风向与路线夹角的增大,边坡在逐渐减缓,这一趋势与定性分析结果吻合。

2)沙漠地区公路路基合理边坡的选择原则

针对上述特点结合各等级公路在设计过程中应掌握的原则,确定了沙漠地区公路路基设计合理断面形式具体指标的选择原则如下:

(1)高等级公路路基在选择横断面坡度指标范围时,具体界限值取高限。

(2)二级以下等级公路按照高度确定坡度:

当 $h \leqslant 0.5$ m 时,i 值取高限;

当 $0.5 < h \leqslant 2$ 时,i 值取中限;

当 $2 < h \leqslant 5$ 时,i 值取中下限;

当 $h > 5$ 时,i 值取下限。

(3)考虑到公路设计和施工因素,所有界限指标均以0.5的倍数取舍。

(4)采用在我国西部各省区三类沙漠地区公路路基实际断面形式的调查数据分析结果加以

校正。

3) 沙漠地区公路路基合理边坡形式的确定

根据上述原则推荐结合各类型沙漠调查结果,可以推荐出沙漠地区公路路基合理断面形式,见表 3-45,在表格编制过程中针对表 3-45 做了以下调整:

(1) 因 60°夹角与 90°夹角对应的边坡值差别较小,故用大于 30°夹角范围替代 60°和 90°夹角对应的边坡指标。

(2) 对于路堤断面形式,当路堤高度 h>2 m 后,计算所得的合理断面坡度趋于一致,故删去 5 m 取值界限;对于路堑断面形式,当路堑深度 h≤2 以下时,计算所得的合理断面坡度也趋于一致,故也删去 0.5 m 深度界限值。

(3) 经过多方面分析,在现有规模风洞试验的基础上,积沙带的合理宽度不易在理论分析的基础上获得,因此在确定合理边坡时,主要依靠实地调查数据分析结果。

表 3-45 推荐的沙漠地区公路路基合理断面形式

沙漠类型	道路等级	路基形式	风向与路基夹角(°)	路基高度		边坡坡度	积沙带宽度(m)
				路堤高度	路堑深度		
流动	二级以下公路	路堤	≤30	$h \leq 0.5$		1:4.5	
				$0.5 < h \leq 2$		1:3.5	
				$H > 2$		1:2.5	
			>30	$h \leq 0.5$		1:5.0	
				$0.5 < h \leq 2$		1:4.0	
				$H > 2$		1:3.0	
		路堑	≤30		$h \leq 2$	缓于 1:5.0	1.5~2.5
					$2.0 < h \leq 5$	1:3.0~1:5.0	3.5~4.5
					$H > 5$	陡于 1:3.0	2.5~3.5
			>30		$h \leq 2$	缓于 1:5.5	2.0~3.0
					$2.0 < h \leq 5$	1:3.0~1:5.5	4.0~5.0
					$H > 5$	陡于 1:3.0	3.0~4.0
	一级、高速路	路堤	≤30	$h \leq 0.5$		1:5.5	
				$0.5 < h \leq 2$		1:4.0	
				$H > 2$		1:3.0	
			>30	$h \leq 0.5$		1:6.0	
				$0.5 < h \leq 2$		1:4.5	
				$H > 2$		1:3.5	
		路堑	≤30		$h \leq 2$	缓于 1:7.0	2.0~3.0
					$2.0 < h \leq 5$	1:2.5~1:7.0	4.0~6.0
					$H > 5$	陡于 1:2.5	3.0~4.0
			>30		$h \leq 2$	缓于 1:8.0	2.5~3.5
					$2.0 < h \leq 5$	1:3.0~1:8.0	4.5~6.5
					$H > 5$	陡于 1:3.0	3.5~4.5

（续表）

沙漠类型	道路等级	路基形式	风向与路基夹角(°)	路基高度 路堤高度	路基高度 路堑深度	边坡坡度	积沙带宽度（m）
半固定	二级以下公路	路堤	≤30	$h≤0.5$		1:4.0	
			≤30	$0.5<h≤2$		1:3.0	
			≤30	$H>2$		1:2.0	
			>30	$h≤0.5$		1:4.5	
			>30	$0.5<h≤2$		1:3.5	
			>30	$H>2$		1:3.0	
		路堑	≤30		$h≤2$	缓于1:4.5	1.0~2.0
			≤30		$2.0<h≤5$	1:3.0~1:4.5	3.0~4.0
			≤30		$H>5$	陡于1:3.0	2.0~3.0
			>30		$h≤2$	缓于1:5.0	1.5~2.5
			>30		$2.0<h≤5$	1:2.5~1:5.0	3.5~4.5
			>30		$H>5$	陡于1:2.5	2.5~3.5
	一级、高速路	路堤	≤30	$h≤0.5$		1:4.5	
			≤30	$0.5<h≤2$		1:3.5	
			≤30	$H>2$		1:2.5	
			>30	$h≤0.5$		1:5.5	
			>30	$0.5<h≤2$		1:4.0	
			>30	$H>2$		1:3.0	
		路堑	≤30		$h≤2$	缓于1:6.0	1.5~2.5
			≤30		$2.0<h≤5$	1:2.5~1:6.0	3.5~5.5
			≤30		$H>5$	陡于1:2.5	2.5~3.5
			>30		$h≤2$	缓于1:7.0	2.0~3.0
			>30		$2.0<h≤5$	1:3.0~1:7.0	4.0~6.0
			>30		$H>5$	陡于1:3.0	3.0~4.0
固定	二级以下公路	路堤	≤30	$h≤0.5$		1:3.5	
			≤30	$0.5<h≤2$		1:2.5	
			≤30	$H>2$		1:2.0	
			>30	$h≤0.5$		1:4.0	
			>30	$0.5<h≤2$		1:3.0	
			>30	$H>2$		1:2.5	
		路堑	≤30		$h≤2$	缓于1:4.0	0.5~1.5
			≤30		$2.0<h≤5$	1:2.5~1:4.0	2.5~3.5
			≤30		$H>5$	陡于1:2.5	1.5~2.5
			>30		$h≤2$	缓于1:4.5	1.0~2.0
			>30		$2.0<h≤5$	1:2.5~1:4.5	3.0~4.0

(续表)

沙漠类型	道路等级	路基形式	风向与路基夹角(°)	路基高度		边坡坡度	积沙带宽度(m)
				路堤高度	路堑深度		
固定	二级以下公路	路堑	≤30	H>5		陡于1∶2.5	2.0~3.0
固定	一级、高速路	路堤	≤30	h≤0.5		1∶4.0	
				0.5<h≤2		1∶3.5	
				H>2		1∶3.0	
			>30	h≤0.5		1∶5.0	
				0.5<h≤2		1∶4.0	
				H>2		1∶3.0	
		路堑	≤30		h≤2	缓于1∶5.5	1.0~2.0
					2.0<h≤5	1∶2.5~1∶5.5	3.0~5.0
					H>5	陡于1∶2.5	2.0~3.0
			>30		h≤2	缓于1∶6.0	1.5~2.5
					2.0<h≤5	1∶3.0~1∶6.0	3.5~5.5
					H>5	陡于1∶3.0	2.5~3.5

3.4 不良地质的处理

公路沿线区域属塔里木地块,主要由冲积、洪泛沉积及风积沙组成,沿线地表岩性为粉沙或粉质细沙。饱和粉质细沙、盐渍土等不良工程地质与特殊岩性分布广泛,对路基稳定性影响很大,路线大部分段落需进行稳定性处理或隔断处理。不良地质有两种,即饱和粉质细沙和盐渍土。

1) 饱和粉质细沙

饱和粉质细沙主要分布于路线起点的 K0+000~K3+500 段,该段位于平原绿洲区,水系繁杂,地下水位较高。加之土体颗粒细,排水不畅,每年春融期间地下水位上升。路基表层冻胀土的融化,在汽车反复振动荷载下易引起土体液化,从而导致路基失稳。

饱和粉质细沙处理措施为:

(1) 将原地面以下 80 cm 挖出,换填风积沙,其上路基用风积沙填筑;

(2) 路基顶面设置土工编织布;

(3) 提高路基,放缓路基填方边坡,填方边坡采用 1∶3。

2) 盐渍土

本研究中的沙漠盐渍土主要分布在路线起点的沙漠边缘及深入到沙漠内部的和田河河流泛滥区或低洼地带。沙漠盐渍土主要为局部地段有氯化物中、弱盐渍土。

盐渍土中盐分的转移聚积,是含盐土体中水温等条件综合作用的结果。在毛细水上升、蒸腾与湿度、气压梯度差等作用下,使土体内盐分由下向上、由内部向表层聚集。对公路主要造成的危害有:① 路面盐胀变形;② 道路翻浆;③ 常温湿陷。

沙漠盐渍土处理措施如下：

(1) 根据地质及水文条件，提高路基，使路基最小填土高度满足规范规定和工程处理要求。

(2) 路基填料采用风积沙，放缓路基边坡，加强压实。路基填料为风积沙，将原地面表层 30 cm 含盐量大的沙土挖除后换填风积沙外，不再做特殊处理，但路基填料的风积沙粉黏粒含量要控制在 5% 以内。

(3) 路基顶面设置土工编织布。

3.5 路基包边土设计

包边砾石土施工换填完毕后，分层进行两侧包边砾石土的施工。包边土施工采用人工、机械相结合的方法，施工中必须严格控制包边土的内边线，在包边土内侧挂线，包边砾石土松铺厚度 33 cm，压实厚度为 30 cm。两侧各超宽≥50 cm，以保证路基碾压宽度。采用自卸车卸料，并用装载机或小型推土机推平，最后人工整形、找平。洒水车在包边土顶面上匀速洒水作业，洒水须均匀，含水量控制在最佳含水量的±2%。碾压采用 18 t 单钢双驱振动压路机，先静压 1 遍、振动碾压 2~3 遍、收光 1 遍。碾压至设计要求压实度后再进行中央路基风积沙填筑。

1) 土工格室的铺设

对于路基高度大于 3 m 的风积沙填筑路基，为加强路基与地基的整体结合，防止坡脚或浅层地基的破坏，须在基底铺设一层土工格室。先由施工人员将土工格室张拉开，待张拉到位后，土工格室两端用钢钎固定，然后进行路基两侧包边砾石土的灌注施工，待达到设计压实度后再进行中间路槽风积沙的灌注、碾压。灌注机械采用装载机，装载机进行填料时，料斗应缓慢，并应顺势回收，将填料铺开，避免填料倒入的冲力压倒土工格室。中间路槽风积沙的灌注应从一块土工格室的中央开始，同时配备 1~2 个工人对装载机的部分不均匀作业进行人工填料。风积沙填料灌注完成后，进行第一层风积沙的摊铺、整平、碾压。然后铺设土工布。

2) 土工布的铺设

对于基底处置完成和路基高度小于 3 m 的风积沙填筑路基段，铺设复合土工布隔断层，土工布应全路基断面铺设。两布一膜按设计幅宽横向铺设，相邻两幅搭接时，搭接宽度≥20 cm，采用液体胶粘接，其接头应折向下坡方向。铺筑完成后，要仔细检查有无破损处，若有破损，在破损处的上面加铺大小适当、能防止漏水的土工布进行补强。铺设完成后进行风积沙填料覆盖、平整、洒水、碾压、检测。

第4章　风积沙路基公路施工技术

G216 线五彩湾—大黄山高速公路工程位于新疆维吾尔自治区昌吉回族自治州境内,是国道 G216 线的重要组成路段,是新疆"五横七纵"高等级公路网中第四纵的组成部分,是北疆通往南疆东部的重要干线,项目起止里程为 K452+770～K549+168.128,路线全长 96.398 km。共设互通式立交 5 座(含房建工程),分离式立交 6 座,通道桥 22 座,涵洞 113 道,服务区 1 处、停车场 1 处。

4.1　风积沙路基填筑试验段施工工艺

4.1.1　试验段施工方案

1) 试验段位置

拟在 K503+640～K503+940 段设立路基填筑(风积沙)试验段,长度 300 m,此段内地面相对平整,地质风积沙,可以作为代表性的路段。该试验段路基宽度为 28 m,最高填土高度为 4.61 m,边坡坡度为 1∶4.0,路基填方(风秋沙)37 663 m³,天然砂砾 2 520 m³。

2) 路基填料选择

料源位于主线范围内最近挖方段,就地取材。此取土场风积沙经新疆公路桥梁试验检测中心检测,其主要指标为:标准击实干密度 21.58～1.62 g/cm³,相对密度为 0.49～0.6,最佳含水量 11.9%～13.6%,空隙比 0.57～0.75,湿陷系数 0.012～0.048。

3) 压实工艺的选择

(1) 推土机在天然含水量状态下分层碾压的压实工艺。

(2) 水坠碾压法压实工艺。根据相关数据及现场的实际情况分析,由于施工地处沙漠地段且水资源匮乏,故水坠法不适合本段施工。

4) 机械的选型和组合方案

(1) 机械选型。在试验段施工中压实、摊铺、整平机具配置 T-140 推土机两台,以保证路基表面平整度、摊铺厚度、压实度;运输车辆配备五台 30 t 自卸汽车;挖掘机配备两台 215 三一重工挖掘机,以满足施工需要。

(2) 机械组合。采用 T-140 推土机两台。用人工配合推土机将方格内的土进行粗平,并碾压。每压实一遍就进行压实度检测,并测量标高。若达到预期压实度要求,则整理好数据指导大面积施工。

5) 人员配置

为保证本试验段优质、快速地完成,在施工人员及管理人员配置上做到精心安排,认真挑选。机械操作人员均为有多年高速公路施工经验的熟练工人;管理及技术人员更是高速公路施工经验丰富、业务能力强的施工队长或工程师。在工作中将认真负责,使试验段施工真正具有代表性、准确性和真实性。

6) 压实度、松铺系数及含水量的检测方法

按交通部有关试验规程及规范要求,采用灌砂法和环刀法测定压实度,含水量测定采用酒精燃烧法,同时取样,采用烘干法做对比试验,确保科学、精确。在填土区布置高程测量点,在开始填土前和每碾压一遍后进行标高测量,碾压达到压实标准后,再次进行标高测量,计算出压实后标高。填前和压实后的标高差值为压实厚度,利用压实厚度和松铺厚度计算出松铺系数,用控制点的平均值为松铺系数代表值。

路基各项指标应符合表 4-1、表 4-2 规定。

表 4-1 路基压实度标准

填挖类别	路床顶面以下深度(cm)	路基压实度(%)	填料最小强度(CBR)%	最大粒径(mm)
		高速公路	高速公路	高速公路
零填及挖	0～30	≥94	8	100
填 方	路床(0～80)	≥94	8	100
	路堤(80～150)	≥94	4	150
	路堤(>150)	≥94	3	150
	原地面	≥93		15

表 4-2 施工质量标准

项 次	检查项目	高速公路规定值或允许误差	检查方法和频率
1	纵段高程	+50,-50	每 200 m 测 4 个断面
2	中线平移	50	200 m 测 4 个点,弯道加 HY、YH
3	宽度	不小于设计值	每 200 m 测 4 处
4	平整度	15	3 m 直尺,每 200 m² 处
5	横坡(%)	±0.75	每 200 m 测 4 个断面
6	边坡	不小于设计坡度	每 200 m 抽查 4 处

4.1.2 风积沙路基施工方案

1) 沙基填筑

(1) 沙基填筑施工工艺流程见图 4-1。

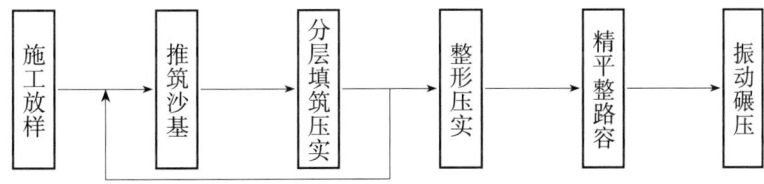

图 4-1 沙基填筑施工工艺流程

（2）施工工艺方法。

① 对拟填筑用沙进行试验检测，风积沙原材料的检验频率应不少于 1 次/km；施工中材料发生变化时，应随时增加检验频率，以控制施工质量。

② 根据恢复的中线、分层填筑的宽度按设计宽每侧宽出 50 cm，边坡按 1：3 测量确定路堤坡脚桩，在边桩处设立明显的分层填筑标志。

③ 沙区路基施工以沿线两侧就近取沙为宜，取沙以沙丘为主，弃沙以沙窝为主，路线两侧取沙时，其宽度尽可能控制在路基两侧 20 m 平整带范围内，并与平整带施工相结合，当取沙较多时，其宽度可适当增加，但不宜超过路基两侧 40 m 的范围。

路线两侧取土坑深度在 1 m 以内时，可将路堤边坡延伸至取土坑底，并尽可能填挖平衡，减少土方量，保护原地貌，利于防沙。当取沙坑深度大于 1 m 时，应在路堤坡脚与取土坑之间设置宽度不小于 3 m 的护坡道，护坡道应整平，其外侧应修成缓于 1：3 的缓坡。尽可能以挖作填，减少弃方，确需废弃时，应纵向就近弃于路线两侧低洼地，并予以整平。

④ 进行沙基填筑试验段施工，在松铺厚度≤50 cm 的前提下，测定不同压实机械的碾压遍数、碾压速度和所达到的压实度，从而确定压实工艺。主要采用两种压实机械：一种是推土机排压，93、94 区排压 3 遍，95 区排压 4 遍；另一种是振动压路机碾压，93、94 区振动压实 2 遍，95 区振动压实 3 遍。

⑤ 风积沙路堤必须根据设计断面分层填筑、分层压实，分层的最大松铺厚度不超过 50 cm。

⑥ 采用推土机，将推至填方路堤的风积沙进行初平（高差应小于 10 cm），推土机排压或压路机碾压，速度 2～4 km/h，分层施工至路基顶面。按断面（直线 20 m 弯道 10 m）操平打灰点，用平地机精平后用振动压路机碾压至符合压实度要求（路床下 0～80 cm 压实度应≥95%，80～150 cm 压实度应≥94%，150 cm 压实度应≥93%），压实度用浸水环刀法检验。沙基交验时应同时交验路基积沙平台、上下边坡及路容。

2）远运风积沙填筑路基

（1）远运风积沙填筑路基工艺流程，见图 4-2。

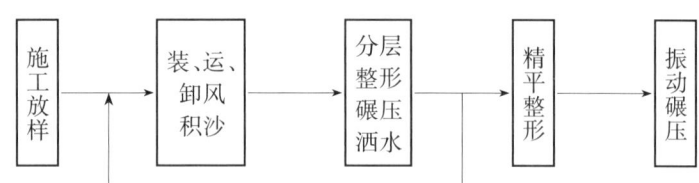

图 4-2 远运风积沙填筑路基施工工艺流程

（2）施工工艺方法。

① 根据恢复的中线，分层填筑的宽度按设计宽每侧宽出 50 cm，边坡按 1：30 测量确定路堤坡脚桩，在边桩处设置明显的分层填筑标志。

② 拟填筑路基风积沙须经检验合格后，方可使用。

③ 填方地段清理完原地面后，应整平压实，确保地面以下 30 cm 范围内的压实度大于 93%，方可进行填方作业。

④ 沙区内，通往取沙场的道路须铺土工布和天然砂砾，整平、洒水、压实。

⑤ 在确定的风积沙料场，装载机配合挖掘机给自卸汽车装沙。风积沙运至填筑地点后，调头卸至指定地点，采用推土机配合平地机整平，压路机跟着碾压。

⑥ 在风积沙路基运沙汽车行驶范围，必须洒水保持经常湿润，否则汽车运输不能进行。

3) 沙基碾压

原地面清理整平推土机或压路机碾压分层推运填料整平推土机碾压。

4) 路拱整形：路拱精平

(1) 用全站仪测定路线中桩、边桩，分别在中桩、边桩处用水平仪测量，打出设计灰点（中桩：直线段 20 m，弯道段 10 m）。

(2) 平地机根据灰点进行整平，直至符合要求。

(3) 碾压，压路机在精平好沙基上进行碾压，直线段由路基边缘向内逐轮碾压，弯道由内侧向外侧碾压，至压实度符合要求为止（≥95%）。整平、碾压应反复进行，至符合设计和规范要求。

5) 边坡整修

(1) 路堑积沙平台和上边坡的初步整修已在路堑开挖时完成。在此用推土机配合平地机精平积沙平台和上边坡，使之平整、顺适和美观。保证积沙平台宽度不小于 3 m，坡度不陡于 1∶4。

(2) 路堤下边坡及取土坑、弃土堆整修。采用推土机整修路堤下边坡，必要时平地机配合整修，由坡顶向坡底推出多余的填沙，保持下边坡不陡于 1∶3，并使坡面平顺、直线顺直曲线圆滑，取土坑、弃土堆平整，顺畅，无阻沙现象。

6) 土工布铺筑

(1) 土工布的类型、规格。通过试验分析、考虑到经济性等因素，阿拉尔—和田沙漠公路采用聚丙烯编织布，材料进场后必须按规定频率检验（1 万 m^2 一次），并符合表 4-3 技术要求。

表 4-3 土工布质量标准

单位面积质量 (g/m²)	抗拉强度 (经向/纬向)	伸长率(%) (经向/纬向)	撕裂强度 (N)暴晒	顶破强度 (N)	刺破强度 (N)
160 g/m² ±10%	≥30/22(kN/m)	≤28%	≥450	≥2 400	≥500

聚丙烯编织布外观应质地均匀，不得使用缺经少纬的次品；土工编织布应放于阴凉室内或土埋储藏，不允许在阳光下长时间储存，储藏期从出厂日算起，不得超过 18 个月。

外观质量：

① 经纬密度偏差。在 100 mm 内与公称密度相比不允许缺 2 根以上。

② 断丝。在同一处不允许有 2 根以上的断丝，同一处断丝 2 根以内（包括 2 根）100 m^2 内不超过 6 处。

③ 蛛网。不允许有大于 100 mm^2 的蛛网；小于 50 mm^2 的蛛网，100 m^2 内不超过 3 个。

④ 布边不良。整卷不允许连续出现大于 2 000 mm 的毛边、散边。

(2) 施工工艺。

① 准备工作。沙基经振动压实后，用平地机整平，使路基宽度、路拱、标高等满足设计要求。

② 铺设土工布。沿路线走向，将成卷的土工布铺在整平的沙基上。可以人工或机械方式展铺，每段长度宜为 150~200 m。土工布要拉紧展平，铺好后派专人检查，残缺处应以另一块土工布（长宽等均比残缺处多 20 cm）覆盖。为防止被风掀起，可在其边缘、搭接处等撒少量风积沙或天然砂砾将其压住。在土工布的接头处要采用重叠式搭接，横向搭接宽度不应低于 30 cm，纵向搭接长度不应低于 50 cm，并用细铁丝或延伸率较小的尼龙绳缝织，缝针间距应小于 30 cm，也可用其他更有效的方法连接。

③ 振动碾压。土工布展铺好后，用振动压路机振动碾压一遍。这既可使土工布与沙基紧密结合，

又可使沙基表层进一步密实。

④ 摊铺天然砂砾。一种方法是自卸车调头倒车（拉料车不得将车轮直接压在土工布上），卸料在作业面稍后的砂砾层上，空车离去后，用装载机将砂砾料摊铺到土工布沙基上，再用平地机精平。另一种方法是运料车向前，使头部靠近作业面，停车卸料在已初平的砂砾层上，装载机将料打开，使空车能倒出返回，然后用装载机将砂砾料摊铺到土工布沙基上，再用平地机精平。

（3）施工过程注意事项。

① 必须保证良好的搭接，应派专人检查巡视。

② 为避免把土工布顶破，天然砂砾层施工时，应按规范要求把料中大于 37.5 mm 颗粒检出。

③ 平地机作业时应谨慎小心，避免刀片把土工布划破。

④ 铺设的土工布必须当天覆盖，以避免暴晒造成强度损失。

4.2 路基填筑（砾石土）试验段施工工艺

4.2.1 试验段施工方案

1）试验段位置

拟在 K521+600～K522+000 段设立路基填筑（风积沙）试验段，长度 400 m，此段内地面相对平整，地质风积沙，可以作为代表性的路段。该试验段路基宽度为 28 m，最高填土高度为 4.61 m，边坡坡度为 1∶4.0，填方工程量为 30 806.31 m³。

2）水源选择

通过实地调查，试验段拟采用 K518+780 准东油田沙南作业区油库机井作为工程用水源地，该处水质较好，且水源丰富，通过检测分析合格，可以作为施工使用水。

3）路基填料选择

料源位于 K548+3902 左侧 500 m 处，此取土场的天然砾、卵石料经检测，其主要指标为：标准击实最大干密度 2.18 g/cm³、最佳含水量 6.8%，承载比（CBR）值 196%，液限 15.0%，塑性指数 5.2。

4）机械的选型和组合方案

（1）机械选型。在试验段施工中压实机具配置 22 t 柳工压路机 3 台、洒水车 3 辆，以保证填料的含水量，摊铺整平机械配备山推-160 推土机 2 台及天工 180 平地机 1 台，以保证路基表面平整度，运输车辆配备 25 台 20 m³ 自卸汽车，挖掘机配备小松 360 挖掘机 1 台、卡特 320 挖掘机 1 台，以满足施工需要。

（2）机械组合。在保持推土机、装载机、压路机、平地机、交通车、挖掘机、自卸汽车数量满足标准化强制性最低要求的情况下，采取以下两种机械组合方式：

第一种机械组合。采用 22 t 压路机 3 台，人工配合推土机将方格内的土进行粗平，检测含水量，当含水量不在最佳含水量±1%以内时，使用洒水车均匀洒水或晾晒，达到最佳含水量±1%以内后再用平地机进行细平，试验段松铺厚度为 30 cm，3 台压路机同时碾压，先静压 1 遍，然后弱振 2 遍，再进行强振，强振每压一遍就进行压实度检测，并测量标高，若达到预期压实度要求，则整理好数据，与第二种机械组合所得数据进行比较，选择最佳机械组合指导大面积施工。

第二种机械组合。采用 22 t 压路机 3 台，用人工配合推土机将方格内的土进行粗平，检测含水量，当含水量不在最佳含水量±1%以内时，使用洒水车均匀洒水或晾晒，达到最佳含水量±1%以内后,再用平地机进行细平,试验松铺厚度为 30 cm,先用推土机 2 辆进行初碾,再用 3 台压路机碾压,先静压 1 遍,然后弱振 1 遍,再进行强振,强振每压一遍就进行一次压实度检测,并测量标高,若达到预期压实度要求,则整理好数据,与第一种机械组合所得数据进行比较,选择最佳机械组合指导大面积施工。

5) 压实度、松铺系数及含水量的检测方法

按交通部有关试验规程及规范要求,采用灌砂法和环刀法测定压实度,含水量测定采用酒精燃烧法,同时取样,采用烘干法做对比试验,确保科学、精确。在填土区布置高程测量点,在开始填土前和每碾压一遍后进行标高测量,碾压达到压实标准后,再次进行标高测量,计算出压实后标高。填前和压实后的标高差值为压实厚度,利用压实厚度和松铺厚度计算出松铺系数,用控制点的平均值作为松铺系数代表值。

4.2.2 施工方法

1) 施工准备

(1) 施工放样。根据路线中桩把路基边缘位置标定在地面上,定出路基轮廓线作为施工依据。

(2) 中线复测。对设计院交付的沿线 GPS 点进行了认真复核,上述各点的坐标控制精度已达到 1/15 000,高程精度达到 $20\sqrt{L}$ [L 为往返测段、附合或环线的水准路线长度(km)]要求,所有精度均符合要求。根据已复测的主要导线点采用全站仪测设中线桩,每 20 m 定一中线桩,之后复测原地面标高。

(3) 边桩放样。本段地势平坦,地面横坡相对均匀一致,用计算法放出路基边桩,计算时须考虑每边各增加 50 cm 宽度,再用白灰沿路基边线洒出明显标志。

按照《路基试验段施工平面布置图》红线范围内的有机土、种植土和垃圾等进行清理。清表深度按 30 cm 控制,清理完成后使用平地机先把路基刮平,然后使用压路机进行碾压,直到符合要求为止。

2) 盐渍土换填

本段路基的换填工程施工采取挖掘机、推土机、装载机联合作业并人工配合,以及自卸车运输施工的施工方法。根据施工图纸由测量班准确测量路基换填的线路中桩及路基坡线位置、标高,并用白灰明显标记清楚,然后利用推土机、挖掘机及自卸车配合,挖除弃土。挖至设计标高后使用平地机先把基底刮平,然后使用压路机进行碾压,直到符合要求为止。

3) 基地处理

将填方段路基用地范围内的坑洞、墓穴、枯井等按监理工程师的批示要求和指定的材料分层回填压实。

4) 路基填筑

(1) 填筑方法。根据试验段地势平坦、地貌单一的特点,可采用水平分层填筑的方案,按照路堤设计的横断面自下而上逐层填筑。

(2) 松铺布土。在施工准备工作完成后,即对试验路段进行布土,布土采用方格法,自卸汽车运土至试验段填筑场地。布土时,从一端开始,左右成排、前后成行按照方格布土。

(3) 摊铺。每 20 m 使用 30 cm 红白相间标杆成左、中、右三排挂线控制松铺厚度,测量人员跟随推土机及时检测,根据各桩号地面标高,控制好表层顶面标高,注意松铺厚度,使填土达到标准厚度。

5) 整平

布土过程中,用 SD-160 推土机在已布土范围内进行摊铺,天工-180 平地机进行整平。整平由

两侧向中间沿路线方向进退式进行。整平完成后,由距离固定桩定出高程检测点,测量其标高,以确定填土松铺厚度。

6) 碾压

(1) 压实因素控制。

① 含水量。及时检测并控制土的碾压含水量,保证在该种土最佳含水量±1%以内压实。当土的含水量不在此范围内时,应均匀加水或将土摊开、晾晒,达到上述要求后方可进行碾压。

② 压实机具和压实方法。不同的压实机具对不同土质的压实效果不同,压实时合理选择压实机具,控制好行驶速度,以获得最好的压实效果。压实因素不可片面控制,几方面要协调进行,含水量最佳、压实遍数适当、压实机具适宜、方法正确时,压实效果才能达到最佳。

(2) 压实施工。

① 压实机具先轻后重,先用压路机静压一遍,然后再振动碾压,直到满足压实度要求为止。

② 碾压速度应先慢后快,最大速度不宜超过 4 km/h,以免松土被推走。头两遍的碾压速度采用 1.5~1.7 km/h,以后的碾压速度采用 2.0~2.5 km/h。

③ 压实机具工作线路要合理,碾压由内侧向外侧、纵向进退式进行,以保证路拱,相邻两轮次应至少重叠 1/3,保证压实均匀,做到不漏压、无死角。

(3) 压实质量检验分析。当压路机在第一遍压实结束后,用灌砂法进行压实度检测,以后每遍碾压结束后分别进行检测,根据检测结果确定压实遍数。

(4) 碾压达到要求并经现场监理工程师确认后,即可停止碾压,然后根据距离、固定桩定出各高程检测点,并测其高程,以确定压实厚度,算出松铺系数。

7) 路基面整形

路堤从底基分层填筑碾压至设计标高后,路基进入预压期,预压期结束后,利用平地机配合人工按设计要求对路基顶面整形,超出部分用刮刀刮掉,不足部分再填土、压实。

8) 边坡整修

路堤边坡按设计要求坡度,挂线自上而下利用人工进行坡面整修,坡面有坍塌缺口时,自下而上分层挖台阶加宽填补夯实,再按设计坡面刷坡。两侧超填部分也应刷除。

9) 过渡段路基施工

过渡段路基主要指桥台背后缺口、涵洞两侧缺口等路基薄弱地段,此处是路基施工的关键部位,控制不好会产生路基不均匀沉降、滑坡、裂缝等病害,造成跳车现象,因此作为关键工序来组织施工。

4.3 路面底基层施工工艺

4.3.1 试验段施工方案

1) 确定填料的松铺系数

左幅底基层施工时,采用装载机粗平,平地机精平,使底基层在碾压之前能够获得均匀一致的厚度。根据本标段路基填筑经验,松铺厚度暂定为 24 cm,碾压成型后的压实厚度为 20 cm,故松铺系数暂定为 1.2。

在开始填料前和每碾压一遍后进行标高测量,碾压达到压实度标准后,再次进行标高测量,计算出压实后标高。填前和压实后的标高差值为压实厚度,利用压实厚度和松铺厚度计算出松铺系数,用控制点的平均值为松铺系数的代表值。

2) 确定机械的最佳组合方式及碾压遍数

根据《公路工程质量检验评定标准》及《新疆维吾尔自治区公路建设标准化管理手册》规定的压实度要求施工,通过对不同类型的压实机械组合,确定达到规定的压实度所需机械组合方式和碾压遍数。

3) 确定压实方案

严格按照压实原理,当填料的含水量等于或略大于最佳含水量时,立即进行碾压作业。压实过程中禁止机械停顿、变速、调头。碾压方案初步选定如下:第1遍碾压采用无振动静压,第2遍~第4遍采用振动碾压(第1遍采用弱振、后2遍采用强振),第5遍采用静压收面。

第1遍静压时碾压速度控制在1.5~1.7 km/h,振动碾压时速度控制在2.0~2.5 km/h,静压收面时速度控制在4 km/h。每碾压一遍测一次压实度,并做好详细记录。

4.3.2 天然砂砾底基层施工工艺

1) 工艺流程

左幅天然砂砾底基层施工工艺:准备下承层→料场闷料→施工放样→运输和摊铺集料→整平→碾压→横缝处理→检查验收。

2) 施工方法

本试验段底基层左幅平均宽度13.51 m、20 cm厚,施工采用机械施工为主、适当配合人力施工的方式进行,左幅天然砂砾采用装载机初平、平地机精平、压路机碾压。施工严格按照《公路路面基层施工技术规范》和《新疆维吾尔自治区公路建设标准化管理手册》要求进行,确保路面底基层填筑质量。

(1) 下承层准备。

① 底基层施工前,把该试验段落路基按JTGF 80/1—2004《公路工程质量检验评定标准》实测项目内容进行检查验收,验收合格并经监理工程师同意后,方可施工。

② 在铺筑底基层之前,先对作业面进行检查,将路床表面所有浮土、杂物清除干净,对表面适当洒水。

(2) 施工放样。在验收合格的试验段路基上恢复中桩、边桩,本试验段位于平曲线段,每10 m设一桩。放出底基层边线,并在两侧路肩边缘处插入钢钎作为指示桩,相邻钢钎挂钢丝做标高线,按标高线施工。施工过程中,指示桩如有丢失或移动,及时补桩抄平。

(3) 运输集料。填料采用自卸汽车运输,应控制每车的数量基本相等,每车方量为22 m³,松铺厚度暂定为24 cm,左幅底基层宽度为13.51 m,在路床上打出网格,网格横向间距为6.75 m,纵向间距为13.58 m。自卸车卸料时,按距料场的距离,由远到近将填料卸于网格内。卸料距离应严格控制,避免料不够或过多;集料在下承层上的堆置时间不应过长,运送集料与铺集料工序应紧凑衔接。运输过程中不得卸料或无故停车,且必须用篷布覆盖。

(4) 摊铺整平。左幅天然砂砾底基层施工,用装载机将集料均匀摊铺在预定的宽度上,表面应力求平整,并按照规定预留路拱。摊铺过程中,人工配合将超尺寸颗粒及其他杂物拣除。装载机粗平后,检查标高,再用平地机精平,精平时由外侧向内侧进行刮平。平地机精平完成后,现场技术员采用挂线法及时检查松铺高程及松铺厚度,符合要求后用压路机在试验路段上快速静压一遍,以暴露潜在的不平整。压路机静压一遍后,再用平地机按规定的路拱进行整平和整形。在整形过程中,严禁任何车辆通行。

(5) 碾压。

① 整形完成后，当填料的含水量等于或略大于最佳含水量时，立即进行碾压作业。每碾压一遍进行压实度检测（碾压一个来回为一遍），直到满足压实度要求。碾压工序初步选定如下：

第 1 遍碾压采用无振动静压，第 2 遍~第 4 遍采用振动碾压（第 1 遍采用弱振、后 2 遍采用强振），第 5 遍采用静压收面。第 1 遍静压时碾压速度控制在 1.5~1.7 km/h，振动碾压时速度控制在 2.0~2.5 km/h，静压收面时速度控制在 4 km/h。

② 本试验段位于设超高的平曲线段，碾压时，由内侧路肩向外侧路肩进行碾压，轮迹应重叠 1/3 轮宽，使每层全宽全厚度范围内均匀地压实到要求的压实度，路面两侧应多压 1~2 遍，以保证边缘压实度。严禁压路机在已完成的或正在碾压的路段上调头或急刹车，以保证底基层面不受破坏。

(6) 横缝处理。两作业段的衔接处，应搭接拌和。待第一段拌和后，留 5~8 m 不进行碾压，第二段施工时，前段留下未压部分与第二段一起拌和整平后进行碾压。

(7) 检查验收。左幅底基层施工完成后，按《公路工程质量检验评定标准》相关规定进行验收，验收合格后，方可进行 5% 水泥稳定砂砾基层施工。

4.4 路面基层施工工艺

1) 工艺流程

水泥稳定砂砾基层施工工艺：支模、培土模→拌和→运输→摊铺→碾压→接缝处理→养生及交通管制→检查验收。

2) 施工方法

本次试验段在左幅进行，平均宽度为 12.59 m，厚度为 32 cm（分两次进行摊铺，每层摊铺 16 cm）。本标段路基基层施工计划采用"双机联铺"作业。即在作业宽度内，用两台三一 DTU95C 型摊铺机一前一后相距 5~8 m 联合施工，两台摊铺机摊铺速度一致，后台摊铺机的熨平板一端放在前面已铺的混合料上，每层压实厚度控制在 16 cm，摊铺 80~100 m 后经检验下基层压实度合格后，倒退回来进行上基层的摊铺。

(1) 支模、培土模。支模采用培土模板或模板的施工方法，模板采用钢模。支模的质量控制要点是支撑点的合理设计和施工。培土模的质量控制要点是压实度、宽度和高度，设计宽度的外侧到路基边缘的压实度不小于 90%，下基层培土模高度同水稳铺高一致，上基层培土模的压实后高度和设计高度一致，土模必须拉线控制线形，控制好这点后可以有效防止水稳施工时的推移和边部压实。并在两侧边线外 30 cm 处插入钢钎作为指示桩，在指示桩上安装基准线。基准线是和路面基层顶面相平行的两条标高线，摊铺机通过这两条标高线来控制混合料的摊铺厚度、纵坡和平整度。施工中使用的基准线就是安装在基层两侧边线外 30 cm 处的两条钢丝，钢丝直径为 3 mm，钢丝的张拉力不小于 1 kN，施工过程中根据钢丝的伸长量来控制张拉力。钢丝顶面的标高通过整 10 m 桩号处的钢钎控制，钢丝安装在钢钎的横杆上。为减少因钢丝安装偏差对混合料厚度、标高和平整度的影响，在安装钢丝基准线时应注意以下几点：

① 安放钢丝的钢钎的横杆应水平或稍微向上倾斜。避免摊铺机找平装置的传感器在钢丝绳上滑动经过钢钎横杆时落在横杆上，而传递错误信息给摊铺机，影响摊铺层标高和平整度。

② 每根钢丝的长度不大于 200 m，以减少因钢丝自重下垂对摊铺层标高和平整度的影响。

③ 钢丝应和路面中线平行，钢丝离底基层边线的距离始终为 30 cm，避免钢丝基准线横向偏移引

起的标高偏差对摊铺层的影响。标段基层的摊铺使用两台三一DTU95C型摊铺机联铺作业,两台摊铺机前后相距5~8 m。两台摊铺机外侧的传感器分别以摊铺层两边的钢丝为基准;前台摊铺机内侧的感应器以设置在施工路段中间的平衡梁为基准,平衡梁总长18 m,每节长3 m,平衡梁顶面标高和摊铺层两边钢丝顶面在同一平面上;后台摊铺机内侧的感应器以前台摊铺机已摊铺混合料的顶面为基准。

(2) 混合料的拌和。

① 基层混合料采用厂拌法集中拌制。根据有关要求和本标段的实际情况,在基层施工前期,选用两套MWB6001型拌和机,其设计生产能力为600 t/h。

② 拌和机安装完毕并经过调试一切正常后,联系技术监督部门对电子计量系统进行标定,以保证水泥和集料的准确称量。

③ 在正式拌制混合料之前,测量集料的实际含水量,并根据集料的含水量,将试验室配合比换算成施工配合比。实际拌和时,混合料的含水量应较最佳含水量大0.5%~1%,以弥补混合料在运输和摊铺过程中的水分损失,保证碾压时混合料的含水量不小于最佳含水量。

④ 为避免料仓中的集料串料,料仓上口之间要用隔板隔开,上料用装载机的装料斗的宽度应小于料仓的上口宽度。

⑤ 拌制混合料时应严格控制水泥剂量,为保证混合料拌和均匀,拌和时间一般宜不小于1 min。

⑥ 混合料出场前,安排试验人员及时进行检查,严禁不合格的混合料出场。

(3) 混合料的运输。为避免在摊铺过程中,自卸汽车频繁往摊铺机的料仓中卸料对摊铺机正常行驶速度的影响,同时为防止混合料运输车辆对已施工路面结构的破坏,本标段选用后八轮自卸汽车运输水泥混合料,控制其运输重量为22 t左右。

为保证拌和机和摊铺机的连续作业,避免拌和机间断作业对混合料质量的影响和摊铺机无法正常连续行驶,对基层平整度的影响,在施工前期,运输汽车数量为20台,随着工程的进展,再根据实际情况增加运输汽车数量。

(4) 摊铺。在摊铺机拼装完成后,及时检查摊铺机的工作状况,检查刮板输送器、闸门和螺旋分料器的状况是否良好,振动的等级和行驶速度是否适合,熨平板底面有无磨损、变形,厚度调节器和拱度调节器是否良好,自动找平装置是否良好,各部位有无异常。检查过程中,根据工程需要,调整摊铺机的有关参数。

① 熨平板宽度和横坡度的选择。根据试验段左幅基层的设计宽度和横坡,将两台摊铺机熨平板的宽度分别设置为7 m和6.5 m,横坡调为2%。

② 摊铺机作业速度的选择。摊铺机的摊铺速度对施工各工序及摊铺质量影响极大,正确选择摊铺速度可加快施工进度,提高摊铺质量。如果摊铺速度过快,摊铺机振捣装置在振捣处的停留时间和振捣次数减少,从而影响摊铺层的密实度,造成摊铺层疏松。同时,在拌和能力一定的情况下,摊铺速度过快,也容易造成供料困难,使摊铺机无法匀速行驶,造成摊铺机熨平板的工作倾角不停地变化,使摊铺层表面时高时低。这两方面将严重影响摊铺层的标高和平整度。如果摊铺速度过慢,拌和设备的生产能力就无法达到最佳水平,影响施工进度造成施工成本增加;同时,因摊铺速度过慢,易使摊铺层表面出现台阶状,过早出现波浪、搓板等现象,不宜压实。根据拌和机的生产能力,可按下式大致算出摊铺机的行驶速度,摊铺机在施工中的实际摊铺速度通过试验段来确定,初步定为1.5 m/min:

$$V = 100QK/(60BH)$$

式中 V——摊铺速度(m/min);
Q——拌和机的生产能力(m/min);
B——摊铺宽度(m);
H——摊铺厚度(cm);
K——效率系数,一般取 0.84~0.95。

③ 摊铺厚度的确定和熨平板初始工作角的调整。试验段施工时松铺系数拟用 1.30,正式施工过程中采用的松铺系数由试验段确定。在每次施工开始前,根据确定的摊铺厚度来调整熨平板的初始工作角。首次摊铺时,沿垂直路线方向设置几根方木,方木顶面的标高和摊铺层顶面的标高一致。摊铺机的熨平板靠自重落在方木上(连续摊铺时,熨平板可放在前一次摊铺层的末端),然后调整感应器至正常状态。即确定熨半板的初始工作角。开始摊铺后,在 4~10 m 内多点检验实际摊铺厚度和摊铺层顶面标高,并与设计值比较,来确定是否继续调整确定熨平板的初始工作角。

④ 摊铺机供料机构的选择。摊铺机的供料机构包括刮板输送器和向两侧布料的螺旋分料器两部分。这两部分应相互配合,工作速度应匹配。刮板输送器的运转速度和闸门的开启程度影响摊铺室的供料量。摊铺室最恰当的混合料数量是堆料的高度平齐或略高于螺旋分料器直径的 2/3,即稍微看见螺旋叶片或刚盖住叶片为佳。闸门的开启程度,在保证摊铺室内最恰当的混合料数量的情况下,要使刮板输送器和螺旋分料器在全部工作时间内不停地运转。但由于各种因素的影响,为保证摊铺室内的混合料数量,刮板输送器和螺旋分料器不可避免地要有暂停运转和再启动的情况发生。正常施工中,这种情况不允许出现太多,一般应保证刮板输送器和螺旋分料器的正常运转时间占全部工作时间的 80%~90%。

⑤ 粗细集料离析处理。在摊铺机后面设专人清除粗细集料离析现象,此过程应一直延续到混合料碾压结束方可停止。具体方法是设一个 2~3 人的小组,携带一辆装有新拌混合料的小车,跟在摊铺机后面,及时消除料细集料窝和粗集料带(铲除粗集料补以新拌的均匀混合料,或撒拌均匀的水泥细集料混合料,并与粗集料拌和均匀)。

⑥ 若上下层不连续施工,宜在下基层清扫干净后,头天晚上洒水,第二天铺筑前洒一层水泥浆以保证上下基层的粘结,水泥浆采用水灰比 0.4,每平方米洒布 1.0~1.2 kg,可采用手扶拖拉机拉灰浆机均匀撒喷。

(5)碾压。

① 当填料的含水量等于或略大于最佳含水量时,立即进行碾压作业。从第 3 遍振动碾压开始,每碾压一遍进行压实度检测(碾压一个来回为一遍),直到满足压实度要求。碾压工序初步选定如下:第 1 遍碾压采用无振动静压,第 2 遍~第 5 遍采用振动碾压(第 2 遍采用弱振,后面采用强振),第 6 遍采用胶轮压路机碾压一个来回,以消除轮迹提高密实度。

第 1 遍静压时碾压速度控制在 1.5~1.7 km/h,振动碾压时速度控制在 2.0~2.5 km/h。

② 本试验段位于设超高的曲线段,碾压时,由内侧路肩向外侧路肩进行碾压,轮迹应重叠 1/3 轮宽,使每层全宽全厚度范围内均匀地压实到要求的压实度,路面两侧应多压 1~2 遍,以保证边缘压实度。碾压施工时,应将驱动轮朝向摊铺机,避免混合料产生堆挤、拥包。压路机折返应呈阶梯形,不应在同一断面上。严禁压路机在已完成的或正在碾压的路段上调头或急刹车,以保证底基层面不受破坏。

③ 碾压过程中,现场已成型段落严禁出现"薄层贴补"现象,并应始终保持表面湿润,表面缺水时,及时少量均匀洒水,如出现局部弹簧应及时挖出换料。

（6）接缝处理。在基层施工中，若因故造成施工中断时间超过容许延迟时间和试验段结束后，应将摊铺机驶离摊铺层末端设置横向施工接缝。横向施工接缝处理的好坏直接影响到该处面层的平整度、压实度。施工接缝的处理方法如下：

① 人工将摊铺层末端含水量合适的混合料清理整齐，紧靠混合料末端安放方木作为模板，方木的高度与混合料的压实厚度相同，整平紧靠方木的混合料。

② 将方木模板支撑到离混合料大约 4 m 的摊铺机上，将混合料碾压密实。

③ 在重新开始摊铺之前，将方木除去，并将下承层表面清扫干净。

④ 摊铺机返回已压实层末端，重新开始摊铺混合料。

（7）养生及交通管制。碾压完成并经压实度检查合格后，立即覆盖养生膜养生，养生期不少于 7 d。养生期内封闭交通，除洒水车辆外禁止其他车辆通行。

（8）检查验收。基层施工完成后，按《公路工程质量检验评定标准》相关规定进行验收。

4.5　沥青下面层施工工艺

4.5.1　施工前的准备工作

1）准备下承层（下面层）及喷洒粘层油

（1）下面层已按规范要求进行报检，各项指标均符合设计和规范要求。

（2）清理下面层上的杂物，确保表面清洁，必要时用鼓风机进行清理，彻底清除表面的浮尘和松散的颗粒。

（3）对于路面检测钻芯孔在喷洒粘层油前封堵完成。

（4）为了增加层间结合，在摊铺中面层前，在清理完毕的下面层上喷洒粘层油，粘层油采用乳化沥青。采用沥青洒布车喷洒粘层油时选择适宜的喷嘴、洒布速度和喷洒量保持稳定。喷洒的粘层油必须成均匀雾状，在路面全宽内均匀分布成一薄层，不得有花洒漏空或呈条状，也不得有堆积，喷洒不足的要补洒，过量应予刮除。喷洒粘层油后，严禁运料车外的其他车辆和行人通过。

（5）粘层油在施工前 1~2 d 完成，喷洒量在 0.3~0.5 L/m²。待乳化沥青破乳、水分蒸发完成，紧跟着铺筑沥青层，确保粘层不受污染。

2）试验仪器的自校和标定

（1）项目部工地试验室的试验检测设备均经计量部门计量标定。

（2）对部分不需进行标定的试验仪器设备进行自校，保证其良好的使用状况和精度。

3）施工放样

沥青混凝土铺筑前，测量人员对中线每 10 m 一个断面进行恢复，每断面左、中、右三点进行标高测量，做好记录并计算结果，作为铺筑及测量松铺厚度的依据。铺筑高程按照走钢丝的方式进行控制，挂钢丝钢钎离边线 15 cm，钢丝长度不超过 200 m，减少钢丝自重引起的下垂，钢丝高度控制按虚铺+10 cm；指甲呈水平或向上抬头，不允许向下低头；宽度按 11.88 m 控制，边部采用 7 cm×7 cm 角钢支护模板，一块模板有三个钢钎加木块固定，保证模板支撑的牢固性。

4）进行技术交底及安全施工交底

召开交底会议，按照规范要求和安全生产要求向参加施工的技术人员、管理人员、机械操作人员、辅助施工人员、安全管理人员进行施工和安全技术交底。

4.5.2 施工方法和施工工艺

1) 工艺流程

下承层清扫→测量放样→喷洒粘层油→混合料拌和→汽车运输→摊铺→碾压→检测。

2) 施工方法

(1) 沥青混合料的拌制。

① 严格掌握沥青和集料的加热温度以及沥青混合料的出厂温度。集料温度应比沥青温度高 10~20℃,热混合料成品在储料仓储存后,其温度下降不应超过 10℃,沥青混合料的施工温度控制范围见表 4-4。

表 4-4　沥青混合料的施工温度控制　　　　　　　　　　　　　　　　　　　(℃)

沥青加热温度	160~170
矿料温度	170~180
混合料出厂温度	正常范围 150~165,超过 190 废弃
混合料运输到现场温度	不低于 140~150
摊铺温度	不低于 130~140,不超过 165
初压温度	不低于 130
复压温度	110~130
终压温度	90~115
碾压终了温度	不低于 70

② 拌和时间及加料次序:加集料→加沥青→加矿粉→拌和→出料,拌和时间不宜少于 45 s(其中干拌 5~10 s)。

③ 拌和站操作人员将试验室提供的生产配合比输入计算机,由计算机进行全过程控制。

④ 拌和的混合料应均匀一致、无花白料、无结团成块或严重粗细料分离现象。随时检查混合料的均匀性,及时分析异常现象,如确认为质量问题,做废料处理并及时予以纠正。

(2) 沥青混合料的运输。

① 为防止沥青与车厢板粘结,在车厢侧板和底板涂一薄层油水(1:3)混合液。

② 采用温度计检测沥青混合料的出厂温度和运至现场温度。插入深度要大于 150 mm,每车均测并做记录。

③ 拌和机向运料车放料时,汽车应前后移动,分数堆装料,以减少粗集料的离析现象。

④ 沥青混合料运输车的运量应较拌和能力和摊铺速度有所富余,摊铺机前方应有五辆运料车等候卸料。

⑤ 运料车要有完好无损的篷布覆盖,避免温度损失或污染环境。

⑥ 连续摊铺过程中,运料车在摊铺机前 10~30 cm 处停住,不得撞击摊铺机。卸料过程中运料车应挂空挡,依靠摊铺机推动前进。

(3) 沥青混合料的摊铺。本标段采用两台沃尔沃 8820 摊铺机进行摊铺,施工前将摊铺机的各项性能状态由操作手依据实际调整到最佳状态,夯锤级别定为 3 级,夯锤频率 8 次/s,并均匀、连续不间断地摊铺。两台摊铺机前后错开 10~20 m,两幅之间搭接 3~6 cm 并躲开车道轮迹带。摊铺时采用走平衡梁的方法进行施工,松铺系数暂定为 $K=1.20$,中面层设计厚度为 5 cm,摊铺厚度为 6 cm。施工完成后,及时进行松铺系数的验证,以指导后续施工。

① 摊铺机行走前先"闷料"预热,且要保持摊铺机螺旋内的混合料不少于 2/3 高度,以防混合料离析。摊铺机的收料斗尽量开大,保证向后部供料充足,也不要使收料斗送空或频繁卷斗,以免粗料集中进入斗底造成混合料离析。摊铺机熨平板必须拼接紧密,不许存有缝隙,防止卡入粒料将摊铺面拉出条痕。路面两侧由人工进行处理,两侧混合料宜稍高出摊铺面。

② 用摊铺机摊铺的混合料未压实前,施工人员不得进入踩踏。一般不用人工不断地整修,只有在特殊情况下,如局部离析,须在现场管理人员的指导下,允许用人工找平或更换混合料,缺陷较严重时应予铲除,并及时调整摊铺机或改进摊铺工艺。

③ 摊铺机的摊铺速度根据拌和机的产量、施工机械配套情况及摊铺厚度、摊铺宽度等予以调整。本次试验段施工摊铺速度暂定为 2~3 m/min,施工时应均匀、不间断地连续摊铺。

④ 沥青混合料摊铺过程中随时检查其宽度、厚度、平整度、横坡,对不合格之处及时进行调整。对外形不规则、空间受到限制以及构造物接头等摊铺机无法工作的地方,采用人工铺筑。

⑤ 沥青混合料摊铺过程中随时检查摊铺温度,摊铺温度控制在 130~140℃。

⑥ 摊铺时遇雨立即停止施工,并消除未压实成型的混合料;遭受雨淋的混合料应废弃,不得卸入摊铺机摊铺。

(4) 沥青混合料的压实成型。

① 沥青混合料的压实是保证路面施工质量的重要环节,为保证压实度和平整度,初压在混合料不产生推移、开裂等情况下尽量在摊铺后较高温度下进行。

② 压路机应以缓慢而均匀的速度碾压,本次试验段施工采用钢轮在前、胶轮在后的组合方式进行碾压,并根据试验段确定最佳碾压组合。压实程序为初压、复压、终压(包括成型)三个阶段。压实过程中,压路机以慢而均匀的速度碾压,驱动轮面向摊铺机,碾压的线路及方向保持一致,并遵循从外侧向中心、从低向高的碾压原则。

a. 初压。紧随摊铺机后碾压,采用双钢轮压路机静压 1 遍。并保持较短的初压区长度,以尽快使表面压实,减少热量散失。初压温度不低于 130℃。碾压速度为 2 km/h。

b. 复压。紧跟在初压后进行,且不得停顿。采用以下两种组合,以检查压实效果:

双钢轮振动碾压 2 遍,胶轮碾压 2 遍,检测压实度;

双钢轮振动碾压 3 遍,胶轮碾压 2 遍,检测压实度。

压路机碾压段的总长度缩短至 60~80 m。复压温度控制在 110~130℃。碾压速度为 3 km/h。

c. 终压。紧跟在复压后进行,采用双钢轮压路机静压 1~2 遍,以达到要求压实度,并无明显轮迹为准。终压温度控制在 90~115℃。碾压终了的温度不低于 70℃。碾压速度为 4 km/h。压路机碾压速度见表 4-5。

表 4-5 压路机碾压速度 (km/h)

压路机类型	初 压	复 压	终 压
胶轮压路机		3	
双钢轮压路机	2	3	4

③ 在当天碾压的尚未冷却的沥青面层上,不得停放压路机或其他车辆,并防止矿料、油料和杂物

散落其上。

④ 压实完成 24 h 后，方能允许施工车辆通行。

(5) 施工接缝的处理。

① 纵向施工缝。采用两台摊铺机成梯队联合摊铺方式的纵向接缝，应在前部已摊铺混合料部分留下 10~20 cm 宽暂不碾压用作后高程基准面，并有 4~10 cm 的摊铺层重叠，以热接缝形式在最后做跨接碾压以消除缝迹，上下层纵缝应错开 15 cm 以上。

② 横向接缝。

a. 在已成型沥青层的端部，先用 6 m 直尺检查，将平整度超过 3 mm 的部分切去，挖除干净，并将切面上的污染物用水洗刷干净，再涂以沥青粘层，基本干后，摊铺机再就位。

b. 在熨平板开始预热前，量出接缝处沥青层的实际厚度，根据松铺系数算出松铺厚度，熨平板应预热 14~20 min，使接缝处原路面的温度在 65 ℃ 以上。开始铺筑的速度要慢，一般为 1 m/min。

c. 碾压开始前，将原路面上的沥青混合料清除干净，接缝处保持线条顺直，固定 1 台振动压路机处理接缝，路面中间部分采用横向碾压，两侧采用纵向碾压。横压时钢轮大部分压在原路面上，逐渐移向新铺路面，前后 4~6 遍；纵压时应使压路机的后轮超出接缝 3~6 m。一般振压 2 遍，静压 2~3 遍。

(6) 开放交通及其他。

① 待结构层自然冷却，表面温度低于 50 ℃ 方可开放交通，并控制车辆行驶速度在 15 km/h 以内，严禁紧急刹车和掉头。

② 铺筑好的结构层严格控制交通，保持整洁，严禁堆放杂物或作他用。

4.6 沥青上面层施工工艺

4.6.1 施工前的准备工作

1) 原材料准备

路面上面层施工所用的沥青、碎石、机制砂、矿粉等原材料在进场前先进行各种试验，各种材料的选用必须符合 JTG F 40—2004《公路沥青路面施工技术规范》和设计有关技术指标要求。不合格的材料坚决不用。

(1) 沥青。采用新疆宝利 SBS(I-C)改性沥青，检验结果表明该沥青符合 JTG F 40—2004《公路沥青路面施工技术规范》的技术要求。

(2) 粗集料。采用 K418 石料厂生产的 12~17 mm、6~12 mm、3~6 mm 三种规格的碎石。

(3) 细集料。采用 K418 石料厂生产的 0~3 mm 规格的机制砂。

(4) 矿粉。采用奇台镇金路矿粉厂生产的矿粉。

以上材料检验结果表明，所用集料符合《公路沥青路面施工技术规范》中高速公路、一级公路沥青面层用集料质量要求。

现在各种原材料已备料充足，能满足大面积施工用料的需要。

2) 配合比设计

生产配合比

$1^{\#}$ 仓(0～3 mm)：$2^{\#}$ 仓(3～6 mm)：$3^{\#}$ 仓(6～12 mm)：
$4^{\#}$ 仓(12～17 mm)：矿粉＝27：7：34：25：7

最佳油石比为5%。

3) 准备下承层(中面层)及喷洒粘层油

(1) 中面层已按规范要求进行报检，各项指标均符合设计和规范要求。

(2) 清理中面层上的杂物，确保表面清洁，必要时用鼓风机进行清理，彻底清除表面的浮尘。

(3) 对于路面检测钻芯孔在喷洒粘层油前封堵完成。

(4) 为了增加层间结合，在摊铺上面层前，在清理完毕的中面层上喷洒粘层油，粘层油采用乳化沥青。采用沥青洒布车喷洒粘层油时选择适宜的喷嘴、洒布速度和喷洒量保持稳定。喷洒的粘层油必须成均匀雾状，在路面全宽内均匀分布成一薄层，不得有花洒漏空或呈条状，也不得有堆积，喷洒不足的要补洒，过量应予刮除。喷洒粘层油后，严禁运料车外的其他车辆和行人通过。

(5) 粘层油喷洒量在 0.3～0.5 kg/m^2。待乳化沥青破乳、水分蒸发完成，紧跟着铺筑沥青层，确保粘层不受污染。

4) 试验仪器的自校和标定

(1) 工地试验室的试验检测设备均经过计量部门计量标定。

(2) 对部分不需进行标定的试验仪器设备进行自校，保证良好的使用状况和精度。

5) 施工放样

沥青混凝土铺筑前，测量人员对中线每 10 m 一个断面进行恢复，每断面左、中、右三点进行标高测量，做好记录并计算结果，作为铺筑及测量松铺厚度的依据，本次试验段松铺系数暂按 1.20 控制。摊铺机行走时采用非接触式平衡梁。宽度按 11.79 m 控制，边部采用 5 cm×5 cm 方木支护模板，一块模板有三个钢钎加木块固定，保证模板支撑的牢固性。

6) 进行技术交底及安全施工交底

召开交底会议，按照规范要求和安全生产要求向参加施工的技术人员、管理人员、机械操作人员、辅助施工人员、安全管理人员进行施工和安全技术交底。

4.6.2 施工方法和施工工艺

1) 工艺流程

下承层清扫→测量放样→喷洒粘层油→混合料拌和→汽车运输→摊铺→碾压→检测。

2) 施工方法

(1) 沥青混合料的拌制。

① 严格掌握沥青和集料的加热温度以及沥青混合料的出厂温度。集料温度应比沥青温度高 10～20℃，热混合料成品在储料仓储存后，其温度下降不应超过 10℃，沥青混合料的施工温度控制范围见表 4-6。

表 4-6 沥青混合料的施工温度控制 （℃）

沥青加热温度	164～175
矿料温度	184～195
混合料出厂温度	正常范围 174～185，超过 195 废弃

(续表)

混合料运输到现场温度	不低于 165
摊铺温度	不低于 160
初压温度	不低于 150
复压温度	134~145
终压温度	110~130
碾压终了温度	不低于 90

② 拌和时间及加料次序：加集料→加沥青→加矿粉→拌和→出料，拌和时间不宜少于 45 s(其中干拌 5~10 s)。

③ 拌和站操作人员将试验室提供的生产配合比输入计算机，由计算机进行全过程控制。

④ 拌和的混合料应均匀一致、无花白料、无结团成块或严重粗细料分离现象。随时检查混合料的均匀性，及时分析异常现象，如确认是质量问趣，做废料处理并及时予以纠正。

(2) 沥青混合料的运输。

① 为防止沥青与车厢板粘结，在车厢侧板和底板涂一薄层自制隔离剂。

② 采用温度计检测沥青混合料的出厂温度和运至现场温度。插入深度要大于 150 mm，每车均测并做记录。

③ 拌和机向运料车放料时，汽车应前后移动，分数堆装料，以减少粗集料的离析现象。

④ 沥青混合料运输车的运量应较拌和能力和摊铺速度有所富余，摊铺机前方应有五辆运料车等候卸料。

⑤ 运料车要有完好无损的篷布覆盖，避免温度损失或污染环境。

⑥ 连续摊铺过程中，运料车在摊铺机前 10~30 cm 处停住，不得撞击摊铺机。卸料过程中运料车应挂空挡，依靠摊铺机推动前进。

(3) 沥青混合料的摊铺。本标段采用一台中大 DT1600 摊铺机进行全幅摊铺，施工前将摊铺机的各项性能状态依据实际调整到最佳状态，夯锤级别定为 3 级，夯锤频率 8 次/s，并均匀、连续不间断地摊铺。摊铺时采用走非接触式平衡梁的方法进行施工，松铺系数暂定为 $K=1.20$，上面层设计厚度为 4 cm，摊铺厚度为 4.8 cm。施工完成后，及时进行松铺系数的验证，以指导后续施工。

① 摊铺机行走前先"闷料"预热，提前 0.4~1 h 预热熨平板不低于 100℃，且要保持摊铺机螺旋内的混合料不少于 2/3 高度，以防混合料离析。摊铺机的收料斗尽量开大，保证向后部供料充足，也不要使收料斗送空或频繁卷斗，以免粗料集中进入斗底造成混合料离析。摊铺机熨平板必须拼接紧密，不许存有缝隙，防止卡入粒料将摊铺面拉出条痕。路面两侧由人工进行处理，两侧混合料宜稍高出摊铺面。

② 用摊铺机摊铺的混合料未压实前，施工人员不得进入踩踏。一般不用人工不断地整修，只有在特殊情况下，如局部离析，需在现场管理人员的指导下，允许用人工找平或更换混合料，缺陷较严重时应予铲除，并及时调整摊铺机或改进摊铺工艺。

③ 摊铺机的摊铺速度根据拌和机的产量、施工机械配套情况及摊铺厚度、摊铺宽度等予以调整。本次试验段施工摊铺速度暂定为 2~3 m/min，施工时应均匀、不间断地连续摊铺。

④ 沥青混合料摊铺过程中随时检查其宽度、厚度、平整度、横坡，对不合格之处及时进行调整。对外形不规则、空间受到限制以及构造物接头等摊铺机无法工作的地方，采用人工铺筑。

⑤ 沥青混合料摊铺过程中随时检查摊铺温度,摊铺温度不低于165℃。

⑥ 摊铺时遇雨立即停止施工,并消除未压实成型的混合料,遭受雨淋的混合料应废弃,不得卸入摊铺机摊铺。

(4) 沥青混合料的压实成型。

① 沥青混合料的压实是保证路面施工质量的重要环节,为保证压实度和平整度,初压在混合料不产生推移、开裂等情况下尽量在摊铺后较高温度下进行。

② 压路机应以缓慢而均匀的速度碾压,本次试验段施工采用两种组合方式进行碾压,并根据试验段结果确定最佳碾压组合。压实程序为初压、复压、终压(包括成型)三个阶段。压实过程中,压路机以慢而均匀的速度碾压,驱动轮面向摊铺机,碾压的线路及方向保持一致,并遵循从外侧向中心、从低向高的碾压原则。

A. 第一种组合方式:钢轮在前、胶轮在后。

a. 初压。紧随摊铺机后碾压,采用双钢轮压路机静压1遍。并保持较短的初压区长度,以尽快使表面压实,减少热量散失。初压温度不低于150℃。碾压速度为2 km/h。

b. 复压。紧跟在初压后进行,且不得停顿。双钢轮振动碾压3遍,胶轮碾压3遍,检测压实度。压路机碾压段的总长度缩短至60～80 m。复压温度控制在135～145℃。碾压速度为3 km/h。

c. 终压。紧跟在复压后进行,采用双钢轮压路机静压1～2遍,以达到要求压实度,并无明显轮迹为准。终压温度控制在110～130℃。碾压终了的温度不低于90℃。碾压速度为4 km/h。

B. 第二种组合方式:胶轮在前、钢轮在后。

a. 初压。紧随摊铺机后碾压,采用胶轮压路机碾压2遍。并保持较短的初压区长度,以尽快使表面压实,减少热量散失。初压温度不低于150℃。碾压速度为2 km/h。

b. 复压。紧跟在初压后进行,且不得停顿。胶轮碾压3遍,双钢轮振动碾压3遍,检测压实度。压路机碾压段的总长度缩短至60～80 m。复压温度控制在135～145℃。碾压速度为3 km/h。

c. 终压。紧跟在复压后进行,采用双钢轮压路机静压1～2遍,以达到要求压实度,并无明显轮迹为准。终压温度控制在110～130℃。碾压终了的温度不低于90℃。碾压速度为4 km/h。压路机碾压速度见表4-7。

表 4-7 压路机碾压速度　　　　　　　　　　　　　　　　　(km/h)

压路机类型	初 压	复 压	终 压
胶轮压路机		3	
双钢轮压路机	2	3	4

③ 在当天碾压的尚未冷却的沥青面层上,不得停放压路机或其他车辆,并防止矿料、油料和杂物散落其上。

④ 压实完成24 h后,方能允许施工车辆通行。

(5) 施工接缝的处理。

① 纵向施工缝。纵向热接缝,将已铺部分留下10～20 cm宽暂不碾压,作为后续部分的基准面,然后做跨缝碾压以消除缝迹。

② 横向接缝。沥青路面的横向冷接缝,要求连接平顺,不得产生明显的接缝离析,碾压时先使用钢轮斜向碾压,后垂直碾压,接缝连接不好的缝隙采用细料补齐,碾压完毕后,用3 m直尺检测其平

整度。

(6) 开放交通及其他。

① 待结构层自然冷却,表面温度低于50℃方可开放交通,并控制车辆行驶速度在15 km/h以内,严禁紧急刹车和掉头。

② 铺筑好的结构层严格控制交通,保持整洁,严禁堆放杂物或作他用。

第5章 沙漠公路路基防沙技术

为了衡量防沙体系的效益,主要使用了两项指标:地表粗糙度和输沙率(输沙量)。地表粗糙度是指地面以上风速为零的一个高度。对于各种防沙体系或防沙措施来说,地表粗糙度越大,防沙效果越好。地表粗糙度是通过对同一时间同一地点两个不同高度处风速的实测值,根据下式求得:

$$\lg Z_0 = \frac{\lg Z_2 - \dfrac{V_2}{V_1}\lg Z_1}{1 - \dfrac{V_2}{V_1}} \tag{5-1}$$

式中 Z_0——地面粗糙度,即地面风速为零的高度(cm);

Z_1、Z_2——任意两高度值(cm);

V_1、V_2——任意高度 Z_1、Z_2 上对应的风速值(m/s)。

在野外实测时使用的是中国科学院寒区旱区环境与工程研究所研制的 10~14 通道多点遥测自记风速仪,每次观测设标杆 5~6 根,每根标杆上装两台风速仪,高度分别为 200 cm 和 50 cm,有特殊需要时设三台仪器,观测高度分别为 200 cm、50 cm 和 20 cm。观测一种防沙措施时一般是一台仪器,10~14 个测点;观测防沙体系的整体效益时,3~4 台仪器同时工作。

输沙率是衡量风沙运动强度的一个重要指标,是指单位时间内单位过沙断面上通过的沙量,常用单位是 $g/(cm^2 \cdot min)$;如果是计算一段公路较长时间的过沙量,可以用输沙量,单位是 $t/(km^2 \cdot 年)$ 或 $t/(km^2 \cdot d)$。输沙率是用积沙仪实测的,是在测风速的时候,在每个标杆下的地面上,安置一台积沙仪收集沙子,用千分之一的天平称重后,再除以时间和积沙仪的面积求出的。输沙量则是根据输沙率再乘以时间和过沙断面的面积求出的。

5.1 工程防沙体系维护技术

工程防沙体系主要是指利用柴草、树枝、木板、黏土、石块、化学物质、高分子材料等无生命物质,在沙面上设置各种形式的阻沙、固沙、输沙、导沙等带状、网状、格状或平铺状障碍物,以此固结和覆盖沙面,控制风沙流活动的速度、强度、结构和蚀积状况等,达到防风固沙、改变风沙运动状况和地貌形态等目的的防治体系。公路工程防沙体系即在路域范围内,为减少和控制公路风蚀和沙埋危害而设置的各种工程防沙设施的总称。不同的工程防沙设施维护方法不一样,所以首先研究工程防沙体系的结构和类型。

5.1.1 工程防沙体系的结构与类型

5.1.1.1 工程防沙体系的结构

工程防沙体系一般由输沙带、固沙带和阻沙带组成。其配置形式是以公路为中心向两侧对称排列。输沙带紧邻公路，由放缓的路基边坡和输沙凹槽加一道弧形凸起的风力加速堤构成，宽度在15 m以上。但这一技术对环境条件的要求比较严格，而且不易保持，因此尚未得到广泛运用，许多沙区公路是不设输沙带的。固沙带紧邻输沙带，由各种类型的格状沙障构成，其作用一是截留上风向来沙，二是控制就地起沙，三是保护植物生长。固沙带是防沙体系的主体，必不可少，但宽度受各地自然条件和公路等级、投资水平的影响，差异很大，从几十米到几百米都有。固沙带外围是阻沙带，由一行或一行以上的高立式沙障组成。阻沙带的作用是阻断沙源，保护固沙带免遭流沙埋压。由于沙丘的移动速度和沙丘的高度成反比，所以，高立式沙障引起的沙丘增高对公路是没有危害的。有的地方为了更加保险，还在阻沙带外围设立封沙育草带，其宽度达到400~500 m（俄罗斯的阿什哈巴德铁路防沙体系宽度达到5 000 m）。设立封沙育草带固然加大了公路建设的投资，但有利于路域范围的生态环境建设，对公路防沙也是有好处的。

固沙带和阻沙带是公路防沙体系最基本的组成单元。任何地区的工程防沙体系都不能削减。

5.1.1.2 工程防沙体系的类型

工程防沙体系的类型比较多，划分的标准目前还不统一。由于不同类型的防沙体系，其防风阻沙的特点、效果不同，维护技术也不一样，所以下面首先对工程防沙体系的类型进行划分。

1) 依据作用原理划分的类型

依据作用原理，可将工程防沙体系分为阻沙型、固沙型、输沙型和导沙型等类型。各类工程防沙体系的作用原理及适用地点见表5-1。

表5-1 依据作用原理划分的工程防沙体系类型

工程防沙体系类型	作用原理	实例	适用地点
阻沙型防沙体系	增大风沙流运动阻力，拦截、阻滞风沙流	高立式沙障、低立式沙障、土工布（网）、沙子草袋（尼龙袋）挡墙、挡沙墙、枕木挡墙等	设置于防沙体系外围沙面流动性强的地方，以切断沙源
固沙型防沙体系	隔绝风沙流与沙表的直接接触，固定活动沙面	黏土平铺沙障、卵石平铺沙障、平铺草皮、原油喷洒、乳化沥青、尼龙网覆盖、土壤固化剂喷洒等	设置于防沙体系中部或公路边坡
输沙型防沙体系	减少风沙运动阻力，促进风沙流顺利穿越障碍物	浅槽、风力加速堤等	设置于迎风边坡一侧
导沙型防沙体系	引导风沙流改变运动方向与饱和风沙流沉积部位	雨滴状围墙、一字排沙障、羽毛排沙障	设置于迎风路肩、曲线转折地段
消散型防沙体系	变沙丘整体前移为风沙流前移	下导风聚风板	设置于紧邻公路的沙丘上方

2) 按设置方式划分的类型

按设置方式可将工程防沙体系划分为平铺式防沙体系和立式防沙体系。立式防沙体系按其设置高度可划分为高立式、低立式和半隐蔽式三种类型。高立式防沙体系高出沙面50~100 cm；低立式防沙体系高出沙面 20~50 cm；半隐蔽式防沙体系略高于沙面。平铺式防沙体系如柴草平铺式沙障、黏土漫丘覆盖等，立式防沙体系如高立式柳条沙障、低立式沙蒿格状沙障和隐蔽式柴草沙障等。

3) 按防沙材料划分的类型

依据防沙材料可将沙障划分为以下几类，结果见表 5-2。

表 5-2 按材料划分的工程防沙体系类型

工程防沙材料类型	原理	沙障类型	材料
作物秸秆类	利用农作物秸秆为材料制作成各种类型的沙障	高立式沙障 半隐蔽式沙障 平铺式沙障	麦草、稻草、葵花秆、玉米秆
树枝柴草类	利用天然或野生灌草植物资源的地上部分，制作成各种类型沙障	高立式沙障 平铺式沙障	芦苇、沙蒿、油蒿、沙柳等
化学材料类	利用石油原油及其附属产品等化学材料制作成的各种类型和规格的沙障	平铺式沙障	乳化沥青土壤固化剂
高分子聚合材料类	利用高分子聚合物材料制作各种类型的沙障	平铺式沙障	L-P高分子聚合材料、土工布与土工编织袋等
土石类	利用黏土、卵石、砾石、浆砌石等制作成各种类型的沙障	格状沙障 平铺式沙障 墙状沙障	黏土格状沙障、黏土漫丘覆盖、卵砾石格状
其他类	其他类防沙体系包括网围栏、草编沙袋等	格状沙障 平铺式沙障等	网围栏、草编沙袋等

4) 按结构划分的类型

按结构可将工程防沙体系划分为透风结构、疏透结构和紧密结构三种类型。透风结构防沙体系的孔隙度在 25% 以上，疏透结构防沙体系的孔隙度占 10%~25%，而紧密结构防沙体系的孔隙度小于 10%。对于透风结构防沙体系来说，风沙流穿过防沙体系时，沙粒可从体系的空隙间穿过，体系前积沙量少，防沙体系不易被沙埋，而障后积沙范围较大，积沙范围延伸较远，但其拦蓄沙粒的功能差，仅能使一部分沙粒沉积。当孔隙度大于 50% 时，防沙体系前没有积沙威胁，防沙体系后积沙范围为其高度的 12~13 倍。疏透结构防沙体系的作用原理与透风结构相同，其障前积沙范围为其高度的 2~3 倍，障后积沙范围为障高的 7~8 倍。紧密结构防沙体系则使气流在障前 3~4 m 甚至 5~6 m 处就开始分解，减弱，到达防沙体系时有部分绕流，部分被迫抬升，并在障后一定范围内形成一个弱风区，从而在防沙体系前后均积沙，但积沙范围仅达障高的 5~6 倍，因此极易造成防沙功能下降和障体被埋压。

5.1.2 工程防沙体系的作用与破损形式

5.1.2.1 高立式机械沙障的作用与破损形式

1) 高立式机械沙障的作用

2.0 m 和 1.5 m 两种高立式沙柳沙障风速的观测值见表 5-3 和图 5-1。从中可以看出，高立式沙柳沙障对不同高度处的风速影响很大，在障后 0.6 m 处，2 m 高度处 50 次瞬时风速的平均值比旷野风速增大 1 m/s，而障前 0.3 m 的风速仅比旷野风速减小 0.1 m/s，这说明沙柳沙障对 2 m 高度的风速影响并不明显;而在1 m以下,特别是0.5 m处,高立式沙柳沙障对风速的削弱甚为显著,障后0.6 m和障前0.3 m处的风速依次比旷野降低43%、57%。到障后8~10H（H为沙障高度）处,风力基本可以恢复到旷野风速。

表5-3 沙柳沙障对瞬时风速的影响

随机抽样点	观测结果(m/s)	沙障类型及规格		
		裸露流沙	1.5 m高立式沙柳沙障后60 cm	2 m高立式沙柳沙障前30 cm
Ⅰ	V_2	13.8	14.8	13.3
	$V_{0.5}$	9.4	6.9	3.7
Ⅱ	V_2	12.5	13.1	11.3
	$V_{0.5}$	11.5	4.7	2.2
Ⅲ	V_2	10.7	11.2	10.3
	$V_{0.5}$	8.6	5.2	1.8
Ⅳ	V_2	13	12.8	12.8
	$V_{0.5}$	11.4	6.0	2.6
Ⅴ	V_2	8.0	7.7	6.7
	$V_{0.5}$	6.6	2.9	2.2
50次风速平均(m/s)	V_2	9.7	10.4	9.3
	$V_{0.5}$	8.0	4.0	2.2
降幅(m/s)		1.7	6.4	7.1

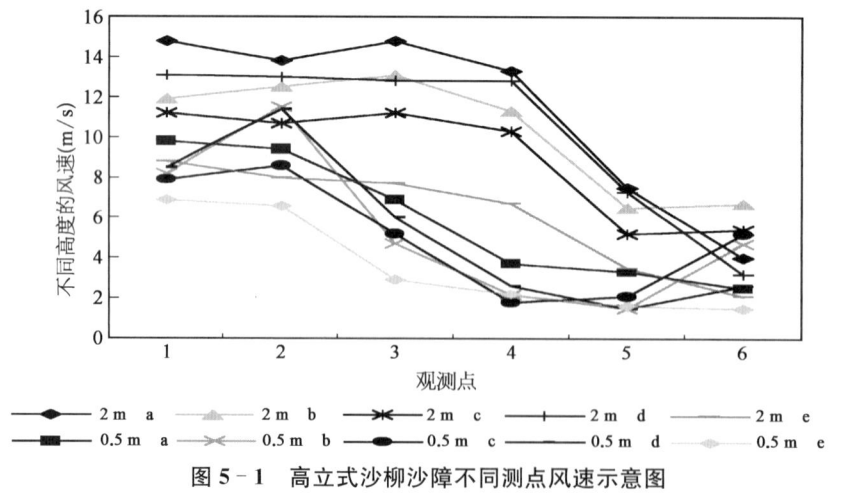

图5-1 高立式沙柳沙障不同测点风速示意图

库布齐沙漠穿沙公路各观测点粗糙度观测计算（从50次瞬时风速值中随机抽样）结果(表5-4)表明,沙柳沙障的粗糙度是流沙的几十到几百倍。影响粗糙度的因素主要是障高和障间距。以库布齐沙漠穿沙公路K69+400西侧的高立式沙障为例,两列高立式沙柳沙障中（障间距为6h）第一列障后0.6 m和第二列障前0.3 m处的粗糙度分别为裸露流沙（下覆沙柳沙障的残体）的12.7倍和19.8倍,这是由于在第一列高立式沙柳沙障的防护下,下层气流不能很快恢复到旷野风速,从而使粗糙度的增加更为显著,如图5-2所示。因此,在设置高立式沙柳沙障时,应考虑沙障的合理间距,半荒漠地区设置高立式沙柳沙障时,建议沙障的间距以 8～10 倍障高为宜。对于多列组合的高立式沙障来说,从第二列沙障开始,障间距可以逐步放大。

表 5-4 不同规格高立式沙障的粗糙度(据瞬时风速计算)

	计算结果风速 V(m/s),Z 为摩阻速度	沙障类型及规格		
		裸露流沙(下覆沙柳沙障的残体)	1.5 m 高立式沙柳沙障后 60 cm	2 m 高立式沙柳沙障前 30 cm
Ⅰ	V_2	11.3	11.8	10.2
	$V_{0.5}$	7.6	4.6	2.8
	Z_1	2.89	20.62	29.59
Ⅱ	V_2	13.8	14.8	13.3
	$V_{0.5}$	9.4	6.9	3.7
	Z_2	2.59	14.89	29.30
Ⅲ	V_2	10.2	10.9	8.0
	$V_{0.5}$	7.8	4.7	3.0
	Z_3	0.55	17.48	21.76
Ⅳ	V_2	11.5	14.1	14.8
	$V_{0.5}$	9.4	4.7	1.9
	Z_4	0.10	25	40.76

据有关资料报道,高立式沙障的阻沙量(V)与障高(H)、主风向与沙障走向之间的夹角(α)之间有下列关系(吴正,1987):

$$V = 4.5H^2 \sin\alpha \quad (5-2)$$

高立式沙障的阻沙量(Q_d)与其透风系数 P 之间也存在着如下关系(中国石油天然气总公司塔里木石油勘探开发指挥部):

$$Q_d = 1.75 - 24.96P + 110.42P^2 - 116.22P^3 \quad (5-3)$$

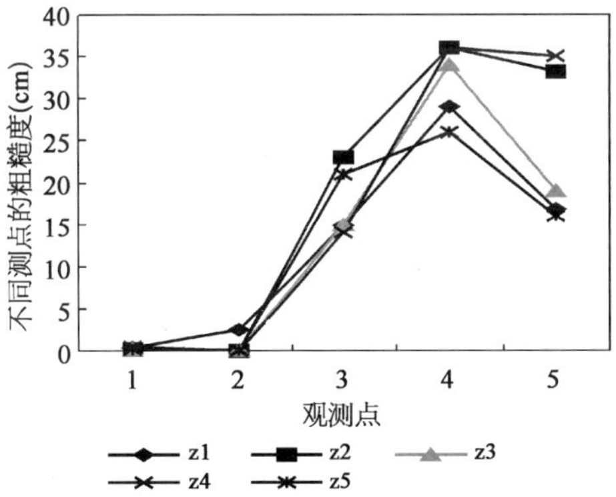

图 5-2 高立式沙柳沙障各点粗糙度变化

高立式沙障的阻沙量还与其走向有关,当沙障的走向与主风向垂直时阻沙量最大。所以一般要求沙障的走向尽量与主风向垂直或大角度相交。

对库布齐沙漠穿沙公路两侧高立式沙柳沙障的观测表明,在上风向沙源不足的情况下,沙障的基部容易产生风蚀,对于两列平行排列的高立式沙障来说,如果第一列沙障的透风系数很小,第二列沙障也容易产生风蚀。也就是说,沙障的透风系数不但影响到其积沙量,还影响到其蚀倒率,这是一个需要认真研究的问题。综合考虑各种因素,认为不论是新设沙障还是修复沙障,都宜选择疏透度为 30%～40%的透风结构为好。

为了研究多列式沙障的阻沙和积沙作用,对库布齐沙漠穿沙公路 K88+400 路西的多列式沙障进行了观测,在观测风速的同时,用积沙仪同步观测单列式和多列式沙障的输沙量,每 6 min 采样一次,共测三次,结果如表 5-5 和图 5-3 所示。

表 5-5　多列式高立式沙柳沙障的输沙量及积沙量变化　　　　　　　　　　[g/(cm·min)]

观测时间	第一列沙障			第二列沙障			体系积沙量
	障前 6 m	障后 0.6 m	截留沙量	障前 0.3 m	障后 6 m	截留沙量	
3:54—4:00	57.138	27.579	29.559	7.40	5.44	1.96	51.698
4:00—4:06	73.591	10.663	62.928	4.41	7.16	-2.75	66.431
4:05—4:12	46.451	22.692	23.759	5.42	1.39	4.03	45.061
平均值	59.06	20.311	38.748	5.74	4.663	0.81	54.397

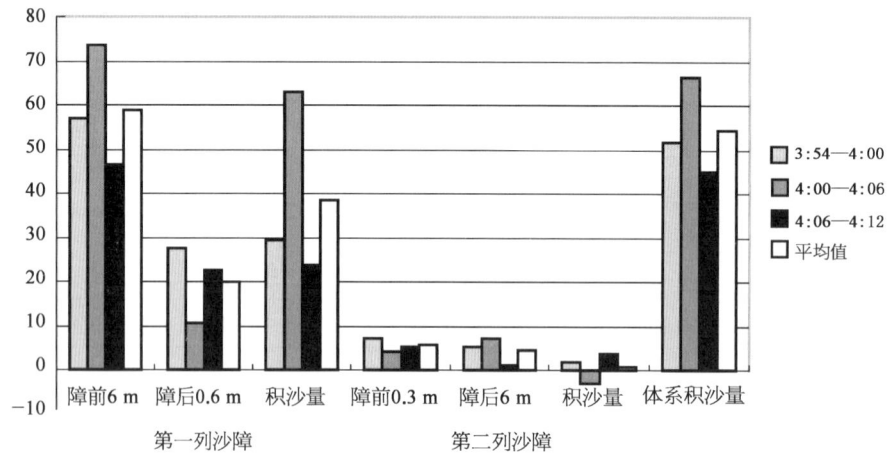

图 5-3　多列式高立式沙柳沙障的输沙量及积沙量变化

结果表明,积沙的位置从障前 0.6 m 处开始,到障后 6 m 处结束,有效积沙范围相当于障高的 3.0~4.0 倍。从输沙量看,第一列沙障后 0.6 m 处的输沙量约为障前 6 m 处的 34.3%,第二列沙障后 6 m 处的输沙量为障前 0.3 m 处的 81.2%,而第二列沙障后 6 m 处的输沙量仅为第一列沙障前 6 m 处的 7.9%;从积沙情况看,第一列沙障前后积沙 38.748 g/(cm·min),第二列沙障前后积沙 0.81 g/(cm·min),两列沙障范围内积沙 54.397 g/(cm·min)。这说明高立式沙柳沙障阻沙效果明显,两列高立式沙柳沙障基本拦截了风沙流中的全部沙子,多列式的机械沙障效果优于单列。所以,阻沙带最好由两列沙障组成,同时,如无特殊要求,阻沙带有两列沙障也就可以了,设立太多可能造成浪费。

2) 高立式机械沙障的破损形式和原因

据对库布齐沙漠穿沙公路沙柳沙障的调查,高立式机械沙障的破损形式与其所处的地貌部位有关。高大沙丘区主要是沙埋,其次是风蚀倒伏;河谷低地、丘间低地、缓起伏沙丘区首先是材料腐烂,其次是风蚀倒伏(表 5-6)。

表 5-6　库布齐沙漠穿沙公路高立式沙障破损形式调查(路西侧)

地貌类型	腐烂(轻度)	腐烂(重度)	沙　埋	倒　伏
高大沙丘区	10%	2%	56%	32%
河谷低地	27%	30%	10%	33%
丘间低地	31%	21%	11%	37%
缓起伏沙丘区	28%	22%	20%	30%

注:防沙体系 1998 年建设,2002 年 10 月调查。

塔里木石油指挥部在塔克拉玛干沙漠公路的调查也得出同样的结论,各种类型的阻沙栅栏都是以沙埋为主要的破损形式。如 K0~K2 路段 1991 年 9 月建设的阻沙栅栏,到 1994 年 4 月,疏透型芦苇倒伏率 20.93%,埋没率 32.87%;紧密型苇把倒伏率 4.51%,埋没率 38.58%;国产尼龙网埋没率 70%。1992 年施工的 K2~K32 路段总长 25 550 m,1994 年 4 月公路两侧阻沙栅栏沙埋的占 20.93%,倒伏的占 3.32%。K127~142 路段,1993 年秋季施工,1994 年 4 月调查,路东沙埋的占 9.17%,路西为 0.25%;倒伏率路东为 0.25%,路西为 0.29%。所以,高立式机械沙障维护的首要任务是防止沙埋。

5.1.2.2 半隐蔽式沙障的作用与破损形式

1) 半隐蔽式沙障的作用

中国科学院兰州沙漠研究所对沙坡头地区麦草方格沙障的实测结果表明,沙障区 2 m 高度处的风速比流沙上降低 10%,50 cm 高度处的风速比流沙上降低 30%~40%,粗糙度提高 400~600 倍,风沙活动量仅为流沙表面的 0.964%,草方格沙障的固沙效果是极其明显的。

麦草方格沙障和芦苇沙障防风阻沙效益的研究已有大量成果,所以主要研究了沙柳沙障和沙蒿沙障的防风阻沙效益。对伊金霍洛旗巴图塔沙柳基地新设沙柳沙障的观测结果显示:2.5 m×5 m 的沙柳沙障在 8.17 m/s 风速条件下,地表粗糙度为 1.30 cm,流沙表面为 0.005 cm,提高了 1.295 cm,是流沙区的 260 倍。近地表 10 cm 处降低风速百分比为 65.84%,比流沙区高出 30.58%。输沙率为 0.24 g/(cm²·min),比流沙表面 6.258 g/(cm²·min)的输沙率减少 96.16%,在 9.85 m/s 风速条件下,2 m×2 m 规格的沙柳沙障区地表粗糙度为 2.23 cm,比流沙表面提高了 2.225 cm,是流沙区的 446 倍。近地表 10 cm 处降低风速百分比为 67.5%,比流沙区高出 32.27%,其输沙率为 0.55 g/(cm²·min),比流沙表面 6.258 g/(cm²·min)输沙量减少 91.2%。在 8.31 m/s 风速条件下,2 m×2 m 规格的沙蒿沙障区地表粗糙度为 1.74 cm,比流沙表面提高 1.735 cm,是流沙区的 348 倍。近地表 10 cm 处降低风速百分比为 55.31%,比流沙区高出 20.08%,输沙率为 0.360 g/(cm·min),比流沙表面 6.258 g/(cm·min)的输沙量减少 94.25%。在未设沙障的流沙区,起动风速为 4.8~4.9 m/s,设沙障后起动风速明显提高。其中 2.5 m×5 m 规格的沙柳沙障区提高 1.6 m/s,2 m×2 m 的沙柳沙障区提高 2.1 m/s。2.0 m×2.0 m 沙蒿沙障区提高 1.9 m/s,即分别提高了 33%、43.2% 和 39.2%。总的来看,测试区流动沙丘上设沙障后,地表粗糙度提高 260~446 倍,近地表 10 cm 处风速降低值比流沙上高出 20.08%~32.2%,起沙风速提高了 33%~43.3%,输沙量减少了 91.2%~96.16%。再从定位观测结果看,在 2002 年 3 月 21—30 日的 10 天内,设 2.5 m×5 m 规格沙柳沙障的沙丘迎风坡平均风蚀深度为 0.186 0 cm/d,未设沙障的沙丘迎风坡风蚀深度为 0.512 5 cm/d,设沙障后丘间低地风蚀深度为 0.105 1 cm/d,未设沙障区为 0.216 5 cm/d;即设沙障后沙丘迎风坡风蚀强度减少 63.7%,丘间低地风蚀强度减少 51.5%。这些数据都说明沙障的防风固沙作用是显著的。

与中国科学院兰州沙漠研究所、中国石油天然气总公司、中国科学院新疆生态与地理研究所等单位的研究结果一样,沙柳沙障的防风阻沙效益与其规格、出露高度、材料的用量(决定沙障的密实程度)等因素有关。王振亭、郑晓静等(2002 年)还利用流体力学的方法,专门研究了草头出露高度与沙障规格之间的关系,给出了芦苇、麦草沙障规格的参考尺寸,这些研究成果对于公路沙害防护体系的维护是有指导意义的。

防沙体系的维护少不了需要新设沙障。但是,新沙障毕竟不是建立在流动沙丘上,而是建立在已经残破的防沙体系上。虽然有些防沙体系已经严重破损,但残留的碎枝烂草是否就一点作用也没有了,还有就是设过沙障的地方或多或少总会有一些植物出现,这些植物到底有多大的作用,修复防护体系时有没有利用价值,修复的沙障是否应该与流动沙丘区新设的沙障执行同样的标准?这些都是需要回答的问题。

基于以上考虑,又在库布齐沙漠穿沙公路 K90 路段已经严重沙埋的麦草沙障区新设了 200 余亩(1 亩=666.67 m²)的沙柳沙障,并对新设沙障的地表粗糙度进行了观测,结果见表 5-7。

表 5-7 半隐蔽式沙柳沙障的地表粗糙度 z_0

风速级别	地表类型	2 m 处风速(V_2)	0.5 m 处风速($V_{0.5}$)	z_0(cm)
旷野风速 6.3 m/s	裸露流沙	6.28	5.49	0.003 3
	破损沙障覆沙地	5.94	4.5	0.66
	2 m×2 m 沙柳沙障	7.84	4.88	5.5
旷野风速 7.9 m/s	裸露流沙	8.06	7.11	0.001 5
	破损沙障覆沙地	8.3	6.34	0.56
	2 m×2 m 沙柳沙障	10.1	6.4	4.54
旷野风速 9.6 m/s	裸露流沙	10.5	9.25	0.001 8
	破损沙障覆沙地	10.0	7.39	0.98
	2 m×2 m 沙柳沙障	10.1	5.98	6.68
旷野风速 11.4 m/s	裸露流沙	11.6	10.23	0.001 6
	破损沙障覆沙地	11.4	8.76	0.50
	2 m×2 m 沙柳沙障	11.2	7.1	4.53

表 5-7 的结果除了说明沙障具有削弱近地表风速、提高地表粗糙度的作用以外,有两点值得注意:一是流沙区地表粗糙度比其他地区的值要大,二是 2 m×4 m 沙障的地表粗糙度比 2 m×2 m 的还大。据中国科学院兰州沙漠研究所、新疆生态与地理研究所等单位在塔克拉玛干沙漠的观测,流动沙丘上的地表粗糙度最大值为 0.003 3 cm,最小为 0.000 8 cm,平均为 0.001 2 cm。在乌兰布和沙漠、腾格里沙漠、毛乌素沙地观测的结果也是这样,112 个粗糙度的平均值为 0.004 6。而在表 5-7 中,流沙上的地表粗糙度最小为 0.11 cm,最大达到 0.72 cm,相当于植被盖度 15%~20%地区的地表粗糙度。究其原因,发现主要与破损沙障未全部分解的残留物有关。由于观测工作是在残破的防护体系内进行的,看起来是流沙覆盖的地方,几年前都设过沙障,只是现在已被流沙埋压,残留的麦草稀疏出露。扒开表面的流沙,就可以见到底下麦草沙障的残体。这也启发:① 残留沙障仍然具有固沙作用;② 如果残留沙障在某一地块是连续的,它们就会构成一个风蚀基面,风沙活动只能在此基面之上进行。也就是说,风力侵蚀的深度是有限的,防沙体系内风蚀深度不会超过风蚀基面,风沙流中的含沙量也不容易达到饱和。根据以上推论认为,对这种类型防沙体系的维护可以简单一些。如果迅速修复阻沙带的高立式沙障,确实切断沙源,保证固沙带沙层厚度不再增加,即使固沙带内出现一些风沙活动,也不会对公路形成危害,而这样做就会大大节约防沙体系修复的费用,特别强调保持残留防沙体系的剩余价值就是这个原因。当然,这个结论还需要经过实践的检验。已经在库布齐沙漠穿沙公路 K87+800 处布置了 10 000 m² 的观测场分析,沙子确实只在防沙体系内移动。但因为这几个月刮的主要是东南风,对公路没有产生影响,所以还不能形成最后的结论。

关于沙障的规格与粗糙度问题,理论上 2 m×2 m 沙柳沙障的粗糙度 z_0 值应该比 2 m×4 m 大,但在库布齐穿沙公路所得的几组结果与此不符,即 2 m×4 m 的沙障粗糙度比 2 m×2 m 的还大。这是因为所观测的沙柳沙障中有 20~40 cm 高的杨柴、籽蒿,覆盖度约为 18% 的植被。这也恰恰说明,即使是设立了沙障,也不要忽视植被的作用,采取一切措施促进植被的恢复是非常重要的,同时,这也提醒,在植被盖度达到 15% 的地区补设沙障时,规格可以适当放大。

2) 半隐蔽式沙障的破损形式和原因

半隐蔽式沙障的破损形式比高立式沙障的破损形式复杂(表 5-8、表 5-9)。总的来看,腐烂的沙障主要出现于缓起伏沙丘上和高大沙丘的中下部,风蚀倒伏主要出现在迎风坡中上部到丘顶,沙埋主要出现在背风坡。

表 5-8 库布齐沙漠穿沙公路沙柳方格沙障破损形式调查(路西侧)　　　　(%)

路 段	腐烂(轻度)	腐烂(重度)	沙 埋	倒 伏
K90	11	32	42	6
K87	22	15	29	13
K84	19	43	26	11
K82+200	12	19	7	53
K79+200	7	21	21	11
K76+200	6	13		9
K67+200	4	6	3	17
	14	12	9	11

注:防沙体系 1998 年建设,2002 年 10 月调查。

表 5-9 麦草沙障的破损形式

路 段	腐烂(%)	沙埋(%)	风蚀(%)	使用时间(年)
临河绕城公路	31.4	17.9	13.7	4
磴口绕城公路	23.5	11.2	7.7	2.5
穿沙公路	27.6	44.0	11.5	4
榆林—伊旗	0	4.3	2.3	1
三吉铁路	8.7	17.7	11.5	2

从以上调查结果看,半隐蔽式沙障的破损形式既与使用的年限有关,又与所处的地貌部位有关。在同等条件下,沙柳沙障要比麦草沙障耐用。从维护的角度看,麦草沙障重在防腐,沙柳沙障重在防止风蚀沙埋。

5.1.2.3 平铺式柴草沙障的作用

平铺式沙柳沙障的防风固沙效果非常明显。多次观测的平均值显示,2 m 和 0.5 m 高度处风速比旷野风速减小了 46.2% 和 62.5%。再从 100 次瞬时风速实测值中选出风速为 4.3 m/s、5.3 m/s、7.9 m/s、9.6 m/s 和 11.4 m/s 的 5 组风速值计算其粗糙度,结果显示(图 5-4),在几种类型的沙障中,以平铺式沙柳沙障的

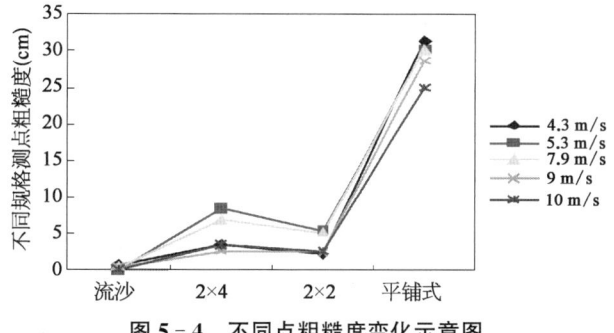

图 5-4 不同点粗糙度变化示意图

z_0 值最大。平铺式沙柳沙障的高度只有 10~12 cm,格状沙障的高度都在 20 cm 以上,按理说其粗糙度值应该低于格状沙障,但当地的格状沙障都是用沙柳条设置的,密度小,透风系数大,所以粗糙度比捆绑后摆放到沙面上的平铺式沙障小。

从表 5-10 可知,低立式、平铺式沙柳沙障带内 3 点、4 点,分别比流沙上的输沙量大大减少,仅为流沙上的 29.5% 和 4.17%。

表 5-10 平铺式沙柳沙障输沙量实测结果

观测次数	V_{2m}	$V_{0.5m}$	粗糙度	输沙量(g)
1	7.3	6.8	0.035	8.880 667
2	8.3	5.5	2.32	10.285 33
3	7	4	7.9	2.652
4	6.6	3.9	6.74	0.429 333
5	6.7	3.7	9.07	0
6	7.7	3.7	17.0	0

从沙障设置的工程量来看,平铺沙沙柳沙障具有施工速度快、省时省工的优点,其对材料的需求量较直埋式草方格大,在半干旱区,平铺式草方格因大面积接触沙面易腐烂。在新疆地区,对把式芦苇草方格进行了较多试验,整体看来使用效果较好,主要表现为把式草方格可用的材料多元化,具有施工速度快和使用寿命长、易于养护等优点。不同地域和沙害条件下对防护体系的选择要因地制宜,有的放矢。

5.1.2.4 黏土沙障的作用

2003 年 4 月,在库布齐沙漠穿沙公路 K90 路东的一座沙丘上修筑了三种规格的黏土沙障。对其抗风蚀沙埋能力及对风速、粗糙度的影响进行了观测(表 5-11)。

调查及观测结果反映,1 m×1 m 的格状黏土沙障粗糙度为 1.766 cm,2 m×2 m 的格状黏土沙障粗糙度为 0.248 cm,分别是流沙粗糙度的 350 倍、50 倍,而带状沙障的粗糙度仅为 0.045 cm,不到流沙粗糙度的 10 倍,说明带状黏土沙障的防风固沙能力弱,格状黏土沙障的防风固沙能力较强,而且规格越小,防风固沙效果越好。当然,规格越小,建设成本越高。甘肃民勤县、内蒙古磴口县在固沙造林时也设置过黏土沙障并做过观测。综合有关资料,初步认为 2 m×2 m 规格的黏土沙障是可以使用的。

表 5-11 黏土沙障抗风蚀程度对风速、粗糙度影响

规格 \ 项目	破损程度		$V_{2.0\,m}$	$V_{0.5\,m}$	$V_{0.5\,m}/V_{2.0\,m}$	z_0
	水蚀	风蚀沙埋				
1 m×1 m	20%	3%	6.96	4.92	0.707	1.766
2 m×2 m	2%	4%	6.37	5.05	0.792	0.248
带状沙障	3%	3%	6.37	5.32	0.835	0.045

注:2003 年 4 月新建,8 月调查。

5.1.2.5 其他几种工程措施的防风阻沙作用

为了找到更多的防沙材料,在修复破损沙障时试用了几种新材料,并对它们的效益进行了观测,效果见表 5-12。单从防风阻沙效益来看,不论是固化剂封固的沙障还是土工编织袋堆筑的高立式沙

障,效果都不亚于草方格沙障。看来,这几种材料的应用是有前途的。

表 5-12 不同工程措施的风速、粗糙度变化情况

沙障名称	项 目	0.5 m 高度风速降低率(%)	z_0(cm)
流 沙		0	0.0013
草方格沙障		51.3	5.63
固化剂沙障	1 m×1 m	62.5	23.8
	2 m×2 m	35.7	10.3
土工袋	高立式沙障 (障后 1 m 处)	42.1	5.2

注:表中为风速降低率和粗糙度的平均值。

5.1.3 工程防护体系破损及其后果

任何防护体系都不是一劳永逸的,对于工程防护体系更是这样。工程防护体系多由植物秸秆、高分子化合物、土石材料组成。随着时间的推移,在太阳能、生物能、风能、水能等的作用下,必然出现老化、腐烂、分解等变化,影响到防护体系的功能和作用。更严重的是,位于沙漠中的防护体系不可避免地会受到风蚀、沙埋的影响,进而出现沙障的倒伏和埋没,这就是沙障的破损。沙障破损如不及时修复,就会引起连锁反应,最后造成防护体系的破损甚至崩溃。按理说,防沙体系应该经常维护,出现破损更应该及时修复。但是,由于经费、人员、计划等种种影响,经常维护很难做到,即使对于已经出现破口的防沙体系也很少能够做到及时修复。相关研究一是想搞清防沙体系什么时候需要维护、什么时候必须维护,二是搞清防护体系的破损形式、破损原因和后果,这对于管理部门进行决策和制订科学合理的维护措施具有重要意义。

5.1.3.1 工程防沙体系破损的形式

为了研究工程防沙体系的破损问题,对内蒙古西部地区主要公路的防沙体系进行了全面调查,对库布齐沙漠穿沙公路两侧防护体系进行了重点调查。对调查获取的资料进行分析,得到如下认识:公路两侧工程防沙体系破损形式可分为风蚀、沙埋、材料腐烂以及破口四种。风蚀主要造成沙障倒伏和掏蚀,沙埋使沙障被流沙覆盖,材料腐烂使沙障分解失效,破口出现在化学固沙带上,主要由鼠兔挖洞、人畜践踏引起,其结果是使洞口迅速扩大,形成风蚀坑,坑口出现片状积沙。不论沙障以何种形式破损,一旦出现,破损面积都具有成倍甚至呈几何级数增长的特点,见表 5-13。

表 5-13 几种沙障破损增长情况调查

地 点	沙障类型	破损比例及时间	破损比例及时间
阿拉善盟月亮湖公路	稻草沙障	23%(2002 年 11 月)	66%(2003 年 4 月)
包兰铁路中滩站	沥青固沙带	2%(1991 年 4 月)	32%(1993 年 4 月)
库布齐穿沙公路 (K92~K93+800)	麦草沙障	11%(1999 年 7 月)	71%(2002 年 7 月)
库布齐穿沙公路 (K92~K93+800)	平铺式沙柳沙障	3%(1999 年 7 月)	44%(2002 年 7 月)

(续表)

地 点	沙障类型	破损比例及时间	破损比例及时间
G110临河绕城路	麦草沙障	33%(2002年7月)	46%(2003年6月)
G110临河绕城路	黏土沙障	26%(2002年7月)	42%(2003年6月)
磴口县绕城路	麦草沙障	19%(2002年7月)	34%(2003年6月)

5.1.3.2 工程防沙体系破损的特点

（1）体系破损的不等时性。同一时间设置的防沙体系，由于所处的地貌部位、使用的材料不同，几年后的破损程度并非完全相同。如库布齐沙漠穿沙公路 K87+480 路西，处于落沙坡中部的高立式沙障，半年后已有75%遭受沙埋，沙丘迎风坡的沙障，三年后完好率仍达80%。K93+60 路西的麦草沙障，1998年建设，2002年秋季调查，丘间低地的已经完全腐烂，沙丘中上部的尚能发挥作用。这些都说明沙障的破损并不是同时发生的。

（2）体系破损的不等量性。工程防护体系破损程度随地形、地貌的变化而变化，呈现不等量性。从沙丘个体来看，迎风坡和丘顶以风蚀破损为主，背风坡以沙埋为主，而材料腐烂先从丘间低地开始，逐步发展到沙丘的各个部位；从整体来看，沙丘高大、密集区，工程防沙体系受风蚀、沙埋破坏最为严重。低矮沙丘区防沙体系受损程度相对较低。对同样的材料、相同使用时间的沙障来说，沙丘顶部、迎风坡中上部风蚀破损严重，背风坡中下部沙埋严重。东部草原地带的沙地上，沙障腐烂速度和程度比西部荒漠半荒漠区严重，西部荒漠半荒漠区风蚀沙埋的速度和程度比东部严重。

（3）体系破损的不等效性。同样破损程度的防护体系，由于所处部位不同，在形成公路沙害过程中的贡献率不同。丘间地的防护体系虽然有破损，但一般不会产生沙害。

（4）体系破损的不均匀性。沙障破损程度与多种因素有关，在其他条件一致的情况下，沙障的规格越大越容易破损，特别是风蚀造成的沙障倒伏表现最为明显。以库布齐沙漠穿沙公路的沙柳方格沙障风蚀破损情况为例（表5-14），小规格沙障内的风蚀程度弱，大规格沙障内的风蚀程度强，2 m×2 m 以下规格的沙柳方格沙障的风蚀破损以轻度为主，2 m×2 m 以上规格的沙柳方格沙障的风蚀破损以中度、重度、极重度为主；在规格相同的情况下，由于地形、地貌、植被等因素的影响，各个调查点沙柳方格沙障的抗风蚀性能、风蚀破损程度差异较大。

表5-14 沙柳方格沙障风蚀破损率与沙障规格的关系

破损率(%)	沙障规格(m)	破损等级	破损率(%)	沙障规格(m)	破损等级
90	6×7	Ⅳ	80	5×5	Ⅳ
60	3×6	Ⅲ	70	4×6	Ⅲ
50	3×4	Ⅲ	65	4×5	Ⅲ
55	2.5×5	Ⅲ	60	3×6	Ⅲ
40	2×4	Ⅱ	70	2×5	Ⅲ
25	2×2.5	Ⅱ	40	2×4	Ⅱ
0	1×2	Ⅰ	35	2×3	Ⅱ
20	1×1.5	Ⅰ	30	2×2	Ⅱ
10	0.5×2	Ⅰ	15	0.5×2	Ⅰ
5	1×1	Ⅰ	10	1×1	Ⅰ

(5) 破损体系效益的残留性。不论防护体系的破损程度多大，但残留的部分仍具有一定的防护功能，即使体系全部被沙埋，其地表粗糙度仍比流沙地的大几十倍甚至几百倍。

破损体系效益的残留性对维护工作具有重要意义。利用好残留效益可以节约维护开支，减轻维护工作量，提高维护工作的效益。同时，防沙体系破损的特点也说明，对防沙体系的维护和修复不可能采取同样的措施，必须根据具体情况具体处理。

5.1.3.3 工程防沙体系破损的后果

公路沙害防护体系就是用来保护公路的，防护体系破损的后果就是路基风蚀或流沙冲上公路，影响行车甚至阻断交通。但是，防护体系的破损有一个过程，破损的程度、形式、部位也不一样，因此，防沙体系破损首先造成防护功能的减弱和效益的下降，功能减弱和效益下降的程度又取决于沙障破损的程度和破损的部位。研究这些问题对于制定维护技术措施有重要意义。

为了研究沙障破损程度与公路沙害之间的关系，在库布齐沙漠穿沙公路、210国道包头—东胜段、208国道锡林郭勒盟段、省道101、陕西榆靖高速公路、内蒙古伊金霍洛旗至陕西榆林的新建公路两侧，对沙障破损情况、破损程度进行了调查，对破损原因进行了分析，用多点遥测风速仪和自制积沙仪对不同破损程度的多种沙障进行了观测，观测内容主要是风速梯度和输沙量。并以地表粗糙度和输沙率为指标，对沙障破损程度与风沙运动强度之间的关系进行了分析研究。结果如下：

1) 沙障破损与防风阻沙效益的关系

衡量沙障防风阻沙效益的指标有输沙量和地表粗糙度。因为观测当年大风天太少，几次观测都没有达到起沙风速，故用地表粗糙度来衡量沙障的效益。

沙障破损后，地表粗糙度大大降低（表5-15～表5-20）。但是，表5-15～表5-20的数据同时还说明，即使是严重破损的防沙体系，地表粗糙度仍然是流沙的几十倍至几百倍。如高立式沙障倒伏后又遭到沙埋的地区，地表粗糙度仍然达到0.25，是流沙的83倍；平铺式沙障沙埋75%以后，地表粗糙度仍然达到0.34，是流沙的85倍。就是说，防沙体系即使破损后，仍然具有很强的防风阻沙效益。在库布齐沙漠穿沙公路也多次观测到，很多严重腐烂的麦草沙障，地面上已经见不到麦草的踪迹，但仍然可以见到一列列的沙埂；只要沙埂还在，风蚀作用就不能无限制地向下进行。还有些地方是流沙下面有已经被埋掉的沙障，这些地方即使再出现风蚀，其深度也只能达到原来的沙面高度而不能继续向下进行，也就是说，残留沙障构成了一个风蚀基面，风沙活动只能在基面以上而不能在基面以下进行。沙障的这种效益被称为它的残留效益。沙障的残留效益对于防沙体系的维护和修复有重要意义。

表5-15 高立式(150 cm)带状沙障沙埋后的地表粗糙度(z_0)值

项　　目	200 cm 风速(m/s)	50 cm 风速(m/s)	z_0 (cm)	观 测 次 数
高立式带状沙障(新)	3.25	1.01	26.76	50
沙埋 50%	3.71	1.6	17.48	50
沙埋 75%	4.47	3.28	1.09	50
沙埋 90%	5.01	4.1	0.10	50
流　　沙	5.14	4.74	0.000 4	50

表 5-16　半隐蔽式格状沙障(1 m×1 m)沙埋后的地表粗糙度(z_0)值

项　　目	200 cm 风速(m/s)	50 cm 风速(m/s)	z_0(cm)	观 测 次 数
新沙障	3.45	2.09	5.89	50
沙埋 20%	3.58	2.30	4.14	50
沙埋 50%	3.95	2.64	3.14	50
沙埋 75%	4.17	3.06	1.09	50
沙埋 100%	4.36	3.37	0.45	50
流　沙	4.39	4.26	0.000 3	50

表 5-17　半隐蔽式格状沙障(2 m×2 m)沙埋后的地表粗糙度(z_0)值

项　　目	200 cm 风速(m/s)	50 cm 风速(m/s)	z_0(cm)	观 测 次 数
新沙障	3.69	2.38	4.02	50
沙埋 20%	3.83	2.64	2.31	50
沙埋 50%	4.13	3.12	0.69	50
沙埋 75%	4.32	3.46	0.19	50
沙埋 100%	4.68	3.88	0.06	50
流　沙	4.84	4.46	0.000 4	50

表 5-18　半隐蔽式格状沙障(4 m×4 m)沙埋后的地表粗糙度(z_0)值

项　　目	200 cm 风速(m/s)	50 cm 风速(m/s)	z_0(cm)	观 测 次 数
新沙障	3.94	2.58	3.60	50
沙埋 20%	4.01	2.78	2.18	50
沙埋 50%	4.28	3.25	0.63	50
沙埋 75%	4.42	3.48	0.30	50
沙埋 100%	4.65	4.01	0.01	50
流　沙	5.18	4.78	0.000 3	50

表 5-19　平铺式沙柳格状沙障(4 m×4 m)沙埋后的地表粗糙度(z_0)值

项　　目	200 cm 风速(m/s)	50 cm 风速(m/s)	z_0(cm)	观 测 次 数
新沙障	3.52	2.38	2.76	50
沙埋 20%	3.89	2.72	1.99	50
沙埋 50%	4.16	3.12	0.78	50
沙埋 75%	4.38	3.43	0.34	50
流　沙	4.83	4.45	0.000 4	50

表 5‑20 高立式带状沙障风蚀倒伏后的地表粗糙度(z_0)值

项　　目	200 cm 风速(m/s)	50 cm 风速(m/s)	z_0(cm)	观 测 次 数
新沙障	3.76	2.11	8.49	50
倒伏后未被沙埋	3.92	2.72	2.16	50
倒伏后部分沙埋	4.23	3.12	1.02	50
倒伏后全部沙埋	4.64	3.68	0.25	50
流　　沙	4.77	4.38	0.000 3	50

2) 沙障破损与输沙率的关系

相同风速下机械沙障内输沙率比流动沙丘表面明显降低，小规格沙障的输沙率比大规格沙障的要小(表 5‑21)。随着沙障破损率的增加，输沙率同步增加，但输沙率仍远远小于流动沙丘，因此，破损沙障仍具有阻沙、固沙作用(表 21‑22)。

表 5‑21 不同规格沙柳沙障的输沙率(迎风坡中部)

沙 障 规 格	2 m 高处风速(m/s)	输沙率(g/min)
流动沙丘	9.15	21.50
	12.5	25.38
1 m×2 m 沙柳沙障	9.15	4.07
	12.5	7.28
2 m×2.5 m 沙柳沙障	9.15	8.44
	12.5	13.76
2 m×4 m 沙柳沙障	9.15	9.89
	12.5	18.74

表 5‑22 不同破损程度沙柳沙障的输沙率

沙障破损程度	输沙率(g/min)
流动沙丘	25.38
20%	2.20
35%	4.07
50%	7.28

注：1 m×2 m 沙柳沙障风速 11.2 m/s。

3) 防护体系破损与公路沙害的关系

虽然公路沙害防护体系是由两种或两种以上沙障组成的，但其防护效果绝不是几种沙障防护效益的算术和。为了研究防沙体系的整体效益以及体系破损与公路沙害的关系，研究人员于 2002 年 6 月在库布齐穿沙公路 K65～K88+300(N40°27′034″,E108°38′56.7″)处设立了六个观测断面，采用标杆法定点观测、对比不同破损程度防沙体系内的风沙活动以及它们对公路沙害的影响。本节主要讨论防沙体系破损对公路沙害的影响，破损体系内部风沙活动状况的讨论放到 5.3 节进行。

依据 2002 年 10 月、2003 年 4 月对观测点每个测杆风蚀沙埋程度的观测资料做出了两个典型断面的沙丘形态变化图。曲线显示,当地沙丘呈往复式运动,但由西北向东南方向移动幅度大于反向移动的幅度,这与库布齐沙漠处于季风地区有关。同时,沙障破损程度不同,沙丘上沙物质的迁移量也不同。在沙障严重破损的情况下(图5-5),6个月后最大风蚀深度0.12 m,最大沙埋程度0.97 m。在沙障保存基本完好的情况下(图5-6),观测范围内各点虽然不同程度地存在风蚀、沙埋,但是沙物质的迁移主要限于体系之内,还没有对公路形成威胁。

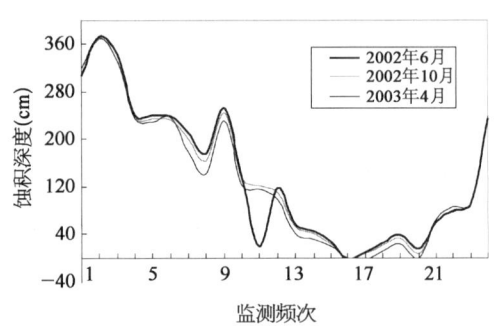

图5-5 1号点不同时期沙丘形态变化图
(沙障破损率75%)

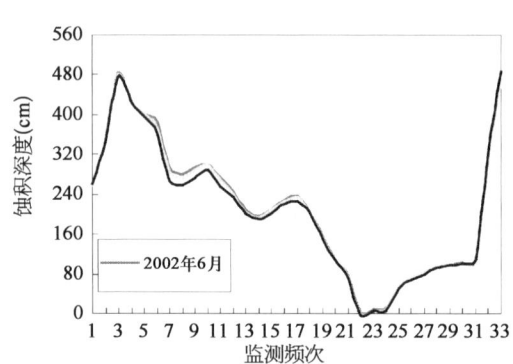

图5-6 2号点不同时期沙丘形态变化图
(沙障基本完好)

5.1.3.4 工程防沙体系破损的鉴别

制定沙障破损鉴别标准,不但有利于公路养护部门指导生产实践,还可以为管理部门决策提供参考依据。

1) 风蚀破损鉴别

为了便于施工单位和公路养护部门使用,提出了破损率的概念,并结合地表粗糙度和输沙量观测结果制定一个直观的鉴别标准。其中破损率定义为:在风蚀作用下倒伏、破损沙障与全部沙障面积之比的百分数。工程防护体系风蚀破损程度可划分为以下四级:

(1) 轻度破损。破损率为0~25%;高立式沙障出现埋压、倒伏,固沙带内部出现斑块状积沙或≤5%的风蚀破口,地表粗糙度无明显变化。

(2) 中度破损。破损率为25%~40%;高立式沙障积沙厚度达到沙障高度的50%,固沙带出现面积10%~20%的风蚀斑块,斑块下风向出现风沙活动,地表粗糙度降低30%~40%。

(3) 重度破损。固沙带风蚀斑块的面积达到20%以上,沙埋面积达到30%以上,总破损率为40%~75%,防沙体系内部出现通畅的气流通道和连续的风沙流,路面出现积沙,地表粗糙度降低40%~60%,防护体系修复困难。

(4) 极重度破损。麦草沙障基本腐烂,沙柳沙障大部分倒伏,沙障总破损率在75%以上。地表粗糙度降低60%以上,防护体系基本失效,路面多处积沙,沙障修复极其困难。

2) 沙埋程度鉴别

主要针对阻沙体系,以沙埋率(沙埋高度与沙障高度之比的百分数)为指标,可将工程防护体系沙埋程度划分为以下四级:

(1) 轻度沙埋。积沙厚度≤沙障高度的1/4。

(2) 中度沙埋。积沙厚度≤沙障高度的1/2,两列沙障之间出现风蚀现象。

(3) 重度沙埋。积沙厚度≤沙障高度的3/4,两列沙障之间出现强烈风蚀,并成为固沙带的新沙源。

(4) 极重度沙埋。积沙厚度≥沙障高度的3/4,沙障基本失效。

5.1.3.5 工程防护体系破损原因综述

1) 防沙体系的自然破损

工程防沙体系是由无生命的有机或无机材料所组成,防沙体系建成后,长年累月地处于太阳能、风能、生物能的作用下,日复一日地经受着风吹雨淋、热胀冷缩、生物分解、风蚀沙埋的作用,出现老化、腐烂、残破是必然现象。即使由卵石铺筑的输沙平台,也会因为土壤的冻结消融而出现松动,最后导致体系的破损,所以说防沙体系的破损是一种自然现象,只不过是由于所处的位置不同、所使用的材料不同,破损的时间可能不一样罢了。

2) 防沙体系结构不合理

工程防沙体系在建设之初,没有科学合理的规划设计,阻沙带、固沙带、输沙带配置不当,没有形成完整的防沙体系,加速了防沙体系破损的速度。这种现象在一些地方公路和低等级公路上比较常见。2000 年 6 月,在库布齐沙漠穿沙公路 K66+220~K66+320 和 K66+320~K66+450 设置了两个观测点,对前者进行了简单的修复(主要是扶正阻沙带所有的高立式沙障),后者则人为破坏了所有的高立式沙障。从设立观测点开始进行了 4 次对比观测,发现前者阻沙带沙障前后平均积沙 26 cm,固沙带格状沙障中有沙子的迁移现象,但只是在几个沙障之间运动,沙障沙埋和倒伏的比例没有增加,后者格状沙障被埋压的面积增加了 17%。防护体系不完善或配置不当是其破损的主要原因。再如,阻沙带带间距过大,常导致带间起沙,其结果是高立式沙障因风蚀而倒伏,格状沙障被埋压。还有就是固沙带沙障规格选择不当,没有形成外疏内紧的格局,沙障受风蚀破坏严重;输沙带内沙障设置太密集,或紧靠公路路肩设置高立式、低立式沙障,主观上想阻沙护路,而实际上造成沙障被埋、引沙上路。在多向风交替出现的地方,没有重视反向风对工程防护体系的影响,主风是防住了,反向风带来的流沙却上路了。如库布齐沙漠穿沙公路,4—8 月东南风多次出现,结果有多处流沙上路。此外,工程防护体系的结构不合理也是体系破损的重要原因,如透风结构的防护体系(孔隙度大于 30%),就因为沙障基部易遭风蚀而倒伏,而紧密结构的土工布则因为阻截所有的来沙而很快就被沙埋。

3) 建设质量差

沙障埋深浅,抗风蚀能力小,容易倒伏。沙障设置时缺少加固、编织环节,整体抗风性能弱,一遇大风日就会大面积倒伏。对内蒙古鄂尔多斯市巴图塔沙柳基地沙柳沙障(设沙障时间为 2001 年 4 月)埋深与倒伏的关系进行了调查(表 5-23),发现沙障倒伏率与埋深及沙丘部位有密切的关系,迎风坡沙柳的埋深小于 15 cm 时倒伏严重。背风坡沙障倒伏并不完全是由于风蚀,有很大一部分沙障是因为泻溜下来的沙子推倒的。巴图塔沙柳基地一次性建设沙柳沙障 4 000 亩(1 亩=666.67 m²),除了当时划定的观测区以外,还能见到有的沙丘迎风坡沙障成片倒伏,有的基本没有倒伏,原因与施工者的施工质量有关,凡是承包给临时施工人员的地段,验收时就因为施工质量问题发生争执,现在倒伏率较高的也是这些地段。所以认为,施工质量是影响沙障倒伏率的一个重要因素。考虑到沙丘部位对沙障倒伏的影响,同时考虑节约施工经费问题,提出设沙障时迎风坡沙柳的埋深不能小于 20 cm,而背风坡在 10 cm 左右就可以了。

表 5-23 沙柳沙障埋深与倒伏的关系 (%)

设障部位	埋深 8 cm	埋深 12 cm	埋深 15 cm	埋深 20 cm
迎风坡下部	64	53	36	15
迎风坡中部	55	51	44	19

(续表)

设障部位	埋深 8 cm	埋深 12 cm	埋深 15 cm	埋深 20 cm
迎风坡上部	37	33	23	19
背风坡下部	7	14	12	16
迎风坡中部	4	21	16	21

除施工质量问题以外，设计不科学也是影响沙障破损的重要原因。如有些地段设计时没有充分考虑当地的主害风合成风向，垂直于主害风合成风向的沙障间距反而大于平行方向的间距，还有的主带设置不是与主害风合成风向垂直而是平行，致使沙障抗风蚀、沙埋能力差；还有的没有充分考虑到当地的微地形、地貌，风口地段沙障规格太大，导致该地段沙障大面积风蚀而破损；如库布齐沙漠穿沙公路，很多高立式沙障建在沙丘的背风坡中部，不但起不到阻沙作用，还加速了沙障的破损速度。

4) 日常维护不到位

工程防沙体系需要根据破损情况及时进行维护。有些地方把公路清沙看成"硬任务"，而把防沙体系的维护看成"软任务"，平时对防沙体系的维护不重视，出现破口不能及时修复，或者流沙只要不上路就不算问题，宁肯被动清沙，不愿意主动修复防沙体系，等到体系已经不可修复时再申请一笔经费重设，这种做法不仅增大投资，还会在一个时期之内产生严重的公路沙害。这种现象需要尽快改变。

5) 管理方面存在问题

(1) 维护部门不明确。目前公路清沙任务属于养护部门是明确的，但防沙体系的维护属于哪个部门还不明确，还有的地方只明确了任务但没有配备人员，也有的是没有这方面的经费，使本该及时维护的防沙体系一拖再拖，破口越来越大，甚至造成整个体系的崩溃。

(2) 防沙体系维护经费不到位。目前大多数省区都没有把防沙体系的维护经费列入预算，还有的省区宁肯一次性下拨防沙体系重设经费，而不考虑平时的维护经费，这样做实际上并不省钱。

(3) 技术人员缺乏，特别是缺治沙和造林方面的专门人才。这些都是造成防沙体系维护技术水平低、维护工作不到位的重要原因。

5.1.4 工程防沙体系的维护

5.1.4.1 工程防护体系维护原则

工程防护体系维护应遵循"技术可靠、施工简易、经济合理、效果良好"的指导思想，在具体的维护过程中应遵守以下原则。

1) 以防为主、防修结合的原则

防沙体系维护的目的就是为了减少沙障的破损。为了减少维护工作量，首先要防止沙障出现破损，即使出现一些小的破损，也要立即修复，防止破口的扩大和加积性破损的出现。防止沙障的破损应该成为维护工作第一位的原则。

2) 工程措施与生物措施互补的原则

所有人都知道，在沙害防治工作中，植物措施治本，工程措施治标。所以，只要有可能，就要想尽办法建设植物固沙体系，或者建设工程与植物结合的综合体系。但是，有些地方不考虑自然条件，不考虑地形的高低起伏，不考虑沙层含水率和潜水埋深，不考虑植物物种的生物学特性，盲目地追求所谓的"自然美"，公路两边一律栽乔木、栽针叶树，结果造成很大的浪费，防风固沙的效果还不好。还有的是强求统一,不论是丘间低地还是沙丘顶部,都搞一种规格的沙障、搞一样宽的防护带,没有充分利用丘间低地水分条件好、植被盖度高的有利条件,实际也是一种浪费。我国沙漠公路广泛分布于草原区、半荒漠区、荒漠区,各个区域气温年较差、日较差、风速、风向、降水量、蒸发量、地下水含量差异很大,即使在同一区域内,不同路段降水量、地下水含量差异也很明显。强求统一的做法显然是不科学的。正确的做法是能搞植物防沙体系的就一定要搞植物体系,依靠封育可以恢复的就不搞人工种植。即使是搞工程防沙体系,设沙障时也要考虑植被恢复的可能性。许多地方由于风蚀沙埋过于严重,流动沙丘上植物根本不能立足,但是,一旦设立机械沙障,植被很快就可以恢复。例如,库布齐沙漠穿沙公路 K55~95 段,设沙障前植被盖度不足 3%(1997 年 10 月 1 日调查),设沙障后的第二年,植被盖度达到 14%左右,现在 K55~87 段达到 60%,K87~95 的大沙段也达到 10%左右(2003 年 4 月 19 日调查)。所以提出,公路防沙体系能搞成植物的就不搞工程的,能自然恢复的就不搞人工造林种草。必须设机械沙障的,设置时也要考虑植物恢复的可能性,机械沙障设置的目的一是控制公路沙害,二是为植物的生长创造条件。已经设立机械沙障的地方,维护工作的首要任务是促进植物的恢复。因为设立机械沙障后影响植物成活和生长的三个主要因素(缺水、风蚀、沙埋)只剩下一个(缺水),这时候采取飞机播种、封育、人工造林种草等措施,其效果非常明显。当然,植物防沙措施见效慢,对环境条件的要求严格,风险大都是需要考虑的问题。故而认为,充分利用机械沙障设立后风沙活动减弱的有利条件,尽量恢复植被,尽可能地建立工程措施与生物措施相结合的防护体系,形成两者之间互为补充、互为保障的格局应该成为维护工作的一条原则。

3) 能修不设原则

针对公路两侧工程防护体系的破损情况,根据风蚀破损程度和沙埋程度的鉴定,对于轻度破损、中度破损的地段,只进行维护而不重设。

4) 经济有效原则

实际就是要少花钱多办事。在效果相同的前提下,材料首先选择最便宜的,防护措施首先选择最经济的,这个道理非常简单。但考虑问题时必须全面,不能只考虑眼前、局部和短期利益,而应该以最小的投资获得最大的效益为原则。

5) 因势利导的原则

工程防沙体系的破损必然导致防沙效益的下降,但是,对破损体系的修复并不一定要恢复防沙体系的原貌,而是要根据风沙地貌和风沙运动的最新变化采取相应的对策。例如,库布齐沙漠穿沙公路 K67+550 路西的一个新月形沙丘上的沙柳沙障已经完全破损,沙丘已经从 2002 年春季复活,如果进行维修就应该在沙丘上重设沙障。但是,沙丘前方的丘间低地已经布满了羊柴、沙蒿和沙打旺等植物,经过对沙丘体积和丘间低地面积的计算,判断出沙丘即使吹平并且进入灌木林地也只能形成 30 cm 的覆沙,既不会影响公路,也不会造成其他沙障的破坏,而且还会促进植物的生长,所以没有对该沙丘采取任何措施,而是在其上风向的一列沙丘上设立了高立式沙障,后期沙丘已经消散,林地中各种植物长势旺盛。引沙入林的效果是:节约了修复沙障的费用,促进了植物的生长,还消灭了沙丘,一举多得。此外,防沙体系建立后植被恢复速度很快,沙丘上的蚀积状况随之发生了变化,利用这种变化治理沙害有时可以收到很好的效果。所以,具体情况具体处理,因势利导因害设防,节约投资节约材料应该成为防沙体系修复的一条原则。

6) 就地取材的原则

工程防护体系的维护应坚持就地取材的原则,避免远距离运输造成的不必要浪费。如在工程防护体系的维护中,库布齐沙漠穿沙公路应首选沙柳枝条、沙蒿灌丛,而腾格里沙漠应首选稻草、麦草,冲积平原、湖积平原区可以选择黏土,砾质戈壁地区也可选择卵石作为原料。

7) 坚持日常维护、早维护、早修复的原则

据库布齐沙漠穿沙公路防护体系修复试验结果及对有关资料的综合分析,轻度破损的防护体系很容易修复;中度破损的防护体系也可以修复,但修复工作量会成倍增加;重度破损的防护体系修复困难甚至不能修复,只好重设。以库布齐沙漠穿沙公路阻沙带的高立式沙障为例,一个 10 m 宽的破口一个工人 1 h 就可以修复,如果等到一年后再修复,就需要一个工日。因为这时至少有 30 m^2 的格状沙障已被埋压。对防护体系早维护、早修复可以收到事半功倍的效果。

5.1.4.2 工程防沙体系维护技术

1) 防沙体系破损的预防技术

沙障和体系破损在很多情况下是因为材料选择不当或施工质量不高造成的,也有的是出现破口以后没有及时修复而扩大的。实际上,这些问题都是可以避免的。为了防止沙障的破损或缩小破损面积,首先要防止上述问题的出现。例如,在建设防沙体系时选用不易腐烂和老化的材料,黑色的尼龙网容易老化,选择白色的尼龙网;稻草比麦草容易腐烂,尽量选择麦草。沙丘迎风坡中上部容易风蚀,沙障就栽得深一些;鼠洞、兔洞、刺猬、沙蜥的洞口往往成为风蚀的突破口和风蚀源头,就要及时封堵洞口。高立式沙障局部破损往往成为风口和沙物质侵入固沙带的通道,其后果不是格状沙障被埋就是被风蚀,必须及时修复。公路路肩出现植被或施工丢弃的材料时也容易造成路面积沙,养护工人应该在发现后及时清除,不要等到积沙后再清除,等等。

为了预防防沙体系的破损,还要加强对公路周边地区植被和环境的保护。例如,尽量减少无路行车,尽量减少乱采乱挖,减少随意弃土弃石,减少点火取暖、生火煮饭,等等。防护体系建成后,还要注意防止人为破坏,如盗窃围栏、盗窃树木、盗割草灌木等。要与地方执法部门配合,加大宣传力度,运用森林法、草原法、环境保护法、公路法等法律法规,依法做好路域生态系统的保护和防沙体系的保护工作。

(1) 植被保护技术。一般地,沙障建成 2~3 年后,工程防沙体系开始破损,但即使是最干旱的荒漠地区,沙障中或多或少也会出现一些植被。植被的恢复和出现对提高防沙体系的稳定性和防沙效益、延长防沙体系的使用年限有重要意义。加强植物的保护应该是防沙体系维护的一项重要任务。目前有些地方对植被保护的认识程度不高,特别是在道路改扩建工程中没有充分注意到这个问题,是需要尽快改变的。

(2) 植被恢复技术。流动沙丘设置机械沙障后,沙面风蚀沙埋程度大大减轻,非常有利于植被的恢复,公路养护部门应该抓住这个有利时机大力植树种草,恢复植被。在库布齐沙漠穿沙公路依托工程区的沙柳沙障中种植了沙柳 6 000 株,成活率达到 32%,是未设沙障的流沙区的 4.2 倍,1997—1999 年库布齐沙漠穿沙防沙体系建设时采用的也是先建工程防沙体系再在体系之中恢复植被的办法,效果非常好。例如,1997 年飞播后的秋季调查,沙障内平均每平方米有植物 6 种共 86 株,沙障外有植物 3 种共 6 株,障内植被盖度达到 25%,障外不足 5%。而有了植物的防沙体系比单纯的工程体系更稳固,防风阻沙效果更好。利用沙障建立后的有利时机恢复植被,应该成为一项重要的维护任务。

(3) 防沙材料防腐处理。草方格沙障破损的主要原因是材料腐烂,如果在腐烂前对材料进行防腐处理就可以延长它的使用时间,1988 年中国科学院兰州沙漠研究所的胡英娣就进行了这方面的试验。进行了麦草和沙柳条防腐试验(表 5-24)。选择这两种材料的原因是它们已经在工程防沙中被广泛使用。考虑到生产部门实际应用中的可操作性,所选择的防腐剂都是来源丰富、价格低廉、使用方便、无污染、对沙地生物无毒副作用的化学制剂。目前筛选出的防腐剂有锌盐、铜盐、氟化物、五氯酚钠、

PVA 等 8 种。

具体方法是：用喷雾器将配好的适当浓度的防腐剂均匀喷洒于需要维护的沙障上。但要注意当时当地的情况，如当地空气湿度较大时，应加大防腐剂浓度；湿度较小时应减小防腐剂用量。

表 5-24 麦草方格沙障防腐试验结果

防腐剂编号	主要成分	处理方法	麦草高度(cm)				麦草强度(g/mm^2)				色泽及外观		
			新	一年后	两年后	三年后	新	八个月后	一年后	两年后	一年后	两年后	三年后
H-1	锌盐	浸涂	27	27	27	27	20	10.6	8.0	6.7	稍黄,未倒	灰,未倒	灰,未倒
H-2	锌盐、PVA	浸涂	20	20	18	18	20	10.6	8.0	7.3	同上		
C-3	铜盐	浸涂	30	29	22	21	20	10.6	8.0	6.7	稍绿,未倒	稍灰,未倒	稍灰,未倒
C-1	铜盐、鞣盐	浸涂	20	20	20	18	20	14.0	8.0	6.7	稍灰,未倒	稍灰,未倒	稍灰,未倒
C-2	铜盐、PVC	浸涂	16	16	15	15	20	10.6	10.0	8.0	稍绿,未倒	稍灰,未倒	稍灰,未倒
P-2	氟化物	浸涂	16	14	14	14	20	—	—	5.3	稍灰,未倒	稍灰,未倒	稍灰,未倒
C-4	苯酚、PVC	浸涂	15	12	9	8	20	12.7	9.3	4.7	灰,稍倒	灰,倒伏	灰,严重
H-4	涂料1#	浸涂	17	17	13	10	20	—	10.0	3.3	稍黄,未倒	灰,倒伏	灰,严重
H-5	涂料2#	浸涂	14	14	11	10	20	6.7	—	3.3	稍黄,未倒	灰,倒伏	灰,严重
C-7	甲醛、PVC	浸涂	20	20	18	17	20	18.0	10.0	7.3	稍黄,未倒	灰,倒伏	灰,未倒
C-5	五氯酚钠	浸涂	20	19	17	17	20	17.3	—	7.3	稍黄,未倒	稍黄,未倒	稍黄,未倒
P-3	PVC	浸涂	28	27	23	22	20	21.3	—	8.0	稍黄,未倒	稍黄,未倒	稍黄,未倒
	对照		18	18	16	9	20	12.7	11.3	3.3	灰,倒伏	灰,严重倒伏	灰,严重倒伏

注：部分资料来源于中国科学院兰州沙漠研究所。

2) 日常维护

(1) 防火。工程防沙体系大都是柴、草、化学物质等构成的障蔽物，加之沙漠地区气温、地温高，火险隐患大，做好经常性的防火工作是保障工程防护体系完整的重要措施。防火主要在冬春季节以巡逻、检查、限制行人和驾驶员生火取暖为手段。必要时，可以在公路与防沙体系之间布设防火带。

(2) 封禁。固沙带、阻沙带可设围栏封禁，防止人畜践踏，损伤防护体系，封禁后要设专人看管。

(3) 检查。养护工人要深入防护体系中，逐个沙丘逐个地块地检查，遇到小的破口及时修补（如鼠兔盗挖的洞口处在迎风坡上，就必须及时填埋），遇到大面积的破损及时汇报，以便工区及时采取措施。

3) 典型维护

(1) 加固技术。对因风蚀而发生倾斜或倒伏的立式机械沙障进行加固。使用材料有沙柳条、芦苇、高秆作物等等。加固方法有以下两种：

① 深埋培沙加固。把因风蚀而倒伏的高立式沙障扶正，使之密集排紧，下部适当加些较短的梢头，使密度较大些，两侧培沙、踏实，培沙要高出沙面 10 cm 左右，使沙障稳固（图 5-7）。

② 编条加固。在破坏的立式沙障中上部横向加一列或两列沙柳条，编织或绑固使其稳固（图 5-8）。有些地方在加固时使用流动沙丘上拔下来的沙竹等材料，这个方法也并非不可使用，但要以不破坏植被为度。

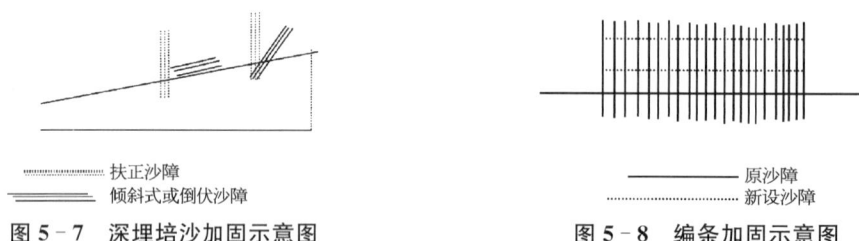

图 5-7　深埋培沙加固示意图　　　　图 5-8　编条加固示意图

库布齐沙漠穿沙公路的沙柳沙障加固后，防风固沙效益基本恢复到新沙障的水平。

(2) 加密技术。对因风蚀、腐蚀而发生自然稀疏的立式沙障或规格较大的低立式或平铺式沙障进行加密，可以获得良好的固沙效果。如库布齐沙漠穿沙公路 K93～94 路西的半隐蔽式沙柳沙障，规格普遍为 4 m×4 m，有的达到 4 m×6 m 甚至 6 m×6 m。由于规格过大，难于控制风沙流运动，在沙障中间加插了一排沙柳条，马上就达到小风不起沙、大风沙面基本稳定的效果。

加密材料可选用沙柳条、芦苇、葵花秆、高秆作物秸秆等。方法有以下三种：

① 纵向加密。把直径较粗的沙柳条一端削尖，钉入稀疏的沙柳间，以达到加大沙柳条密度、减小疏透度的目的(图 5-9)。

② 横向加密。具体做法同上述"编条加固"措施(图 5-10)。

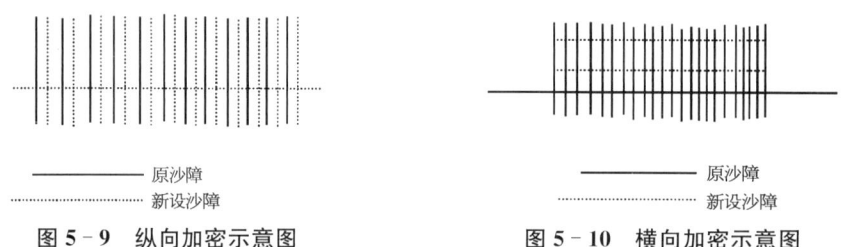

图 5-9　纵向加密示意图　　　　图 5-10　横向加密示意图

③ 中间加密。在沙障规格过大的地方，可在沙障间适当加插一列或数列沙柳条，缩小沙障规格，这样会使防护效果明显增加。

(3) 拔高技术。据黄强等专家在塔里木沙漠公路沿线调查发现，不同地貌部位的高立式沙障阻沙效果不同，沙埋程度也不同。垄间平地上的高立式沙障不易沙埋，垄体、垭口和过度区段的高立式沙障易遭沙埋，如果不能及时修复，阻沙作用就会大大降低，2～3 年内即被完全埋没。但是，此时的材料却并未全部腐烂，其中有些造价高、耐腐烂的材料还可以重复使用，如枕木、尼龙网、立柱等。很多专家已经认识到了这一点，并提出人工拔高沙障的意见。但是，实际操作中困难较多，拔得太早没必要，太晚了又拔不动。再者，沙漠当中施工困难，拔高沙障完全依靠人工作业，难度较大，并且有的材料已经处于半腐烂状态，一拔就断。所以，目前生产中这样做的单位还很少。但是，拔高沙障确实比重设合算。在库布齐沙漠穿沙公路所做的试验证明(表 5-25)，拔高沙障的投资仅占重设沙障的 57.5%，虽然使用时间可能短一些，但对于材料短缺的地区，对于耐腐的旧枕木、尼龙网来说，意义还是很大的。

表 5-25　高立式沙障拔高与重设的费用对比(2003 年 6 月)

项　目	数量(m)	人工费(元)	材料费(元)	合计(元)	使用年限(年)
新设沙障(a)	200	62.50	264.0	326.5	4～5
拔高沙障(b)	200	66.70	121.0	187.7	3～4
b/a				57.5%	

需要说明的是,拔高技术适用于中度沙埋的高立式沙障。对重度沙埋的高立式沙障,需要先清沙,后拔高,工作量会增加2倍左右。

具体方法:适当清理机械沙障两侧的积沙,将沙障拔高。旧材料的利用率为60%~90%,所以必须补充新材料。如在拔高沙柳沙障时就补充了40%的新材料。

注意:高立式沙障扎设时的埋深一般不会小于20 cm,沙埋30 cm后再拔高困难很大,因此需要经常检查,发现沙埋后尽快拔高。补充的新材料最好与旧材料交错使用,以提高旧材料的耐性。

(4)结构改造。

适用范围:基部掏蚀、整体沙埋的土工方格沙障。

具体方法:适当清理土工布两侧的积沙,给土工布打眼,使其疏透度达到20%~40%。

4)防沙体系的维护

以上讨论了沙障的维护技术。虽然防沙体系是由各种类型的沙障组成的,但是,对于防沙体系来说,其维护技术并不是对沙障的修修补补,对防沙体系进行科学维护也是研究的内容之一。对防沙体系的维护主要有如下几种类型:

(1)应急维护。应急维护是一种临时补救措施,是对日常维护工作的补救和完善,也是对日常维护成果的检验。自然界的情况是非常复杂的,即使是很完善的防护体系,在一场大风过后出现破损、缺口、流沙上路等现象也是不奇怪的。例如,1995年5月5日起源于甘肃河西地区的特大沙尘暴过后,公路积沙多达几百处。这时就要及时清理路面积沙,修补破损的防护体系,这就是应急维护。应急维护的要点是:① 平时做好维护工作,以减少大风过后积沙的数量;② 大风季节到来之前做好人力、物力、财力特别是机械的准备工作,一旦出现积沙可以马上赶赴现场,迅速清除积沙;③ 清除积沙后尽快修补防护体系,切断沙源,防止重新积沙和二次积沙;④ 清理后的积沙要妥善处理,不可随便丢弃在路边,以免成为新的沙源。

(2)生物措施辅助维护。根据野外调查,即使是在极端干旱的塔里木地区和阿拉善地区,流动沙丘上设置机械沙障后,由于风沙活动强度下降,影响植物生长的风蚀沙埋现象减轻,总会有或多或少的植物出现在沙面上。例如,荒漠地带的腾格里沙漠沙坡头地区,沙障中植被盖度可以稳定在20%左右,半荒漠地带的库布齐沙漠设立机械沙障后,高大沙丘区植被盖度达到15%左右,丘间低地达到30%左右,从K62~K83大缓丘低地区,植被盖度达到60%以上,比不设沙障的流动沙丘区高出3倍以上。在乌兰布和沙漠对不同植被盖度区输沙量的观测证明,植被盖度达到15%时,输沙量减少43%,中国石油天然气总公司塔里木石油勘探开发指挥部的观测治理证实,植被盖度达到15.2%时,地表粗糙度达到0.048 5 cm,是流动沙丘区的34.83倍。据在库布齐沙漠穿沙公路实测,植被盖度达到15%时,4 m×4 m的格状沙障地表粗糙度比2 m×2 m无植被的沙障还高,植被盖度达到30%以上时,流沙基本呈斑块状出现。就是说,只要有一定的植被覆盖,沙障规格过大导致的风沙活动就可以消除或减弱。所以,设立机械防护体系以后还要尽量促进植被的恢复,在适宜植物生长的地方,应选择一些耐旱、耐盐、耐风蚀沙埋的植物种进行飞播或人工种植,以补充机械沙障防护效益方面的不足或缺陷,同时延长机械沙障的使用年限,并且逐步形成以植物措施为主的防沙体系,从根本上解决沙害问题。

(3)防沙体系不同功能带的维护。前已述及,完善的防沙体系由阻沙带、固沙带和输沙带组成。各带的功能不同,破损后产生的后果以及维护技术也成为研究的一个重要内容。

根据在库布齐沙漠穿沙公路设立的定位观测点和垂直于公路的调查线的资料,防沙体系各功能带的破损形式不一样,破损的后果也不一样。其中,阻沙带的破损形式主要是高立式沙障的风蚀倒伏和沙埋,其主要特点是体系一旦出现破损,往往成为风口和风沙流运行的通道,风和风沙流会沿着通道向固沙带发展,造成固沙带格状沙障的严重风蚀或沙埋。如果任其发展,很快就会形成一条指向公路的"沙舌",对公路形成严重威胁。在库布齐沙漠穿沙公路设立的 2 号定位观测点就是这样的一条活化沙带。该沙带上风向阻沙带的高立式沙障破口宽度为 11 m,而破口下方固沙带的格状沙障破损面积达到 112 m^2。在 110 国道临河段、磴口段,109 国道杭锦旗段、包府公路大柳塔以北 20~22 km 处甚至尚未通车的伊金霍洛—榆林路段,这种现象经常可以看到。可见,高立式沙障破损的后果是极其严重的,它会引起固沙带沙障的连续破坏,所以对阻沙带的高立式沙障要给予特别的关注。

固沙带的破损主要是格状沙障的腐烂和风蚀沙埋,特点是体系内部出现斑块状流沙或风蚀坑。在半荒漠地带的库布齐沙漠,比较普遍的现象是沙丘顶部沙障因风蚀倒伏而出现斑块状流沙,而在东部草原地带则以沙丘迎风坡的斑块状风蚀坑更为常见。半荒漠地带的斑块状流沙有些是阻沙带破损后从体系以外搬运进来,更多的是体系内部局部沙障破损造成。其发展过程往往是先在体系内部出现风蚀破口,然后以此为基点向下风向发展,逐步扩展到整个沙丘上部,吹扬起来的流沙则在下风区埋压部分沙障。但是,这些地段的沙层厚度都是有限的,一般不会运移到体系以外,在库布齐沙漠设的六个定位观测点和在国道 304 线、地方公路乌金线的调查都证明了这一点。此外,调查中还发现,斑块状破损是固沙带破损的主要形式,整个防沙体系全面破损的情况还是比较少见的。另外,即使防沙体系内部出现了斑块状破损和风沙活动,其活动范围也主要限于防沙体系之内,只要体系没有崩溃,流沙冲上公路的概率还是比较小的。

对公路威胁最大的是输沙带的积沙。输沙带紧邻公路,一旦出现风沙活动流沙就会直接冲上公路,造成沙害。这是需要特别予以注意的。库布齐沙漠穿沙公路 K87~95 的大沙段没有设计输沙带,固沙带的沙障已经严重破损,路边由于水分条件较好(降雨时路面上的水分不会下渗只会向两侧分流,使路边接收到更多的降水),植被盖度较高,已经成为流沙的聚集区,冬季以来已经多次出现路面积沙。特别是在 K90~92 路段,沙丘高度超出路面 3~5 m,夏季路面积沙成为普遍现象。在其他一些公路上,如毛乌素沙漠中的府深线、乌审旗到鄂托克前旗公路,原来就没有预留输沙带,沙丘紧邻公路,而且公路路基高度低于沙丘成为路堑,所以公路沙害就成为一种普遍现象。

通过以上分析认为,公路防沙体系各功能带的破损形式、破损特点不一样,产生的后果也不一样,所以维护技术也不一样。阻沙带沙障的破损会造成固沙带的严重破坏,出现破损必须及早进行维护,甚至在沙障破损之前就应该防止其破损,特别是要防止破口的出现。输沙带沙障破损或沙障不完善,流沙就会直接威胁公路,所以维护工作就显得特别重要。固沙带沙障的破损主要是斑块状破损,即使出现了 20% 左右的破损,风沙流活动范围也主要限于体系内部,对公路的威胁不大,不应该成为维护工作的重点。即使需要进行维护,主要任务应该是堵住风蚀破口,防止其进一步扩大。对于遭受沙埋的沙障,可以不做专门处理,一般经过 1~2 年,流沙就会消散在体系之中。对防沙体系的这种维护办法称为"堵住两头(阻沙带和输沙带),放开中间(固沙带)"。这样做固然比全面维护增加了沙害的危险,但可以大大节约维护资金。在库布齐沙漠穿沙公路 K87+400、K67+100 处就使用了这样的维护技术。虽然因为时间很短还不能下定论,但可以肯定,至少在半荒漠地带和干草原地带,借助植物的作用,这种方法是可行的。

(4) 不同破损程度防沙体系的维护技术。防沙体系的破损程度不同,维护的主要任务和技术要点也不同。新设机械防沙体系维护的主要任务是防止破损,对其要进行经常性的检查,发现问题及时处理。特别是阻沙带出现沙埋沙障问题时需要尽快拔高,否则沙障就会因为积沙过多而无法处理。阻沙带沙障埋压的速度很快,当年 4 月在库布齐沙漠设立的高立式沙障,到 6 月中旬有 20 m 长的一段就已经被埋得看不见了。固沙带维护的主要任务是及时封堵风蚀破口,即使发现小的鼠洞、兔洞也要及时封堵,以防止洞口扩大产生的连锁反应。此外,新防沙体系维护的一项重要任务是植被的恢复,要想尽一切办法恢复植被,使工程防沙体系向综合防沙体系转变,即使不能发展到综合防沙体系,植被盖度每增加1%,体系的防护效益就会有所增加。使用两年以上、破损程度不超过20%的防沙体系维护的主要任务是修补、扶正、拔高沙障,维护的重点是阻沙带的高立式沙障。对于使用3年左右、破损程度达到40%~60%的防沙体系,维护的主要任务是防止流沙上路,办法是堵住两头,尤其是临近公路的输沙带不能有沙害隐患。有些没设输沙带的公路,对临近公路的流沙就要前面封固,对建设初期预留输沙带的公路来说,此时的输沙带已经很难再发挥输沙功能,相反可能成为直接危害公路的沙源,所以也要补设沙障。对于已经严重破损的防沙体系来说,修修补补已经不能解决问题,重设防沙体系成为唯一的选择,这时就要尽量发挥防沙体系的残留功能,想尽办法延长防沙体系的使用时间,延长沙障的重设周期。只要流沙不上公路,就不必采取措施。这样做同样可以节约维护资金。

5) 工程防护体系维护施工定额

据库布齐沙漠穿沙公路依托工程、月亮湖公路依托工程推算的工程防沙体系建设定额见表5-26。该表还参考了一些相关资料。但是,由于地区差异、材料差异等的影响,其只能作为一个参考材料使用。

表5-26 工程防沙体系维护施工定额

项 目		维护施工定额(元/亩)
机械沙障	沙柳方格沙障1 m×1 m	1 200元/亩
	沙柳方格沙障1 m×2 m	900元/亩
	沙柳方格沙障2 m×2 m	600元/亩
	高立式沙障	1.5元/m
	麦草沙障1 m×1 m	450元/亩
	芦苇沙障1 m×1 m	550元/亩
化学固沙	固化剂1 m×1 m	500元/亩
黏土沙障	黏土沙障1 m×1 m	500元/亩

注:1亩=666.67 m^2。

5.1.4.3 防沙体系更新与改造可行性分析

不论是工程防护体系还是生物防护体系,经过长期的运行和使用,都会不同程度地出现老化、退化、分化等问题,变化的结果有两种:① 防护体系变得更稳固更完善,即工程防护体系中植被盖度达到30%以上,单纯的工程防护体系变成工程与生物结合的综合防护体系,如库布齐沙漠穿沙公路K62~83段,包兰铁路沙坡头至迎水桥段,还有的是单纯的人工林变成了乔灌草结合的复合林带,如207国道K188路段等。② 防护体系大面积破损或老化,简单的修修补补已经不能解决沙害影响交通的问题,需要对整个防护体系进行更新与改造,如三道坎到吉兰泰的乌吉铁路,从通车到现在,对防护体系大面积的改造与更新就有7~8次之多。再如塔里木石油公路,防沙体系已经建成6~7年,以芦苇为主的防护体系面临着材料老化腐烂、风蚀沙埋严重等问题,为了解决防护体系的改造更新问题,在塔中地区研究了生物固沙和生物防护体系建设问题。建成了植物防沙体系,非常成功,运行将近20年没有出现过风沙危害公路的情况,彻底解决了塔里木石油公路的风沙危害。

对防护体系的改造与更新涉及很多问题,如原有防护体系能否利用或部分利用,原有防护体系是否合理,主要存在哪些问题,风沙地貌和风沙危害有哪些新的变化,现有植被如何利用,工程防护体系与生物防护体系如何衔接等。为了解决这些问题,以库布齐沙漠穿沙公路为例,通过定位观测,对与防护体系改造和更新有关的几个问题进行了初步研究。

1) 防护体系宽度问题

防护体系宽度问题关系到工程造价和防护效益,是业内多年来一直希望解决的一个问题。但由于各地情况差异较大,建设单位的投资标准、要求也不一样,所以至今仍无定论,只在考虑防护效益的前提下,对此做些探讨。

(1) 基本假设。当风沙流从旷野到达防护体系时,若风沙流与防护体系成任意夹角 θ、大小为 u 的速度吹过设置有沙障的沙面时,风力将沿水平方向和垂直方向发生分解,各分量分别为 $u_1 = u\cos\theta$ 和 $u_2 = u\sin\theta$。此时,对防护体系起作用的风沙流的分量为 u_2。当 u_2 小于起沙风速时,因没有足够的动能挟带沙粒,防护体系内部的沙粒将不发生起动;当 u_2 大于起动风速时,则旷野风速条件下形成的风沙流因遇防护体系阻碍而发生动能损耗,在防护体系前后均会产生涡旋,引起沙粒在防护体系前后沉降,从而将一定数量的沙粒卸载下来,卸载后的气流挟沙力如果仍大于含沙量,则气流在沿程运动过程中,会造成防护体系内部的沙粒发生迁移,使风沙流在蚀积的动态平衡中保持恒定。因此,可用在一定时间范围内沙粒的迁移量表示防护体系的防护效益。

设防护体系内部任意时刻沙粒的迁移量为 w,风沙流的输沙率为 Q,防护体系的宽度为 L,风速的大小为 u,风速与防护体系的夹角为 θ,则沙粒迁移量可用以下函数来表示:

$$w = f(x) = f(L, Q, u\sin\theta) \tag{5-4}$$

设风沙流在 t_1 时刻的沙粒迁移量为 $f_{t1}(x)$,在 t_2 时刻的沙粒迁移量为 $f_{t2}(x)$,则在单位防护体系宽度、单位时间 Δt 内,其沙粒迁移动态变化量 Δw 和总变化量 $w_总$ 可用下列式子表示:

$$\Delta w = \frac{\int_0^l (f_{t2}(x) - f_{t1}(x))\mathrm{d}x}{l(t_2 - t_1)} = \frac{\sum_{i=1}^l (f_{t2}(\xi_i) - f_{t1}(\xi_i))\Delta x_i}{l(t_2 - t_1)} \tag{5-5}$$

$$w_总 = \frac{\int_0^l |f_{t2}(x) - f_{t1}(x)|\mathrm{d}x}{l(t_2 - t_1)} = \frac{\sum_{i=1}^l |f_{t2}(\xi_i) - f_{t1}(\xi_i)|\Delta x_i}{l(t_2 - t_1)} \tag{5-6}$$

依据上述公式推论,若在单位防护宽度、单位时间内沙粒的动态迁移量 $\Delta w < 0$,则在该时间段该防护体系内部处于风蚀状态,风沙流将沿合成风的方向迁移,若公路处于合成风方向的下方,则可能导致公路沙埋。若 $\Delta w > 0$,则在该时间段内防护体系内部处于堆积状态,防护体系仍在发挥作用,且 Δw 值越小时,防护体系的寿命越长。$w_总$ 说明沙粒在单位时间和单位防护宽度内的沙粒总迁移量(风蚀量与堆积量的绝对值和),$w_总$ 值的大小说明防护体系阻滞沙粒功能的强弱。显然,凭借这两个参数尚不能确定防护体系的有效宽度,为此,引入另外两个变化 w_{max} 和 w_{min},且以极差 w_R 反映两者的变化情况:

$$w_{max} = \max(f_{t2}(x) - f_{t1}(x_0)) \qquad x \in [0, L] \tag{5-7}$$

$$w_{min} = \min(f_{t2}(x) - f_{t1}(x_0)) \qquad x \in [0, L] \tag{5-8}$$

$$w_R = w_{max} - w_{min} \tag{5-9}$$

在单位时间内,若沙粒迁移量最大值小,沙粒迁移量最小值大,则极差变化量小,说明沙粒迁移较为均一,防护体系功能较好,而两者变化量大,说明防护体系内部沙粒迁移不均,有的地段风蚀,有的地段堆积,使防护体系内部沙粒变化增大。

(2)结果与分析。综上所述,若单位时间、单位防护宽度范围内,在 $\Delta w > 0$,$w_\text{总}$ 值较小,w_R 变化较小时对应的防护体系宽度应是较为适宜的防护体系宽度。基于此,在穿沙公路上风侧的不同宽度的防护体系内部,每隔 3 m 设置一根铁钎,定位观测防护体系内部沙子的风蚀堆积状况。通过定期测定标尺的变化来表述防护体系内部沙粒的迁移运动状况和沙面的蚀积变化(负值为风蚀,正值为风积),并通过高斯积分法进行数值积分,得到相应防护体系宽度 L 条件下的 Δw、$w_\text{总}$、w_max、w_min 和 w_R。结果见表 5-27。

表 5-27　不同防护体系宽度条件下沙粒迁移量的变化

防护体系宽度(m)	时间(月)	沙粒迁移动态(m³/月)	沙粒迁移总量(m³/月)	沙粒迁移最小量(m³/月)	沙粒迁移最大量(m³/月)	沙粒迁移极差(m³/月)
48	6～10	−37.9	49.1	−8.6	5.5	14.1
	10～4	−29.5	67.25	−11.0	13.88	24.88
72	6～10	−51.45	94.45	−40.12	10.12	50.24
	10～4	−73.0	86.0	−7.0	18.63	25.63
81	6～10	−33.0	80.25	−14.62	8.42	23.04
	10～4	−34.0	64.0	−12.5	4.28	16.78
100	6～10	−27.75	59.25	−4.25	6.75	11.0
	10～4	−63.75	93.5	−8.0	8.25	16.25
120	6～10	−23.4	51.73	−3.85	8.2	12.05
	10～4	−30.25	48.4	−7.75	7.65	15.4
150	6～10	−18.5	45.75	−3.6	7.38	10.98
	10～4	−22.75	42.25	−6.4	6.75	13.15
180	6～10	2.45	32.44	−3.25	6.22	9.47
	10～4	4.9	26.6	−5.8	6.2	12.0
200	6～10	6.75	22.8	−2.4	5.5	7.9
	10～4	11.6	20.2	−4.1	5.25	9.35

从表 5-27 看出,当防护体系宽度<180 m 时,Δw 值均为负值,$w_\text{总}$ 值较大,w_R 变化也较大,此时,防护体系处于风蚀状态,风蚀后的风沙可能对公路形成危害。当防护体系宽度=180 m 时,Δw 值>0,而且 $w_\text{总}$ 值在 26.6～32.44 m³/月之间,w_R 变化较小,在 9.47～12.0 m³/月之间,因此,该宽度下的防护体系满足公路防沙的需求,其宽度较为适宜,该宽度也是库布齐沙漠上风侧防护体系的最小宽度。当防护体系为 200 m 时,Δw 为正值,其值为 6.75～11.6 m³/月,且 $w_\text{总}$ 值在 20.2～22.8 m³/月之间,w_R 在 7.9～9.35 m³/月,从各指标分析,该宽度的防护体系阻沙效益要优于宽度为 180 m 防护体系的阻沙效益。显然,从实地观测和理论推导分析,防护体系宽度越宽,其阻沙效益越明显;但防护体系越宽,所需的经济投入也越大,因此,防护体系并非越宽越好,而是有一个适宜的合理宽度。

若设置标准与规格相同,单纯考虑防护体系宽度对经济投入的影响,则设置 180～200 m 宽度防护体系的经济投入是 48 m 防护体系宽度的 3.75～4.17 倍、是 100 m 防护体系宽度的 1.8～2.0 倍。因此,防护体系越宽,经济投入越大。综合考虑阻沙效益的正常发挥和经济投入影响等因素,建议库布齐沙漠穿沙公路上风侧的防护体系最低宽度不低于 180 m,实践中可选择 200 m。对于下风侧,依据塔里木石油公路上风侧和下风侧防护体系的设置及穿沙公路的设置实践,下风侧的防护体系宽度可适当酌减至 75%,即下风侧防护体系宽度为 135～150 m。

2) 阻沙带沙障高度与阻沙效益的关系

在野外设置沙障后,随时间推移,高立式沙障前后的积沙增多,当高立式沙障的外露高度降低时,沙障的阻沙功能下降,当沙障被完全埋没后,则在沙障后可形成一个风蚀凹槽,使风沙流顺利通过,不能有效地阻挡风沙流的过境和沙丘顶部前移,阻沙效率大为降低,对其后面的半隐蔽式防沙体系有很大的危害,对线路产生严重的隐患。因此,当栅栏外露高度较小,阻沙效率降低到一定值后,应及时设置或拔高栅栏,使其更为有效地进行防护。

沙地内设置沙障后,经过一段时间的吹刮,在障间的沙面便会形成一段较为平滑的圆弧,沙面最高点处圆的弦切角为干沙的休止角,而且风沙流在障前的积沙范围为障高的 2～3 倍,在障后有积沙范围为障高的 8～12 倍。在库布齐穿沙公路高立式沙障的设置材料为沙柳,其高度为 1.5 m。由此,沙柳高立式沙障障前积沙范围为 3～4.5 m,障后积沙范围为 12～18 m。依据积沙范围而设置的高立式沙障障间距一般为 15 m。当沙障投入使用一段时间后,在障前和障后分别发生积沙,使得沙障高度有效高度降低,而且障间因发生积沙而使得积沙的有效空间减小,从而使阻沙功能下降。为降低沙障重设而带来的经济增加,本着经济有效的原则,可采用拔高技术来维护沙障正常功能的发挥。但何时拔高沙障是问题的关键。该高度必须同时满足两个条件,即此高度下,沙障的功能已经减弱,如再不采取措施,障间的沙粒可能发生蚀积;同时,此沙埋高度下,人力可较为轻易地拔高沙障而不必借助于机械作业。

3) 从沙障破损率与输沙率的关系分析防护体系改造与更新的必要性

沙障的损坏程度可用破损率表示,即破损沙障面积(长度)占沙障总面积(长度)的百分比。根据其破损程度可分为轻度破损、中度破损、重度破损和极度破损。沙障破损后,其防风阻沙功能下降。

为研究沙障破损率与防风固沙效益的关系,在穿沙公路格状沙障和高立式沙障防护体系内部,通过人为地拆除沙障,形成各种破损率,然后在同一条件下,利用多点自动风速记录仪和积沙仪分别记录风速的变化和积沙量的变化。以不同风速对应的输沙率作图,其结果如图 5-11 所示。

由图 5-11 可以看出,尽管沙障的破损率不同,但风速与输沙量的关系均呈幂函数形式(表 5-28),即输沙量与风速的指数成正比,风速不同,幂指数大小不同。对于不同破损率的沙障,其输沙量的变化极大。当沙障破损率由 20% 增加至 40% 时,输沙量也相应提高了 1.2～9.5 倍,平均为 2.4 倍;当沙障破损率达到 60% 时,输沙量为 20% 破损率的 8～77 倍,平均为 26.5 倍;当沙障破损率增加至 80% 时,沙面很少有障碍物存在,输沙量约为 20% 破损率下的 20.2～600 倍,平均为 103.8 倍。再从风速变化看,当旷野风速接近同一地段不同破损率的沙障时,风速降低百分比也不相同,以 80% 沙障破损率的风速为 100%,则 60% 破损率、40% 破损率和 20% 破损率的沙障风速分别降低了 6.24%～11.11%、13.18%～24.86% 和 23.87%～34.68%(表 5-29)。

从风速降低百分比、输沙量变化情况分析,当沙障破损率达到 40%～60% 时,风速降低百分率与输沙量均发生了质的变化,主要表现在风速降低值显著减小,输沙量明显增加。可以认为此时沙障已经失去或基本失去防护效益。因此沙障破损率在达到 40% 时必须进行维护。

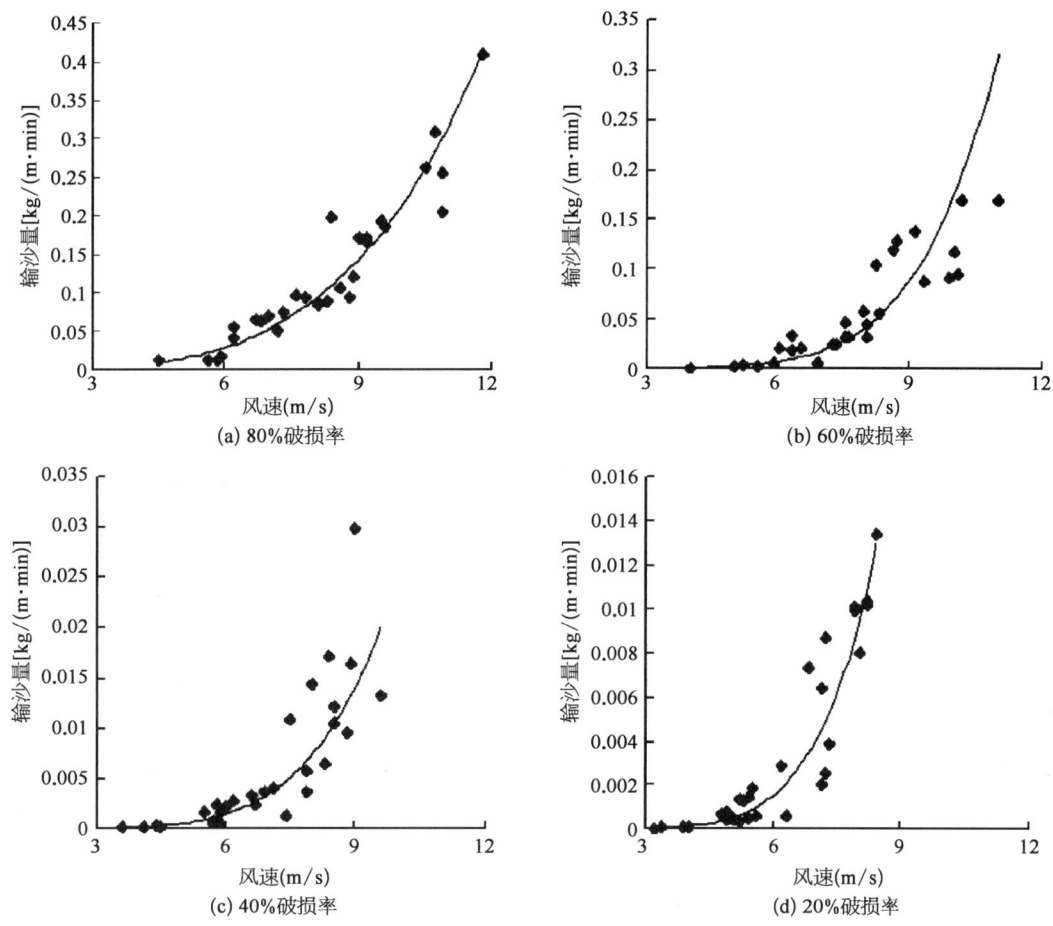

图 5-11 不同沙障破损率下风速与输沙量关系

表 5-28 不同沙障破损率下风速与输沙量的回归方程

沙障破损率	回 归 方 程	相关系数
80%	$y = 3 \times 10^{-5} x^{5.9559}$	0.9451
60%	$y = 1 \times 10^{-7} x^{6.2557}$	0.9284
40%	$y = 7 \times 10^{-8} x^{6.6383}$	0.9292
20%	$y = 3 \times 10^{-5} x^{5.9559}$	0.9537

为避免局部破损而危及整个防护体系情况的出现和保障沙障功能的正常发挥,建议在沙障破损率达到40%以前就应该进行维护,40%时必须维护,60%时就要考虑体系的更新问题。如此才能保障公路的畅通,还能降低维护强度和规模。

表 5-29 不同沙障破损率下风速降低百分比

风速(m/s) \ 沙障破损率	80%	60%	40%	20%
11.8	100%	6.78%	18.64%	30.51%
10.8	100%	6.51%	19.07%	24.65%
9.3	100%	6.24%	13.55%	23.87%

(续表)

风速(m/s) \ 沙障破损率	80%	60%	40%	20%
8.5	100%	6.93%	13.18%	25.84%
7.4	100%	7.32%	19.51%	28.18%
6.5	100%	6.95%	11.97%	23.94%
5.8	100%	9.25%	24.86%	34.68%
4.5	100%	11.11%	20.00%	28.89%

4）破损沙障的残留效益与防护体系改造、更新的关系

工程防沙体系投入使用后因大大抑制了风蚀沙埋的危害，有利于植物的定居。因而，工程防沙体系建立后，不仅发挥其本身的防护效益，而且还会因防护区域内植被的恢复而增加一部分效益。但工程防沙体系运行一段时间后，也会因风蚀、沙埋而发生破损，从而使其效益发生衰减，只有残留部分发挥功能，如若残留功能已经不足以控制沙害，就要对防沙体系进行维护，但维护的规模是一个关键问题。若维护规模大，不但会造成防沙功能的浪费，还会造成材料、人力、财力的浪费；若维护规模小，则会因为防护功能达不到要求而影响到公路的安全。为科学合理地对防沙体系进行维护，就需要对工程防沙体系的各部分效益进行详细的分析。

新的防沙体系在设计时，必定有一个设计标准（按沙害路段的风沙运动状况设计），定义按设计标准构建的防沙体系的防护效益为设计效益，记为 B_D。在工程防沙体系使用过程中，若工程防沙体系没有发生破损，且体系内植被得以恢复，则此时的总体效益要较设计效益高，将此时的总体效益记为 B_T，而将因植被恢复而增加的防护效益称为植被恢复效益，记为 B_P，因此，B_T 包括两个方面的效益，即设计效益和植被效益。三者之间的关系可用下式表示：

$$B_T = B_D + B_P \tag{5-10}$$

但工程防沙体系投入运行后，必定会发生破损。体系破损必然会损失一部分效益，此部分称为损失效益，记为 B_L；另一部分是残留体系仍在发挥的效益，称为残留效益，记为 B_R。当然，此时植被恢复效益仍在起作用，因而，防沙体系的实际效益 B'_T，可用下列式子表示：

$$B'_T = B_R + B_P \tag{5-11}$$

$$B_R = B_D - B_L \tag{5-12}$$

式中　B_D、B_P——意义同上；

　　　B'_T——实际效益；

　　　B_L——损失效益；

　　　B_R——残留效益。

当沙障破损后，为恢复其正常功能就要进行防沙体系的维护。设维护后防沙体系的效益为 B_{T1}。理论上，防沙体系维护后的总效益 B_{T1} 应等于或大于设计效益 B_D，否则认为维护没有达到预期目的。做到这一点很容易，按照当初的设计重新建设防沙体系就可以。但是，这样势必增大投资，而且浪费了旧沙障的残留效益和植被恢复后的新增效益，这是不应该的。正确的做法是，只要对防沙体系的效益进行补充就行了。如果把补充的这部分效益记为 B_1，则

$$B_I = B_{T1} - B_P - B_R \qquad (5-13)$$

显然，B_I 不应该也不会大于 B_{T1} 或 B_D，所以，对防沙体系进行维护要比新设节省开支和原材料。

关于防沙体系什么时候需要维护（指大规模的维护甚至重设，而不是日常维护或应急维护），因为维护太早就会造成浪费，维护太晚则可能造成流沙上路，所以，把握好维护的时机也是非常重要的。

是否应进行工程体系的维护可用以下两个判别式表示：

$$B'_T \geqslant B_D \quad 或 \quad B_P \geqslant B_L \qquad (5-14)$$

$$B'_T < B_D \quad 或 \quad B_P < B_L \qquad (5-15)$$

若 $B'_T \geqslant B_D$，则说明防沙体系的实际效益仍然可以达到设计效益，亦即工程防沙体系丧失的效益可由植被恢复效益来补偿，此时不需对防沙体系进行维护。若 $B'_T < B_D$，则防沙体系的实际效益已经低于设计效益，亦即防沙体系丧失的效益大于植被恢复效益，此时需对防沙体系进行维护。

关于防沙体系的效益估算，可依据以下几个指标计算，即输沙量，风蚀沙埋厚度、长度、宽度、面积，风速降低百分比，粗糙度，对防沙体系危害程度，沙丘年前移量等。考虑到公路养护部门在生产实践中研究风沙运动的困难，建议，如果需要对防沙体系进行综合评估的话，最好请专业部门或有资质的中介机构完成。

5.2 植物防沙体系维护技术

植物防沙体系维护技术试验研究以 G304 线和乌金公路为样本，主要研究了防沙体系破损的形式、受损的原因和后果，在此基础上进行了防沙体系封育、补植、间伐、平茬、抚育管理等项试验。其中，又以 G304 线的研究工作更具代表性。

G304 线公路防沙体系于"九五"期间建成。当时针对公路沙害状况，采用工程与生物措施相结合的方法，初步形成了乔、灌、草相结合的人工固沙植被。近年来由于缺乏必要的维护，工程体系已经大量破坏，基本失去了防护作用。同时由于人工植被物种单一，结构配置不完善，自我调节能力较弱，出现了稳定性下降的现象，固沙植被风蚀严重。因此，许多地段重新出现沙丘活化现象，部分地段路面开始积沙，已经对公路的安全造成一定的威胁。现在迫切需要对现有公路防沙体系进行人工维护示范研究，探讨本地区公路固沙植被持续稳定发挥防护作用的可行途径。

针对目前 G304 线防沙体系的现状，选择典型路段 456～459 km 和 466～468 km（吉林通辽市科左后旗境内）为试验示范区，采取多种措施对现有防沙体系进行了维护。主要包括封育、人工补植乔木树种以调整林分结构、完善防护林网、补播灌草种类、灌木平茬、重新设置机械沙障以及引进固体水、防沙网等新技术，均取得了较好的试验示范效果。

5.2.1 植物防沙体系维护应遵循的基本原理

5.2.1.1 植物群落演替原理

植物群落是一个动态系统，它是不断变化的，在一定历史时期内，随着群落内部环境的变化，一种类型的群落逐步被另一种类型的植物群落自然取代，这一过程就是演替。植物群落在自身的发展过程中，不断地改造着自己的生存环境，在这一过程中常常会产生一些对其他物种侵入、生存和发展有利的因素，这就为后来物种的替代创造了条件。经过种群之间长时间的竞争排斥作用，就会发生群落的演替;同时外界环境本身也在不断变化,气候的干旱化、土壤的退化、地下水位的逐步抬升或下降和风沙危害的加剧或减轻等,这些外界环境的变化常使适应原有生境的物种生存能力下降,而适应新环境的物种则逐步取代原有物种,从而发生群落的演替。

植物群落演替理论对荒漠化地区穿沙公路植被建设具有重要的指导意义。在植被演替的某一阶段引进新物种进行植被改良时,应充分考虑到当时的生态环境和植物种的适应性。同时植物群落的演替是一种自然现象,它有利于植被的发展和稳定。在一些人工植被处于演替的过渡阶段时,原有的优势种可能会出现衰亡的现象。而新的优势种可能尚未形成,使群落出现暂时的退化,这是很正常的,没必要采取措施进行挽救或更新优势种,此时应尽量减少扰动,使其自然发展。另外通过改变局部的生态环境,可以促进新的植物种的侵入和群落的演替,甚至可能跨越群落演替的某一阶段,使群落和环境迅速改变。如在流动沙丘上直播小叶锦鸡儿、山竹子等灌木,由于风沙危害很难成活,但结合使用草方格沙障后,就会使小环境发生变化,植物能顺利生长,而且先锋植物也可以侵入。由于人为的正干扰,可以使流动沙丘上的植物群落的演替直接在木本植物阶段上开始,而不经历草本植物群落阶段,从而加速了植物群落发展的进程。

5.2.1.2 限制性生态因子原理

当生态因子(一个或相关的几个)接近或超过某种生物的耐受极限而阻止其生存、生长、繁殖、扩散或分布时,这些因子就是限制性因子。限制性因子的概念强调各种生态因子的相互关系,各种生态因子是共同对生物产生影响,即生态因子的综合性。在进行生态因子分析时不能只片面地注意到某一个生态因子,而忽略了其他因子,但生态因子的作用也有主次之分。在一个特定区域内,物种长期生活在一个稳定环境中,生物对周围环境一般都已经适应,正常情况下所处的生态因子不会限制其生存和繁衍。只有当环境发生剧烈变化或一些有机体迁入新的环境中,一些生态因子才有可能成为限制性生态因子。在科尔沁沙地绝大多数原生植被和土壤层均遭到破坏,土地沙漠化十分严重,这时降水不足和年变率大、土壤基质不稳、沙性土壤的肥力瘠薄以及风沙流活动强烈就成为当地植被恢复与重建的限制性因子。这些因子也是在严重沙漠化土地上大多数植物种不能生存的原因。限制性生态因子理论表明,在治理风沙环境的过程中,从外地引进的植物种一定要适应当地的生态条件,否则不易成功。当致力于改造环境、为植物提供良好的生长条件时,首先一定要搞清楚哪些是限制性因子,只有针对性地采取措施,才能达到预期的目的。

5.2.1.3 生物多样性和稳定性原理

群落的多样性与稳定性是密切相关的,一般来说物种多样性高的群落更稳定。因为物种多样性高意味着生物组成种类繁多而均衡,食物网纵横交织,从而保证系统具有很强的自组织能力,群落对于外界环境的变化干扰或来自群落内部种群的波动具有较强的抵抗或调节能力,从而使群落具有较强的稳定性。在乌金公路人工植被修复时,就充分考虑了群落的多样性和稳定性,强调乔—灌—草、网—带—片、多林种和多树种相结合的原则,形成多样的植被类型和复杂的植物群落,以保证植被建设的效果和群落的稳定性。研究证明,多物种组合和合理配置具有如下优势:① 草、灌、乔多物种组合和合理配置可以形成立体防护体系,增加防护范围和防护效果;② 在群落的演替过程中,对维持植被的平稳演替、防止产生大的波动具有重要作用;③ 对防止病虫的危害和蔓延,自然控制其发生发展具有明显作用;④ 在风沙、干旱等自然灾害发生时,能显著降低自然灾害的危害程度。

5.2.1.4 物种共生与生态位原理

在特定的生态区域内,自然资源的总量是相对恒定的,在进行植被建设时,要考虑如何通过生物种群的匹配,利用生物对环境的影响,使有限的资源得到合理利用,这是提高人工生态系统功能的关键。在引种的时候,要充分了解原引种地的自然条件和所引进植物种的生物学特性,不要引进当地不符合其生态位要求的植物种。在进行植被恢复与重建过程中应因地制宜地选用不同的植物种,只有当植物种种植在适宜生态位的生境中才能生长得好。在进行不同植物种组成时,也要充分考虑到植物种间的生态位是否重叠,不要把生态位重叠很多的物种配置在一起,否则容易引起植被的波动。植株的密度要合适,因为在某一地点环境资源的数量是有限的,密度过大势必造成资源不足,竞争加剧,导致植物生长不良。

5.2.1.5 风沙物理学原理

沙粒是风沙流形成和运动的物质基础,风是风沙流形成和运动的自然动力。当达到一定风速($\geqslant 5$ m/s,地面以上2 m高度处)的风作用于裸露的沙地表面时,就会引起风蚀和风沙流运动。大范围的土壤和风沙流活动,就会造成土地沙漠化和风沙环境的发展,也会造成严重的公路沙害。

风沙物理学的原理表明,增加地表覆盖,提高地面粗糙度,不仅可以有效地降低风速,减少土壤风蚀,而且可以阻止风沙流的运动,减轻风沙流的危害。在风沙环境治理中建立人工植被时,设置各种沙障或高茬刈割等措施,其主要作用就是降低风速,减轻风对地面的直接作用或阻止风沙流的活动,固沙阻沙,防止风沙流活动的危害,为植物的生长创造条件。

5.2.2 防沙体系更新改造途径和建设方向

科尔沁沙地属于典型的半干旱气候区。早期一系列的研究都倾向于典型草原沙地上植被演替顶极为榆树疏林草原,因此有些学者认为应将疏林草原作为本地区人工植被建设的方向。这种观点是根据传统生态学和经典的演替理论而得出的。在没有人为干扰的情况下,这种顶极状态是能够达到的,只是需要漫长的时间。但在人工植被建设过程中,各种干扰因素客观存在,因此如果没有人工促进措施,在植被极度退化地区,将植被恢复到与原生植被完全一样的类型是很难做到的。根据对生态恢复的理解,在实际工作中,不应把退化系统完全恢复到原生系统作为唯一目标。应根据具体情况如植被退化的程度、特点,目前的经济和技术承受能力等来确定植被恢复的目标和发展方向,并及时进行人工调控。在科尔沁沙地植被退化程度较轻、榆树疏林景观尚存、原生植被和表土层保存尚好的地段,可以通过减轻人为负干扰和增强人为正干扰的一些有效措施如围栏封育和适时人工补播原生物种等,充分利用植被自我修复能力,使植被演替朝正方向发展,在一定时间和经济技术能力的保证下,可以使植被的结构和功能逐渐接近于原生植被。在退化程度较重,原生植被消失殆尽,甚至是变成不毛之地的流动沙丘等地段,植被恢复的方向,不能按照原生植被顶极群落的结构和组成来设计,因为土壤已经发生了质的变化,阻碍或中断了植被向顶极群落发展的过程。本地区人工植被建设的方向和目标应该是根据具体地形地貌、土壤特点和残存植被特征,以改善生态环境和提高土地生产力为目标,选择生态防护和经济价值高的植物种类,组建结构不同、功能各异的人工植被。应形成结构不同于原生植被,但功能优于原生植被的人工植被体系,形成新的高效、和谐、稳定的人工—自然生态系统,这应该是本地区退化生态系统植被恢复和重建的主要目标。

5.2.3 植物防沙体系维护技术研究

5.2.3.1 封育试验及其效果

通过封育,一方面使现有植被免受牲畜啃食,保护现存的各种防护设施,另一方面由于本地区降水条件相对较好(400~500 mm),而且雨热同季,对植被自然恢复极为有利。封育期间,禁止采伐、砍柴、放牧、割草和其他一切不利于目的树种或目的植物生长繁育的人为活动,采用围栏封育等措施,沿封育地块周边用网围栏、刺线围栏、生物围栏等人工措施阻挡人畜破坏,以达到封禁的目的。

1) 围栏封育对土壤理化性质的影响

在 456～459 km 路段内,半固定沙丘经过围封后,0～30 cm 土层内物理性沙粒含量减少,而物理性黏粒增加,土壤 0～1 cm 的这种变化更显著(图 5-12、图 5-13)。在过度放牧情况下,牲畜成年累月践踏草场,使土壤理化性质逐渐恶化。低缓沙地和盐碱地草场围封后,在土壤表层 0～10 cm 容重降低,孔隙度增加,土壤通透状况得到一定改善(表 5-30)。

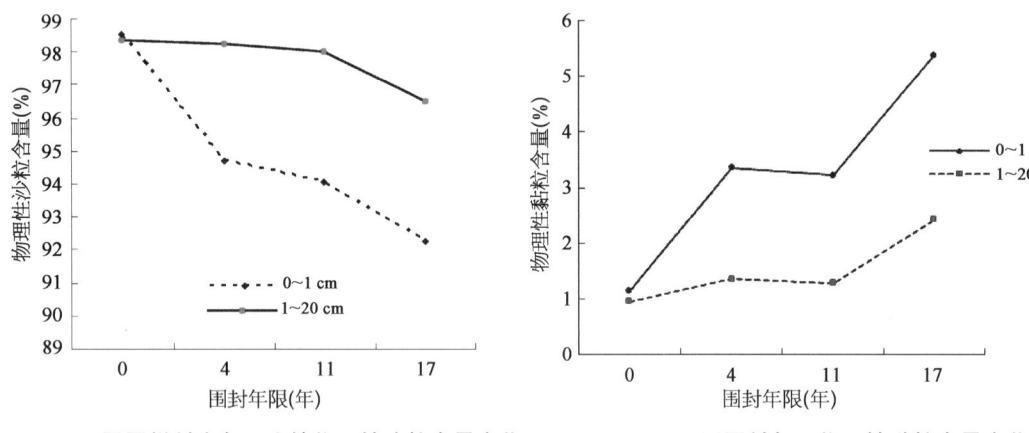

图 5-12 不同围栏封育年限土壤物理性沙粒含量变化 **图 5-13 不同围封年限物理性黏粒含量变化**

(图中 11 年和 7 年为相邻长期封育地段的数据,下同)

表 5-30 公路附近沙化草场封育后土壤理化性状的变化

取土深度 (cm)	土壤容重(g/cm^2)				土壤水分(%)			
	低缓沙地草场		盐碱地草场		低缓沙地草场		盐碱地草场	
	未封	封	未封	封	未封	封	未封	封
0～10	1.76	1.67	1.64	1.59	3.2	4.1	6.0	10.5
10～20	1.74	1.73	1.75	1.78	3.7	3.6	6.1	6.7
20～30	1.73	1.69	1.76	1.69	3.6	3.7	6.3	5.3

沙丘围封后,土壤化学性质也随之发生变化。沙地围封后,人类活动干扰减弱,植被恢复较快。随着植被盖度的增加,生物对于土壤环境的作用加强,沙丘表面逐渐固定,并且形成结皮。土壤结皮随着围封时间的延长而逐渐增厚。土壤结皮中的有机质、全 N 和 P 均显著增加(图 5-14、图 5-15)。

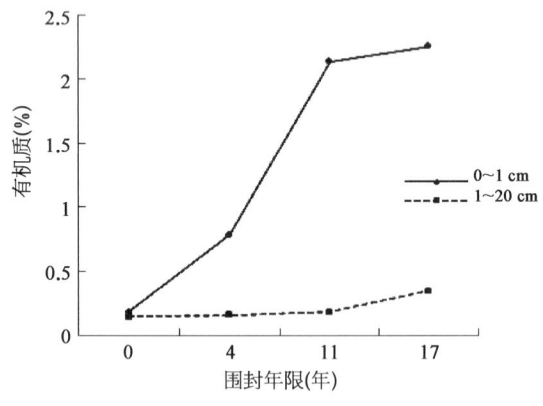 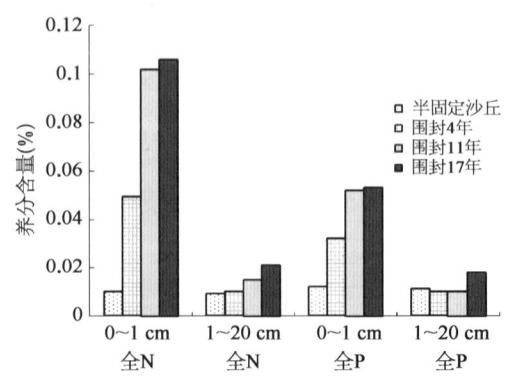

图 5-14 不同围封年限对有机质含量的影响 **图 5-15 不同围封年限对土壤 N、P 的影响**

在半流动到半固定沙丘土壤中有机质含量为 0.068%~0.184%;围封 4 年后在表层形成 0.5~1 cm 厚的结皮,结皮有机质含量为 0.789%;围封 17 年后土壤有机质含量为 2.258%。结皮层以下土壤有机质变化速率明显小于结皮层。结皮层中全量 N 和 P 分别比围封前半固定沙丘增加 5~10 倍。全量 K 含量的变化非常小。低缓沙地草场围封后,土壤含盐量也出现了降低的趋势(表 5-31)。

表 5-31 公路两侧沙化草场封育后土壤含盐量的变化

取土深度(cm)	低缓沙地草场(%)	
	未封	封育
0~10	0.002	0.001 5
10~20	0.001 5	0.001 4
20~30	0.001 4	0.001 6

2) 围栏封育条件下植被的自然恢复

退化程度相对较轻的沙地植被在经过短期封育后,可以很快恢复,其原因一是科尔沁沙地降水尽管很少但主要集中在生长季,对植物的生长和繁殖有利;二是沙地土壤比较疏松,透气性强,如果有适量的降水对植物侵入定居非常有利;三是沙地许多植物如小叶锦鸡儿、差巴嘎蒿、白草等可进行萌蘖繁殖或根茎繁殖,具有繁殖能力强、恢复快的特点,而草本层又以一年生植物为主,这些种类在环境条件有所改善和遇到休养生息的机会,就会适时迅速恢复。

表 5-32、表 5-33 是公路附近草甸草场围封 2 年后草群外貌特征的变化。从表中可以看出,短期围封可以使植被盖度、物种密度、平均高度、产草量和土壤草根含量大幅度增加。多年生禾草和豆科牧草产量所占比例增加,而杂类草产量所占比例降低,说明草地质量有了明显的改善。可见围栏封育是保护和恢复草地植被最经济最有效的方法之一。

表 5-32 围封后草群密度变化 (株/m²)

牧草类型	自由放牧区	围栏封育区
多年生禾草	50.7	166.3
多年生豆科牧草	4.0	7.0
杂类草	759.2	1 374.0

表 5-33 围封对草群高度和产量结构的影响

项目	平均高度(cm)	多年生禾草		多年生豆科牧草		杂类草		总产量(g/m²)	60 cm 根量(g/625 m²)
		产量(g/m²)	(%)	产量(g/m²)	(%)	产量(g/m²)	(%)		
放牧区	7.9	5.3	5.9	0.9	1.0	83.4	93.1	89.6	9.8
围封区	11.9	32.9	14.1	4.5	1.9	195.3	84.0	232.7	14.53

由表 5-34~表 5-36 可以看出,经过短期围封后,草地植被得到了很好的休养生息,主要物种的优势度发生了一定的变化。自由放牧区调查出现的种类数为 31 种,围封 2 年后,种类数达到 40 种。优良牧草种类优势度和产草量有了明显的提高。群落组成结构水平也发生了改变。多样性指数由自由放牧区的 2.238,提高到围封的 2.755;生态优势度由 0.242 6 降低到 0.120 1;群落均匀度由 0.658 1,

增加到 0.766 0。这说明退化草地经过短期围封后，不仅牧草产量和种类组成上得到了迅速恢复，同时群落的物种多样性和稳定性也得到了提高。

可见，封育恢复植被是非常有效，同时封育又是成本最低的植被恢复措施。封育成本仅为人工造林的 3%～5%，是飞播造林成本的 1/3。在封育的同时可以进行人工补种、补植、移植和加强管理，加速生态逆转，植被恢复到一定程度可进行适当利用。

表 5-34 退化草地围封后主要种类优势度变化

序 号	种 类	围 封 区	放 牧 区
1	马 唐	29.009	47.029
2	光沙蒿	11.811	8.558 3
3	隐子草	6.816 5	5.621 3
4	白 草	6.708 7	2.076 5
5	冰 草	5.276 5	2.534
6	差巴嘎蒿	3.682 4	0.593 6
7	兴安胡枝子	2.813 6	0.946 2
8	猪毛菜	1.914 8	1.604 6
9	芦 苇	1.11	0.459 6
10	早熟禾	0.736	0.932 6
11	沙 蓬	0.436 7	1.852
12	鹅鹳草	0.387 9	1.259 8

表 5-35 围封对群落多样性的影响

类 型	种类数	物种多样性指数	生态优势度	群落均匀度
自由放牧区	31	2.238	0.242 6	0.658 1
围封区	40	2.755	0.120 1	0.766 0

表 5-36 科左后旗路段两侧封育后植被覆盖度及生物生产量的变化

植物群落	未封育（对照）		围封 1 年		围封 2 年		围封 3 年	
	盖度（%）	产量（g/m^2）	盖度（%）	产量（g/m^2）	盖度（%）	产量（g/m^2）	盖度（%）	产量（g/m^2）
冷 蒿	30	130	45	228	50	225	65	271
差巴嘎蒿	30	483	40	642	45	755	45	733
杂类草	40	219	55	310	60	321	70	386
羊 草	35	183	40	304	60	392	65	364

对 304 线公路两侧进行封沙育林育草时，首先应采取保护措施（如设置围栏等），把一定面积的沙地封禁起来，严禁人畜进入活动。封育的面积与地点的选择既考虑了代表性和类型的多样性，也考虑了封育效果的时效性。研究结果证明，封育区只要有植物生长的条件，有种子传播、残存植株、幼苗、萌芽、根蘖植物的存在就可以获得成功。在植被遭到大面积破坏，或存在植物

生长条件,附近有种子传播的沙化地区,都可以考虑采取封育恢复植被的措施以改善生态环境。封育不仅可以固定部分流动沙地,还可以恢复大面积因植被破坏而衰退的林草地,尤其是因过牧而沙化退化的草地。

5.2.3.2 现有防沙林改造完善试验研究

304 线植物防沙体系维护试验包括沙漠化地区天然植被的抚育和更新利用、乔灌草人工植被恢复、巩固和扩大沙漠化地区植被覆盖度三方面内容。其中,植物固沙造林是公路防沙体系的核心。科尔沁沙地自然条件复杂严酷,光热充足固然有利于林木生长发育,而干旱缺水、风蚀沙埋、土壤瘠薄和盐碱较重等又是不利于林木生长发育的限制因素。因此,造林治沙的问题多,难度大。沙地植被恢复采用常规的造林技术措施,往往成活率、保存率都很低甚至早期衰败死亡,达不到预期目的。"九五"期间建成的防沙体系,目前出现大量林间空地,影响植物防沙体系的防护效应。同时,由于林分几乎全部为人工纯林,林内种类单一、层次简单,也没有发挥出最大的防风固沙效益。为此,在开展防沙体系维护工作中,重点对林间空地进行补植,对人工纯林进行诱导,使之成为混交林,以增加稳定性。在樟子松林、油松林内空地主要补植柠条、山杏、胡枝子和杨树等。在杨树林间空地内主要补植樟子松、沙棘、紫穗槐、胡枝子、沙枣等,尽可能使之成为混交林。

1)立地条件分析与补植树种选择

树种的选择是关系到植物固沙工程成败的关键环节。人工固沙植物种类的选择应以固沙植物对环境的适应性为依据。树种选择要遵循适地适树的原则,即按照立地类型选择适宜的树种。试验示范区位于温带半干旱地区,具有较充足的光照和热量条件,但制约造林成败的关键因子是水分条件。一般来说,水分条件有三个来源:天然降水、地表径流和地下水。本地区由于无大的地形影响,天然降水可视为基本一致,而沙区几乎无地表径流,即无地表水(河流、湖泊等)可资利用,因此,有无地下水的补给便成为不同立地条件类型水分状况的主要差异。此外,土壤类型与植被生长状况也在一定程度上影响水分的供给。上述条件集中表现在地下水埋深、地貌类型与土壤类型上。据此,将本地区的造林立地条件分成三大类,即受地下水影响类型、不受地下水影响的类型和过渡类型。以下按地貌特点分成七个基本类型,即受地下水影响(地下水位 1 m 左右)的丘间低地和草甸草地、不受地下水影响(地下水位在>2.0 m)的流动沙丘、半固定沙丘、固定沙丘和石质残丘;过渡类型(地下水位在 1.3~2.0 m)主要为沼地(表 5 - 37)。

表 5 - 37　试验示范区立地条件类型与补植树种选择

树种	不受地下水影响类型				过渡类型	受地下水影响类型				
	流动沙丘	半固定沙丘	固定沙丘	石质残丘	沼泽地	丘间低地	草甸地			
	风沙土			砾质生草沙土	生草沙土	碱化草甸土	草甸土	沙化草甸土	盐渍化草甸土	盐碱土
山杏		+	+	+	+					
家榆			+	+	+	+	+	+		
沙枣	+	+			+	+		+		
沙棘	+	+			+					
山竹子	+	+			+					
紫穗槐					+	+	+	+	+	+

(续表)

树种	不受地下水影响类型				过渡类型	受地下水影响类型				
	流动沙丘	半固定沙丘	固定沙丘	石质残丘	沼泽地	丘间低地	草甸地			
	风沙土			砾质生草沙土	生草沙土	碱化草甸土	草甸土	沙化草甸土	盐渍化草甸土	盐碱土
胡枝子	+		+		+			+		
小叶锦鸡儿	+	+	+	+	+					
白柠条	+	+	+		+					
皂荚								+	+	
花曲柳						+	+	+	+	
小黄柳	+	+								
旱柳					+	+	+	+	+	+
小叶杨					+	+	+	+	+	
少先队杨					+					+
北京杨							+			
小钻类杂交杨					+	+	+	+		
小黑杨					+	+	+	+		
樟子松					+					
油 松					+					
红皮云杉					+		+		+	

注：+表示选择此项,有此项的意思。

依据立地条件,总的造林原则是：不受地下水影响类型以乡土树种主要为沙地灌木为主；受地下水影响类型有较宽的选择余地,尤其是无盐渍化的草甸土,乡土树种杨、柳、榆和各类杂交杨以及部分速生的欧美杨类均可获得较好的生长效果；乡土树种、小钻类杂交杨、樟子松和云杉等适宜于过渡类型的沼地,但都必须在严格而高标准的整地方式下才有成活乃至正常生长的可能（表5-37）。

2) 公路防沙体系的总体设计

在本地区建设综合防护林体系的主要任务就是防风固沙,控制沙漠化的发展,确保公路畅通。在"九五"期间工作的基础上,对原有防护林体系进行进一步的完善,除了进行大面积补植外,在完善主林带的基础上新增加多条副林带,使林网的防护性能得到大幅度提高。经过几年的建设,在试验区建成由防风固沙林、阻沙林带、护路林等组成的大型综合防护林体系,形成切断沙源、阻止沙侵、防风固沙三条防线,有力地确保了公路的安全。

防风固沙林主要设于公路西侧100 m以外的流动、半流动沙地,采用围栏封育、设置机械沙障结合播种固沙植物的方法予以固定。植物以灌木半灌木为主,主要有差巴嘎蒿、山竹岩黄芪、小叶锦鸡儿等。

防风阻沙林带设于公路西部流动半流动沙丘与风蚀沙地交接地带,主要起切断沙源、阻止沙侵的作用。地类为平坦沙沼地或沙化草甸,土壤以生草沙土为主。主要树种为小成黑杨、旱柳、少先队杨、小叶锦鸡儿、白柠条、沙棘、樟子松、紫穗槐等。株行距采用 2 m×2 m,2 m×4 m。林带结构类型有乔木纯林紧密结构,乔、灌、草混交疏透结构型。

护路林设置距两侧路肩各 6 m,乔灌混交型配制,部分地段形成针阔混交结构。设置乔木 4 行、灌木 2 行,株行距为 2 m×2 m。造林树种以少先队杨、小成黑杨、樟子松、旱柳、沙棘为主,采用挖沟排水起台(甸子地)和穿透碱层穴状整地造林技术。

对试验示范区的土壤调查结果表明,沙土和盐渍化土壤是本区的主要土壤类型。从造林角度考虑,这两类土壤的理化性质均不利于树木的成活与生长。本区的沙土以中、细沙为主,其凋萎含水量为 1.5%～2.0%,田间持水量为 5.5%,有效含水量仅为 3%～4%,属于低溶水沙土。不仅持水量低,而且持水时间也很短,充足灌水后,通常在一昼夜后其含水量就减少一半。盐渍化土壤,特别是苏打盐土和强度碱化草甸土不仅富含盐分,碱化度过高,而且往往接近地表处有深度达 20～30 cm 的坚硬板结层,群众称为"碱隔层",严重影响土壤水分的运动和树木根系的生长。以往的造林实践表明,对于本区上述两类土壤只有采取特殊的整地方式和造林方法,改善水分和养分状况,才有可能使沙土(主要是生草沙土)造林和盐渍化土壤造林获得成功。在营造各种类型防护林时应用了开沟整地、穿透碱层深穴整地与挖沟排水起台整地方式,造林均获得了较高的成活率和保存率。各种整地造林配套技术如下:

(1) 开沟整地开沟造林是干旱与半干旱地区一种成功的造林方式。本试验区为适宜沼地的生草沙土与一般盐渍化土壤。开沟可用人工或开沟机进行。人工开沟的规格是深 40 cm 左右,上口宽 60～100 cm,底宽 40～50 cm,植苗于沟内,深 30～50 cm,沟深与植深由地下水深度与沙土毛管上升水(一般为 60～70 cm)所决定。

(2) 挖沟排水起台与穿透碱层深穴整地这两种整地方式是针对本地区地下水位浅的盐渍化土壤的。挖沟排水起台整地一般在地下水位 1 m 左右的盐渍化土壤挖深 1 m,上口宽 1～2 m,底宽 0.5～0.7 m 的排水沟,两侧翻耕起台上宽 2～3 m,底宽 3～5 m,高出地面 0.5～0.7 m,植树 1～3 行于台面。穿透碱层深穴整地属于局部整地方式,穴深通常以穿透"碱隔层"为准,一般穴深 60～100 cm,上口宽 80～100 cm,采用大苗植于湿沙层中并回填湿沙。

本地区的造林实践表明,对于盐渍化较重的土壤只有采取挖沟起台整地方式造林才有成功的可能,穿透碱层深穴整地适宜盐渍化程度较轻的土壤类型。

5.2.3.3 补植后防护林体系的防护效益

经过补植后,防护林层次结构更加复杂,产生的防护效应更加明显,林内及林缘附近,由于林木的作用,小气候效应明显,对温度、湿度、蒸发等气象因子有调解作用,同时有效地减弱了风速,净化了空气。林分降低风速的作用,在春季大风时尤为明显。从表 5-38、表 5-39 可明显看到,当对照区的风速为 17.5 m/s 时,林内风速仅为 4.1 m/s,比对照区低 76.6%,块状或带状固沙林林缘附近的防风作用,在背风面可达 20H 以远的范围内,而迎风面影响的距离可达 5H。

表 5-38 补植前后林地 0.5～2.0 m 高度风速变化情况

观 测 点	风 速(m/s)			平均风速(m/s)
	距离地面 0.5 m	距离地面 1.0 m	距离地面 2.0 m	
补植后林地	1.8	2.6	7.9	4.1
补植前林地	16.2	17.0	19.3	17.5

表 5-39 补植后林缘附近风速的变化(%)

观察面	林内至林缘(H)			0	林外至林缘(H)					
	11	5	1		1	3	5	10	15	20
背风面	—	33	25	29	29	44	63	79	87	94
迎风面	26	42	84	86	95	92	89	100	100	100

补植后林地比补植前空气湿度提高 0.2%～1.1%，地面和地中温度降低 2.0℃ 和 1.9℃，水面蒸发降低 63.4%（表 5-40）。补植后，林地土壤表层养分含量也明显提高（表 5-41）。

表 5-40 防沙林对小气候因子的影响

观察点	气 温(℃)		空 气 湿 度(%)		水面蒸发(mm)	地面温度(℃)	地面 20 cm 温度(℃)
	距地面 1 m	0.2 m	距地面 1 m	2.0 m			
补植后	25.2	25.1	14.7	14.5	10.3	20.5	16.2
补植前	25.0	25.0	14.5	13.4	23.1	22.5	18.1
差 值	0.2	0.1	0.2	1.1	−12.8	−2.0	−1.9

表 5-41 各补植林地 0～20 cm 土层养分含量的变化

	层 次	有机质(%)	N(%)	P_2O_5(%)
樟子松+杨树	0～20 cm	0.649 53	0.024 69	0.011 46
	比补植前增加(%)	0.593 23	0.020 69	0.004 06
樟子松+紫穗槐	0～20 cm	0.665 73	0.035 03	0.009 13
	比补植前增加(%)	0.609 43	0.031 03	0.001 73
樟子松	0～20 cm	0.219 6	0.016 28	0.011 45
	比补植前增加(%)	0.163 3	0.012 28	0.004 05
小成黑杨	0～20 cm	0.825 67	0.031 85	0.011 46
	比补植前增加(%)	0.769 37	0.027 85	0.004 06
油松+胡枝子	0～20 cm	1.433 16	0.056 42	0.027 38
	比补植前增加(%)	1.376 80	0.052 42	0.019 98
胡枝子	0～20 cm	0.517 4	0.026 78	0.007 4
	比补植前增加(%)	0.461 1	0.022 78	0

5.2.3.4 重新设置机械沙障，补播灌草植物

1) 设置机械沙障

机械沙障是工程治沙的主要措施之一，在防治流动、半流动沙丘中发挥着极其重要的作用，而且是植物措施无法替代的。在 304 线公路所穿行的科尔沁沙地南部地区，有一部分路段两侧的流动、半流动沙丘比较活跃，受气候干旱和风的影响，沙丘表面植物的生长受到限制。在这些局部地区很难利用植物固沙，要防止沙丘移动，阻拦沙粒前进，保护本地区公路安全运行，只有采取机械沙障这类工程才能实现。"九五"期间所设置的机械沙障大部分已经破损，失去了防护功能，必须要重新设置一定形式的机械沙障。

机械沙障主要采用乔灌木枝条、作物秸秆、稻草、黏土及卵石等材料,在沙丘表面上设置成各种形式的障蔽物,以此控制风沙流动的方向、速度、结构,改变蚀积状况,达到防风阻沙、改变风的作用力及地貌状况等目的。

根据 304 线公路所在沙漠地区的实际情况,机械沙障采取了平铺式和直立式两种类型。平铺式沙障可采用稻草、麦秸等材料,全面铺设或带状铺设埋压沙丘表面,铺设规格为 1.0 m×1.0 m 的方格沙障防护效果最佳(表 5-42);直立式沙障可采用乔、灌木枝条等来施工操作,在风沙较强的地段,将沙障地上部分高度设置在 50~100 cm 之间,形成高立式沙障;在局部风沙较弱、流沙面积较小的地段,将沙障地上高度设置在 20~50 cm 之间,形成低立式沙障。

表 5-42 草方格沙障输沙量

地表性质	V_2(m/s)	Q(g·cm^{-1}·min^{-1})	z_0(cm)
流沙	12.6	13.9	0.007
旧 1 m×1 m 草方格沙障	9.8	2.10	2.398
新 1 m×1 m 草方格沙障	7.9	0.07	1.517

2) 补播灌草植被

在各种沙障尤其是草方格沙障的保护下,补播固沙植物对公路两侧存在的流动半流动沙丘和风蚀缺口可以快速固定。本试验研究主要在草方格沙障内播种小叶锦鸡儿、差巴嘎蒿、山竹子、沙打旺等固沙植物。一般经过 5 年时间可使流动沙丘表面得到固定。同时在地上部分可积累较高的生物量,明显改善沙面微环境为其他植物种的侵入与生长创造了有利的条件(表 5-43)。

表 5-43 流动沙丘直播小叶锦鸡儿地上部分生长动态

样地号	年龄(年)	主要生长指标状况			生物量鲜重(g)	沙丘地表固定程度
		高度(cm)	冠幅(cm^2)	地茎(cm)		
1	1	8.5	—	—		未固定
2	3	30.2	47.5×36.0	0.25~0.5	126	半固定
4	5	56.5	75.0×57.5	0.5~0.9	365	基本固定

注:1. 每一种样地调查 10 株,取平均值。
2. 沙丘表面播种前设置草方格沙障,规格为 1.0 m×1.0 m。

(1) 补播固沙植物对风速、输沙量的影响。人工植物群落的结构、密度、混生方式、行向、株行距等都受到严格控制,因此植物群落能有效地降低风速。如果把补播前半流动沙丘上的风速 50 cm 和 200 cm 高处看成 100%,其余三个类型人工植被的风速发生了显著的变化。以 50 cm 高处为例,补播差巴嘎蒿 2 年后固沙群落是 62.9%,补播小叶锦鸡儿 3 年后固沙群落是 49.7%,5 年生小叶锦鸡儿群落为 48.4%。这就是说补播固沙植物后,明显地削弱了近地层气流的流速,保护沙地免受风蚀,由此可以看出人工植被在抗风蚀固定沙面中所具有的重要作用(表 5-44)。

风沙流的形成是两种不同密度的物质——空气和沙粒相互作用的结果。当气流沿着疏松的沙质地表运动时,由于流速的差异使沙粒以蠕动、跳跃、悬移等方式进入空气中,形成风沙流。下垫面性质和风速的大小是影响风沙流结构的主要因素。在通常情况下,风沙流总量的 90% 左右低于 30 cm,并

表 5-44 补播固沙植物对风速的影响(2003 年 5、6、7 月份平均值)

观测时间	补播前(半流动沙丘)				补播差巴嘎蒿 2 年				补播小叶锦鸡儿 3 年				补播小叶锦鸡儿 5 年			
	50 cm		200 cm		50 cm		200 cm		50 cm		200 cm		50 cm		200 cm	
	V	%	V	%	V	%	V	%	V	%	V	%	V	%	V	%
0	3.2	100	4.0	100	2.1	65.6	3.3	82.5	1.9	59.4	4.0	100	1.7	53.1	3.3	82.5
2	2.6	100	3.2	100	1.8	69.2	2.7	84.4	1.4	53.8	3.2	100	1.4	53.8	3.0	93.8
4	2.6	100	3.2	100	2.0	76.9	2.8	87.5	1.5	57.7	3.0	93.8	1.5	57.7	2.8	87.5
6	2.7	100	3.2	100	1.5	55.6	2.5	78.1	1.2	44.4	3.0	93.8	1.2	44.4	2.7	84.5
8	3.1	100	3.6	100	2.1	67.7	3.2	88.9	1.7	54.8	3.8	105	1.6	51.6	3.4	94.4
10	4.2	100	5.2	100	2.1	50.0	4.1	78.8	1.6	38.1	5.1	98.1	12.0	47.6	4.4	84.4
12	4.3	100	5.2	100	2.5	58.1	4.5	86.5	2.5	58.1	5.0	96.2	2.2	51.2	4.4	84.6
14	4.4	100	5.4	100	2.8	63.6	4.8	88.9	2.3	52.3	5.4	100	2.4	54.5	4.6	85.2
16	4.2	100	5.4	100	2.2	52.4	4.3	79.6	2.2	52.4	4.7	87.0	2.1	50.0	4.3	79.6
18	4.0	100	4.8	100	2.6	65.0	4.0	83.3	1.7	42.5	4.3	89.0	1.5	37.5	3.7	77.1
20	3.8	100	4.5	100	2.7	71.1	3.8	84.4	1.5	39.5	4.5	100	1.6	42.1	3.7	82.2
22	3.0	100	3.4	100	1.8	60.0	2.9	85.3	1.3	43.3	3.5	103	1.1	36.7	2.5	73.5
平均	3.5	100	4.3	100	2.2	62.9	3.6	84.0	1.7	49.7	4.1	92.2	1.7	48.4	3.6	91.3

注:V 指风速;%指风速减弱率。

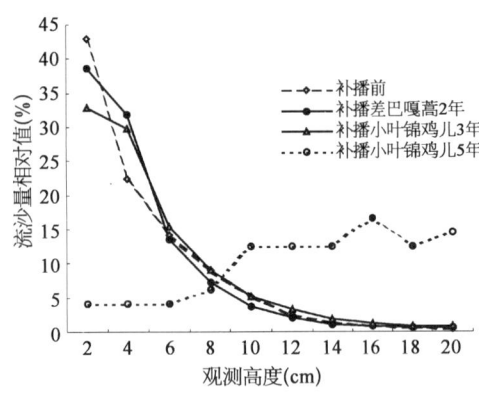

图 5-16 补播固沙植物前后春季风沙流结构变化

且沙量的相对值随高度的增加而减少。在流动沙丘上建立植被后,可有效降低沙丘的流动性。2 年生差巴嘎蒿群落使沙丘由流动变为半流动、3 年生小叶锦鸡儿群落可使流动沙丘变为半固定状态,5 年左右沙丘就完全被固定了。不同类型的固沙群落由于植被盖度、群落组成结构、地表风速以及下垫面都发生了很大的变化,使各个阶段风沙流结构也存在显著的差异。图 5-16 是根据 2003 年 4 月 21 日观测的风沙流数据绘制而成。在正常情况下,随着高度的增加,沙量的相对值减少。随着人工植被的发育和下垫面的改变,造成风沙流结构的差异。多次观测表明,在枯叶期,流动沙地、半流动沙地(2 年生差巴嘎蒿)及半固定沙地(3 年小叶锦鸡儿)的风沙流结构均比较正常,即随距地面高度的增加,沙量相对值下降;只有固定沙地(5 年生小叶锦鸡儿)相反,出现了倒结构现象。随着沙丘的逐渐固定,风沙流的搬运量很小,绝对沙量极少,但各层次的沙量相对值在 20 cm 高度范围内却是随高度增加而变大。尽管科尔沁沙地东部地区 4 月下旬不那么寒冷,植物已开始萌动,但新萌芽还不能有效地阻止沙粒运动,起保护作用的是上一年尚未被牲畜啃食的植物残枝余叶。但从图 5-16 中不难看出,植被即使在干旱多风的春季也能有效地保护沙面免受风蚀。沙丘越趋向固定,起沙的可能性越小。对于固定沙地来说,只有出现相当大的具有破坏性的风速才能发生吹蚀。

各粒级沙粒随高度的分布随着沙丘固定程度而出现差异。尽管不同类型植被风沙流中小于

0.1 mm 的粉细粒都有随着高度增加而增大的趋势,而增加最明显的是 5 年生小叶锦鸡儿群落,小于 0.1 mm 的粉细粒占风沙流总量的 71.3%,流动沙丘只有 6.8%(表 5-45)。1~0.5 mm 的粗沙,存在于固定沙地、半固定沙地和半流动沙地的近地表层,但在风沙流中很少出现,而流动沙丘粗沙在风沙流中飞扬的高度可达 10 cm。中细沙在风沙流结构中的分布状况是随沙地的流动程度而变化的,沙地越趋向固定,中细沙的含量越低,在垂直分布上则随着高度的增加而增加(表 5-45)。

表 5-45 不同类型人工植被风沙流粒级随高度分布的变化(%) (mm)

粒径(mm)	高度(cm)	地表	0~2	2~4	4~6	5~8	8~10	10~12	12~14	14~16	15~18	18~20	平均
补播小叶锦鸡儿5年	1~0.5	0.22	0.00	0.00	0.00	0.00	0.00	0.00	0.00	0.00	0.00	0.00	0.02
	0.5~0.25	39.56	17.21	12.50	3.75	3.45	4.21	4.37	3.08	14.98	11.14	9.95	11.29
	0.25~0.1	37.62	38.74	18.75	10.63	7.88	13.70	4.92	6.15	23.11	17.92	12.24	17.43
	<0.1	22.60	44.05	68.75	85.62	88.67	82.09	90.17	90.97	62.19	70.94	77.81	71.26
补播小叶锦鸡儿3年	1~0.5	0.48	0.00	0.00	0.00	0.00	0.00	0.00	0.00	0.00	0.00	0.00	0.04
	0.5~0.25	58.3	40.95	28.59	29.11	24.36	23.68	31.91	27.46	30.84	30.67	32.76	32.60
	0.25~0.1	36	56.30	66.67	65.12	68.19	67.30	57.43	60.88	53.77	51.63	43.56	56.98
	<0.1	5.22	2.75	4.84	5.77	7.45	9.02	10.66	11.66	15.39	17.70	23.68	10.38
补播差巴嘎蒿2年	1~0.5	1.33	0.01	0.00	0.00	0.00	0.00	0.00	0.00	0.00	0.00	0.00	0.12
	0.5~0.25	68.61	39.52	28.83	26.45	22.61	25.97	29.99	26.25	28.08	26.02	32.39	32.23
	0.25~0.1	24.32	55.90	63.44	64.53	67.73	52.87	55.91	54.21	46.34	39.61	39.21	52.19
	<0.1	5.74	4.22	7.73	9.02	9.66	11.16	14.30	19.54	25.58	34.47	28.40	15.46
补播前	1~0.5	5.82	0.48	0.30	0.52	0.42	0.42	0.00	0.00	0.00	0.00	0.00	0.73
	0.5~0.25	68.52	45.92	48.23	49.46	46.46	48.21	53.52	51.86	60.45	57.16	56.30	53.28
	0.25~0.1	18.62	49.38	47.10	46.42	49.46	47.19	41.35	40.57	31.05	30.06	27.92	39.02
	<0.1	7.04	4.22	4.37	3.60	3.66	4.18	5.13	7.57	8.17	12.18	15.78	6.79

近地层气流因受到地面摩擦阻力而降低流速。在接近地表的某一高度风速等于零,这一高度是粗糙度。地面物质的性质和分布制约了摩擦阻力的大小,控制了粗糙度的变化。在本地区影响粗糙度的主导因子是植被,尤其是植被的盖度和植被的结构。观测表明,植物的生长状况影响粗糙度的变化。春夏季节流动沙丘无植被,粗糙度很小、只有 0.003 mm,到了秋季,在流动沙丘上生长疏密度不等的沙蓬等一年生植物,盖度可达 10%左右,粗糙度也随之变化、为 19 mm。沙丘固定后,雨季植物生长良好,枝叶茂密,降低风速明显,粗糙度出现最大值 235.6 mm(表 5-46)。粗糙度的变化反映了沙地植被的生长状况,同时也反映了植被的防沙阻沙能力。当然,粗糙度是一个十分复杂的因素,影响因子很多,有待于进一步探讨。

表 5-46 不同人工植被类型粗糙度随季节变化 (mm)

测定日期	补播小叶锦鸡儿5年	补播小叶锦鸡儿3年	补播差巴嘎蒿2年	补播前	风 向
6月	9.6	193.0	12.2	0.003	S
7月	235.6	126.9	93.1	5.5	WSW

(续表)

测定日期	补播小叶锦鸡儿5年	补播小叶锦鸡儿3年	补播差巴嘎蒿2年	补播前	风 向
8月	180.6	126.8	177.8	4.6	NNE
9月	139.8	124.7	79.0	19.0	SW
平均	141.4	142.9	90.5	7.3	

(2) 人工播种区土壤理化性质的变化。流动沙丘固定后,土壤机械组成逐渐变化。随着人工植被的发育和沙丘固定时间的延长,土壤中粗沙粒(>0.1 mm)含量有逐渐减小的趋势,而粉粒和黏粒(<0.1 mm)所占比例呈现相反的趋势。在土壤表层这种趋势更加明显(表5-47)。土壤机械组成的变化是由于流动沙丘上建立人工植被后,沙面小环境得到改善,粉沙被风吹走的程度减弱。同时由于在固沙区内风速降低,植被盖度较大,使大量的风积物质沉降在土壤表层,于是粉沙和物理性黏粒有了一定程度的增加,粗粒所占比重相对减少。而土壤下层虽然不受风的影响,但由于土壤表层堆积的风积物质经过大气降水的渗透和植物本身地下部分的参与作用,使土壤中粗沙、粉沙和物理性黏粒也发生了一定的变化。另外,土壤机械组成还受植物根际生物及化学作用的影响,不过这种作用是十分缓慢的。可见人工植被建立后,土壤机械组成的变化是由多种因素决定的,但与人工植被减弱风速后风积物质的堆积有直接关系。不同人工植被类型及不同发育年限对土壤机械组成的影响有所不同。整体来看,胡枝子、山竹子等人工植被对增加土壤中粉沙和物理性黏粒的作用较大。

表 5-47 防沙体系维护后土壤沙粒机械组成的变化

植物材料	方式及年限	土壤层次	沙粒机械组成(mm)		
			中粗沙 >0.25	细沙 0.1~0.25	粉沙及黏粒 <0.1
流沙(对照)	—	0~10	14.67	83.89	1.44
		10~40	14.09	84.33	1.78
		40~60	11.24	87.06	1.70
小叶锦鸡儿	播种5年	0~10	6.47	88.73	4.80
		10~40	7.51	89.09	3.20
		40~60	5.22	90.78	4.0
山竹子	播种5年	0~10	0.78	86.79	12.43
		10~40	9.29	82.86	6.85
		40~60	6.37	88.36	5.32
差巴嘎蒿	播种5年	0~10	8.85	85.30	5.85
		10~40	13.02	85.26	1.72
		40~60	14.76	81.43	1.56
小黄柳	插条5年	0~10	7.74	85.06	7.20
		10~40	4.02	91.76	4.22
		40~60	4.07	93.34	2.59
胡枝子	植苗5年	0~10	5.77	88.85	10.38
		10~40	8.93	84.33	6.74
		40~60	2.45	90.07	7.48

从表 5-48 可以看出,在流动沙丘上建立植被后,随着沙丘的逐渐固定,由于土壤机械组成的变化及风蚀减弱和风积物的堆积,使 0~20 cm 土壤的容重明显降低。除了表层以外,16 年生人工小叶锦鸡儿群落、山竹子群落在 40~60 cm,人工差巴嘎蒿在 20~40 cm 处有一个低值,人工樟子松林容重的最低值出现在 60~80 cm,这主要与不同植物根系在土壤中的分布状况有关。调查中发现,小叶锦鸡儿、山竹子根系在 40~60 cm 处分布最为集中,半灌木的差巴嘎蒿的根系量在 10~20 cm 最多,而人工樟子的毛细根在 60~80 cm 处较上层土壤分布较为集中。根系量的增加必然影响到使土壤容重降低。从表 5-48 中还可以看出,小叶锦鸡儿人工群落土壤容重随着发育时间的增长而逐渐降低,说明随着人工植被的不断发育和完善,对土壤物理性质改善能力增强。不同人工植被类型对土壤容重的影响显著不同。

表 5-48 不同人工植被类型土壤容重的变化

土层深度 (cm)	流动沙丘 (对照)	天然小叶锦鸡儿	16 年生小叶锦鸡儿	5 年生小叶锦鸡儿	16 年生山竹子	16 年生差巴嘎蒿	15 年生人工樟子松
0~20	1.665	1.511	1.539	1.593	1.533	1.599	1.555
20~40	1.694	1.695	1.571	1.682	1.654	1.594	1.519
40~60	1.625	1.64	1.56	1.7	1.614	1.693	1.667
60~80	1.623	1.626	1.626	1.656	1.64	—	1.507

流动沙丘经植物固定后各层土壤的孔隙度变化规律与容重的变化规律相反(表 5-49)。非毛管孔隙度和毛管孔隙度均随着人工植被的建立和不断发育而不断增加。不同植被类型增加的幅度不同,其中人工樟子松林对土壤孔隙度影响最大。

表 5-49 植被恢复过程土壤孔隙度变化

土层深度 (cm)	流动沙丘(对照)			天然小叶锦鸡儿群落			15 年生人工小叶锦鸡儿群落			5 年生人工小叶锦鸡儿群落			15 年生人工山竹子群落			15 年生人工差巴嘎蒿群落			15 年生人工樟子松林		
	非毛管孔隙度(%)	毛管孔隙度(%)	总孔隙度(%)	非毛管孔隙度(%)	毛管孔隙度(%)	总孔隙度(%)	非毛管孔隙度(%)	毛管孔隙度(%)	总孔隙度(%)	非毛管孔隙度(%)	毛管孔隙度(%)	总孔隙度(%)	非毛管孔隙度(%)	毛管孔隙度(%)	总孔隙度(%)	非毛管孔隙度(%)	毛管孔隙度(%)	总孔隙度(%)	非毛管孔隙度(%)	毛管孔隙度(%)	总孔隙度(%)
0~20	3.30	33.53	36.83	5.13	35.86	40.99	4.17	37.38	41.55	3.69	33.79	37.48	3.92	34.59	38.50	5.82	36.81	42.63	6.425	36.63	43.06
20~40	3.11	33.10	36.21	4.98	32.80	37.78	3.864	36.65	40.51	3.95	34.817	38.76	4.89	36.18	41.07	4.45	34.17	38.62	5.764	34.06	39.82
40~60	3.46	32.44	35.89	4.01	33.22	37.23	3.74	36.19	39.93	3.70	33.77	37.47	4.99	37.14	42.03	5.1	34.75	39.85	4.074	34.91	38.99
60~80	2.80	33.51	36.31	3.78	33.27	37.05	3.978	35.95	39.92	2.75	33.17	35.92	4.471	34.52	39.99	—	—	—	7.33	35.83	43.17

随着人工植被的建立和植物个体的不断生长,沙地水分状况逐渐恶化,并且随植被发育年龄的增加而加剧。流动沙丘质地松散、毛管作用微弱,表面有一层疏松的干沙,可以防止沙层水分的物理蒸发,同时由于植物非常稀疏,蒸腾耗水也少,储存在沙层的水分得以保持,水分条件相对较好。人工植物群落中随着植物个体数和生物量的增加,植物蒸腾耗水量急剧增加,大量消耗土壤水分,而在沙丘上得不到地下水的补给。所以在干旱年份往往会造成土壤和植株体内水分严重亏缺,出现较深的干沙层。从图 5-17 中可以看出,在流动沙丘上种植小叶锦鸡儿和差巴嘎蒿后土壤水分状况逐渐恶化。不同人工植被类型由于植物蒸腾强度和地上生物量的不同,对土壤水分消耗程度也不同。

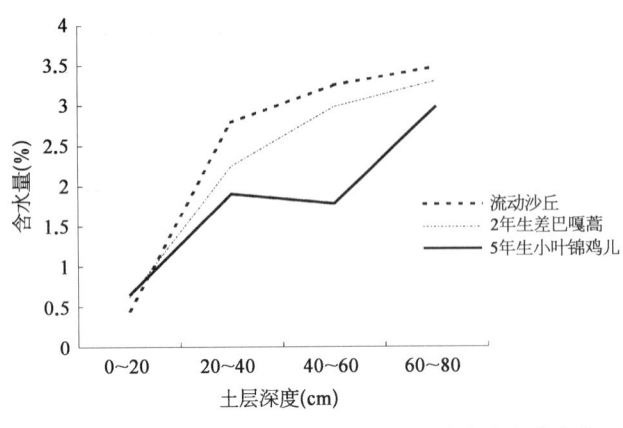

图 5-17 流动沙丘植被恢复过程中土壤含水率的变化

流动沙丘上建立人工植被后,随着人工植被盖度的增大,风沙流活动减弱,从而使空气中的尘埃及细粒物质逐渐沉积,同时每年有大量的枯枝落叶进入土壤,在水热条件与微生物和动物的作用下,枯枝落叶及植物根系的残留物发生一系列的化学变化,地表逐渐形成了灰褐色的结皮层。结皮的形成和土壤理化性质的变化意味着成土作用的加强,同时这一变化也为沙地植被向更高阶段的演变创造了条件,下层天然植被也逐渐发育起来,地上现存生物量逐渐增加,植被对土壤的生物改造作用逐渐增强。经过腐殖质化过程,在土体中这些有机质中的一部分最终形成土壤腐殖质,使土壤有机质、全 N 含量等提高,土壤的养分状况得到改善。不同植被类型对土壤养分的积累作用有所不同,但随着改造时间的延长,这种改造作用一般逐渐提高。表 5-50 显示了小叶锦鸡儿人工植被不同发育时间对土壤养分的影响作用。人工小叶锦鸡儿群落土壤养分随着群落的发育而发生显著变化。

表 5-50 不同年限小叶锦鸡儿人工固沙群落土壤营养元素含量

栽培年限(年)	土层深度(cm)	有机质(%)	速效(mg/kg)			全量所占百分比(%)		
			N	P	K	N	P	K
0	0~10	0.03	27.9	4.2	46.2	0.012	0.003	2.34
	10~28	0.02	21.3	5.3	45.6	0.009	0.002	2.30
14	0~1	0.23	54.8	10.5	102.2	0.023	0.012	2.33
	1~12	0.16	35.9	7.8	55.6	0.015	0.019	2.21
	12~35	0.02	32.3	5.5	61.5	0.010	0.001	2.95
17	0~1	0.68	82.5	15.2	250.8	0.048	0.018	2.15
	1~11	0.15	36.6	6.8	77.0	0.016	0.011	2.50
	11~32	0.02	35.2	4.6	48.9	0.012	0.001	2.26

综上所述,在流动沙丘上建立人工植被后,环境逐渐向稳定方向发展。在这个过程中,风速降低,沙面上有大量枯落物堆积,降落在林内的尘埃增多,使沙土表层容重变小,孔隙度增大,并使沙地养分条件有所改善。小叶锦鸡儿在生长过程中不但没有消耗沙土中极为有限的土壤养分,却使有机质、N 和 P 的含量有所增加。同时人工植被使土壤持水能力有所提高,这对于干旱少雨的科尔沁沙地具有重要的意义。

(3) 人工补播区植被物种消长规律与多样性。由于流动沙丘上自然条件十分恶劣,在人工植被建立初期只能适合先锋性沙生植物的生长(以沙蓬占绝对优势),其他物种在流动沙丘上很难生存。小叶锦鸡儿种子萌发后,当年地上部分高度可达 10~15 cm,2~3 年就可长到 20~35 cm,地下部分生长更为迅速。其能有效地削弱风速和抑制沙粒移动,使沙面微环境得到改善,疏松的沙土和相对稳定的沙面给植物的侵入和生长创造了条件。随着小叶锦鸡儿、差巴嘎蒿枝叶和根系的生长,一般经过 4~5 年后,沙面基本固定,人工植物群落环境开始形成。此时侵入的植物种类开始增加,植被盖度和物种个体数增加,多年生的植物种类逐渐开始侵入。

从各处理区的植物种类看,这一地区的植物种类组成较为简单,且多为菊科、藜科和一年生草本植物,其中除草木樨、差不嘎蒿、小叶锦鸡儿是人工种植的外,其余都是乡土种。从植物种类和数量来看,流动沙丘上的种类数量明显地少于其他处理的。这主要是由于流沙地表无植被,缺少可以阻拦植物种子的物体,而在其表面铺设了玉米秸秆和小麦秸秆以及栽植了差巴嘎蒿以后,为植物种子的停留提供了立足之地,所以其他处理的植物种类数量显著多于流动沙丘。同时,不同植物也有着不同的生长发育特性和适应微地域环境的能力,如沙蓬集中分布在流动沙丘,而五星蒿、狗尾草、马塘和三芒草则随沙丘向固定方向的转化有逐渐占据优势的趋势。因试验时间较短这里只能以趋势描述,相信随着调查的延续这种趋势会更加明显,并可用数量指标予以阐述。

群落的多样性是反映群落发育水平功能的重要指标之一,在一定程度上也可以反映沙丘固定过程或活化过程植被变化的指标。各处理区植物多样性差异显著(表5-51),各处理区的多样性指数还有随处理时间的延长而增加的趋势。

表5-51 人工固沙区维护前后植物种类分布变化

植物种类	2002年					2003年				
	补播前	小叶锦鸡儿	立式沙障	差巴嘎蒿	草方格	补播前	小叶锦鸡儿	立式沙障	差巴嘎蒿	草方格
沙米	√		√	√	√	√		√		
小叶锦鸡儿		√					√			
差巴嘎蒿			√					√	√	
五星蒿		√	√		√		√	√	√	√
黄蒿							√			
狗尾草		√	√	√	√	√	√	√	√	√
兴安胡枝子										√
画眉		√					√	√		
苦荬菜									√	
马唐			√	√			√	√		
三芒草		√					√	√		√
旋覆花		√					√			
地锦				√			√			
猪毛菜		√	√	√	√		√			√
草木樨			√							√
苍耳		√					√			
虎尾草									√	
虫实		√	√	√	√		√	√	√	
植物种数	1	9	7	6	6	2	12	9	9	8

注:√表示有此项。

5.2.3.5 植物防沙体系抚育管理试验研究

1) 平茬复壮

一般经过5年后,山竹岩黄芪和差巴嘎蒿人工群落都存在着不同程度的衰退现象,从而影响其防风固沙作用。G304 线防沙体系中山竹岩黄芪和差巴嘎蒿衰退现象也较为严重,针对这一问题,主要采用平茬结合围栏封育的方法促进植物更新复壮。经过试验证明平茬既是灌丛复壮更新的有效措施,也是加速利用灌丛的最好收获方式。表 5-52 是对山竹岩黄芪和差巴嘎蒿平茬一年后的萌条数量、生长状况的调查,结果表明:① 平茬促进了萌蘖,萌条数量普遍有所增加;② 萌条生长迅速,其生长高度接近于平茬前灌丛的高度,这一点无论从不同高度级的萌条数分布还是从萌条高度平均值都可以得到反应,而且愈是立地条件好的地类愈有明显的效果;③ 平茬的萌条生长(高与地径)主要从母株的根部发生,萌条粗壮而高大,留茬较高时,萌条往往在地面之上的残桩上萌出,萌条纤弱而矮小,这说明今后在平茬作业时,一定要注意留茬不能高,尽量用利刀在接近地面上刈割。对柳灌丛的平茬试验表明,平茬一年后的小黄柳平均高可达 2.58 m,地径 1.2 cm;蒙古柳平均高 1.95 m,地径 0.7 cm。

表 5-52 山竹岩黄芪和差巴嘎蒿平茬前后的生长对比

调查时间		灌丛萌条在不同高度级的分布(株数)											合计	平均高 (cm)	对照区年生长高度 (cm)
		Ⅰ 11~20	Ⅱ 21~30	Ⅲ 31~40	Ⅳ 41~50	Ⅴ 51~60	Ⅵ 61~70	Ⅶ 71~80	Ⅷ 81~90	Ⅸ 91~100	Ⅹ 101~110	Ⅺ >110			
固定沙丘山竹岩黄芪	平茬前					46	100	105	409	50		89	807	83.8	49.0
	平茬后				153	400		300	66		50		969	79.0	
沙沼地山竹岩黄芪	平茬前				112	166							278	50.0	30.0
	平茬后			220	415								635	51.0	
差巴嘎蒿	平茬前			13	12	140	146	72	20				411	62.4	19.0
	平茬后	20	30	237	284	130							701	44.3	

2)病虫害防治

病虫害防治是一项重要的抚育工作,因为忽视病虫害防治而导致防沙体系受到破坏的例子很多。如 2002 年 8 月库布齐沙漠穿沙公路爆发蚜虫,几天之内花棒、羊柴的叶子被吃光。2002 年、2003 年连续两年内蒙古草原爆发蝗灾,牧草、农作物、防护林和公路植物防沙体系都受到严重摧残。做好病虫害防治工作对于促进植物的生长和保持防沙体系结构的稳定有重要意义。

据公路沙害调查组的汇报,公路防沙体系病虫害的发生有一定的规律性:在类型上,病虫害的发生与植物种有关,如沙枣木虱出现在沙枣树上,锈病主要出现在杨树、柳树上,白粉病主要出现在梭梭等植物上。蚜虫则属于广域性害虫,可以出现在很多种植物上,在防沙体系中,以羊柴、花棒、柳属植物最易发生。在时间上,病虫害的发生也有一定的规律性:一是有大小年之分,病虫害爆发的年份是大年,成灾的年份往往不是连续出现而是有间隔地出现,如蝗虫,大年每平方米可达 400 只,小年 10~20 只;松毛虫,大年成灾,小年则很少能见到幼虫。二是有季节性,如蝗虫,春末夏初孵化,中夏成灾,蚜虫夏秋成灾;杨尺蠖,天幕毛虫,春季成灾。三是在地域上,病虫害发生也有一定的范围,如草原区以鼠、兔及虫害为主,荒漠区锈病、白粉病多见;林带中腐烂病多见,苗圃中立枯病、猝倒病常发。掌握了这些规律,对病虫害的预防有重要意义。

病虫害的防治方法有:选择抗病虫害能力强的树种;营造混交林,特别是在对防沙林进行改造和修复的时候,尽量不要补植同样的树种和易受病虫危害的植物种;及时灭杀,要把病虫害消灭在发生初期,不能等到已经成灾再采取措施,面积较大时可用飞机灭虫。当然,最好的办法是建立良好的生态系统,依靠系统的自我调节能力控制病虫害的发生程度。但目前还很难做到这一点,所以适当的人为干预还是必要的。干预也要掌握一个"度"的问题,如用药量和药品种类的选择,以能杀灭害虫又不能大量杀灭天敌为标准。病虫害的发生并不一定会成灾,是否采取措施也要根据具体情况而定。

3) 抚育管理

抚育管理在植物防沙体系的维护中具有重要意义。抚育可以提高成活率,促进植物的生长,改善植物生长发育的环境和防沙体系的内部结构,调节风沙流风蚀堆积的部位,减轻公路沙害的频次和强度。但是,目前防沙体系抚育管理的现状不容乐观,很多地方存在着造林有钱管护没钱、造林大会战、管护人不见的现象。实际上,在防沙体系建设中,抚育管理比造林种草还重要,有些地方造林不成林、栽树不见树的原因就是因为抚育管理不到位。其实,刚刚长出的幼苗和刚成活的小树特别需要管护,如荒漠区营造的樟子松林,几天不浇水就会死亡;人工种植的苜蓿,不及时中耕锄草就会被杂草吃掉。对已经破损的防沙体系来说,抚育管理工作更为重要。例如,在破损的防沙体系中补植林木就比其他地方困难,因为林地中的水、肥已经被吸收利用得差不多了,而且新栽的树木往往位于林冠之下,光、热条件都受到限制,不得到特殊的关照难以成活。所以,抚育管理是防沙体系维护的重要内容。三分造、七分管是林业工作的基本原则,在防沙体系维护中,这一点就更显得重要了。

4) 防沙体系结构调整技术

在公路防沙体系维护过程中,应充分重视密度或盖度问题,有些地方在防沙体系建设时没有考虑到植被的发展,初植密度过大。这样必然降低土壤水分和地下水位。而且初植密度过大容易形成紧密结构的防沙体系,紧密结构的防沙体系在初期防沙效果较好,但因为积沙速度过快、过于集中,几年后就会出问题。所以应在植被的发育过程中对植株密度和植被盖度进行适时调控。差巴嘎蒿的植被盖度应控制在30%左右,不宜太高,以减少水分消耗,为后期植物的侵入、生长提供有利条件;小叶锦鸡儿应控制在25%~40%,因为在此盖度下,植株的高度和冠幅可达到最大。樟子松和杨树等乔木在造林初期可以适当增加密度,促进林木及早郁闭,但随着林木的不断生长,应及时进行抚育,随时伐去那些枯立木、风倒木、病、虫严重危害的树木,使林带保持透风结构。

另一种情况是构成防沙体系的植物密度过稀或沙丘上植被盖度过低,不能完全控制沙害,这时就需要进行补植补种。根据多年来的研究与实践,中国东部沙地人工植被在总体上应以灌木和半灌木(尤其是乡土种)为主,乔木为辅。应根据不同的立地类型和退化程度营建不同类型的人工植被。流动半流动沙丘的补植主要以灌木、半灌木为主,结合围栏封育和设置机械沙障来进行。对退化程度较轻的固定沙丘和半固定沙丘应以保护为主,采用围栏封育即可达到快速恢复植被的目的。在低缓起伏沙地(沼地)、沙丘下部和地势稍高地下水位较低的丘间低地可以补植乔木片林或林带。补植树种的选择应遵循适地适树这一基本原则,同时也考虑树种的经济性状。在地下水位不低于2~4 m的丘间低地和低缓起伏沙地上适宜补植樟子松、小黑杨等乔木树种,形成小面积片林或防护林带;在地下水位低于4~5 m的沙丘上应补植小叶锦鸡儿、差巴嘎蒿、山竹岩黄芪等沙生植被。沙丘的不同部位选择的植物种类也应不同,在迎风坡应建立差巴嘎蒿或小叶锦鸡儿植被,在背风坡坡脚可以栽植小黄柳,进行杨树埋干造林等;小气候条件较好的地段,可以补植各种类型的经济林,如山杏和各种果树等。各沙地公路绿化工程建设中,树种比较单一,以杨树占绝对多数,在今后的维护工作中应增加造林树种,形成多样化的植被类型,增强区域性人工植被的稳定性。

5) 现有公路防沙体系改造途径

总体来看,G304国道和乌金公路植物固沙种类的选择是适宜的。植被出现生长衰退现象是一种正常的演替现象。目前,需要对已经衰退的固沙群落进行更新复壮和人工诱导促进演替进程。

对长势衰退的差巴嘎蒿和山竹岩黄芪群落,可进行平茬复壮,同时要补植小叶锦鸡儿和沙打旺,把它诱导为混交群落。随着小叶锦鸡儿的生长,将逐渐代替差巴嘎蒿和山竹岩黄芪而成为优势种群。这样靠人工诱导的方法可使固沙群落由多年生草本和半灌木阶段逐渐过渡到木本植物阶段,并趋于稳定。

在植被衰退严重、对部分沙化较为严重地段,为保证补植效果,可结合工程固沙措施来进行。这类地段补播时,最好把差巴嘎蒿、山竹岩黄芪同小叶锦鸡儿或沙打旺混播。

对尚未发生植被大面积衰退的地段,也应及早按照上述原则进行人工诱导,及早平茬和补播。在原有灌木、半灌木的基础上增加多年生草本植被(如沙打旺),在适宜地段增加乔木比例,逐渐使之成为复合结构,增加群落的稳定性,使固沙植被长期发生防护效益。

在榆树疏林景观尚存的地段,要充分重视保护原有的榆树幼苗,在林间空地中主要补植小叶锦鸡儿、东北木蓼、山杏等原生木本植物,以及沙打旺、冰草等,逐渐使之诱导成为榆树疏林草原类型,以提高草地生产力和稳定性。

总体来看,小叶锦鸡儿人工固沙植被与其他植被类型相比,表现出了较高的稳定性,应成为公路沿线增加植被盖度和流沙固定的首选树种。榆树也是当地的乡土树种,而且在乌金公路沿线还有大量天然榆树林,说明该植被类型在本地区是最为稳定的。因此,在乌金公路沿线防沙固沙植被,应形成以榆树疏林和小叶锦鸡儿为主体的、乔灌草相结合的复合型植被。

5.2.3.6　维护前后植物防沙体系结构及防沙功能的变化

针对目前乌金公路防沙固沙植被和公路沙害现状,按照上述基本原理和技术措施,对现有公路防护体系进行了综合维护。对条状或片状流沙,采取立式沙障与半隐蔽式沙障结合,播种差巴嘎蒿、山竹子、小叶锦鸡儿,低洼处栽沙棘、杨树或柳树。坡面较长地段,中间用黄柳或杨树枝条做沙障;公路两侧的边坡,采取碎石铺压和铺设防沙网结合播种固沙植物(如小叶锦鸡儿、沙打旺)的方法予以固定;对筑路推土造成的条状沙沟治理的方法以植树、种草为主,沟底栽植沙棘、白柠条、杨树埋干;沙沟边坡播种小叶锦鸡儿、沙打旺等。对靠近路肩的边坡结合铺设碎石、黏土或防沙网,以防止对路基的侵蚀作用。同时重点对公路上风向后备沙源进行了治理,在沙丘前沿设立式沙障,在丘间地栽植乔木(小叶杨埋干),插植黄柳,分割沙丘形成阻沙林带,至路边形成了2~3条林带,每条带宽30~50 m。充分利用丘间地较好的水分条件,大量营建乔、灌植被,发挥绿岛效应,以达到阻沙的目的。

对生长衰退的差巴嘎蒿和山竹岩黄芪,以及小黄柳和小叶锦鸡儿灌木林,进行了大面积的平茬处理,平茬后植株生长更加旺盛,达到了预期的目的。同时在差巴嘎蒿、山竹岩黄芪和小黄柳群落内补播了小叶锦鸡儿和沙打旺。在榆树疏林内,补种了榆树幼苗和小叶锦鸡儿、东北木蓼、山杏、沙打旺等。

同时完善了公路两侧的护路林,造林树种以乡土种和在本地区表现良好并已经推广应用的引进种为主。主要包括榆树、小叶锦鸡儿、白柠条、沙棘、沙枣、怪柳、杨树、柳树(河柳、小黄柳)、紫穗槐、槐树等。

通过以上各项建设措施,乌金公路防沙体系结构在维护前后发生了较大的变化。原来大面积退化植被得到更新复壮,群落结构更加复杂,稳定性明显提高。在原来的基础上又增加了一些工程措施,使防沙性能得到恢复。公路沿线大部分植被已被成功地诱导为多物种、多层次、复合型的植物群落类型,防风固沙性能和稳定性得到大幅度提高,公路沙害被根治。

5.3 公路沙害处理技术

对于沙漠地区的公路来说，路面积沙是一种常见现象。即使采取了防护措施，一场暴风过后出现沙害也不稀奇。但公路沙害更多的是因为防护体系破损导致的流沙上路而产生。目前对于路面积沙一般采用人工与机械清除的办法处理，其方法是就近将积沙清出路面，以便快速通车。但由于缺乏科学指导，技术落后，在清沙时既没有专门的清沙机械，也很少考虑清出路面的积沙在下一次大风到来时会不会重新上路、产生"二次积沙"的问题；还有的是注意到了主风而忽视了反向风的作用，如内蒙古鄂尔多斯地区的很多养路道班在春季清沙时把沙子倒在路东，结果夏季出现沙害。为了解决这些问题，在中长线马蔺湖段、库布齐沙漠穿沙公路 K90+00～K92+200 段和省道府深线 K195+200 m～K195+700 m(简称Ⅰ段)、K214+300 m～K214+500 m(简称Ⅱ段)三条公路上进行了清沙试验，在阿拉善盟养路工区机务段进行了清沙机械改进试验，取得了一定的效果。

5.3.1 公路沙害形式

公路沙害主要有沙丘整体前移埋压公路、路面片状、舌状积沙等几种形式，原因是风沙流遇阻堆积，或是沙丘前移的结果。至于发生哪种类型的沙害则主要与公路两侧的沙丘类型、植被盖度、沙丘下伏地貌等多种因素有关。以府深线 K195+200 m～K195+700 m 为例，该路段上风侧沙丘多为高 5 m 左右的新月形沙丘和新月形沙丘链。距离公路在 10 m 之内，下伏地形为平坦的沙质滩地。由于没有设立专门的防沙体系，沙丘由西北向东南方呈整体推进，在路面上形成堆状积沙，最大积沙厚度 4.5 m；K214+300 m～K214+500 m 上风侧沙丘高度小于 1 m，沙丘密度 0.3～0.5，植被盖度约 35%，沙丘距离路基约 20 m。公路沙害以风沙流上路为主，往往在边坡有草的地段，边坡有冲沟、坡面不整的地段形成片状、舌状积沙。

5.3.2 路面积沙对行车的影响

路面积沙对行车的影响有影响车速、中断交通、造成翻车，影响程度与积沙厚度、长度、车辆类型等有关系。在积沙长度超过车身长度、积沙厚度小于 10 cm 时，影响车速。积沙厚度在 10～20 cm 时，小型车辆难以通过，大型车辆车速受限，积沙厚度大于 30 cm，所有车辆难以通过，强行通过会造成车辆倾覆。

5.3.3 公路清沙试验

1) 试验段年过沙量调查

以中长线马蔺湖Ⅰ段为例：通过对沙丘整体位移的测定，路侧 5.0 m 高的沙丘，每年整体前移 5.68 m，100 m 宽的沙丘每年对路面形成的堆积为 100 m×5.0 m×5.68 m=2 840 m³。

Ⅱ段：此试验段上风侧地势平缓，沙丘稀疏，近路侧高出路面 1.0～1.5 m，经过路面的风沙流多为不饱和风沙流，经过路面时，一部分飞过路面，一部分在背风侧形成堆积。30 m 长的试验段，年堆积量为 150 m³。

2) 清沙试验

为测定清沙效率，2003 年春季分别在俯深线、中长试验路段上，对出现的路面积沙进行了多次清沙实测试验，结果如下：路面小型的舌状、片状积沙，在下风侧没有障碍物的时候，采用人工清理，直接清到下风侧即可。小型堆状积沙不能简单地送到下风侧,必须经过运输,送到低洼处而且不会产生二次吹扬的地方。对于路面较大的堆状积沙,靠人工清沙费时、费工,必须用装载机或挖掘机配合自卸车清理。

(1) 人工清沙。人工清沙适用于小面积(5 m^2以下)的舌状积沙,方法是直接把积沙铲出路面,送到下风方向无害段堆平,以利生草固定或人工治理。大风天采用人工扬沙的办法不但可以提高清沙效率,还可以依靠风力把沙子送到较远的地方。人工清沙每工日可清运 2 m^3,每工日按工区一线工人平均工资 52.92 元计算,每清 1 m^3 成本 26.46 元;如每工日按社会平均工资 23.98 元计算,每清 1 m^3 成本 11.99 元。

总体看来,人工清沙主要有以下特点:费用高,效率低,工人劳动强度大,而且不能及时保证公路畅通,特别是易造成"二次积沙",有明显的缺点。但路面小型片状积沙分布不集中,远距离调用机械也不合算,到底使用哪种方法最好要根据具体情况由工区决定。

(2) 机械清沙。机械清沙适用于积沙量大的堆状积沙。根据试验结果,认为采用 75 kW 推土机和 2.5 m^3 轮式装载机较为合适。

① 75 kW 推土机。将路面积沙推至公路下风侧 50～60 m 外摊平,同时修筑公路两侧 30～60 m 范围平整带,工作量 180 m^3/台班,成本 563.07 元/台班或 3.13 元/m^3。优点是清沙质量高,效果好,保持时间长,速度快,能及时保证公路畅通。缺点是履带式推土机会对路面造成破坏,不适宜上路行驶和作业,而且行进速度慢,不适宜远距离调动。冬、春季节气候寒冷,每天需加热水预热;同时从驻地到工地时间长,导致辅助工作时间长、基本工作时间短。

② 2.5 m^3 轮式装载机。将路面积沙运至路基两侧 10～20 m 外摊平,清沙量 330 m^3/台班,成本 785 元/台班或 2.38 元/m^3。优点是灵活,方便,效率高,能及时保障公路畅通,占用辅助工作时间短。缺点是清运范围较小,不适宜下路作业,特别是沙丘前移埋压公路时清沙效果较差,易造成"二次积沙"。

(3) 人工与机械组合清沙。为了克服 2.5 m^3 轮式装载机清运范围较小,特别是沙丘前移埋压公路清沙效果较差、易造成"二次积沙"的缺点,开展了人工与机械组合清沙试验。由 2.5 m^3 轮式装载机将积沙装载到 3 t 自卸车上(清运距离较长时采用,如清运距离较短如在 50 m 以内,由 2.5 m^3 轮式装载机直接清运),由 3 t 自卸车拉运到不易产生沙害的地段,再由人工整平。产量 460 m^3/台班,成本 1 520 元/台班或 3.31 元/m^3。台班组合:采取 2.5 m^3 轮式装载机 1 台,3 t 自卸车 2 辆,工人 4 人。优点是清沙质量高,效果好,保持时间长;缺点是需要的机械和工人多。

路面清沙实际上只是一种简单劳动,并无太多的技术而言。但是,生产中比较多见的现象是清沙不止,积沙不断。其主要原因就是没有在清沙的同时解决二次积沙和连续积沙的问题。多年来这个问题一直没有解决的原因不是因为清沙技术落后,而是没有抓住问题的实质和根源,也即把着眼点放在了路面积沙上,而没有把着眼点放在防沙体系上,没有针对沙害产生的根源采取相应的措施、就事论事,所以才会出现积沙不断、清沙不止的现象。

5.3.4 二次积沙的防止与输沙断面的构建

沙漠地区公路沙埋归根结底皆为风沙流运动的结果。风沙流是一种贴近地表的气固两相流,当气流的挟沙力大于风沙流中的含沙量时,地面产生风蚀;当气流的挟沙力小于风沙流中的含沙量时,地面堆积。而气流的挟沙力(输沙率)是和风速超过沙粒起动速度部分的三次方成正比(据吴正 1965 年在新疆莎车布古里沙漠的观测,距地表 10 cm 高度内的输沙率与 200 cm 高度上的风速具有如下关系：$Q=1.47\times10-3u^{3.7}$，$r=9.9$）。根据这一原理，在风沙流到达公路前减少气流中的含沙量或提高风速都可以避免公路积沙，为了在减少积沙的同时不出现边坡风蚀，最好使风沙流保持不蚀不积的状态顺利通过。这种办法前人已经进行过多次的理论探讨和小型试验，只要条件合适，还是可以使用的。所以在中长线进行清沙试验时，利用清除出来的积沙修筑了公路输沙断面，断面的基本形式见图 5-18。

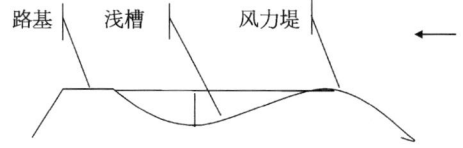

图 5-18 路基输沙断面的基本形式

该输沙断面由浅槽和风力加速堤组成。风力堤位于路基上风向 30 m 处，使用清除下来的路面积沙堆积而成。浅槽位于风力堤与公路之间，经人工修筑而成，风力堤顶标高与路肩边缘标高一致，浅槽最深点居中。L/H 约为 18（试验区 A 段 H 约为 60 cm，L 为 11 m，B 段 H 约为 110 cm，L 为 21 m）。风力堤迎风侧的坡度不小于 1:4，堤顶为圆弧形；浅槽与公路及风力堤的衔接须平稳圆滑，坡面最深点与弦长之比不小于 1:10。实际操作中，浅槽最深点两侧可以建成不小于 10 m 的圆弧。风力堤的作用在于产生足够的气流上升力，使贴近地表层的风沙流借助上升气流保持非堆积搬运状态。浅槽的作用则是为了保持气流的连续性，避免因附面层的分离而产生沙子堆积，并为风沙流创造一个有足够容量的非堆积搬运地带，使风沙流不蚀不积并顺利通过公路。可以说这是一种以大自然之力还治大自然之灾的技术措施。

为了保持输沙断面的稳定性和有效性，用 30% 的固化剂对风力堤迎风坡以及浅槽迎风坡进行了封闭处理。据有关资料，用草皮、砾石加黏土（体积比为黏土 1 砾石 2）的混合料效果也很好。

据内蒙古交通设计研究院洪占三研究，$L/H=10\sim25$ 的凹状浅槽剖面能形成比较理想的风沙流。这时剖面 70% 以上的沙量从弦部以上吹走，而弦部以下不足 30% 的沙量借助浅槽中的气流升力搬运。在试验区也观察到，输沙断面建成后，各观测点底层含沙量减少，上层有所增加，从而改变了原风沙流结构，有利于沙子的搬运。这一点从风沙流结构特征值上就可以看出（表 5-53）。此外，浅槽中是否积沙与风速无明显关系，如果不是沙丘整体埋压，浅槽的形态基本稳定，风沙流可以顺利通过，说明这种方法还是可用的。

表 5-53 输沙断面建设前后风沙流结构特征值（λ）的变化

风速(m/s)	输沙断面后	输沙断面前	输沙断面后	输沙断面前	输沙断面后	输沙断面前	输沙断面后	输沙断面前
	A		B		C		D	
10	2	1	1	1	3	1	1	1
9	2	1	1	1	2	1	2	1
8	2	2	2	1	4	2	2	2
7	4	2	4	3	5	3	4	3
6	7	5	5	4	6	4	6	5
5	8	6	7	6	7	7	8	7
4	14	11	12	10	11	10	12	10
3	16	16	15	16	15	16	14	15
2	18	24	22	23	19	22	21	22
1	27	32	31	35	28	34	30	34

(续表)

风速(m/s)	输沙断面后	输沙断面前	输沙断面后	输沙断面前	输沙断面后	输沙断面前	输沙断面后	输沙断面前
	A		B		C		D	
风	13.2	12.4	10.3	12.6	15.1	16.9	10.1	12.7
	7.3	5.4	4.8	5.3	8.0	7.4	4.9	5.6
	3.5	4.0	3.1	4.4	4.2	5.7	3.0	4.3
	2.1	1.3	1.5	1.2	1.9	1.3	1.6	1.3

据洪占三观测，内蒙古交通设计研究院曾在207国道K201处投资4 000元建设一处输沙断面，施工后经过三个风季效果尚好，每年仅需少量维护就可以达到公路输沙的目的，保证了交通运输畅通无阻。尽管输沙措施初期投资较多，但如果完全依靠人工清沙，三年的清沙费也在3 000元以上。可见，输沙断面的成效是显著的。

但是，为什么多年来输沙断面没有得到广泛应用？认为主要与输沙断面的使用条件有关。经野外实地观测，认为输沙断面的建设和保持需要有以下条件：① 下风区有足够的储沙空间；② 不能有过于强烈的反向风；③ 沙丘密度不能过大；④ 对于整体前移的沙丘基本无效，所以，上风向如有流动沙丘必须先予以固定。

5.3.5 清沙工作程序

清沙工作程序见图5-19所示。如无特殊要求，该程序可以供各养路工区参考。需要说明的是，这只是一个路面清沙的工序。在实际工作中必须同时修复沙障，消除沙害产生的条件，避免连续积沙。

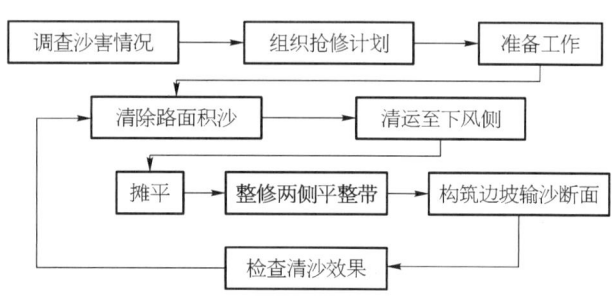

图5-19 路面沙害处理工作程序

5.3.6 清沙与沙害治理综合效益对比

公路沙害防治中选择防治方法时，需要考虑的一个重要问题是投资问题，如清沙或防沙体系修复的选择，从表面看，清沙比修复防沙体系要省钱。从较长时间看，应该是修复防沙体系更合算。为了研究这个问题，以中长线为例，对这一问题进行比较。

根据阿拉善盟月亮湖公路防沙体系建设资料，公路两侧建设长度为100 m的综合防沙体系最多需要投资6 000元，可以使用4～5年，每年平均1 200～1 500元。如果是对已经建好的防沙体系进行维护，费用约为修建新体系的1/10，即120～150元。如果是清沙，按年积沙量100 m³计算，使用机械清沙需要经费313元，人工清沙需要2 398元。就是说，在几种方法中，以修复沙障最合算，其次是机械清沙，最贵的是人工清沙。但是，如果是多次零星积沙，机械清沙的费用还要上升。所以，修复防沙体系是最好的办法。

5.3.7 清沙工作的注意事项

(1) 及时消除造成积沙的条件是清沙工作的基本原则。在公路清沙当中，对上风侧路肩和迎风边坡阻沙植被、弃土的清理是一个比较重要的环节，清理适当，可以减少路面积沙；反之，会增加路面积沙。此外，高于路面的路牙石、高出路面的路肩都有利于积沙，对这些问题也要给予适当的注意。

（2）对于路面积沙问题，首先，要立足于防，不能立足于"清"。"清"是在实在防不住情况下的一种应急措施和临时措施，也是一种被动措施。清沙会造成养护工区投资的增加和劳动强度的增大，而且，只要路面出现积沙，就算清理工作做得再及时，也难免会造成交通的中断或其他问题。其次，清除下来的积沙要妥善处理，要防止二次积沙或反向风造成的沙害，万不可随意丢弃。

（3）防止路面积沙要做到：保持防沙体系的完整性，发现破损及时修补；容易积沙的路边不能随意堆土堆石，路肩上的灌木或过密的草本植物要及时清除，路牙石不宜高出路面。

（4）路面出现风蚀、沙埋要及早处理。如果路面出现小型片状积沙不能及时清除，沙堆就会成为风沙流运行的障碍，越聚越大，不但严重影响行车，而且清沙与填补风蚀坑费用将比早期治理的费用高出好几倍。

5.3.8 清沙机械组合与配套问题探讨

我国已经在1993年研制出了专用的公路清沙机械（唐文初，1993年），并在塔里木石油公路进行过现场考核，满足设计要求。但现在这种机械的使用还不普及。目前多数养护工区在公路出现沙害时都是用推土机推出路面，或用装载机、汽车清运。推土机推沙效率高，但会破坏路面，行动迟缓，不适宜远距离调动；装载机、汽车清沙适于远途作业，但汽车不能下路，难以做到就近卸车，而远距离卸车又会增加清沙费用。另外，路面积沙以小型片状积沙为主，完全依靠机械化作业也不合适，所以，根据每个道班管辖区内的道路沙害情况配置清沙机械非常必要。对此情况提出以下意见供有关部门参考：

严重沙害发生区：推土机1~2台，专用清沙车2台，2.5 m^3轮式装载机和3 t自卸车各1台。

中等沙害区：推土机1台，专用清沙车2台，2.5 m^3轮式装载机和3 t自卸车各1台。

轻度沙害区：专用清沙车，2.5 m^3轮式装载机和3 t自卸车各1台。

由于公路积沙往往在一场大风过后集中出现，为了保证及时通车，清沙机械的配置必须留有余地，各工区要根据当地沙害发生规律及历年清沙经验适当修订以上方案。但是，为了避免盲目购置造成的机械闲置和资金浪费，对配置方案必须进行可行性分析论证，还要重视清沙机械技术使用人员的技术培训和考核工作。

在专用清沙机械尚未购置之前，对现有公路养护机械进行改进也可以提高清沙效率，如与阿拉善盟公路机修厂合作，在铁牛55拖拉机的基础上加上加固梁、支撑架、动臂、铲斗、立柱、横梁、拉杆、摇臂、液压系统等部件改装的装载机，整机性能稳定，耐用功力大，不但适宜清沙工作，而且适宜各种散状料的装卸和小型土方的回填作业，达到了"一机多用"的目的。

总的来看，由于公路积沙的类型、程度不同，而且道路结构类型、等级、交通量大小及各地地质和气候条件也有差异，因此，清沙机械配置的基本原理应当是使机械的类型、规格和数量与公路清沙的作业内容、作业量及当地自然条件相适应，并充分考虑机械间的配套性，还应该考虑清沙工艺和设备的发展动态。

5.4 新技术、新材料在公路防沙体系维护中的应用

应用新材料进行沙害治理和公路沙害防护体系的维护是一项重要任务，也是沙漠化防治专业人员力求解决的一个问题。目前世界各国使用的新材料主要是化学材料。化学固沙的优点是施工容易，固沙立竿见影，缺点是阻沙作用差，没有防护高度，对于过境风沙流毫无作为。目前可以固化沙面

的新材料有几十种,但在使用中总有不尽人意的地方。如塔里木沙漠公路化学固沙试验先后使用的材料有乳化沥青、乳化原油、高矿化度盐水、LVA、LVP、WBS及STB等。试验前期固沙效果很好,在塔里木沙漠公路的边坡固沙及零断面处固沙有较好的应用前景。但是,化学固化剂喷施后有两个问题一直没有解决,一是外来沙源的控制,二是固结面的破损。在库布齐沙漠穿沙公路防沙体系修复工作中试用了土壤固化剂和土工编织袋。固化剂固沙的方法是用刮耙把沙子筑成方格再喷洒固化剂,筑成沙子方格沙障,垄底宽30 cm、高15~20 cm,规格为1 m×1 m,垄上喷洒30%浓度土壤凝结剂,结皮厚度1.5~2 mm,设置于迎风坡。其固沙效果不亚于任何一种方格沙障,而且任何时候都不会出现原材料短缺的问题,其优点十分明显。此外,用土工编织袋做成的可移动式格状沙障效果也很好,可以在固沙材料缺乏的地方推广。几种新材料的防风固沙效果叙述如下:

5.4.1 化学固化剂在沙障修复中的应用

可以用于公路沙害防治的新材料有土壤凝结剂、土工编织袋等。土壤凝结剂的使用方法有两种:用凝结剂全面封固沙面;先将沙子堆成沙垄。两种做法的防风固沙效果见表5-54。

表5-54 土壤凝结剂固沙对风速及粗糙度的影响(2003年4月)

类 项 项 目	风蚀沙埋比例(%)	$V_{2.0 m}$	$V_{0.5 m}$	粗糙度
1 m×1 m规格的沙垄	42	6.9	5	1.309
全面封固	23	6.3	5.2	0.144

从表5-54可见,起沙垄后粗糙度为全面喷洒的9.12倍,沙垄中形成光滑凹曲面,沙面基本稳定。而全面喷洒的沙面一旦出现破口,很快就会发展成小风蚀穴或风蚀槽,其边缘的结皮不断被掏蚀悬空而被吹毁,形成大的风蚀破口,最后会导致完全失效。即使没有完全破损,破口区也会成为新的沙源,从破口处吹出的沙粒还会在未破损的结皮上扩散,致使风沙流活动加强,产生新的沙害。而且,全面喷洒沙面后不利于雨水的下渗,不利于植物的生长。所以,一般认为全面喷洒土壤凝结剂封固沙面的方式适宜在输沙断面和迎风边坡上使用,不宜在固沙带使用。在库布齐沙漠穿沙公路K90处也进行了同样的试验,由于试验面积只有7 000 m²,确实存在着易沙埋、怕践踏等问题。但是,用这种方法来修补麦草沙障的风蚀破口,效果却非常好。

据2002年10月份在伊金霍洛旗—榆林新建公路沿线调查,春季新设的麦草沙障,秋季已有6%左右的风蚀破损,破损点主要出现在沙丘迎风坡中上部,破损点最小1~2 m²、最大5~62 m²,平均3.6 m²,平均风蚀深度22 cm。对这样的破损点进行修复存在着很多困难:材料运输困难,风蚀坑填平困难,修复后不留隐患困难。如果不修,破口就会越来越大。而使用固化剂进行修复就很容易。一个工人背上一个小型喷雾器,一边检查沙障破损情况一边对破口喷洒固化剂,就达到了修复的目的。由于风蚀破口面积不大并且呈点状分布,即使全面喷洒也不会出现雨水不能下渗的问题。即使出现个别面积较大的破口,用刮耙筑埂后再喷洒固化剂,同样可以收到良好的效果。库布齐沙漠穿沙公路K94+120处2002年7月底新设的麦草沙障,2003年4月中旬已经出现6处破口,7月底用固化剂处理后,至今没有出现反复,看来,这一方法是可行的。

沙漠中的鼠、兔、沙蜥、刺猬等小动物都有打洞穴居的生活习性,麦草沙障建成后,小动物的洞口往往成为风蚀作用的突破口,及时封堵洞口对于防止沙障的破损具有重要意义,用固化剂封堵无疑是一个省工、省时、节约开支的好办法。

公路沙害的发生有明显的季节性和爆发性。往往是平时没有沙害发生，一场大风过后路面多处积沙，而且是大风过后时间很短就出现了第二场大风。

沙尘和大风的连续出现给公路养护部门带来繁重的清沙任务。为了避免连续积沙，最好的办法就是迅速控制沙源。但由于受人力物力等条件的限制，大量调用修筑沙障使用的原材料很困难，这时候使用固化剂喷洒沙面可以马上见效，而且固化剂用量少，不需要动用大型机械，施工方便，应该是一个比较理想的应急方法。但是，这次研究没来得及进行这方面的现场试验，固化剂的成本较高都是需要继续研究的问题。

5.4.2 土工编织袋在沙障修复中的应用

土工编织袋等在公路沙害防治中也有比较理想的效果。在库布齐沙漠穿沙公路 K90 处也布设了土工编织袋沙障，编织袋为防老化袋，规格有 100 g/m²（指袋的重量），10 cm×210 cm（粗 10 cm 长 210 cm）（编号 1-1）、15 cm×210 cm（编号 1-2）、20 cm×210 cm（编号 1-3）三种；150 g/m²，10 cm×210 cm（编号 2-1）、15 cm×210 cm（编号 2-2）、20 cm×210 cm（编号 2-3）三种；100 g/m²，100 cm×40 cm（编号 3-1）一种。其中，前 6 种主要用来做方格沙障，后一种主要做高立式沙障。方法是将袋中装上沙子，分别摆成 1 m×1 m，2 m×2 m 规格的方格。将 100 cm×40 cm 的粗袋装满沙子立起来摆放或躺倒叠放，就做成了高立式沙障（叠放时按 60%～70%装沙，摆 3 层，高度约 100 cm）。这种沙障的特点是见效快，原材料丰富，设置技术简单。在库布齐沙漠穿沙公路设立沙障后的当天下午就刮起了东南风，沙障的阻沙效果当时就表现了出来。但是，土工编织袋沙障完全不透风，边缘很快沙埋，底部则出现了风蚀，并迅速向下风方向发展，危及到了沙障的稳定性。所以沙障外围必须建立阻沙带，而且，阻沙带的高度、透风系数、与沙障之间的距离必须恰当，才能保证沙障中不蚀不积，长期保持稳定。高立式沙障的要求更高，需要在沙障外围设立半隐蔽式的草方格沙障对其进行保护，否则很容易遭受风蚀而倒伏。用土工编织袋新设的沙障，在 8 月份风力并不是十分强劲的情况下，一场风后倒伏率达到 40%。但是，土工编织袋重量很小，两个工人背 200 条再带一把铁锹在沙丘间行动很方便，高立式沙障出现破口时被用来堵风口非常方便。特别是在春季沙害集中爆发期，用编织袋对逼近公路的沙丘进行封固，马上可以阻断沙源。待风季过后再在沙丘上扎沙障或种植固沙植物根治沙害，而且编织袋还可以回收重复利用。所以，用土工编织袋维护防沙体系正好发挥了它的特长，避开了它的一些缺点，比大面积设置单一的土工编织袋沙障更合适。在库布齐沙漠穿沙公路紧邻公路的一座沙丘上布置了这种"应急沙障"，效果很好。

5.4.3 土工方格沙障在防沙体系修复中的应用

土工方格沙障抗环境不利因子的作用强，可重复使用，而且安装方便，见效快，适合在逼近公路的沙丘上使用。例如，春季沙害集中爆发期养护工人都忙于应付公路清沙，临时调用建设材料修筑沙障有诸多困难。如果使用土工材料，马上就可以控制沙源。待风季过后可以从容不迫地修建防沙体系，而土工材料可以换个地方再用。所以，将土工方格沙障用于防沙体系修复比单纯建设土工方格沙障更合适。

第6章 推广示范工程及其实施效果评价

6.1 沙漠公路修筑技术研究成果在阿和沙漠公路建设中的推广应用

阿拉尔—和田沙漠公路(全书简称为"阿和沙漠公路")起于阿拉尔市南口镇,沿和田河东岸绿色走廊带外缘纵穿塔克拉玛干沙漠,终于和田市玉龙喀什镇。路线全长约424.37 km,其中沙漠路段长407.57 km,约占路线总长的96%,非沙漠农田路段长约占路线总长的4%。主线公路主要控制点为塔南总干渠、和田河古河道分岔口、麻扎塔格山、两河交汇口阔什塔什、和田县塔瓦库勒乡、红旗水库、吉亚乡等。路线依次跨越阿拉尔市,阿克苏地区阿克苏市、阿瓦提县,和田地区洛浦县、和田县、和田市等三市三县的行政界。其中3/4的路段处于洛浦县境内的西北沙漠之中。

在阿和沙漠公路的建设工程中,结合工程的具体情况,有针对性地推广应用沙漠地区公路建设成套技术研究成果,主要包括沙漠地区公路自然区划、3S技术在沙漠公路勘测各阶段的应用、沙漠公路放线设计、沙漠公路路基路面设计、沙漠公路路基路面施工、沙漠公路防沙等。

6.1.1 阿和沙漠公路自然区划

6.1.1.1 基本自然环境

阿和沙漠公路位于和田河绿色走廊的东侧外边缘,虽然离和田河较近,但降水量极少,而蒸发强烈,植被极为贫乏,只有那些抗风沙的、耐干旱及盐碱的植物种类才能真正生存下来,和田河中下游河两岸基本上为连续的天然生长的胡杨、灰杨、红柳、芦苇、甘草、拂子茅等植物组成的绿色带,绿带在两岸呈现对称分布。河岸宽度变化在500～2 800 m之间。在单一主河道,宽约500 m,绿带宽可达2 800 m。在受到强烈侧蚀的大凹岸,绿带宽度只有100～200 m,甚至无绿带。据有关文献记载,塔克拉玛干沙漠中心的年降雨量在30 mm以下,其边缘地区年平均降水量在10～60 mm之间,见表6-1。

表6-1 全年各月的降水量 (mm)

月份 观测站	1	2	3	4	5	6	7	8	9	10	11	12	全年总计
和 田	1.6	2.9	0.9	3.0	6.8	7.2	3.8	3.6	3.1	0.6	0.4	0.8	34.7
墨 玉	1.8	4.2	2.5	1.8	6.5	6.1	5.4	2.8	1.9	1.5	0.1	0.7	35.2
沙漠站	0.0	0.0	0.0	0.0	0.4	0.7	10.6	1.1	1.3	0.0	0.0	0.0	14.1
阿拉尔	0.5	0.6	0.5	0.8	6.5	7.6	10.4	5.8	6.6	2.4	0.6	0.3	42.4

根据和田与洛浦气象观测记载,其年平均降雨为 35 mm,年平均蒸发量为 2 394.8 mm,平均干燥度为 19.1,见表 6-2,为极端干旱区。

表 6-2　和田、洛浦的干燥度

县　名	年降雨量(mm)	年蒸发量(mm)	气温年较差(℃)	≥10℃积温(℃)	干燥度
和　田	34.8	2 563.4	31.2	4 344.1	20.2
洛　浦	35.2	2 226.2	30.8	4 126.2	18.0

6.1.1.2　风向、风速特点

风力是沙区最广泛、最活跃的外动力。风力除塑造了现有的沙漠、沙地和戈壁以外,还对修建的沙漠公路形成下列各种沙害:① 对已修建的公路有风蚀作用,风力作用于迎风面路基,经过风力的不断剥蚀,路肩松散的沙土流失,导致路基坍塌和陷落。表 6-3 为不同风速与风蚀模数的关系。其结果说明,随着风速增大,风蚀模数随之增大,且在风速达到 20 m/s 以上时,风蚀模数增大最快。② 大风造成已有沙丘位移,掩埋修建的公路或使部分路段积沙,为了清除沙害,必须投入较多的人力、物力。

表 6-3　风速与风蚀模数的关系

风　速(m/s)	时　间(min)	风蚀量(kg)	风蚀模数[kg/(min·m^2)]
8.71	10	0.384	0.148
10.29	5	0.573	0.442
11.56	3	0.692	0.890
14.18	3	1.476	1.89
20.99	2	3.338	6.35
25.26	2	5.425	10.46

野外观测和风洞试验资料表明,起动风速临界值对不同粒径的沙质地表是不同的,见表 6-4。

表 6-4　起动风速与粒径关系

粒径(mm)	0.1~0.25	0.2~0.50	0.5~1.0	>1.0
起动风速(m/s)	4	5.6	6.0	7.1

大风时间持续的长短也是沙区沙害的一种直接指标,根据气象资料,和田地区各县市平均大风日数和最大风速统计见表 6-5。

表 6-5　和田地区各县市平均大风日数和最大风速

县市名	≥8级大风日数		年平均风速(m/s)	沙暴天数(d)	飘尘日数(d)
	幅　度	平　均			
和田市	2~15	8.0	2.1	18~52	150
墨玉县	1~9	4.1	2.0	4~23	—
洛浦县	1~16	4.1	2.2	5~13	—

(续表)

县市名	≥8级大风日数		年平均风速(m/s)	沙暴天数(d)	飘尘日数(d)
	幅度	平均			
皮山县	1～9	5.0	2.2	24～48	—
民丰县	1～14	4.7	1.7	25.6～44	152
玉田县	1～7	1.8	1.8	8～28	175
策勒县	1～9	4.0	1.9	19～64	—

对沙漠公路建设来说,风力塑造了沙丘形态,但风场随季节、年度、地形变化而发生变化,这种变化导致了沙丘的变化。因此,对某一区域沙漠公路的选线设计,要通过对沙丘形态的识别,间接推测该地区的风力大小、主导风向,从而确定公路的走向、高度和迎背风面坡比和防沙工程的规模与形式。

6.1.1.3 沿线风积沙特性

沙漠中沙物质的来源决定了物质构成,而不同物质组成对沙漠中的公路建设又有着直接影响。对和田河流域沙漠取样进行颗粒度分析见表6-6、表6-7,从表中可看出阿和沙漠公路带粒径分布情况是反常的。

表6-6 和田河沙样颗粒粒度分析

采样地段	沙样号	各粒级沙百分比含量(%)						平均粒径(mm)	分选系数	不对称系数
		极粗沙 2～1 (mm)	粗沙 1～0.5 (mm)	中沙 0.5～0.25 (mm)	细沙 0.25～0.125 (mm)	极细沙 0.125～0.063 (mm)	粉沙 <0.063 (mm)			
绿洲边缘沙漠	46	/	/	0.96	25.28	42.60	31.00	0.070	1.51	1.23
	47	/	/	/	0.88	77.98	21.14	0.075	1.17	1.00
	48	/	/	0.26	18.24	54.90	26.60	0.080	1.31	1.04
	50	/	/	0.38	35.26	50.92	13.44	0.094	1.45	1.21
	42	/	/	0.50	49.40	35.14	14.96	0.125	1.56	0.82
	39	/	/	0.50	58.28	31.98	9.24	0.147	1.47	0.69
	40	/	/	0.10	30.78	63.74	5.38	0.099	1.34	1.03
	41	/	0.18	4.42	76.08	17.18	2.14	0.173	1.23	0.94
喀拉喀什河、玉龙河汇合处	34	/	0.04	1.22	44.94	38.16	15.64	0.113	1.55	0.95
	33	/	/	0.06	20.50	55.70	13.74	0.086	1.29	1.10
	35	/	/	0.06	5.42	74.72	19.74	0.076	1.17	1.00
	36	/	/	1.00	41.58	35.86	21.56	0.098	1.63	1.13
	37	/	/	4.94	75.80	16.70	3.56	0.174	1.22	0.95
和田河下游三角洲	10	/	/	0.62	67.44	26.44	5.50	0.156	1.33	0.80
	9	/	/	3.28	49.72	40.90	6.10	0.130	1.46	0.83
	8	/	/	0.38	53.48	36.86	9.28	0.135	1.48	0.77
	7	/	/	0.24	48.14	44.14	7.48	0.120	1.38	0.93

(续表)

采样地段	沙样号	各粒级沙百分比含量(%)						平均粒径(mm)	分选系数	不对称系数
		极粗沙 2~1 (mm)	粗沙 1~0.5 (mm)	中沙 0.5~0.25 (mm)	细沙 0.25~0.125 (mm)	极细沙 0.125~0.063 (mm)	粉沙 <0.063 (mm)			
和田河下游三角洲	6	/	/	1.04	53.78	41.00	4.18	0.136	1.41	0.84
	5	/	/	0.04	3.24	45.04	51.60	0.062	1.33	1.01
	4	/	/	0.06	3.54	50.40	46.00	0.066	1.30	1.01
老和田河	3	/	/	1.18	66.36	21.54	10.92	0.163	1.42	0.70
	1	/	/	0.92	18.04	52.20	28.84	0.078	1.28	1.00
	2	/	0.18	3.80	68.32	23.46	4.24	0.160	1.27	0.87

注：/表示无数据。

表6-7 和田河流域沙漠沙粒径分布情况

沙样地段	沙粒平均粒径(mm)	<0.125 mm(%)	<0.25 mm(%)
绿洲边缘沙漠	0.098	58.55	98.96
三河会合处	0.109	75.40	98.54
和田河下游三角洲	0.155	45.64	99.07
老和田河	0.133	50.4	97.77

从表6-7中可见，整个河流域<0.25 mm颗粒含量在98%以上都很高，<0.125 mm颗粒含量是（三河会合处）>（绿洲边缘沙漠）>（老和田河）>（和田河下游三角洲）；而沙粒的平均粒径则是（和田河下游三角洲）>老和田河（三河会合处）>（绿洲边缘沙漠）。三组数据显示，和田河流域的沙粒径很明显上游沙粒要粗于下游沙粒，说明和田河中、下游沙漠沙的补给源，除河流淤积外受两岸外风沙流沉积和新月形沙丘移动来沙的影响最大。

6.1.1.4 自然区划的确定

沙漠地区自然条件对公路工程的影响主要有以下几个方面：公路选线的合理性；路基、路面的稳定性；公路防沙；环境保护；公路养护。影响公路建设和养护的自然因素见表6-8。

表6-8 影响公路建设和养护的自然因素

公路建设重要技术参数		自然要素
设计	路面强度	气温、地温、水分
	路基强度(E_0值)	粒径及级配、水
	路线、路基断面	沙丘高度、风力风向、流动性
施工	压实	水、粒径级配
养护	沙埋、风蚀	水、植被覆盖度、风向、沙丘高度

将上述阿和沙漠带的自然条件和自然区划指标，与"沙漠地区公路建设成套技术"内的自然区划表予以拟合，其结果如下：

（1）一级区划：为代码 V11 的极端干旱炎热沙漠区。

（2）二级区划：

① 按植被盖度：为编号 V111～1 极干旱炎热流动小区。

② 按沙丘高度：为编号 V112～1 极干旱炎热低矮沙丘小区。

6.1.2　3S 技术的勘察设计

沙漠地区公路初步设计是根据批准的可行性研究的方案要求和资料，拟定修建原则，选定设计方案，计算主要工程量，提出施工方案意见，编制初步设计文件和概算。3S 技术在沙漠地区公路初步设计阶段应用的重点为利用 GPS 技术建立大地平面控制网及利用 GIS 技术建立三维地面模型并进行详细分析，RS 技术的应用则主要在工程可行性研究分析成果的基础上，开展已确定走廊带的遥感数据分析，提供方案论证的文字说明及图表资料。

在沙漠地区公路工程可行性研究阶段 RS 与 GIS 的应用是 3S 技术的重点，GPS 则主要为遥感图像的校正提供三维定位信息。其具体的工作程序是：

（1）收集与沙漠地区公路建设相关的基础资料，如气象、水文和地形图等资料。

（2）根据沙漠公路测区面积的大小及工作阶段，订购不同时相不同比例尺的遥感图像。在沙漠公路工程可行性研究阶段，一般采用 TM～ETM、AST 或国产卫星图像。

（3）将 GPS 的定位数据导入 RS 遥感图像，使两者统一于一个大地坐标系统下。

（4）对 RS 遥感图像进行图像校正、信息定量化、信息复合、图像增强、信息特征提取、图像分类等一系列图像处理和分析工作，并对前期取得的沙漠地区纸质地形图资料进行矢量化。

（5）建立沙漠遥感解译标志，并对 RS 遥感图像在室内进行解译工作，编制各类专题图件，将 RS 遥感图像及矢量化地形图、相关属性信息等导入 GIS 平台。

（6）由 GIS 系统对导入的信息进行分析、统计，进行沙漠地区公路工程地质条件综合分析和评价，制作各种图表。

（7）确定沙漠公路路线的备选方案。在沙漠公路工程可行性研究阶段，3S 技术的关键环节是编制各种比例尺的卫星遥感影像图和解译工程地质图，以帮助勘测人员了解不良工程地质及沙害对路线的影响程度，指导沙漠公路可行性研究阶段的方案制定，在纸上定出多种穿越或绕避的走廊带方案；GIS 将解译信息数据存储处理，并对各种方案进行分析，提出几个有价值的比较方案，对较高等级沙漠公路，还需要利用 GPS 对走廊带进行精确控制测量，同时进行野外踏勘和相关情况复核，使路线方案走廊带的确定更合理、更迅速准确。

在初步设计阶段的工作程序如下：

（1）GPS 控制测量和收集地形资料。根据工程提出的各走廊带方案，现场布设路线走廊带 GPS 控制网，进行静态控制测量，利用 GPS/RTK 动态放样技术进行放线，采集中线坐标、高程、走廊带大比例地形图等数据资料。

（2）RS 遥感信息采集和影像解译。通过图像处理和现场核对，获得遥感信息，编制各路线走廊带的遥感影像图。在初步设计工作阶段，遥感影像若采用高分辨率的遥感图像，并购买了立体像对，则可以依据遥感数据制作沙漠公路数字地面高程模型 DEM，无需 GPS/RTK 技术采集沙漠地形数据。

（3）根据取得的信息数据，利用 GIS 处理生成图像，补充调查 GPS 资料，建立三维地面数字模型，进行方案比选，推荐初步设计方案。

（4）利用公路专用 CAD 软件，进行路线多方案设计、比选、优化。开展动态漫游对路线进行检查、筛选,完成初步设计文件。对确定的初步设计走廊带方案,将数字地面模型等相关数据植入专用公路CAD软件,进行平纵横线形和路基路面等相关的初步设计工作,完成初步设计任务。

6.1.3 路线设计

6.1.3.1 选线原则

阿和沙漠公路位于自然区划代码为V11的极端干旱炎热沙漠区。勘察设计确定的沙漠公路选线原则如下:

1) 保证公路工程安全和交通安全原则

在公路选线中要充分认识全线不同区域的自然条件,使公路线位布设到不受游荡性河流危害的有利区段和遭受风沙危害程度较轻的区段。合理利用资源,在不过多增加工程造价的情况下,尽量提高路线技术标准,确保行车安全,在路线走向上主要采用多长直线少平曲线和远离河道的平面线形,按三个区段计,其中路线最大长度为6 453.03~24 255.7 m,平均每公里交点为0.12~0.225个,路线增长系数1.01~1.121,见表6-9。路线距河道距离在2 000~8 000 m之间。总体上是路线顺捷,各项技术指标较高,对保证防沙和防水安全、保障行车安全都有利。

表6-9 不同区段路线技术指标状况

区段号	起点里程	技术指标名称			
		路线长度(km)	路线增长系数	平均每公里交点数(个)	平曲线最小半径(m)	直线最大长度(m)
1	K0+000~K165+447	165.447	1.01	0.12	1 200/1个	24 255.7
2	K165+447~K344+267	178.80	1.04	0.15	1 050	9 971.62
3	K344+267~K424+372	80.102	1.121	0.225	610/个	6 453.03

2) 路程最短原则

沙漠公路长距离荒无人烟,干燥少雨,施工困难,路基、路面和防护工程量大,造价很高,只有精心比选路线,使公路总里程最短,才能有效地降低公路造价。这条选线原则在阿和沙漠公路已经应用,表6-10中的路线增长系数是路线起止点间的实测路线里程与直线里程的比值,其值愈大,则路线长度越长;其值愈小则路线长度愈短。从中算出第1区段的路线里程最短,其实际里程比直线里程长了1.638 km,第2区段的实际里程比直线里程长了6.878 km,第3区段由于风沙地貌地形复杂、沙丘比较高大、路线总长较多,因此实际里程比直线里程长了8.646 km,全线共增长17.162 km,见表6~10。以实际总里程与各区段直线合计里程计算,其全线的增长系数为1.05,路线仍然比较短捷,对降低工程造价、行程及物资运程有利。

表6-10 路线实际里程与直线里程比较

区段号	起止里程	路线实际里程(km)	路线增长系数	起止点直线里程(km)	路线增长里程(km)
1	K0+000~K165+447	165.447	1.01	163.809	1.638
2	K165+447~K344+267	178.820	1.04	171.942	6.878
3	K344+267~K424+372	80.105	1.121	71.459	8.646
总计		424.372	1.05	407.21	17.162

3) 合理绕避严重地段原则

对水毁、沙土盐渍化、风沙堆积危害特别严重、处理难度大、处理效果差的地段要绕避。路线通过密集的低矮新月形沙丘(链)时,其危害程度往往比高大沙丘地段更为严重,要注意绕避原则的灵活应用,以减少沙害。

阿和沙漠公路,从 K6+000~K344+267 路段,沿线风沙地貌以高度 2~10 m 的中低沙丘为主,因此路线是在远离河道的前提下以长直线区段、大半径平曲线的平面线形布设的,技术指标较高。但从 K344+267 到终点,由于中间靠近农田村舍和要通过较高大的风沙地形区段,采用了绕避原则,但在 K344+267~K369+267、K395+000~K410+000 两段却绕长过多,是其不足。

4) 顺应自然地形原则

目前的沙漠地貌是长时期风沙活动平衡的结果,路线经过的原始地面状况不要有较大改变。其纵向线形以顺应自然地形地势为宜,尽量避免填挖失衡或大填大挖,造成新的沙害。

阿和沙漠公路的自然地面南高北低,从终点和田到起点阿拉尔的自然坡为 0.094%,各个区段的自然坡为 1 区段 0.098%、2 区段 0.080%、3 区段 0.110%,虽然不同但都很平缓。但其间占总里程 96% 的风沙地段,沿线分布着许多形态各异、疏密交错、大小高低相间的沙丘、沙垄和沙堆,崎岖不平,需设合理的纵向线形,才能满足行车要求。从下面的两组数据看出,此项目的纵向线形采用了顺应自然地形原则:

(1) 变坡点是纵向线形上下坡或下上坡的转折点,全线设有变坡点 721 个,平均每公里纵坡变坡次数为 1.704 次,平均坡长为 609.76 m。变坡点过多显示纵坡零碎,变坡点过少则显示改变原始地面状况过多,此项目采用的纵坡变坡次数 1.704 次/km 较适宜,其依附自然地形的程度较高。

(2) 路基土方包括填方和挖方,全线共有挖方数量 5 713 541 m^3,填方数量 6 193 655 m^3,填方略大于挖方,显示总体上路基的大填大挖较少。但每公里平均土方量,其挖方为 13 463.6 m^3/km,填方为 4 594.9 m^3/km,其土方量是偏多的。

5) 路线走向与合成起沙风向平行或锐角斜交原则

根据观测,公路走向与合成风向夹角越小,则沙害越轻,公路走向与合成风向平行最好,小夹角(<30°)次之。根据线路地理位置图划分,阿和沙漠公路的总体走向可分为两段:第一段 K0+000~K220+000,路线走向为南偏西 15°;第二段 K220+000~K424+372 为南偏西 30°。然后将此两段路线走向图放到阿拉尔、麻札塔格、和田三地的动力风向风速频率图中来判断,阿拉尔的合成风向以东北风为主;麻札塔格的合成风向以次东北风为主,东风次之;和田的合成风向以西北风为主,反向的东风比较强劲。图中显示,阿拉尔~K220(麻札塔格)段路线走向与合成风向东北风的夹角约 30°,K220~终点段路线走向与合成风向西北约 75°相交。很显然第一段公路沙害防护易于控制,第二段受风沙危害严重,若养护稍有松懈,风沙将会较早地危害公路。

6) 保护绿色植被原则

沙漠绿色十分宝贵,沙漠公路选线时应尽量保护各种植物的生存条件。对胡杨等乔木林带,路线能绕则绕,绕避不了的应从林木比较稀疏的空隙通过;在红柳灌丛、沙拐枣分布地带,路线应多以直线方式从其间距较大、前后交错的灌丛沙堆间通过;对一些低矮草本植被及短命植物,路线走向上难以过多考虑,而以不设较高路基、将土方填挖数量降低至最低的措施,尽量保护这些植被;对植被赖以生存的淤土平地、风蚀洼地、盐渍化沙地等,选线时均应予以保护,在公路建设时要把破坏面缩小到最低限度。

由于本项目路线位于和田河东岸绿色植被带外,虽有胡杨、红柳等植物,但很稀疏,选线中采用尽量避让的方法,公路建设时将损坏减少到最低。

7) 中低沙丘路线直穿原则

中低沙丘地貌的形态特征是,沙丘连绵,起伏交错,相对高差小于 20 m。路线走向以选取短捷顺适的长直线为主,路线由一个控制点到另一个控制点,不做任意扭曲,必须变向处设偏角在 7°～20°之间的长而缓的平曲线为宜。

阿和沙漠公路,经过沙漠地段 407 km,其中 K6～K405 地形坦缓开阔,丘垄高度在 10 m 以下,都是选设路线非常有利的地形,因此平曲线之间的线形多为直穿的长直线形式。其间共有平曲线 49 个,交点转角 7°～30°的有 40 个、占总数的 81.63%。在 K405～K419 之间,有不甚密集的较高大沙丘分布,高度 5～40 m,选线时不是碰到沙丘就绕,而是选丘间有利地形和相对较低沙丘,以直穿方式通过;此段共有平曲线 4 个,平曲线之间的直线长度 3 449.78～6 153.57 m,中间穿过两处高度为 11.5～16.5 m 的沙丘,分别挖深为 10.22～15.78 m。总体看采用直穿路线的平纵线形是协调的。

8) 最大社会经济和生态效益原则

合理的路线布设,可提高公路沿线和两端地区社会经济发展水平和经济增长能力。对提高当地人民的生活条件、促进社会政治稳定和区域协调发展、巩固国防,将起到重要作用。

阿和沙漠公路虽然离河道较远,但地下水位较高,仍有胡杨、灌丛、芦苇、骆驼刺等植物和一些动物小虫,公路选线时应量保护沿线生态环境的完整状态,并充分处理好公路建设使用后人为污染对生态环境的影响。

6.1.3.2 线形设计

本项目起点位于阿拉尔—图木舒克公路 K6+500 处(阿拉尔 12 团 3 连)。终点 K430+105.20 位于新的 G315 线玉龙喀什河大桥东岸桥头 270 m,3～13.0 m 分离式立交桥附近。

1) 阿和沙漠公路路线的选定

路线从起点开始顺阿拉尔市 12 团农田机耕道路布设,在 K5+675 处穿过塔里木河南干二渠进入塔克拉玛干沙漠,沿和田河古河道东岸的绿色植被带外边缘布线,在 K100 左右经过和田河古河道岔口,继续沿和田河东岸绿色植被带外边缘布线,在 K250 过麻扎塔格,仍沿和田河东岸绿色植被带外边缘布线,在 K300 左右到两河交汇口阔什塔什,然后沿玉龙喀什河东岸布线,在 K350 左右经过和田县塔瓦库勒乡,在 K380 从红旗水库背后的沙漠中穿过,到 K419+200 穿出沙漠进入洛浦县吉亚乡的玉龙喀什河河滩,顺河岸向上游至 K427+460 进入和田市至吉亚乡的老路,在 K429+757.24 处穿过新国道 315 线到终点 K430+105.200。

2) 路线直线长度的选择

沙漠公路最理想的平面线形,应是公路沙埋轻、风蚀少,汽车行驶舒顺、协调、安全,能获取较高经济效益的线形。阿和沙漠公路绝大部分路段坦缓开阔,人烟稀少,经济点间距很长,行车环境为荒漠区域。因此路线平面线形设计条件简单,主要为测设路线距和田河的远近和相应地区风沙地貌地形复杂,高低密集程度,范围大小,所以在测设中只要路线布设对防治公路沙害有利、对防水患有利就可。在路基土方量适当的情况下,采用了较高平面线形指标。

(1) 采用长直线的一般要求。

① 选用长直线,应与风沙地貌地形相适应。

② 直线的最大长度应有所限制。

③ 长直线路段的纵坡不应过大。

④ 长直线尽头及长下坡尽头不能设小半径圆曲线。

（2）路线长直线的选定及应用情况。阿和沙漠公路沿线地形开阔,沙丘(垅)高度低矮,前后左右视野空旷少阻挡,是布设平面线形较好的地貌地形。但也是风沙流浓度大、沙丘移动快、沙垄延伸多的沙漠地带,其对公路的危害程度甚至比高大沙丘(垅)分布地带还要严重。据国内有关资料记载,塔克拉玛干沙漠西南部沙丘的平均年前移值在5~12 m之间,为了减轻这类地区的公路沙害,公路线形宜简单少弯曲。沙漠公路的长直线,是减轻公路沙害和降低工程总造价的最佳平面线形,这就是阿和沙漠公路路线采用多长直线、少平曲线平面线形的原因。

全线共有长直线65段总长度367.38 km,占总里程的86.57%。其中3 000~5 000 m长直线占总里程的28.2%,5 000~10 000 m直线占总长的49.3%,14 040~24 255 m特长直线占9%,总计大于3 000 m的长直线占直线段总长的96%,大于5 000 m的长直线占直线段总长的60%。这么多又如此长的公路路线,其使用情况如何呢？经调查,全线有长直线穿过相对高度为16~19 m的沙丘群3处,纵坡分别为3.87%、3.29%、2.95%,较大纵坡段的长直线分别为3 711 m、3 449 m、24 255 m。这3段长直线与较大纵坡配合段,其直线两头的平曲线圆曲线的半径为:3.87%纵坡与3 711 m直线段上坡头半径为700 m,下坡头半径为3 500 m;3.29%纵坡与3 449 m直线段圆曲线半径上坡头为700 m,下坡头为4 000 m,是满足要求的。其他长直线段的纵坡都很小,但直线两头的圆曲线半径都在3 000~8 000 m之间,与当地风沙地貌地形是相适应的,使汽车行驶快捷顺畅,使用情况良好。当然,直线过长亦有不利交通安全与难与自然地形相适应等缺陷,因此,对直线最大长度应有所控制。根据资料,三级以上沙漠公路直线长度以不超过10 km为宜。针对长直线在使用方面的不足之处,应在长直线间适当距离增设醒目标志,刺激司乘人员的视觉神经,减轻驾驶员与乘客的疲乏困倦。

3）路线平曲线技术指标的选定

（1）平曲线设计的一般要求。

① 各级沙漠公路不论转角大小都应设置圆曲线。

② 选用圆曲线半径时,应尽可能选用较大的圆曲线半径,不选用极限最小半径。

③ 同向平曲线间最小直线长度以不小于行车速度的6倍为宜。

④ 反向平曲线间的最小直线长度以不小于行车速度的2倍为宜。

⑤ 平曲线线形应注意技术指标的均衡与连续性。

⑥ 应避免连续急弯的线形。

（2）阿和沙漠公路平曲线路段应用情况。沙漠公路平曲线较少,全线共有平曲线65个,平均每公里有平曲线数0.15个。平曲线总长度56.49 km,占总里程的13.43%。其中圆曲线半径为900~2 500 m的占23.4%,半径为2 500~5 000 m的占59.4%,半径为5 000~8 000 m的占17.2%,总计圆曲线半径大于2 500 m的占67.6%。即阿和沙漠公路有67.6%的圆曲线为不设超高的平曲线,技术指标很高。但沙漠中还有3个半径为900 m的圆曲线,能否满足二级沙漠公路中汽车横向移动性要求,兹引用"公路工程技术标准"数据,用下式予以求证：

$$R = \frac{v^2}{127(u+i)} \tag{6-1}$$

式中　R——圆曲线最小半径(m);

v——车辆速度(km/h);

u——横向力系数,是表示保证行车安全与舒适性的系数,取0.05;

i——路面的横坡,取0.02、0.04、0.06三种。

经按不同等级公路的设计速度计算,结果见表 6-11。

表 6-11 不同路面横坡时圆曲线最小半径

行车速度(km/h)	横向力系数	圆曲线最小半径(m)		
		路面横坡 0.02	路面横坡 0.04	路面横坡 0.06
120	0.05	1 700	1 300	1 000
100	0.05	1 200	900	700
80	0.05	850	600	450
60	0.05	400	350	250
40	0.05	200	150	100

从表 6-11 可见,当路面横坡度为 2%、行车速度为 80 km/h 时,圆曲线最小半径是 850 m,本项目所设的半径为 900 m 的圆曲线能满足横向稳定性能要求。若按小汽车实际速度考虑,可将 80 km/h 车速再提高 20 km/h 计算,则当路面横坡度 6%时,圆曲线最小半径为 1 000 m,更符合要求。

4) 缓和曲线设计

缓和曲线系直线与圆曲线或者半径不同的圆曲线互相连接时,为适应行车轨迹曲率变化所采用的半径逐渐变化的过渡曲线,在圆曲线两头对称设置。

本项目沙漠路段有 12 个圆曲线半径小于 1 500 m 的平面线形设有缓和曲线,缓和曲线长度在 210~360 m 之间,缓和曲线总长度:$L_1 + L_2 = 3 355 \text{ m} + 3 355 \text{ m} = 6 710 \text{ m}$,平均单个缓和曲线长度为 279.58 m。技术指标很高。

5) 路线纵断面设计

在纵断面设计时,遵循顺应自然地形的原则,纵坡在填大于挖或填挖平衡的要求下选定,全线共设变坡点 721 个,竖曲线占全长的 41.08%,最大纵坡一处 3.875%(K356+630~K357+040),最小坡长 240 m。凸曲线最小半径 4 600 m,凹曲线最小半径 6 000 m。

6.1.4 路基设计

6.1.4.1 风积沙路用性能

1) 风积沙特性

风积沙是沙漠地区由风蚀、风积作用形成的一种粒径较均匀松散的细砂或超细砂,属于砂类风积沙的一种土类,其颗粒组成范围一般在 0.074~0.5 mm 之间,风积沙粉黏粒含量很少,黏聚性小,渗透系数大,松散性强,利用风积沙填筑路基具有较高的强度和水稳性,是良好的筑路材料。

2) 风积沙路基稳定性

风积沙路基稳定性是指以某种措施提高或增进风积沙路基抗变形的能力。风积沙受压力、振动、增减水分或混以其他土料,或掺和水泥、石灰、沥青、化学物质等,足以使风积沙在任何自然条件下,承受载重而不发生较明显的变形,称为稳定风积沙。对于不加任何外掺剂的风积沙的稳定性,根据风积沙路基工程特性情况,须重视并考虑以下方面:

(1) 应用振动干压实沙路基技术提高其整体强度与稳定性。这是塔克拉玛干沙漠公路建设的重大成果之一。

(2) 提高风积沙的承重力。风积沙承重层受荷载后,所能抵抗沉陷和旁移的力量称为承重力。根据试验,在无黏聚性的风积沙上加以直径为 4.33 m 的圆板,板上加荷重,则风积沙的承重仅约 3 760 kg/m²;若在圆板周围另加 488 kg 压力于风积沙上,则其承重力可增高达 9 850 kg/m²,是初始状态的 2.62 倍。风积沙的承重量与其抗剪力密切相关,抗剪力愈大,则承重力愈大。结合风积沙路基承重力最薄弱的部位即路基边缘和其边坡,为了阻止风积沙受荷重后的旁移,填方路基边坡不能过陡,应以缓于 1∶3 边坡为宜。

6.1.4.2 公路路基断面形式的选择

风沙地区的公路病害主要是沙埋和风蚀,两者之中又以沙埋为主。沙埋主要有两种情况:① 风沙流通过路基时,由于风速减弱,导致沙粒沉落、堆积、掩埋路基;② 由于沙丘移动而掩埋路基。风蚀是路基在风沙的直接吹蚀下,路基上的沙粒或土粒被风吹走,出现路基削低、掏空和坍塌等现象,从而引起路基的宽度和高度减小。

要避免和减弱风沙对公路的危害,必须根据气候、土质等自然条件,遵循因地制宜、经济合理、方便施工、安全适用的原则,确定合理的路基横断面。

1) 路基设计的原则

(1) 为了防治路基风蚀与沙埋,应根据风沙地貌地形特点、风沙运动特征、风向、风力及路线走向与主风向关系等,选择合理的路基断面形式,为流动沙粒创造非堆积搬运条件。

(2) 对于沙漠地区路基应注意路基填料、整体强度和稳定性问题,同时还应考虑今后养护维修和管理方便等问题。应充分贯彻因地制宜、就地取材的原则。由于风积沙具有水稳性好、易振动压实、整体抗压强度高、抗剪能力差等特点,可在采用土工织物补强措施的基础上,充分利用其做路基材料。纯风积沙可采用土工布等材料进行加固修筑路基,水源缺乏地区的沙基可采用振动干压实技术。

(3) 在干旱及过干旱沙漠地区,因降水稀少且沙的渗透性能较好,一般可考虑不设路基边沟及排水设施。

(4) 沙漠地区无论路堤或路堑,均由疏松沙粒筑成,因此其公路路肩、坡面和积沙平台均需进行全面的固沙防护工程,以防止风蚀和保持路基的稳定。防护材料可采用砂砾、黏结土、盐块、各种柴草等。

(5) 沙漠路基高度应遵循满足强度、减轻沙害、保证安全、经济合理等原则,总体采取填方略大于挖方的设计原则。

(6) 路基取风积沙宜取自挖方断面,或取自两侧沙丘,以减少沙害。当纵向调运较远、采用路侧取风积沙时,取风积沙坑应设在背风侧坡脚 5 m 以外;当必须两侧取风积沙时,上风侧的取风积沙坑应挖成能增加气流上升力的弧线浅槽,且浅槽应予以加固。平沙地路段不宜取风积沙,应加以保护。

(7) 在容易积沙的路堑或半填挖路段,为防止流沙进入路肩及行车道,在挖方坡脚宜设成宽度不小于 2 m 的积沙平台。

(8) 尽量不设或少设高路基和深路堑。路基设计宜填挖平衡或填方略大于挖方,挖方弃风积沙宜用于填方路基,多余弃风积沙应置于背风一侧的低洼处,距离路堑坡顶不应小于 10 m。

(9) 路基两侧 10～20 m 范围内的沙地应保持平顺,地上凸起物应铲除并予以整平。

2) 横断面形式考虑的因素

路基横断面是路线中线上各点的法向切面,它是横断面设计线与地面线所围成的整个断面。公路横断面包括路基宽度、路顶拱度、边坡等,分为填方路基横断面、挖方路基横断面、半填半挖路基横断面三种。其横断面形状及其几何尺寸与公路使用状况密切相关,合理的横断面形式能避免或减少风沙流对路基的风蚀和沙埋,从而达到提高沙漠公路通行能力的目的。

沙漠公路路基横断面应根据公路等级和技术标准,结合风沙地貌、填挖情况、土质条件等选定。沙漠公路横断面设计,既要考虑干散无黏聚性沙漠土路基的平稳固定,又要充分考虑如何便于越路风沙流的迅速通过。

(1) 填方路基。路堤上的风向、风速变化与路堤高度、边坡坡度以及风向与路线的交角大小有关。当路堤与风向平行时,由于路堤具有一定的高度和光滑的表面,路基顶面风速较两侧沙地表面风速大,所以一般不会积沙。但须注意随着路堤高度的增加,风蚀程度也会增加,当路堤与风向正交时,随着路堤高度的增加和更陡的边坡时,将导致路面的严重积沙;如路基采用1:6或更缓的边坡时,路容开阔舒展美观,气流可平顺越过路堤,输沙效果较好,将不积沙。

在本项目设计中,沙漠段路基采用风积沙干压实,路基填方边坡采用1:3,这样在路基边坡及两侧采用防护后,既能防止路基被风蚀和沙埋,而又使路基填挖土方降低,从而保证了工程造价合理。路堤的标准断面见图6-1。

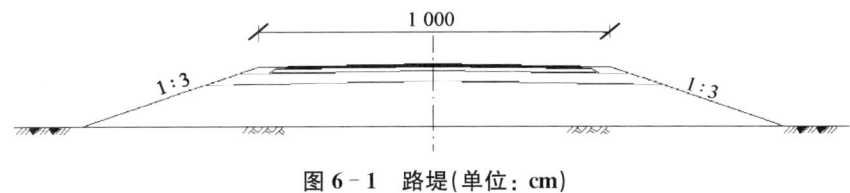

图6-1 路堤(单位:cm)

(2) 挖方路基。由于路堑易积沙,在设计中尽量不设或少设路堑,当无法避免时其边坡应尽量放缓,通常采用敞开式的路堑形式。

路堑内的风向、风速变化与路堑边坡坡度、路堑深度以及风向与路线交角的大小有关。路堑与风向正交时,路堑内风速降低,且边坡坡度愈陡、陡路堑深度愈大,风速降低愈多。由于背风侧的降低程度更大,故堑内积沙一般是从背风侧坡脚开始,逐渐向迎风坡脚延伸,严重时路堑下部可被积沙堆满。路堑与风向锐角相交或平行时,由于路堑内的拉沟风作用,故路堑内一般无积沙,只是进出口处形成漏斗形的片状积沙,危害不大。

根据国内外沙漠公路的修建经验,当路堑边坡缓于1:4时,防沙工程及时、防沙综合措施完整配套,路堑内将无积沙。

在挖方坡脚设宽度不小于2m的积沙平台时,可延缓积沙上路,同时当积沙饱和时,也使路堑的外边坡变得更缓,有利于风沙流非堆积吹过路面。

所以本设计中,路堑边坡采用1:4,在挖方段两侧设置底宽3.0 m的积沙平台。路堑的标准断面见图6-2。

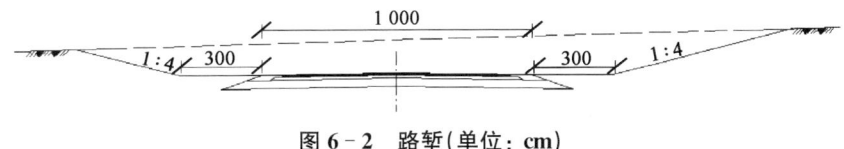

图6-2 路堑(单位:cm)

(3) 根据路线位置的不同设置的断面形式。按照JTG B01—2014《公路工程技术标准》的规定,路线根据路线位置的不同设置有三种断面:

① 位于阿拉尔垦区的K0+000~K5+900段,路基填料为风积沙,路基宽12.0 m,行车道宽2×3.75 m,两侧硬路肩宽各2.00 m,两侧土路肩宽各0.25 m。行车道、硬路肩路拱横坡采用1.5%,土路

肩路拱横坡采用 1.5%,路基填方边坡为 1∶2。在非沙漠区利用风积沙做路基时,宜用砾石土或当地土设置包边。

② 位于沙漠中的 K5+900～K419+200 段,路基填料为风积沙,路基宽 10.0 m,行车道宽 2×3.75 m,两侧硬路肩宽各 0.50 m,两侧土路肩宽各 0.75 m。行车道、硬路肩路拱横坡采用 1.5%,土路肩路拱横坡采用 2.5%。路基填方边坡为 1∶3,挖方边坡为 1∶4,同时在挖方段路基外设置有 3.0 m 的积沙平台。

③ 位于河滩、县乡道路上的 K419+200～K430+105.20 段,路基填料为砾类土,路基宽 12.0 m,行车道宽 2×3.75 m,两侧硬路肩宽各 2.00 m,两侧土路肩宽各 0.25 m,行车道、硬路肩路拱横坡采用 1.5%,土路肩路拱横坡采用 1.5%。路基填方边坡为 1∶1.5。

3)不良地质的处理

公路沿线区域属塔里木地块,主要由冲积、洪泛沉积及风积沙组成,沿线地表岩性为粉沙或粉质细沙。饱和粉质细沙、盐渍土等不良工程地质与特殊岩性分布广泛,对路基稳定性影响很大,路线大部分段落需进行稳定性处理或隔断处理。不良地质有两种:饱和粉质细沙和盐渍土。

(1)饱和粉质细沙。饱和粉质细沙主要分布于路线起点的 K0+000～K3+500 段,该段位于平原绿洲区,水系繁杂,地下水位较高。加之土体颗粒细,排水不畅,每年春融期间地下水位上升。路基表层冻胀土融化,在汽车反复振动荷载下易引起土体液化,从而导致路基失稳翻浆。

饱和粉质细沙处理措施如下:

① 将原地面以下 80 cm 挖出,换填风积沙,其上路基用风积沙填筑;

② 路基顶面设置土工编织布;

③ 提高路基,放缓路基填方边坡,填方边坡采用 1∶3。

(2)盐渍土。沙漠盐渍土主要分布在路线起点的沙漠边缘及沙漠内部的和田河河流泛滥区或低洼地带。沙漠盐渍土盐类主要表现为局部地段有氯化物中、弱盐渍土。

盐渍土中盐分的转移聚积,是含盐土体中水温等条件综合作用的结果。在毛细水上升、蒸腾与湿度、气压梯度差等作用下,使土体内盐分由下向上、由内部向表层聚集。其对公路主要造成的危害为:路面盐胀变形、道路翻浆、常温湿陷。

沙漠盐渍土处理措施如下:

① 根据地质及水文条件,提高路基,使路基最小填土高度满足规范规定和工程处理要求。

② 路基填料采用风积沙,放缓路基边坡,加强压实。路基填料的风积沙粉黏粒含量要控制在 5% 以内,将原地面表层 30 cm 含盐量大的沙土挖除后换填风积沙,不再做特殊处理。

③ 路基顶面设置土工编织布。

6.1.5 路面结构设计

6.1.5.1 交通量的预测

本项目区域内只有公路、铁路等运输方式,无水运、管道,民航航运每年所承担的运量非常少。

交通量预测的总体思路:分为机动车交通量预测和非机动车交通量预测。机动车转移交通量预测采用"四阶段"法,根据《水运、公路建设项目可行性研究编制办法》的规定,预测年限为公路建成后 20 年,参照项目所在地区的社会经济发展、规划,确定 2005 年、2010 年、2020 年和 2025 年四个特征年,2025 年为预测终年,基年是 2003 年。在预测中,按经济发展速度来预测交通量发展速度;阿拉尔至和田段诱增交通量预测值采用"弹性系数法"。非机动车交通量预测根据和田地区人口增长及农牧民人均收入水平,参考新疆其他经济发达地区道路非机动车发展规律,做定性分析。

公路断面交通量由转移交通量和诱增交通量两部分组成。具体预测值见表6-12、表6-13。

表6-12 阿拉尔和田公路交通量预测表

年份 \ 车型	客车(小客车辆/日)	货车(小客车辆/日)	合计(小客车辆/日)	增长率(%)
2008	265	599	864	
2009	329	744	1 073	24.18
2010	409	923	1 332	
2011	440	993	1 433	
2012	473	1 069	1 542	
2013	509	1 150	1 660	
2014	548	1 238	1 786	
2015	590	1 332	1 922	
2016	635	1 434	2 069	7.61
2017	683	1 543	2 226	
2018	735	1 660	2 395	
2019	791	1 787	2 578	
2020	851	1 923	2 774	
2021	893	2 017	2 910	
2022	937	2 116	3 052	
2023	983	2 219	3 202	
2024	1 031	2 328	3 359	4.90
2025	1 081	2 442	3 523	
2026	1 134	2 561	3 696	
2027	1 190	2 687	3 877	

表6-13 拟建公路和田境内非机动车交通量预测表

年份	2006	2010	2020	2025
非机动车(辆/日)	281	311	323	318

通过交通量预测,阿和公路2025年预测的机动车交通量折算值为3 523小客车辆/日。根据JTG B01—2014《公路工程技术标准》中公路等级选用的基本原则第4条:干线公路宜选用二级及二级以上公路。由于本项目作为G217延续线,在新疆公路网规划中处于主骨架地位。公路的建设,将新疆最北的阿勒泰和最南的和田两个地州有效纵贯起来,在今后经济发展、国防建设、政治稳定中发挥重大影响作用,因此阿和沙漠公路按二级公路标准建设。

6.1.5.2 风积沙回弹模量的确定

风积沙是沙漠公路路基的主要材料,风积沙路基回弹模量 E_0 是柔性路面结构设计中最重要的计算参数之一,E_0 值的大小直接影响着路面厚度及路面的整体强度与稳定性。

1970年前后,我国曾组织过大规模的E_0值测定工作,有关细沙的测定结果已纳入现行的路基路面设计规范中,其建议值为60~70 MPa。由于当时的压实标准主要为轻型,而现在三级公路以上的路基压实都普遍采用的是重型击实标准,若采用上述建议值,显然与实际不符。

回弹模量与压实度、地带类型和细度模数的关系如下:

(1) 回弹模量随压实度的增加而增大。风积沙的膨胀量为零,是一种水稳性很好的材料。风积沙的回弹模量随压实度的增大而增大,当压实度达到95%左右时,回弹模量的值增加较慢,因此,一定要保证风积沙的压实度。

(2) 回弹模量的大小与地带类型和细度模数有关。新疆地区的风积沙按地带类型分,主要有沙漠腹地风积沙和冲积扇扇缘及沙漠边缘风积沙两种,沙漠腹地的主要气候特点为干旱、多风、少雨,地下水位较低,风积沙内粉黏粒含量少,其颗粒组成较粗。冲积扇扇缘及沙漠边缘也是绿洲和荒漠的分界处,其主要特点为地下水位高、风积沙粉黏粒含量较多,并多含弱盐(氯盐及硫酸盐)、颗粒组成较细,风积沙较潮湿。经分析发现,风积沙的回弹模量,其室内试验与实测结果差别很大。按实测回弹模量计算的结构厚度,均可满足设计弯沉的要求。同时,冲积扇扇缘及沙漠边缘风积沙的回弹模量,低于沙漠腹地的回弹模量值。

(3) 风积沙的回弹模量也与细度模数有关。细度模数越大,沙越粗,回弹模量也相对大些。对于风积沙,一般为细沙和特细沙,因此,一般情况下,把风积沙分成细沙与特细沙,即细度模数≥1.6时为细沙,<1.6时为特细沙。细度模数可作为回弹模量取值的参数之一。

参照新疆已修建好的轮南至民丰沙漠公路、塔中至且末沙漠公路的检测和调查资料,沙漠地区干燥风积沙路基回弹模量设计的E_0值取100 MPa应用效果很好。根据新疆公路规划勘察设计研究院的"风积沙、盐渍土地区路基路面研究"课题研究得出:通过综合检测分析,考虑到本项目路线多沿和田河东岸绿色植被带外边缘布线,地下水位相对沙漠腹地偏高,风积沙粒径偏细,本项目路基设计回弹模量E_0值如下:

局部粉质细沙路段E_0值为60 MPa;

绝大部分风积细沙及风积极细沙路段E_0值为80 MPa。

2008年9月在沙漠公路现场将路面面层、基层、底基层到风积沙路基逐层开挖检测,检测的E_0值都高,是设计值80 MPa的1.5~2.0倍;说明实际的风积沙路基回弹模量E_0值是非常富足的,潜力很大,但从使用安全考虑,其值取80 MPa是合适的。

6.1.5.3 路面结构的比较

1) 设计原则

(1) 应根据沙漠公路等级及使用要求,和沿线气候、水文、土质、风沙地貌及筑路材料等条件,并结合当地实践经验,进行路基、路面综合设计。

(2) 路面设计应进行多方案比选和技术经济论证,根据具体情况选择技术可靠、施工简便、经济合理、便于在沙漠地区大规模机械化施工、质量易于控制的结构类型。路面结构层次不宜过多。一般采用沥青面层,为便于风沙流通过,上面层宜采用细粒式沥青混凝土;高速和一级公路可采用半刚性基层,二级及二级以下公路可采用柔性基层。

(3) 设计经济合理的路面结构组合。沙漠地区的路面材料非常缺乏,铺筑高级路面的材料更少,多靠远运,造价很高。所以在进行路面设计时,对路面材料的选择首先应着重于就地、就近材料的充分应用,其次是远运材料的使用。

(4) 进行沙漠地区公路路面设计时,应注重提高沙基强度、减薄路面厚度。

2) 沙漠公路的强路基、薄路面结构类型

阿和沙漠公路沿线的风积沙无黏性,易流动,抗剪能力差,属理想松散介质,且当地筑路材料匮乏,施工条件差,因而沙漠公路路面设计与其他地区公路路面设计有显著不同。

在路基顶面铺设了一层聚丙烯编织土工布,土工布展铺于压实并平整的沙基上,立即铺筑20 cm左右的天然级配砂砾底基层。铺设编织土工布的目的在于提高沙基与路面层间的界面剪切应力和摩擦阻力,约束沙粒的位移变形,隔断集料与沙土的掺混,从而更进一步提高路面与沙路基的整体强度,达到强路基、薄路面的目的。塔克拉玛干沙漠中现有沙漠公路已在1 000 km以上,其路面结构除有很少的其他结构类型的路面外,97%的路面是级配型砂砾层上的薄层沥青混凝土柔性路面结构。

大量的试验和工程实践表明,沙漠公路的强路基、薄路面应用是成功的,其施工方便、进度很快,节约材料,可降低工程造价。

3) 设计年限、标准轴载及累计当量轴次

本项目为二级公路,依据《公路沥青路面设计规范》的规定,沥青路面设计年限为12年,采用BZZ-100标准轴载,累计当量轴次为50×10^4次。

4) 路面结构设计的依据及方法

(1) 设计依据。依据国家行业标准《公路沥青路面设计规范》《公路路面基层施工技术规范》。

(2) 设计方法。路面设计采用双圆垂直均布荷载作用下的多层层状弹性连续体系理论,以路表设计弯沉值作为路面整体强度的控制指标,以沥青表处路面面层进行验算。

5) 路面结构的比选

沙漠公路路面结构分为面层、基层和底基层三个主要层次。

(1) 面层。直接承受行车荷载作用及自然气候的风沙、降水和温度变化影响的路面结构层次,并为车辆提供行驶表面,直接影响行车的舒适、安全和经济性,给周围环境带来一定程度的影响。因此面层应具有足够的结构强度和稳定性、良好的利于输沙的表面。根据沙漠地区的特点及长期观测调查结果说明,沙漠公路面层应以沥青混凝土或拌和法的沥青路面为最佳。

根据国内已建好沙漠公路的经验:高速和一级公路路面面层宜采用沥青混凝土;对于二级以下各级公路(不包括二级),面层可采用沥青表处结构;对于二级公路可根据交通量等情况选择沥青混凝土或沥青表处结构。同时沙漠地区风沙多,不宜选择层铺法沥青表处,因为这种沥青面层,其一是稳定性不足,表面平整度不够,其二是可能随时而来的风沙流将填充其间对面层强度与稳定性造成极为不利的影响。

本项目为二级公路,累计当量轴次为50×10^4次,交通量相对较小,所以路面面层采用4 cm的沥青表处面层,采用拌和法施工。

(2) 基层和底基层。主要承受由面层传来的车轮荷载垂直压力,并把它扩散分布到下面的层次中,所以基层和底基层材料应具有足够的抗压强度和扩散应力的能力。基层和底基层应有平整的表面,以保证面层厚度均匀。同时基层与面层要有很好的结合性,以提高路面结构的整体强度,避免面层沿基层滑移和推挤。

设计中对基层提出了三种方案:半刚性基层、级配砾石基层和加固沙基层,对比如下:

① 进行路面结构组合的选择,应结合沙漠中的环境和施工条件、风积沙路基的性能以及公路等级等。根据国内已建好沙漠公路的经验:对于二级及二级以下公路路面基层宜采用柔性路面结构;对于高速和一级公路路面基层可采用半刚性路面或柔性路面结构。本项目为二级公路,交通量相对较小,如选用半刚性基层造价偏高。

② 采用化学方法(如水泥类)加固风积沙用作路面基层,从使用情况看效果良好,但这种结构层施工工艺比较复杂,对设备的要求比较高。同时由于水泥稳定、沙漠沙、石灰稳定沙漠沙所用的骨料为极细沙,干缩、温缩引起的开裂较严重,若在其上直接铺沥青面层,则反射裂缝会很严重。

③ 级配砂砾材料是中级路面较好的基层或路面材料,是天然级配砂砾筛除不合规格颗粒后加黏性土和水拌和而成的混合料。由于砾石材料在西北地区特别是新疆分布较多,本项目的终点有丰富的砂砾材料,起点距砂砾料场相对较远,在阿克苏 G314 线 K1006+000 附近右侧约 6.3 km 的阿克苏大桥上游河滩阶地。所以本项目使用砂砾材料比较便利。

经过综合比较后,最终选用了级配砾石基层和天然砂砾底基层。

6) 土工布的应用

由于沙漠路基顶面在干燥时较松散,直接铺筑砂砾料会产生干翻沙现象,为了有效防止翻沙可在沙漠路基顶面铺土工布。

土工合成材料主要由聚酯、聚乙烯、聚丙烯与聚酰胺等高分子化学原材料经过加工所组成。它们都具有耐腐、耐酸、耐水、强度高、延伸率较小(有些产品)以及工程造价较低等技术经济特点。因此,在道路等土木工程上得到了广泛应用,特别是沙漠地区道路工程应用前景十分广阔。

(1) 土工织物的理化、机械性能。

① 物理性能。温、湿度适应能力强,常温时相对密度为 1.38 左右,质量较轻;不易燃烧,合成材料的几何稳定性能良好。这种特性有利于土工合成材料在沙漠软基中的长期埋设。抗老化性能良好,以腈纶、涤纶、维纶与氯纶等原料加工的材料,在日光暴晒后,其强度降低极少。低温特性优良,在 $-75\ ℃$ 时不损坏,当恢复正常温度时,仍保持原有性能。

② 化学性能。化学性能稳定,土工合成材料能耐受任何化学试剂腐蚀,常温时能承受氧化剂与还原剂的作用。土工合成材料几乎不怕盐碱土作用。

③ 机械性能。抗拉性能良好,大部分无纺型土工织物抗拉强度为 $10\sim100\ kN/m$,机织型为 $20\sim50\ kN/m$,高强度为 $50\sim100\ kN/m$;徐变性小。

(2) 土工布的路用性能。在沙基上铺设土工布,主要起隔离作用、加固作用和实现正常施工的工艺性作用。

① 隔离作用。有两个方面:一方面土工布防止沙基中的沙上翻进入骨料基层,以保持路基基层原有的路用性能;另一方面,阻止基层骨料在荷载作用下陷入松软土基,防止大量路基材料的损失和基层受到破坏。

② 加固作用。土工布在路基中的加固作用,不仅表现在土工布本身对路基的加固作用,更重要的是土工布有均布荷载的作用,它使作用在土工布上的荷载均匀分布在沙基上,减少了沙基所受的集中荷载特别是局部剪应力,从而使路基结构保持稳定。在整个路基上铺设一层土工布,保持了沙基的整体性,同时又可以抑制沙基的不均匀沉降,从而提高沙基与砂砾基层的整体强度。

③ 工艺性作用。铺设编织布后,常规车辆可直接在沙基上作业,从而提高了施工效率。

综上所述,设计中在路基顶面铺设聚丙烯编织土工布,具有经济、实用、货源丰富等优点,也能满足加固沙基的要求。工程采用的聚丙烯编织布质量为 $150\ g/m^2$,其拉伸强度不小于 $1\ 115\ N/cm^2$(纵向)及 $925\ N/cm^2$(横向),伸长率 $15\%\sim20\%$,撕裂强度不小于 $430\ N/cm^2$,顶破强度不小于 $665\ N$。

7) 土路肩设计

沙漠公路的路肩结构形式与厚度,应根据使用要求、防风蚀、方便施工及节省投资等原则选用。土路肩采用天然砂砾加固。

8) 路面结构比选结果及其特征

(1) 比选结果。

公路等级系数：1.2；面层类型系数：1.2；基层类型系数：1.6。

路面设计弯沉值：1.002(mm)。

路面各结构层厚度：

$E_0=80$ MPa，4-12-20，总厚度 36 cm；

$E_0=60$ MPa，4-12-25，总厚度 41 cm；

$E_0=40$ MPa，4-12-33，总厚度 49 cm。

阿和沙漠公路路面结构组合：采用 4 cm 沥青表面处治面层＋12 cm 级配砾石基层＋20～33 cm 天然砂砾底基层的路面结构形式，见图 6-3～图 6-5。

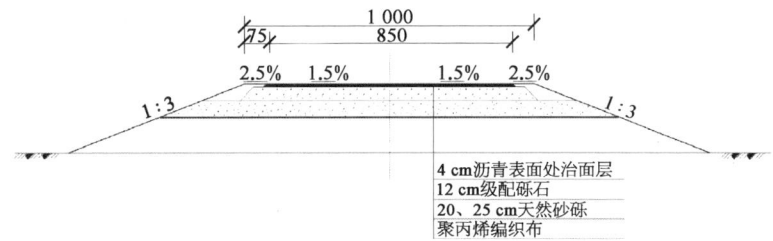

图 6-3 沙漠段路面结构(单位：cm)

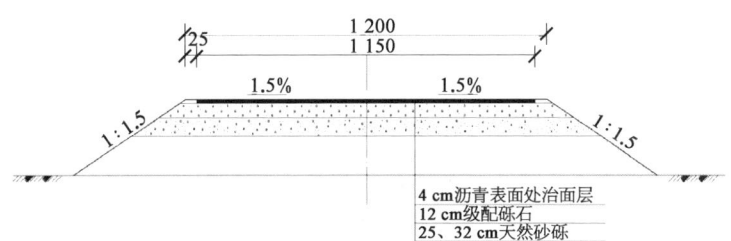

图 6-4 起终段路面结构(单位：cm)

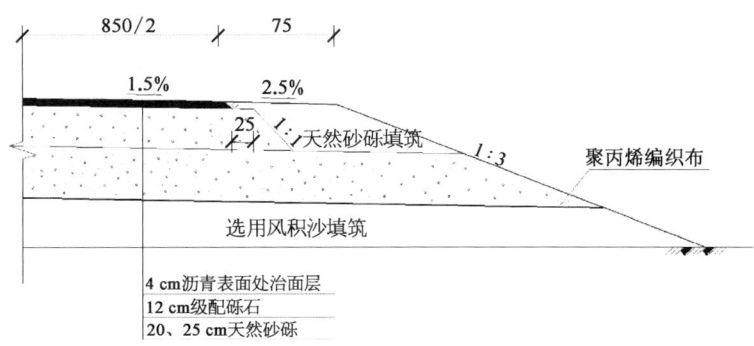

图 6-5 路面边部构造(单位：cm)

(2) 路面特征。

① 充分应用风积沙的工程特性设计了干压实沙基工程，突破了传统的沙路基填筑压实必须洒水的规定，成功地解决了干旱缺水沙漠路基施工难题。

② 路面结构是典型的强化沙基强度、减薄路面厚度的结构组合设计，路面结构简单，施工工序少，对加快工程进度和保证工程质量有利。如面层为拌和法沥青表处，属技术比较成熟的通用结构类型，

级配砂砾基层和天然砂砾底基层更是一种施工简便、进度较快、施工质量易控制、技术上非常成熟的结构形式,更适宜于恶劣条件下应用;土工布单位面积重量轻,但作用大,属于展铺简单容易、用工少的结构。各个方面的简单产生了符合工程质量的工程,符合科学技术史上的"简单性原理"路面结构。

③ 振动干压实沙基,提高了沙基回弹模量值,减薄了砂砾基层厚度,工程材料减少,减少了运力运费、节约了工程投资。

④ 沙基顶和底基层底之间铺设土工布,加固了沙基,分布荷载剪切应力,阻止荷载作用下出现的砾沙相掺的干翻沙,对路基路面稳定有利。

6.1.6 路基施工

在沙漠地区修筑公路,以风积沙作为路基填料。一方面,沙漠地区特殊的环境和气候对风积沙路基施工有很大的影响;另一方面,风积沙属于无黏性材料,且颗粒细小、天然含水量小、饱水性差。从材料本身来看也有其特殊性。这就注定了风积沙路基的施工机械、工艺等有其特殊性。

6.1.6.1 路基施工基本要求

(1) 在流动沙漠地区修筑施工便道,不仅加大工程成本,且一般施工车辆难以通行。因此采用"递进式"施工方法,以保护沙漠中脆弱的生态环境,降低对原始地貌和植被的破坏。

(2) 沙漠地区的公路工程应采用机械化施工,由于风积沙松散无黏聚性,受风影响频繁,应结合当地气候条件,抓住有利施工季节,优化组合,连续施工,一气呵成。对劳动力和机械调配与各种材料的采集供应,均需妥善安排,各项工程要分头并进,其工序应紧密衔接。

(3) 沙漠地区路基工程应遵循边施工边防护的原则,集中力量完成一段、防护一段,以防风沙对路基的风蚀与沙埋。

(4) 沙漠公路路基施工应尽量不破坏或少破坏原植被地貌,减少环境污染,防止水土流失,保护生态环境。

(5) 沙区路基施工应尽量以挖作填,减少土地占用。

6.1.6.2 路基施工技术与施工工艺

1) 路堑开挖

(1) 挖方施工工艺流程见图6-6。

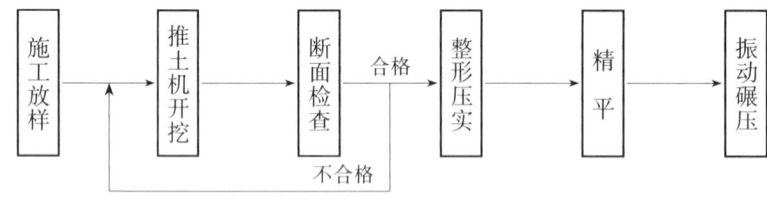

图6-6 沙基挖方施工工艺流程

(2) 施工工艺方法。

① 施工前,应复核原地面和土方调运表,进行测量放样。

② 风积沙开挖应自上而下进行,不得乱挖和超挖,积沙平台宽度≥3 m,路堑上边坡不陡于1:4。

③ 路堑开挖,沙漠中一般采用横挖法,即以路堑整个横断面的宽度和深度,从一端或两端逐渐向前开挖,有利用方时,同时进行路基填方作业。推土机推筑风积沙路基时,高大沙丘处应从上向下施工,低矮沙丘及平沙地应多台推土机并排推沙以提高功效。

④ 开挖时,采用4~5台D8N推土机按上述方法进行推沙,为第一作业梯队;第二作业梯队1~2

台推土机进行路基积沙平台、上、下边坡的整修、初平。在恢复路基中线和测量打灰点之后,推土机配合。平地机精平,整形断面,压路机碾压直至符合要求。

2) 沙基填筑

(1) 沙基填筑施工工艺流程见图6-7。

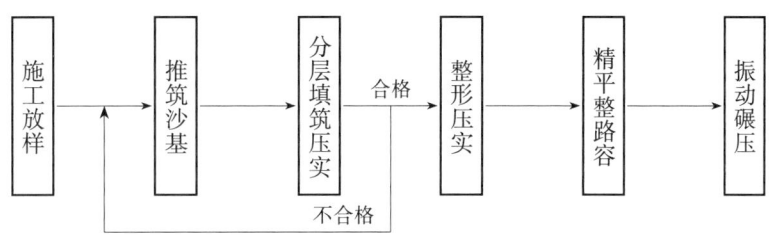

图6-7 沙基填筑施工工艺流程

(2) 施工工艺方法。

① 对拟填筑用沙进行试验检测,风积沙原材料的检验频率应不少于1次/km;施工中材料发生变化时,应随时增加检验频率,以控制施工质量。

② 根据恢复的中线,分层填筑的宽度按设计宽每侧宽出50 cm,边坡按1∶3测量确定路堤坡脚桩,在边桩处设立明显的分层填筑标志。

③ 沙区路基施工以沿线两侧就近取沙为宜,取沙以沙丘为主,弃沙以沙窝为主。路线两侧取沙时,其宽度尽可能控制在路基两侧20 m平整带范围内,并与平整带施工相结合,当取沙较多时,其宽度可适当增加,但不宜超过路基两侧40 m的范围。

路线两侧取土坑深度在1 m以内时,可将路堤边坡延伸至取土坑底,并尽可能填挖平衡,减少土方量,保护原地貌,利于防沙。当取沙坑深度大于1 m时,应在路堤坡脚与取土坑之间设置宽度不小于3 m的护坡道,护坡道应整平,其外侧应修成缓于1∶3的缓坡。尽可能以挖作填,减少弃方,确需废弃时,应纵向就近弃于路线两侧低洼地,并予以整平。

④ 进行沙基填筑试验段施工,在松铺厚度≤50 cm的前提下,测定不同压实机械的碾压遍数、碾压速度和所达到的压实度,从而确定压实工艺。主要采用两种压实机械:一种是推土机排压,93、94区排压3遍,95区排压4遍;采用振动压路机碾压,93、94区振动压实2遍,95区振动压实3遍。

⑤ 风积沙路堤必须根据设计断面分层填筑,分层压实,分层的最大松铺厚度不超过50 cm。

⑥ 采用推土机,将推至填方路堤的风积沙进行初平(高差应小于10 cm),推土机排压或压路机碾压,速度2~4 km/h,分层施工至路基顶面。按断面(直线20 m弯道10 m)操平打灰点,用平地机精平后用振动压路机碾压至符合压实度要求(路床下0~80 cm压实度应≥95%,80~150 cm压实度应≥94%,150 cm压实度应≥93%),压实度用浸水环刀法检验。沙基交验时应同时交验路基积沙平台、上下边坡及路容。

3) 远运风积沙填筑路基

(1) 远运风积沙填筑路基工艺流程见图6-8。

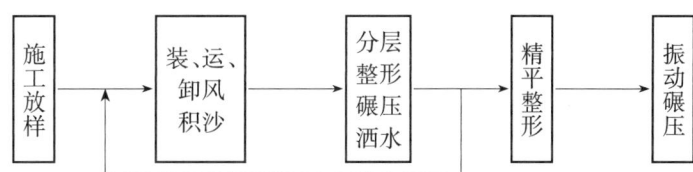

图6-8 远运风积沙填筑路基施工工艺流程

(2) 施工工艺方法。

① 根据恢复的中线，分层填筑的宽度按设计宽每侧宽出 50 cm，边坡按 1∶30 测量确定路堤坡脚桩，在边桩处设置明显的分层填筑标志。

② 拟填筑路基风积沙须经检验合格后，方可使用。

③ 填方地段清理完原地面后，应整平压实，确保地面以下 30 cm 范围内的压实度大于 93%，方可进行填方作业。

④ 沙区内，通往取沙场的道路须铺土工布和天然砂砾，整平、洒水、压实。

⑤ 在确定的风积沙料场，装载机配合挖掘机给自卸汽车装沙。风积沙运至填筑地点后，调头卸至指定地点，采用推土机配合平地机整平，压路机跟着碾压。

⑥ 在风积沙路基运沙汽车行驶范围内，必须洒水保持经常湿润，否则汽车运输不能进行。

4) 路拱整形：路拱精平（初平已在路基填筑和路堑开挖时完成）

(1) 沙基碾压。原地面清理整平→推土机或压路机碾压→分层推运填料→整平→推土机碾压。

① 用全站仪测定路线中桩、边桩，分别在中桩、边桩处用水平仪测量，打出设计灰点（中桩：直线段 20 m，弯道段 10 m）。

② 平地机根据灰点进行整平，直至符合要求。

③ 压路机在精平好的沙基上进行碾压，直线段由路基边缘向内逐轮碾压，弯道由内侧向外侧碾压，至压实度符合要求为止（≥95%）。整平、碾压应反复进行，至符合设计和规范要求。

(2) 边坡整修。

① 路堑积沙平台和上边坡的初步整修已在路堑开挖时完成。在此用推土机配合平地机精平积沙平台和上边坡，使之平整、顺适和美观。保证积沙平台宽度不小于 3 m，坡度不陡于 1∶4。

② 路堤下边坡及取土坑、弃土堆整修。采用推土机整修路堤下边坡，必要时平地机配合整修，由坡顶向坡底推出多余的填沙，保持下边坡不陡于 1∶3，并使坡面平顺、直线顺直、曲线圆滑，取土坑、弃土堆平整、顺畅、无阻沙现象。

6.1.6.3 土工布铺筑

1) 土工布的类型、规格

通过试验分析，考虑到经济性等因素，阿和沙漠公路采用聚丙烯编织布。材料进场后必须按规定频率检验（1 万 m²/次），并符合表 6-14 技术要求。

表 6-14 土工布技术要求

单位面积质量 (g/m²)	抗拉强度（经向/纬向）(kN/m)	伸长率（%）(经向/纬向)	撕裂强度 (N)暴晒	顶破强度 (N)	刺破强度 (N)
160±10%	≥30/22	≤28%	≥450	≥2 400	≥500

聚丙烯编织布外观应质地均匀，不得使用缺经少纬的次品；土工编织布应放于阴凉室内或土埋储藏，不允许在阳光下长时间储存；其储藏期从出厂日算起，不得超过 18 个月。

外观质量要求如下：

(1) 经纬密度偏差，在 100 mm 内与公称密度相比不允许缺 2 根以上。

(2) 断丝，在同一处不允许有 2 根以上；同一处断丝 2 根以内（包括 2 根）100 m² 内不超过 6 处。

(3) 蛛网，不允许有大于 100 mm²、小于 50 mm² 的蛛网，100 m² 内不超过 3 个。

(4) 布边不良方面，整卷不允许连续出现大于 2 000 mm 的毛边、散边。

2) 施工工艺

(1) 做准备工作。沙基经振动压实后,用平地机整平,使路基宽度、路拱、标高等满足设计要求。

(2) 铺设土工布。沿路线走向,将成卷的土工布铺在整平的沙基上。可以人工或机械方式展铺,每段长度宜为150~200 m。土工布要拉紧展平,铺好后派专人检查,残缺处应以另一块土工布(长宽等均比残缺处多20 cm)覆盖。为防止被风掀起,可在其边缘、搭接处等撒少量风积沙或天然砂砾将其压住。在土工布的接头处要采用重叠式搭接,横向搭接宽度不应低于30 cm,纵向搭接长度不应低于50 cm,并用细铁丝或延伸率较小的尼龙绳缝织,缝针间距应小于30 cm,也可用其他更有效的方法连接。

(3) 振动碾压。土工布展铺好后,用振动压路机振动碾压一遍。这样既可使土工布与沙基紧密结合,又可使沙基表层进一步密实。

(4) 摊铺天然砂砾。有两种方法:① 自卸车调头倒车(拉料车不得将车轮直接压在土工布上),卸料在作业面稍后的砂砾层上,空车离去后,用装载机将砂砾料摊铺到土工布沙基上,再用平地机精平。② 运料车向前,使头部靠近作业面,停车卸料在已初平的砂砾层上,装载机将料打开,使空车能倒出返回,然后用装载机将砂砾料摊铺到土工布沙基上,再用平地机精平。

(5) 施工过程注意事项。

① 必须保证良好的搭接,应派专人检查巡视。

② 为避免把土工布顶破,天然砂砾层施工时,应按规范要求把料中的大于37.5 mm的颗粒检出。

③ 平地机作业时应谨慎小心,避免刀片把土工布划破。

④ 铺设的土工布必须当天覆盖,以避免暴晒造成强度损失。

6.1.6.4 质量控制

1) 沙基标高控制问题

前已述及,松散的风积沙表层难以压实,再加上受风蚀风积作用的影响,沙基标高控制难度较大,很难达到现行《公路路基施工技术规范》中要求的路基高程允许偏差±50 mm,路床偏差±20 mm。在最初完成的2 km先导性试验路段上,沙基标高经检测,平均偏差±370 mm,远远超过规范要求。后经施工单位努力,将此偏差稳定在不大于±100 mm范围内,并将此作为临时性控制标准执行。阿和沙漠公路建成后进行的标高检测表明,高程允许偏差填方地段宜在±100 mm内,挖方路段宜在±80 mm内。

2) 路基边坡质量控制问题

设计路基边坡多为1:3,质量问题主要是几何尺寸难以达到设计要求。原因一方面是路基施工时,未能同步进行边坡整修;即使整修了,也会因防沙工程不能及时跟上而被风蚀风积弄得面目全非。另一方面,为了保护路基,防沙工程(常由另一单位施工)往往等不到修整边坡就要实施,两个施工单位在此问题上难以协调。解决的办法是将边坡整修划入防沙工程,则可在边坡整修后立即进行防沙工程施工。这样既能保证边坡质量,也提高了防沙工程效果。

3) 路面结构层之间的夹沙问题

路面结构层之间的夹沙,可导致结构强度下降,使路面出现面层推移、裂纹等,甚至造成较大面积的破坏。产生积沙的原因主要有:

(1) 防沙工程未能及时跟上,沙基本身抵抗风蚀的能力差。

(2) 道路两侧路肩未能及时整形,在路肩上遗留部分弃方等,造成积沙。

(3) 因无施工便道,过多的车辆、机械等在成型的基层上行走,导致基层表面产生坑槽、搓板等,易于积沙。

(4) 不同结构层之间的施工间隔过长,积沙越来越多。

(5) 风沙天气作业时,积沙难以避免。

因积沙难以彻底清理干净,故在施工时应衔接好上下工序,尽量缩短间隔时间;保持路肩平整,不能长时间堆放物品;防沙工程要配合沙基施工,并最好能与沙基施工同步进行;有可能的话,施工应避开风季。

6.1.7 路面施工

6.1.7.1 底基层施工

1) 底基层施工应用

设置底基层砂砾料运输掉头平台,防止车辆掉头对底基层下土工布造成损坏。有以下两种设置方式:

(1) 分段加厚底基层设掉头平台。底基层施工时,在适当距离设砂砾料运输掉头平台,一般相距 300 m 左右。方法是:在已施工的底基层上加厚 10 cm 左右,机械整平、洒水压实、形成车辆设掉头平台(一般面积为 10 m×20 m)并用旗帜明示,车辆掉头时有人指挥,掉头平台使用过后用机械清理。

(2) 加宽底基层垫铁板。底基层施工时,在适当距离(一般 300 m 左右)采取适当加宽底基层,并在底基层上铺设铁板设掉头平台的方式。方法是:在适当位置路外加宽约 5 m,底基层整平、压实后,在路内、路外铺满铁板,供运输车辆掉头使用。

2) 底基层养护

砂砾底基层施工完后,由于大吨位车辆的行驶和沙漠气候炎热,极易造成底基层搓板、干翻和扬尘;加之路基两侧部分防护未跟上,致使部分风积沙上路导致底基层破坏,所以沙漠公路砂砾底基层的养护工作对于保证底基层乃至土工布的质量和维护行车安全有着极其重要的意义。因此需注重底基层的养护,具体做法如下:

(1) 上路的风积沙应及时组织人工和机械清除干净。若不清除,时间久了,与底基层料发生混合,将导致干翻、松散;另外上基层料时,必须将底基层上的风积沙清除干净,否则在底基层和基层之间形成夹沙层,将造成路面质量问题。

(2) 底基层形成的干翻须及时处理,否则愈演愈烈;应将干翻处的松散料铲除,检查土工布是否完好,若损坏则应修补,坑槽应用易结板级配好的材料换填,整平、洒水、压实成型。

(3) 底基层由于行车形成的搓板坑槽,应补料、整平、洒水压实;小的搓板可洒水后用平地机刮平。

(4) 底基层上应经常进行洒水养护。在公路沿线根据用水量情况挖集水坑或打井,用发电机带抽水机给水车抽水,经常在底基层洒水,保持底基层湿润,是保证底基层质量和行车安全的有力措施。

6.1.7.2 级配砂砾基层施工

1) 对级配砂砾的要求

级配砂砾基层,由天然级配砂砾掺配一定比例黏性土铺筑而成,是铺筑在天然级配砂砾底基层之上的承受面层传来的车辆荷载垂直压力,并把它分布到下面层次的承重结构层。做基层的级配砂砾最大粒径不超过 37.5 mm。压碎值为:二级公路不大于 30%,砂砾颗粒中细长及扁平颗粒不大于 20%。级配砂砾基层的颗粒组成和塑性指数应满足表 6-15 的要求。

表 6-15　级配砂砾基层的颗粒组成范围

筛孔尺寸(mm)	37.5	31.5	19.0	9.5	4.75	2.36	0.6	0.075	液限(%)	塑性指数
通过百分率(%)	100	90~100	23~88	49~69	29~5	16~37	8~20	0~7	<28	<6 或 9

塑性指数偏大的砂砾，可以进行掺配，使其塑性指数降低到符合要求，亦可在级配砂砾中掺加部分碎石或砾石，混合料应拌和均匀，没有粗细颗粒离析现象。在最佳含水量或气温较高季节略大于最佳含水量时进行碾压，碾压的每层压实厚度不应超过 15~18 cm，用重型振动压路机和轮胎压路机碾压时，每层压实厚度不应超过 25 cm。已铺筑成型的级配砂砾基层未洒透层油前，禁止开放交通，以保基层不被破坏，待透层油渗透凉干时，才可控制通车，施工中应注意前后工序的衔接，基层铺筑与面层沥青摊铺的间隔时距，以保持在 1 km 左右为宜。级配砂砾的承载比值为：在最佳含水量下制备级配砂砾的干密度与工地规定达到的压实干密度相同时，浸水 4 d 的承载比值应不小于 160%，集料的压碎值二级公路不大于 30%，三级和四级公路不大于 35%。

2) 级配砂砾基层施工方法

级配砂砾基层施工的工艺流程见图 6-9。其松铺系数通过试验确定，级配砂砾摊铺按下列步骤进行：

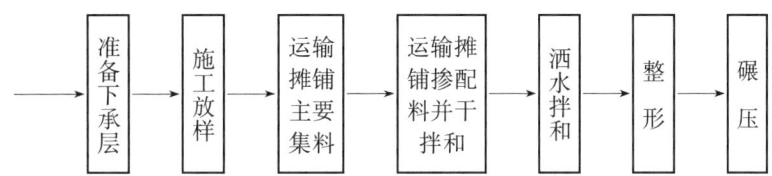

图 6-9　级配砂砾基层施工工艺流程

(1) 准备下承层。清理干净落在底基层上的积沙，使底基层表面平整、坚实，具有规定的路拱，没有松散材料和软弱底基层点片出现；底基层上的不平整和坑槽，应仔细填补和整平，搓板和车辙应刮除，洒水重新碾压，达到平整要求。

(2) 施工放样。在底基层上恢复中线，直线段 20 m 设一桩，平曲线段每 10~15 m 设一桩，并在两侧路肩边缘处相对应位置设置指示桩，明显标志出基层边缘的设计标高。

(3) 计算材料用量。根据基层宽度、厚度及预定的干密度，计算各路段集料及黏性土数量，计算每车材料的堆放距离。

(4) 采用两种材料时，应先将主要材料运到路上，待主要集料摊铺后，再运另一种材料并摊铺。如粗细两种材料的最大粒径相差很大时，应在粗集料层上洒水使之潮湿，在粗集料潮湿状态下摊铺细材料，用平地机或其他合适的机具均匀地摊铺在预定的宽度上，表面应力求平整，并规定的路拱，应同时摊铺路肩用量，检查松铺材料层的厚度使之符合预定要求，必要时要进行减料与补料工作。

(5) 拌和整平整形。用平地机拌和时每一作业段长度宜为 300~500 m，拌和时平地机刀片的安装角度宜符合表 6-16 的要求。

表 6-16　平地机刀片安装角度

拌和条件	平面角 α(°)	倾角 β(°)	切角 γ(°)
干拌	30~50	45	3
湿拌	35~40	45	2

一般需拌和 5～6 遍,先干拌两遍,洒足所需水分继续拌和,拌和结束时,混合料含水量应均匀,并较最佳含水量大 1% 左右。如摊铺后混合料有粗细离析现象,应用平地机进行补充拌和,接着平地机按规定的路拱整平和整形,在整形过程中严禁任何车辆通行。

(6) 碾压。级配砂砾基层整形后立即用 12 t 以上三轮压路机、振动压路机或轮胎压路机进行碾压:直线和不设超高的平曲线段,由两侧路肩开始向路中心碾压;在设超高的平曲线段,由内侧路肩向外侧路肩碾压。碾压时后轮应重叠 1/2 轮宽。后轮碾压完基层全宽为 1 遍,一直进行到要求的密实度为止。一般需碾压 6～8 遍,压路机的碾压速度头 2 遍宜采用 1.5～1.7 km/h,以后用 2～2.5 km/h。

(7) 接缝的处理。

① 横缝的处理。两作业段衔接处应搭接拌和,第一段拌和后,留 5～8 m 不进行碾压;第二段施工时,前段留下未压部分与第二段一起拌和整平后进行碾压。

② 纵缝的处理。必须分两幅铺筑时,纵缝应搭接拌和,前一幅已碾压密实,在后一幅拌和时,应将相邻的前幅边部约 30 cm 搭接拌和,整平后一起碾压密实。

6.1.7.3 路面施工

阿和沙漠公路沥青路面施工工艺与普通公路沥青路面施工工艺基本相同,但在实际的施工过程中,应注意以下方面:

(1) 沙漠地区风沙频繁,不仅造成风蚀、沙埋等沙害,还易造成结构层间夹沙,影响结构层间的连接紧密性,降低路面整体结构,所以透层油洒布的施工和面层施工都应选择在无起沙风和扬尘的天气。

(2) 透层油洒布的施工和面层施工前,应采取人工清扫配合空压机、灭火鼓风机清沙等手段,彻底清除下承层表面的浮沙,防止结构层间夹沙,保证各结构层的紧密结合。

6.1.8 公路防沙

沙漠地区公路沙害来自吹过路基的风沙流,而决定风沙流强弱的主要有两种因素,一是动力因素,另一是物质因素。因此,公路沙害防治措施亦着眼于两方面:一方面控制动力因素,使气流中的细沙在远离路基的地方堆积(指栅栏处);或设计合理的路基断面,使气流中的含沙顺利地越过路基,吹向远方。另一方面是控制沙质地表风蚀过程的产生与发展,尤其是在路基两侧的一定范围内(指固沙带的范围)。只要满足上述两方面,便能达到公路沙害防治的目的。

由于阿和沙漠公路的自然地理特点,防沙体系仍然采用工程防沙措施。应用工程防沙措施行之有效的方法往往不是单一的设施,而是几种方法的合理组合,即固沙、阻沙、输沙组合形式。

6.1.8.1 阿和沙漠公路沿线自然地理特点

1) 地形地貌特征

公路沿线地形地貌大致可分三个地貌单元:第一段(K0+000～K125+500)主要位于和田河东岸的冲积平原区、风积沙地带及和田河一级阶地,属冲积、风积及洪积地貌。第二段(K130+000～K248+820.062)位于塔克拉玛干沙漠腹地、和田河中段东岸绿色带边缘,沿线地貌主要由固定半固定沙丘、格状沙丘以及新月形沙丘链组成,固定半固定沙丘高度一般为 1～3 m;格状沙丘高度一般为 4～5 m,其中 K140+540～K209+200 段的格状沙丘高度变化较大,为 3～20 m;新月形沙丘链的高度一般为 4～7 m。第三段(K250+000～K419+200)位于和田河东岸的绿色走廊带边缘,路线处于塔克拉玛干沙漠中,路线经过处有稀疏的胡杨、红柳的风蚀裸露残丘低矮沙垄;也有稀疏的新月形沙丘、沙垄带,丘高 1～3 m,丘间地有稀疏的胡杨、红柳堆;有密集的新月形沙丘链群,沙丘高 5～10 m,

丘间有稀疏粗大的胡杨树根,路段内间断分布有风蚀洼地,地势相对平坦;部分路段为密集的新月形沙丘链群与格状沙丘(蜂窝状沙丘)交替分布,地势起伏较大,沙丘高 5~40 m。

2) 风速风向分布特征

(1) 风向分布特征。阿和沙漠公路的总体走向可分为两段:第一段 K0+000~K220+000,路线走向为南偏西 15°;第二段 K220+000~K424+372 为南偏西 30°。根据阿拉尔、麻札塔格、和田三地的动力风向风速频率图(图 6-10)来判断,沙漠公路北部全年强风盛行风向为 NNW 和 NW,次盛行风向为 ENE 和 NE;沙漠公路中部(K131~K260)大多路段受 NE 和 ENE 强风盛行风和强天气下偏西风的共同影响;南段主要受 W 向风影响,NNW 向风次之,反向风很少。

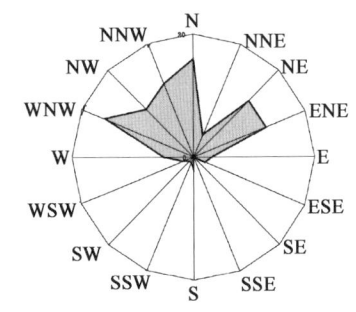
(a) 沙漠公路北部全年强风风向玫瑰图
(盛行风向WNW和N,频率均为16%;
次盛行风向ENE和NE,频率均为13.0%)

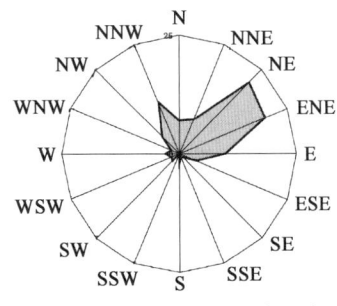
(b) 沙漠公路中部全年强风风向玫瑰图
(盛行风向NE和ENE,频率分别为21%
和20%;次盛行风向NNW,频率为12%)

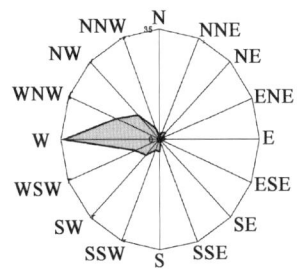
(c) 沙漠公路南部全年强风风向玫瑰图
(盛行风向W,频率为34%;次盛行风向
WNW,频率为17%)

图 6-10 沙漠公路全年强风盛行风向玫瑰图

全年强风玫瑰图定量反映了沙漠公路沿线的强风气流情况,其中北部、中部以及南部大多数路段强风盛行风向与路线 50°~70°相交。强风及中等风速天气时沙子过路,使得在该路段背风侧积沙达到最大。但当大风天气时,2 m 高度处瞬时风速达到 16.0 m/s,沙子过路速度很快,大风将沙粒吹向远处,沙漠公路背风侧无积沙。因此大部分沙漠公路的背风侧积沙是在 2.0 m 高度处瞬时风速 8~16 m/s 之间的积沙。主风向路基背风侧的积沙则是由反向风作用造成,是导致路基积沙的主要沙源。路基背风侧积沙越多对路基危害越大,这类危害在南部路段影响较小。

(2) 风速分布特征。阿和沙漠公路沿线年平均风速一般在 1.0~2.9 m/s 之间,其分布特征由沙漠公路中部向南北递减,以沙漠公路中部风速最大,沙漠公路北部的阿拉尔市南口镇和沙漠公路南部的和田市玉龙喀什镇风速最小。全年以春夏季平均风速较大,其中沙漠公路中部平均风速最大可达 3.9 m/s;冬季平均风速较小为 1.5 m/s,公路北部平均风速只有 1.0 m/s。

平均风速的日变化与下垫面的性质有关,沙漠公路中部平均风速的日变化与南北部有所不同。中部下垫面为沙漠,日变化具体表现为:最高峰值出现在 18 时,峰值持续时间较长,除冬季外,从上午 10—晚上 20 时,平均风速一般在 2.0 m/s 以上。夏季,尤其在午夜后 1—4 时,平均风速缓慢下降,早上 9 时以前平均风速为全天最低值,9—12 时平均风速急速增大,在午后出现回落后达到全天最大值,日振幅为 2.0~3.3 m/s;沙漠公路北部的阿拉尔市南口镇和沙漠公路南部和田市玉龙喀什镇下垫面为绿洲地带,平均风速的日变化振幅相对较小,一般在 1.0~1.7 m/s 之间,全天的最大值出现在午后 16 时,比公路中部早 2 个小时,与沙漠公路中部不同的是,深夜 22 时另有一个平均风速低值区,见图 6-11。

6.1.8.2 阿和沙漠公路防沙体系的设计和施工

1) 风沙危害的成因及类型

阿和沙漠公路沿线植被稀少或没有,地表疏松多为风积沙,以细沙、极细沙为主,粒径在 0.25~

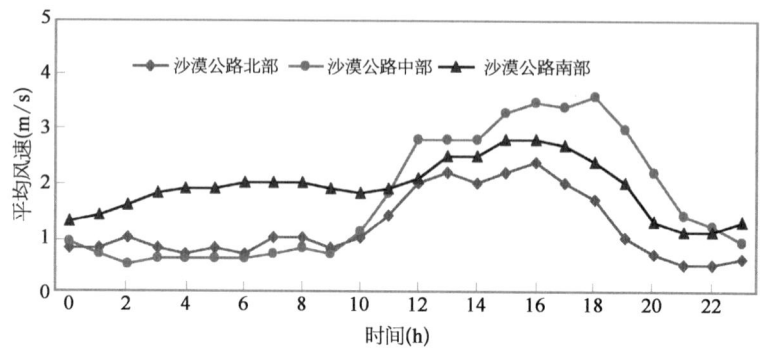

图 6-11 阿和沙漠公路秋季风速日变化曲线图

0.063 mm 之间的沙粒占 70% 以上,其中又以粒径小于 0.08 mm 的极细沙最多。因此阿和沙漠公路风沙危害的原因是细沙粒在风力的作用下,发生风蚀、搬运和堆积,在此过程中产生危害公路正常运行的病害。起沙风是产生风沙危害的动力条件,疏松地表上丰富的沙物质是风沙危害的基础。

公路风沙危害产生于风沙活动的整个过程,因具体地貌、部位及路基形式的不同,沙害形式及程度也各异。根据其形式,沙害可分为以下两种类型:

(1) 风蚀。风蚀包括吹蚀和磨蚀两种作用,其中吹蚀可以分为以下三种情况:

① 吹蚀路基。路堤式路段在不饱和风沙流的作用下,迎风侧路肩与边坡交界处的沙粒被气流带走,致使路肩被掏蚀导致路堤失去稳定性。

② 吹蚀路堑迎风坡。对于深路堑路段,当风沙流进入路槽后,在迎风坡阻挡下,气流被反射回路面,造成反射气流掏蚀边坡。

③ 吹蚀阻沙栅栏及加固木桩。由于气流的聚合和扩散作用,导致栅栏及木桩根部的沙粒被气流卷起带走,形成风蚀区,造成栅栏倒伏。

磨蚀是因为挟沙气流经过路面时,由于 98% 的沙粒都集中在地表以下 10 cm 范围内,这些高速运动的沙粒强烈地磨损沥青表层,长期作用下,会使路面表层变薄,减少公路的使用寿命。

(2) 沙埋。风沙在运动中由于动力条件的改变,当所挟沙含量超过饱和状态时,沙粒会脱离运动气流,积聚在路面上,掩埋道路。沙粒只要掩埋道路的 1/3,常规车就通行困难,影响公路的正常运行。

2) 防沙体系设计

阿和沙漠公路防沙体系采用工程防治的方法。防沙体系的设计原则是因害设防、因地制宜,综合运用"阻、固、输、导"的方法,充分利用地方材料,针对不同的地貌单元,设置不同结构的防沙体系,发挥综合效益。

阿和沙漠公路防沙体系的防护宽度设计尽量做到"均衡布设",达到使"防沙体系外围风沙入侵与防沙体系内部遭受风沙损坏相一致""不同地貌部位防沙体系完全受灾时相向一致",以便于整个防沙体系合理设置,减少应急维护的工作和资金投入。同时应遵循"因害设置"和"以固为主"的原则,使工程防沙体系具有较高的有效防护效益和较长的防沙体系维护使用年限。采取的治理方案是高立式芦苇栅栏与半隐蔽式芦苇网格相结合:

当路线与主要风向交角较大时,在上风处设置两道芦苇防风栅栏,并在防风栅栏与路线之间设置 70~80 m 宽 1 m×1 m 的芦苇网格,在下风处设置一道芦苇防风栅栏,并在防风栅栏与路线之间设置 20~40 m 宽 1 m×1 m 的芦苇网格。

当路线与主要风向交角较小时,在上风处设置一道芦苇防风栅栏,并在防风栅栏与路线之间设置

60 m 宽 1 m×1 m 的芦苇网格,在下风处设置一道芦苇防风栅栏,并在防风栅栏与路线之间设置 50 m 宽 1 m×1 m 的芦苇网格。

当路线右侧 20 m 左右已有胡杨林的段落时,防风栅栏酌情取消。

路基填方边坡为 1∶3、挖方边坡为 1∶4,同时在挖方段路基外设置有 3.0 m 的积沙平台,为防止路基填方边坡的风蚀,对路基边坡表面与两侧固沙带一样,设置 1 m×1 m 的芦苇网格。

当沙丘沙垄间为较为开阔的淤土平地地带时,若无流动沙丘、沙地分布或为粗沙覆盖的沙地,两侧可不设防护,但必须设置低矮路堤和缓坡形式的输沙断面,减轻或预防公路沙害。对由零星斑状分布低矮流动沙丘的平地带,可采用清平沙丘使地表平顺或用草方格予以固定,使之形成输沙效应的表面,减轻或预防沙害。

高立式防沙栅栏为防沙体系外围的防风沙流屏障,其作用在于使移动的沙丘或向前延伸的沙垄经高立式防沙栅栏阻挡后转变成风沙流。在主导风向上,当路线与主风向大角度相交时,可在固沙带外 10 m 处起设置平行于路线的两道阻沙栅栏,栅栏间距为 10~15 m。路线与主风向小角度相交的下风侧设置一道阻沙栅栏。

一个较为完善的防沙体系应该充分体现固、阻、输、导相结合的防护体系。通过阿和沙漠公路防沙体系的综合设计,可以有效地阻止和消除风沙对公路安全运营构成的威胁。

3) 防沙体系施工

阿和沙漠公路 96% 的路段在沙漠中,路基施工采用的是递进法,没有施工便道,沙漠公路建设从开始到结束,都面临被风沙掩埋的危险,在正常的施工组织计划中,防沙工程一般是安排在路基工程快结束时才施工,这对公路施工非常不利,而且必将给沙漠公路的质量带来隐患。因此,在实施过程中首先在靠近路基两侧 10 m 范围内,首先敷设芦苇草方格(图 6-12),保证路基工程不被流沙掩埋,然后在条件允许的情况下逐步建立完善防沙体系。

图 6-12 阿和沙漠公路防沙体系

6.1.8.3 防沙新技术在阿和沙漠公路的应用

在新疆已修筑多条沙漠公路的情况下,防沙用芦苇材料的供应已出现非常紧张的局面,而且大量利用当地野生芦苇资源,对保护这一地区的原本就十分脆弱的生态环境也很不利。有鉴于此,结合阿和沙漠公路的具体情况,有选择性地采用新型防沙措施,有利于获取创新成果带来的好处,并在生产实践中检验科研成果的应用价值。

1) 新型防沙措施的选型

通过新型防沙技术的应用,第一减少植物性材料的使用,更有利于保护当地脆弱的生态环境;第二通过可重复使用的材料,降低成本;第三便于施工与维护,减轻劳动强度;第四可加快施工速度,保障公路建设。在选用新型防沙措施时应综合考虑到这些因素。

经过认真分析及反复比选,阿和沙漠公路防沙新技术试验工程所选用的新型防沙措施有以下四种:

(1) 网格状棉秆沙障试验段:K163+000~K165+500。

(2) 网格状稻草沙障试验段:K165+500~K168+500;按直埋稻草、直埋草帘、绑扎草把三种形式实施。

(3) 蜂窝式塑料网沙障：K168+000~K169+500；其中，K168+000~K168+500 为蜂窝式黑色圆丝网沙障，K168+500~K169+500 为蜂窝式黑色扁丝编织网沙障。

(4) 网状土工编织袋沙障：K169+500~K170+000。

2) 新型防沙措施的施工

(1) 棉秆防沙障。

① 路基左侧（上风侧）仍按设计 70 m 宽，路基右侧（下风侧）调整为 40 m 宽（增加 10 m）实施。

② 规格与施工工艺。

a. 用棉秆来代替芦苇制作固沙方格，外露地面高度 15 cm，网格规格 1 m×1 m。

b. 将收割来的棉秆绑成长 1 m 的把子状，用两道细铁丝进行绑扎，同时保证有一定的透风性。每把棉秆用量不小于 600 g/m。

c. 选用长度大于 40 cm、较粗较直的棉秆，垂直插入棉秆把子中，将其固定在沙面上，保证插入沙面的深度不小于 20 cm。每米棉秆把子不少于 2 根棉秆插入沙中固定。

d. 棉秆方格线条顺直，纵横向棉秆把子之间衔接紧密，见图 6-13。

图 6-13　棉秆防沙障

(2) 稻草防沙障。共有三种类型：绑扎草把、直埋稻草、直埋草帘。

① 绑扎草把。

A. 实施段落：K165+500~K166+500，1.0 km；路基左侧（上风侧）仍按设计 70 m 宽、路基右侧（下风侧）调整为 40 m 宽（增加 10 m）实施。

B. 规格与施工工艺。

a. 用绑扎的稻草把子来代替芦苇制作固沙方格，外露地面高度 15 cm，网格规格 1 m×1 m。

b. 人工将稻草扭成草把子状（圆柱状），用细铁丝螺旋捆绑，保证把子不松散、不掉草。

c. 选用长度大于 40 cm，较粗较直的棉秆，垂直插入绑扎的稻草把子中，将其固定在沙面上，保证插入沙面的深度 20 cm。每米绑扎的稻草把子不少于 2 根棉秆固定。

d. 稻草方格线条顺直。纵横向稻草把子间衔接紧密。

e. 方格的稻草重量标准，在该类型防护最先施工的 1 000 m² 小试验区测算确定。

② 直埋稻草。

A. 实施段落。K166+500~K167+500，1.0 km；路基左侧（上风侧）仍按设计 70 m 宽、路基右侧（下风侧）调整为 40 m 宽（增加 10 m）实施。

B. 规格与施工工艺。

a. 用直埋稻草来代替芦苇制作固沙方格，外露地面高度 15 cm，网格规格 1 m×1 m。

b. 稻草回潮后,拧成一股,形成"8"字形,开沟栽埋沙中,埋深 12 cm,外露高度为 15 cm。直埋稻草每个"8"字形相邻插栽,形成 1 m×1 m 草方格状。

c. 方格整齐,线条顺直,稻草埋入牢固、不松散。

d. 方格直埋的稻草重量标准,在该类型防护最先施工的 1 000 m² 小试验区测算确定。

③ 直埋草帘。

A. 实施段落。K167+500~K168+000,0.5 km;路基左侧(上风侧)仍按设计 70 m 宽、路基右侧(下风侧)调整为 40 m 宽(增加 10 m)实施。

B. 规格与施工工艺。

a. 用直埋稻草帘来代替芦苇制作固沙方格,露出地面高度 18 cm,网格规格 1 m×1 m,见图 6-14。

b. 制成 1.2 m 宽纵向不少于 8 道线缝制的草帘。

c. 现场裁成 30 cm 宽的草帘(要保证有两道缝制线),挖沟埋入沙中,埋深 12 cm,形成 1 m×1 m 方格。

d. 方格整齐,线条顺直,埋入牢固。

图 6-14 稻草防沙障

(3) 蜂窝式塑料网沙障。

① 实施段落。K168+000~K168+500 为蜂窝式黑色圆丝网沙障,K168+500~K169+500 为蜂窝式黑色扁丝编织网沙障,见图 6-15。路基左侧(上风侧)仍按设计 70 m 宽、路基右侧(下风侧)调整为 40 m 宽(增加 10 m)实施。

图 6-15 蜂窝式塑料网沙障

② 规格与施工工艺。

a. 一种是黑色扁丝编织的网,沙障高 20 cm,1 m×1 m 的规格(多个 1 m×1 m 方格编织成一体),

所用材料为 HDPE,使用重量为 65 g/m²,网丝覆盖率 60%～70%,保证使用年限为 5 年。另一种为圆丝网,沙障高 20 cm,1 m×1 m 的规格(多个 1 m×1 m 方格编织成一体),所用材料为 HDPE,为 185 g/m²,网丝覆盖率 60%～70%,保证使用年限为 10 年。

b. 在沙地上,将蜂窝式塑料网沙障充分撑开,然后在纵横向交汇处用直径 2 cm 以上、长 50 cm 的圆棒(可以为较坚硬的树枝,表面不必光滑,粗糙一些更好,如带一些小凸起或带一些短小的枝权等)固定,或用最小板厚在 1 cm 以上、截面积在 3 cm² 以上、长 50 cm 的竹板或木板(同样地,表面不必光滑,粗糙一些更好,如带一些小凸起、小倒钩或带一些短小的枝权等)固定。

c. 在用圆棒、竹板或木板固定蜂窝式塑料网沙障时,将圆棒、竹板或木板打入沙中 30 cm,外露 20 cm,与蜂窝式塑料网沙障的高度相当或略高一点。尽可能地保持蜂窝式塑料网沙障的底边与沙面间无空隙,为此可使蜂窝式塑料网沙障的底边与沙面间重叠,重叠宽度一般控制在 5 cm 以内。

(4) 土工编织袋沙障。

① 实施段落。K169+500～K170+000。

② 规格与施工工艺。

a. 该沙障的具体规格与形式要求如下:长筒形无鳍沙障:装沙后的直径为 10 cm,长 210 cm(沙袋的圆周长为 31.4 cm);除此之外,还要有鳍。制作鳍时,接口处预留出 8 cm,在第 1 道缝线外侧每隔 1 cm 增加 1 道缝线,共增加 3 道,以增强鳍底部的刚度。在长筒形有鳍沙障的基础上,将缝线以上的编织布横线抽去,使其发挥类似于麦草沙障的作用,对风产生扰动作用。编织袋由抗紫外线老化土工布材料制作,使用年限为 8 年。

b. 在沙地上,先将风积沙装入底部用线封口的长筒形土工编织袋中,装满后敦实,再用抗老化的绑扎绳封闭口。然后,沿着与当地起沙风合成方向平行或大致平行的方向(可认为是纵向),按带间距 1 m 设置无鳍型土工编织袋沙障。再沿着横向(垂直于纵向)按带间距 1 m 设置有鳍型土工编织袋沙障。在纵横向相交处,应将有鳍型土工编织袋沙障设置在无鳍型土工编织袋沙障的上方。由此构成高约 10 cm 的 1 m×1 m 的半隐藏式土工编织袋沙障。

在当地起沙风合成方向不甚明显,或出于其他因素考虑,也可按其他形式或规格进行设置。

土工编织袋沙障由于厂家提供的材料质量原因,老化速度较快,导致土工编织袋沙障试验段的试验工程失败。

6.2 示范主体工程实施效果评价

沙漠地区公路成套技术的推广应用对提高沙漠地区筑路水平具有现实意义。通过对示范工程主体实施效果的评价分析,阐明了沙漠地区公路成套技术研究成果在沙漠公路建设中的重大意义,验证了科研成果具有先进性,修正或补充了研究成果。

6.2.1 勘察设计示范应用评价

6.2.1.1 沙漠公路选线及其原则评价

阿和沙漠公路在和田河东侧的绿色走廊带布设,由于沙漠公路特殊的自然地理条件,为了确保公路建设的社会、经济目标,在项目前期确定了 8 条选线原则:保证公路工程安全和交通安全原则;路程最短原则;合理绕避严重病害地段原则;顺应自然地形原则;路线走向与起沙风合成风向平行或锐角斜交原则;中、低高度沙丘地段路线直穿原则;最大社会经济和生态效益原则。这些原则在测设中都得到充分灵活的应用,使路线总体协调、顺舒短捷;各项技术指标较高,对降低防沙、防水工程造价,减轻病害有利。但不足点是:① K344～K410路线绕长过多;② 虽然路基填方略大于挖方,但工程数量偏多。

6.2.1.2 沙漠公路线形设计评价分析

关于平面线形设计,阿和沙漠公路绝大部分地段坦缓开阔、人烟稀少、经济点间距长、行车环境为荒漠区域;路线设计条件简单,应用中均采用了较高的平面线形指标。

(1) 路线长直线设计。全线共有长直线65段,合计长度367.8 km,占总里程的86.5%,其中3 000～5 000 m长直线占总长的28.2%,5 000～10 000 m直线占总长的49.3%,14 040～24 255 m特长直线占总长的9%。其应用情况是与当地风沙地貌地形相适应,汽车行驶快捷顺畅。但有一段直线长度为24 255 m,是《沙漠地区公路设计与施工指南》规定的长直线最大长度不宜超过10 km的约2.43倍,不利于行车安全和与自然地形难适应等缺陷。

(2) 路线平曲线设计。全线共设平曲线64个,平均每公里有平曲线0.15个。平曲线总长度56.49 km,占总里程的13.43%,平曲线半径900～8 000 m,其中有3个半径为900 m的平曲线;半径大于2 500 m的平曲线占总长的67.6%,即阿和沙漠公路有67.6%的圆曲线为不设超高的平曲线,技术指标较高。至于3个半径900 m的平曲线,能否满足二级公路横向移动性要求,经计算,当路面横坡为2%《沙漠地区公路设计与施工指南》规定的圆曲线半径为850 m,小于900 m,所以900 m的圆曲线半径能满足横向移动性要求。

(3) 缓和曲线设计。本线有12个圆曲线半径小于1 500 m的平曲线需设缓和曲线,缓和曲线长度210～360 m,缓和曲线总长度6 710 m,平均单个缓和曲线长度为279.58 m,技术指标很高。

关于平曲线应用情况,平曲线的直线、圆曲线、缓和曲线各项技术指标均符合要求,有的很高,其使用情况是驾驶员操纵从容自如,乘客舒适,通过较小半径平曲线时,不感觉有平曲线存在,很平稳。

6.2.1.3 路线纵断面设计

全线共有纵向变坡点410个,平均每公里有变坡点1.035个,最大纵坡3.875%,最小纵坡0.02%,有平坡30段。包括平坡在内的0.00%～2.00%纵坡占总长的96.61%,非常坦缓舒顺。

全线共设竖曲线410个,竖曲线占路线总长的42.75%,凸形竖曲线最小半径4 600 m,凹形竖曲线最小半径6 000 m。最短坡长280 m,其中3.875%最大纵坡的坡长为410 m,经与《沙漠地区公路设计与施工指南》查对,本线最大纵坡符合二级公路不受限路段纵坡不大于5%和坡长不小于250 m的要求,应用情况良好。

6.2.1.4 横断面线形设计

本线有堤式、堑式、半堤半堑式三种形式的路基横断面,经一年多使用后,其路基宽度,行车道、路肩、路拱尺寸与设计尺寸一致,但各种边坡比原来变缓,这对行车有利。当前没有出现由于路基横断面设计方面存在缺陷所出现的公路沙害,应用情况良好。

6.2.1.5 路基、路面设计

(1) 路基设计。路基设计包括填方路基设计、挖方路基设计和特殊路基处理三种。其应用情况总体上是好的,对特殊路基处理是成功的。在路基高度控制方面,其中高度小于1.0 m的占路线总长的42.19%,路基高度为1.0～2.0 m的占总长的38.11%,路基高度大于2.0 m的占总长的19.7%。高度大于2.0 m的路基虽是少数,但合计起来亦有83.6 km,是比较多的。高路基对交通安全、工程防沙和环保不利,还会增高工程造价。

路堑有九处,通过比较高大沙丘及沙垄密集区,都以3.875%以下纵坡通过,减少了大挖方数量。

（2）路面设计。遵循了因地制宜、合理选材、方便施工、有利养护、节约投资的原则。

路面结构形式如下：

E_0为60 MPa时,面层:4 cm厚度拌和法沥青表处;基层:12 cm厚度级配砂砾;底基层:25 cm厚度天然级配砂砾。总厚度41 cm。

E_0为80 MPa时,面层:4 cm厚度拌和法沥青表处;基层:12 cm厚度级配砂砾;底基层:20 cm厚度天然级配砂砾。总厚度36 cm。

都属强基薄面型结构,层次组合合理。

6.2.2 风积沙工程特性应用研究

沙漠公路施工技术的关键是在以风积沙为路基填料,所带来的一系列技术难题,以及环境特征对路基、路面提出的特殊要求。

通过采集阿和沙漠公路沿线典型风积沙进行系统的检测,来评价风积沙的路用性能。内容包括检测风积沙的粒度组成、矿物组成、物理性质、化学性质、力学性质等。经大量试验表明,风积沙是一种良好的路基材料,不仅解决了流动沙漠中筑路材料匮乏的难题,而且达到了因地制宜、就地取材、控制和降低公路建设成本的目的。

6.2.2.1 风积沙物理特性

阿和沙漠公路沿线典型风积沙的粒度成分主要由细沙粒组成,粗沙粒和粉黏粒含量都很低,粒级比较集中;在陆相沉积物中,风积沙属于分选最好的一种。阿和沙漠公路沿线风积沙的粒度组成、矿物组成、化学组成变化不大。阿和沙漠公路沿线的风积沙以细沙为特征,分选性好;风积沙的主要矿物成分是石英和长石,风积沙颗粒主要分布在0.5%～0.074%之间(占95%)(表6-17),粉黏粒含量4.2%左右,不均匀系数C_u约1.8左右,曲率系数C_c约1.0左右,塑性指数8左右,比重为2.65～2.70 g/cm³。在阿和沙漠公路沿线,风积沙的粒度成分也有一定差异,从北向南,风积沙的粉黏粒含量有逐步增加的趋势。

表6-17 风积沙粒度组成及相对密度

各粒径百分含量平均值(%)				最大干密度 (g/cm³)	最小孔隙比	最小干密度 (g/cm³)	最大孔隙比
0.5～0.25	0.25～0.125	0.125～0.063	<0.063				
0.15	31.78	63.86	4.21	1.692	0.576	1.384	0.93

阿和沙漠公路沿线的风积沙,其颗粒形态是棱角状的约占1/2,其次为次棱角～滚圆状的,其中滚圆状颗粒所占比例很小,一般不足3%,磨圆程度属一般水平。

风积沙比表面积很大,但无黏聚性(内聚力近似为零),颗粒表面活性低,松散性强,级配差,保水性差,但水稳性好。这些特性会给公路施工(如路基压实等)带来很多困难;但另一方面其强度稳定性很好,波动也较小,又对保证公路整体强度及使用年限等,颇为有利。

6.2.2.2 风积沙击实特性

风积沙的击实规律(表6-18)表现为:最大击实干密度出现在含水量为零处(或接近零处)或含水量饱和处(或接近饱和处);随着含水量由零(或接近于零)逐步增大至饱和,击实干密度先下降再上升。这一结果具有非常重要的意义,为风积沙路基采用干压实法施工提供了依据。

表 6-18 风积沙重型标准击实试验结果

含水量(%)	0	1.88	4.00	5.83	7.76	9.80	12.11
干密度(g/cm³)	1.675	1.662	1.637	1.638	1.642	1.650	1.653

无塑沙的击实曲线在含水量极低(或为零)时取得了干密度的最大值,称为击实曲线,见图 6-16。击实曲线揭示了无塑沙击实过程中含水量与干密度之间的变化规律。我国的沙漠公路在修筑过程中符合该规律,在沙样处于无水或含水量较低状态时,风积沙干密度最大,其后,干密度随含水量的增多开始降低,最低风积沙干密度出现在含水量为 2%~4.5%时。当风积沙含水量达饱和状态时,出现第二个风积沙干密度高峰值,但其干密度普遍略小于无水或低水状态时。因此,我国的风积沙路基均为干压实路基,在施工过程中控制含水量在最佳状态,以保证有很好的压实度。

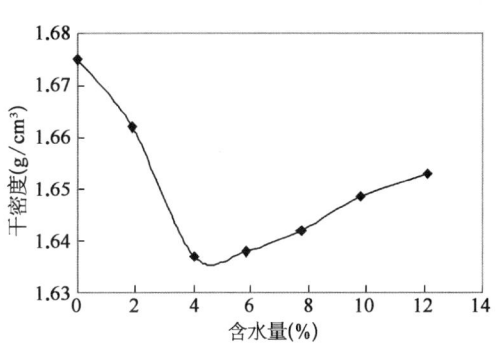

图 6-16 风积沙击实曲线

6.2.2.3 风积沙路用性能的影响因素

1) 含水量、压实度对风积沙回弹模量的影响

由于各沙漠地区风积沙的成分、颗粒粒径有一定的差异,周边环境(如地质地貌、气候水文、土壤植被、风积沙分布等)也大不相同,研究中所探讨的回弹模量(E_0)、含水量(W)、压实度(K)三个指标所用的风积沙一部分来自疆内沙漠地区,其余来自其他省区,见表 6-19。10 条路段被测点的数目不同,除了各公路路程长度不同外,主要是根据其地形地貌变化的大小、路面状况的好坏、横坡纵坡在某一区间内变化范围的大小等。

表 6-19 选择测点的情况

标 号	路段名称	测点个数	测点所在位置的外部环境及路面结构
路段 1	塔且沙漠公路	28	位于塔克拉玛干沙漠腹地,高大的复合型纵向沙垄与垄间低地相间分布区,地形起伏很大,相对高差可达 70 m,沙丘密集。路面结构为 3 cm 沥青表处场拌机铺+10 cm 级配+20 cm 天然砂砾+土工布+风积沙(新疆)
路段 2	G315 线 K1909~K1926 段	20	测点所在位置处于低路基或低路堑风积沙路基区域,所穿越的是具有流动性的新月形沙丘或小纵向沙垄。路面结构为 20 cm 天然砂砾+10 cm 芦苇+风积沙(新疆)
路段 3	塔克拉玛干沙漠西南某乡道	7	测点所在位置沙丘密集,路段两侧一侧为流沙、一侧为林地(新疆)
路段 4	G218 线 K775~K804 段	16	测点所在处为低路基或低路堑风积沙路基,所穿越的是具有流动性的新月形沙丘或小纵向沙垄,路面结构为 20 cm 天然砂砾+10 cm 芦苇+风积沙(新疆)
路段 5	石西—彩南公路	18	测点所在位置多为固定沙丘,路面结构为 25 cm 天然砂砾+土工布+风积沙(新疆)
路段 6	G215 线 K192~K195 段	8	测点所在位置多为流动性的新月形沙丘及沙丘链(甘肃)
路段 7	甘肃 S212 线 K21~K27 段	8	测点所在位置为腾格里沙漠北部腹地,流动性的新月形沙丘及沙丘链,沙丘高度多在 3~10 m(甘肃)

(续表)

标 号	路 段 名 称	测点个数	测点所在位置的外部环境及路面结构
路段 8	阿拉善左旗—月亮湖旅游公路	8	测点所在位置多为流动性的新月形沙丘及沙丘链（内蒙古）
路段 9	G207 线 K85～K220 段	8	测点所在位置多为流动性的新月形沙丘及沙丘链（内蒙古）
路段 10	G304 线 K470～K480 段	8	测点所在位置多为新月形沙丘及沙丘链，沙丘高度多在 3～10 m 间，除了沙丘外，丘间洼地所占面积也较大（内蒙古）

回弹模量采用承载板测定方法，计算公式如下：

$$E_0 = \frac{\pi D}{4} \cdot \frac{\sum p_i}{\sum L_i}(1-\mu_0^2) \tag{6-2}$$

式中 E_0——土基回弹模量（MPa）；

μ_0——土的泊松比，根据部颁设计规范规定取用；

L_i——结束试验前的各级实测回弹变形值；

p_i——对应于 L_i 的各级压力值。

含水量试验采用烘干法，计算公式如下：

$$W = \frac{m_b - m_d}{m_d} \times 100 \tag{6-3}$$

式中 W——试坑材料的含水量（%）；

m_b——试坑中取出材料的质量（g）；

m_d——试坑中取出材料的烘干质量（g）。

压实度采用环刀法测定，计算公式如下：

$$K = \frac{\rho_d}{\rho_c} \times 100 \tag{6-4}$$

式中 K——测试地点的施工压实度（%）；

ρ_d——填筑过程中试样的干密度（g/cm³）；

ρ_c——由击实试验得到的试样的最大干密度（g/cm³）。

试验按照规范进行，试验精度满足规程要求，所得各指标数值见表 6-20。

表 6-20 实测回弹模量、含水量、压实度的指标

路段 1	E_0(MPa)	158.4	133.9	180	151.3	180.4	140.8	125.3	141.4	161.6	191	216.7	178.4	233.2	192.5	110.8
	W(%)	0.15	0.12	0.12	0.12	0.12	0.12	0.12	0.12	0.12	0.12	0.12	0.12	0.12	0.12	0.12
	K(%)	103.7	101.9	104.9	102.5	104.3	104.5	102.8	103.1	105.1	104.7	105.6	104.4	105.1	103.1	104.1
	E_0(MPa)	140.7	141.2	145.3	125.8	162.4	142	155.3	134.4	144.7	154.3	138.1	157			
	W(%)	0.12	0.18	0.18	0.25	0.3	0.2	0.28	0.31	0.5	0.31	0.12				
	K(%)	103.5	101.4	104.5	104.9	104.6	104.4	105.8	102.6	102.1	103.3	102	103.4			

(续表)

		1	2	3	4	5	6	7	8	9	10	11	12	13	14	15
路段2	E_0(MPa)	111.5	174	182.8	145.3	151.3	131.2	134.8	101.1	106.4	104.5	104	168.7	178.1	169.8	168.5
	W(%)	1.61	0.59	1.94	1.59	1.68	1.53	1.67	1.8	2.91	4.01	3.36	0.75	0.24	0.2	0.62
	K(%)	98.9	98.8	103.2	101	101	99.9	101.4	101.2	98	99.6	99.6	102.5	103.2	99.8	100.6
	E_0(MPa)	178.2	104	168.7	92.3											
	W(%)	0.54	3.36	0.75	2.59											
	K(%)	101.2	99.6	102.5	97.5											
路段3	E_0(MPa)	84.7	74.4	90.9	78.3	78.4	62.8	84.2								
	W(%)	7.09	4.35	2.16	9.19	2.38	5.16	7.21								
	K(%)	91	90.3	95.5	89	90.2	87.4	97.1								
路段4	E_0(MPa)	103.3	100.7	154.7	134	96.4	138.4	101.4	89.2	107.4	121.2	129.9	125.6	158	85.8	109.6
	W(%)	5.29	2.49	1.64	2.37	2.31	3.71	2.45	4.41	3.88	1.94	4.43	2.93	1.41	2.05	1.06
	K(%)	97.5	97.2	103.7	99.3	96.5	101.1	97.8	96.1	98	99	102	104	102.7	94.5	99.5
路段5	E_0(MPa)	188.1	164.1	262.5	177.6	148.8	197.8	246.6	192.7	160.8	190.1	159.4	160	179.2	191.1	198.4
	W(%)	0.31	0.91	0.38	1.54	1.25	1.19	1.09	0.79	0.56	0.09	0.63	0.91	0.86	0.82	1.56
	K(%)	102.2	101.2	103.2	99.3	99.7	102	101.2	99.5	102	99.4	100.5	98.6	99.5	101.2	103.2
	E_0(MPa)	142.2	147.6	243.8	154.7											
	W(%)	0.96	1.29	1.54	0.46											
	K(%)	98.3	100.8	100.8	98.1											
路段6	E_0(MPa)	104.1	98.9	102.9	100.7	101.9	109	101.4	105.3							
	W(%)	0.26	0.26	0.25	0.25	0.32	0.32	0.35	0.35							
	K(%)	98.6	98.6	98.8	98.8	101.3	101.3	101.8	101.8							
路段7	E_0(MPa)	116.8	121.2	110.7	106.4	111.3	104.5	126.8	112.5							
	W(%)	0.26	0.26	0.25	0.25	0.3	0.3	0.27	0.27							
	K(%)	100.5	100.5	98.2	98.2	99.6	99.6	101.6	101.6							
路段8	E_0(MPa)	111.6	96.9	112.4	109.6	108.7	112.7	98.3	103							
	W(%)	3.4	3.4	2.61	2.61	2.93	2.93	3.2	3.2							
	K(%)	99.5	99.5	101.3	101.3	100.3	100.3	99.9	99.9							
路段9	E_0(MPa)	105.5	110.7	142	115.9	116.6	123.9	132	135.4							
	W(%)	5.68	5.68	5.68	5.68	4.87	4.87	4.09	4.09							
	K(%)	99.5	99.5	99.5	99.5	100.9	100.9	102.1	102.1							
路段10	E_0(MPa)	108.6	124.6	142.3	144.8	110.1	113.9	105.8	115.9							
	W(%)	6.24	6.24	3.39	3.39	3.53	3.53	1.84	1.84							
	K(%)	99.1	99.1	102.4	102.4	98.7	98.7	100	100							

对其进行相关性分析,并未得到有规律性的结论,为了更加精确地了解单个因素对回弹模量的影响,在数学分析的过程中,需要单独对回弹模量与含水量、回弹模量与压实度的关系进行分析,且必须

剔除其他因素的影响。因此选用数理统计方法中的偏相关分析,偏相关分析可对两相关变量之外的某一或某些影响相关的其他变量进行控制,见表 6-21。计算其他控制变量影响后的相关系数(如在计算含水量与回弹模量关系时,控制压实度对回弹模量的影响)。本文利用 SPSS 软件进行偏相关分析。

表 6-21 回弹模量与含水量间的偏相关系数

	路段 1	路段 2	路段 3	路段 4	路段 5	路段 6	路段 7	路段 8	路段 9	路段 10
相关系数	-0.186	-0.707	0.692	-0.442	0.034	-0.256	-0.525	-0.354	-0.26	0.592
P	0.352	0.002	0.195	0.087	0.89	0.579	0.227	0.436	0.573	0.161

注:P 为相关性检验值。$P>0.05$ 称"不显著";$P\leq0.05$ 称"显著";$P\leq0.01$ 称"非常显著"。

由表 6-20 可看出,只有路段 2 具有显著的负相关性。将路段 2 与其他试验路段进行比对,发现路段 2 的颗粒成分、粒径与其他路段没有特殊差别,但在对路段 2 进行承载板试验的前几天,下过大雨,路基处于潮湿状态;由于风积沙属于低液限材料,含水量突然增大,使风积沙稠度降低,从而导致回弹模量减小。还有部分原因是风积沙从干到湿时,风积沙沙粒表面的盐渍成分被软化,而风积沙沙粒表面的盐渍成分可以增大啮合力,当其软化后,啮合力减小。同时,一些有裂痕的表面其锋角会被磨掉,也会降低沙粒间的啮合力。并且当含水量增大,风积沙沙粒间的润滑增加,也破坏了沙粒间的啮合力(咬合力),因此回弹模量减小。此时,含水量对风积沙回弹模量的影响较一般情况下要大。

路段 1、3、4、5、6、7、8、9、10 均不显著,相关性不成立,说明风积沙路基含水量与回弹模量无明显关系。主要有以下几方面原因:

(1) 风积沙属低液限粉土,是由单个散状的沙粒组成的集合体,具有最为典型的散粒状结构。由于分选及磨圆度都较好,沙体的孔隙度相对较大,一般多在 35% 以上,孔隙的连通性好,在各个方面均表现出各向同性的性质。正因为如此,风积沙的透水性要比同类的其他砂(如最大粒径或平均粒径相同的其他砂)要好些,渗透系数更大些。典型的风积沙中粉黏粒尤其是黏粒的含量少,颗粒集中,主要为憎水的砂粒,与水的作用微弱,较大的孔隙度及较大且又连通的孔隙使其渗透性强,又利于在击实过程中排水而不造成较大的孔隙水压力,故含水量对其压实的影响低,与回弹模量的关系不大(表 6-22)。

表 6-22 各路段回弹模量与压实度间的偏相关系数

	路段 1	路段 2	路段 3	路段 4	路段 5	路段 6	路段 7	路段 8	路段 9	路段 10
相关系数	0.457	0.709	0.939	0.898	0.519	0.335	0.768	-0.251	-0.245	0.909
P	0.17	0.001	0.018	0.000	0.023	0.462	0.044	0.588	0.600	0.005

注:P 为相关性检验值。$P>0.05$ 称"不显著";$P\leq0.05$ 称"显著";$P\leq0.01$ 称"非常显著"。

(2) 风积沙路基在工程上采用干压实施工,因而含水量不大,在低含水量情况,水对回弹模量的影响有限(表 6-21)。

(3) 由于气候等外界条件的原因,风积沙路基一般处于干燥状态,沙基强度变化不大,水对回弹模量影响有限。

路段 1、6、8、9 没有通过显著性检验,通过专家法、经验法分析,这一现象不符合客观规律。出现这种现象的主要原因有:施工过程中操作不当、环境因素,影响了最佳含水量,因此出现了异常值;承载板试验耗时耗力,试验数据的样本量不是很多,导致异常值出现;在检测过程中产生了人为的或仪器的误差。比如与密度测定试验、击实试验、承载板测定试验的误差等有关;以及天气原因、不利季节的影响。

路段 2、3、4、5、7、10 均通过显著性检验,且相关度高,对它们进行曲线拟合。在图 6-17 曲线拟合中发现,6 条回弹模量与压实度的关系曲线虽然均可以用四阶方程 $y=Ax^4+Bx^3+Cx^2+D$ 表示,但其中的调整系数 A、B、C、D 均不相同。因此,可以认为我国风积沙回弹模量与压实度存在函数关系,且总体趋势都是正相关,但不同地区风积沙路基这两个指标关系的具体值不同。

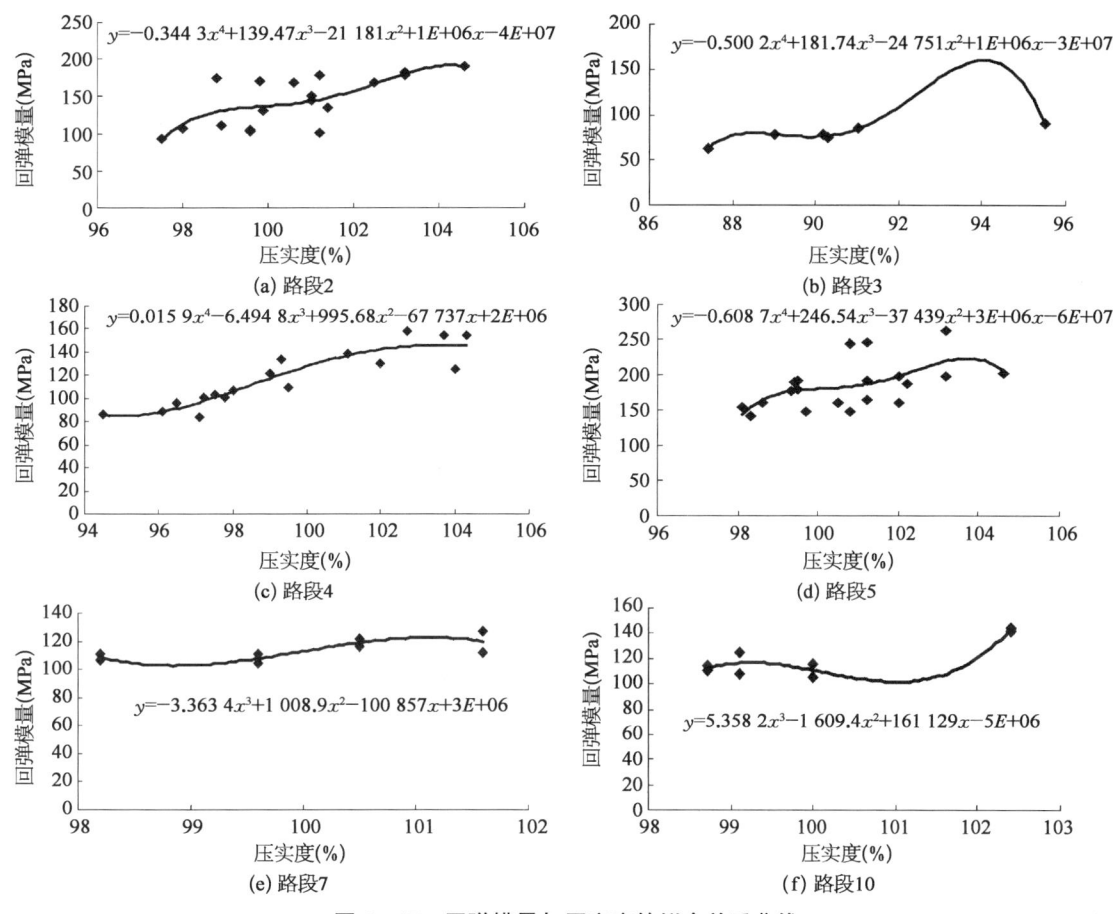

图 6-17 回弹模量与压实度的拟合关系曲线

2) 含水量对风积沙路基沉降的影响

公路路面沉降特性观测(图 6-18、表 6-23)可以间接地反映风积沙用作路基时的路用性能,尤其是其路用性能的长期性特征。观测结果可能有三:一是路面沉降量较大。在这种情况下原因较多,可能是路面材料质量达不到设计要求,或者可能是路面结构设计不合理,也可能是用作路基的风积沙材料性能不好,当然也有可能是这几种因素都不太好。二是路面沉降量一般。在这种情况下原因也较多,可能是路面材料质量一般,或者可能是路面结构设计水平一般,也可能是用作路基的风积沙材料性能一般,当然也有可能是这几种因素中有的较好,有的一般或不太好。三是路面沉降量很小。在这种情况下,如果采用的路面结构、材料与一般常见形式相同、并无特殊之处的话,则此观测结果即可表明路面材料质量较良,也可反映路面结构设计的合理性,更重要的是它在此也可以间接地表明用作路基的风积沙有良好的路用性能,且此良好的路用性能具有长期稳定性。

图 6-18 沉降量观测示意图

表 6-23 沙漠公路路基沉降观测点位置、地貌特征及观测时间

序 号	桩 号	地 貌 特 征	观测时间
1	K6+800～K6+900	低液限粉土与粉土质砂过渡区域	2008 年 9 月 21 日 2009 年 2 月 26 日 2009 年 11 月 26 日
2	K41+100～K41+200	粉土质砂与风积沙过渡区域	
3	K57+000～K57+100	胡杨林区	
4	K134+400～K134+500	低矮沙丘区	
5	K398+600～K398+700	高大沙丘区	
6	K407+700～K407+800	高大沙丘区	

图 6-19 为阿和沙漠公路的路面沉降观测曲线，观察可知：

三次观测的沉降趋势曲线非常接近，道路沉降均匀；

如果以观测的中间列（第五列）为对称轴，那么轴左侧与右侧对应列的高差很小，说明道路保持原有的结构状态，沉降几乎对其没有产生影响；

路拱的坡度明显，利用三角函数计算各路段沉降后路拱的坡度，在 1.2°～1.8°之间，路拱情况良好；

在沉降观测过程中发现（表 6-24），路段表面有明显裂纹。比照塔且沙漠公路与阿和沙漠公路的沉降曲线，并分析路面破损情况，发现塔且沙漠公路的沉降曲线没有阿和沙漠公路的好，说明前者的压实度不如后者，但分析路面破损情况，发现阿和沙漠公路的破损率远远大于塔且沙漠公路，这一事实证明了在沉降好的情况下，沙漠公路的路面破损与沙基无关，不属于风积沙垫层受力推挤造成的反射裂缝。

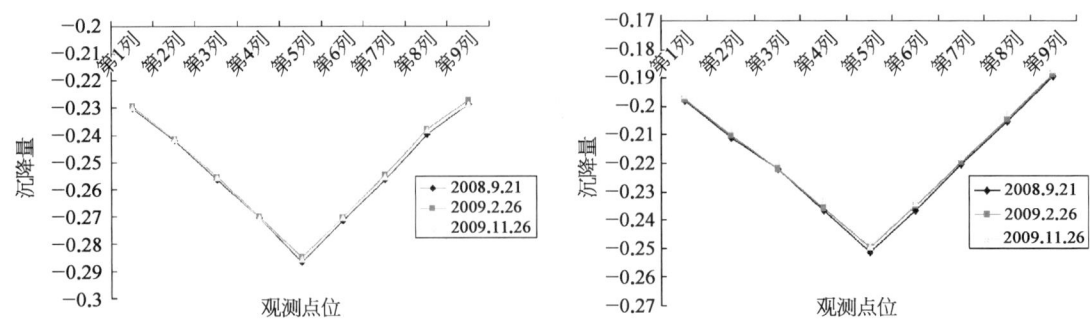

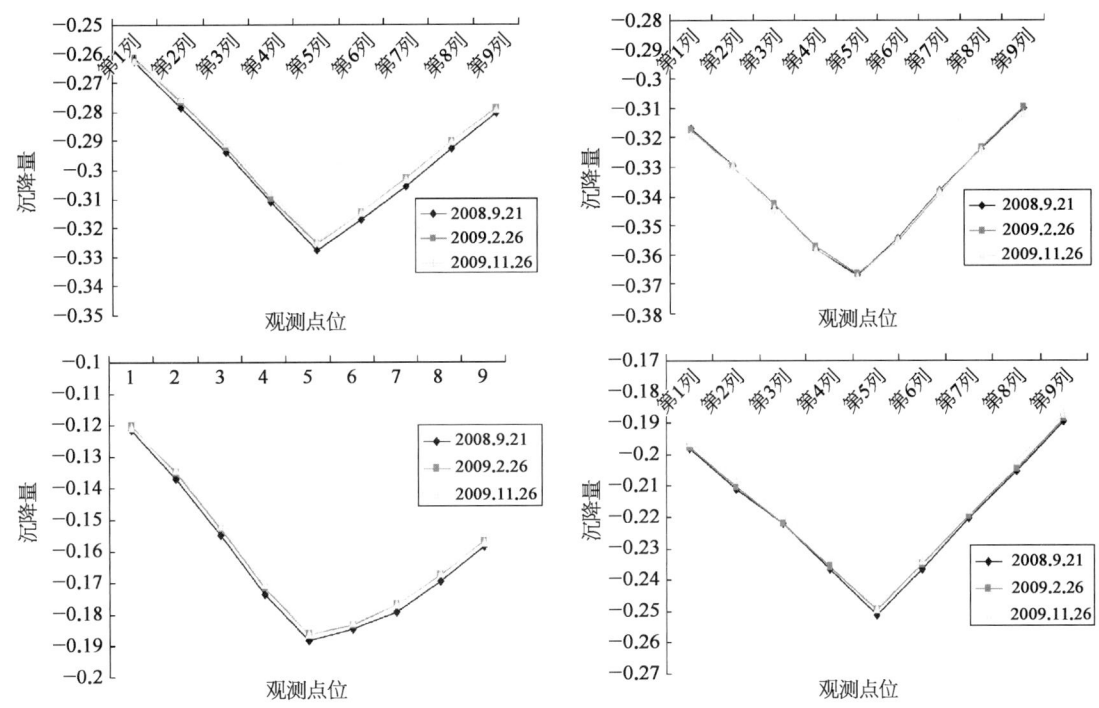

图 6-19 阿和沙漠公路三次观测的沉降曲线

表 6-24 路面沉降速率

测量序次	计算基准	测点编号	路右四列	路右三列	路右二列	路右一列	路中央列	路左一列	路左二列	路左三列	路左四列
第二次测量	第一次测量	K5	0.56	0.82	0.41	0.02	0.39	0.25	0.29	−0.40	−0.17
		K41	0.11	0.09	0.05	0.21	0.31	0.33	0.21	0.15	0.18
		K57	0.42	0.48	−0.03	0.37	0.59	−0.39	0.16	0.72	0.60
		K134	0.27	0.42	0.37	0.28	0.49	0.43	0.55	0.54	0.34
		K398	1.47	1.23	1.08	0.63	0.01	−0.60	−0.93	−1.20	−1.46
		K407	0.25	0.34	0.43	0.43	0.41	0.30	0.44	0.37	0.37
第三次测量	第一次测量	K5	0.02	0.03	0.05	0.00	0.06	0.08	0.10	0.11	0.01
		K41	0.16	0.23	0.22	0.26	0.16	0.19	0.21	0.23	0.19
		K57	0.10	0.19	0.16	0.15	0.20	−0.05	0.13	0.18	0.16
		K134	0.04	0.24	0.24	0.25	0.18	0.16	0.17	0.17	0.09
		K398	−0.16	−0.08	0.01	−0.02	−0.08	−0.05	−0.05	−0.04	−0.13
		K407	0.07	0.18	0.19	0.23	0.14	0.17	0.15	0.18	0.10
	第二次测量	K5	−0.28	−0.42	−0.14	−0.01	−0.12	−0.01	0.00	0.39	0.11
		K41	0.19	0.31	0.32	0.28	0.08	0.11	0.20	0.27	0.20
		K57	−0.08	0.03	0.27	0.03	−0.01	0.14	0.11	−0.11	−0.08
		K134	−0.09	0.14	0.17	0.23	0.01	0.01	−0.04	−0.03	−0.05
		K398	−1.06	−1.92	−0.59	−0.38	−0.13	0.25	0.43	0.61	0.61
		K407	−0.02	0.10	0.05	0.12	−0.01	0.09	−0.01	0.06	−0.05

注：① 表中沉降速率单位：mm/月。② 由于存在测量误差，表中数据虽出现了正值，但这并不一定说明路面在上升。

对路面结构进行分析,表6-25为阿和沙漠公路6个沉降观测路段的路面结构厚度。其中面层均为沥青混合料摊铺而成的柔性路面,基层均为天然砂砾层,摊铺工艺、施工质量相同。对照沉降速率图(图6-20)可知,路面结构厚度与沉降速率关系不大,因此排除不同的路面结构厚度是造成6个被测路段沉降速率存在差异的可能性。

表6-25 阿和沙漠公路各沉降观测路段路基、路面厚度

	路段1	路段2	路段3	路段4	路段5	路段6
面层(cm)	4	4.5	4	5.5	4.5	5
基层(cm)	41	33	28	30	31	29

表6-26 阿和沙漠公路各沉降观测路段沙基含水率、粉粒含量

	路段1	路段2	路段3	路段4	路段5	路段6
含水量(%)	2.7	0.8	0.6	0.4	5.3	0.9
粉粒(%)	40.6	7.9	11.2	28.3	70	13.3

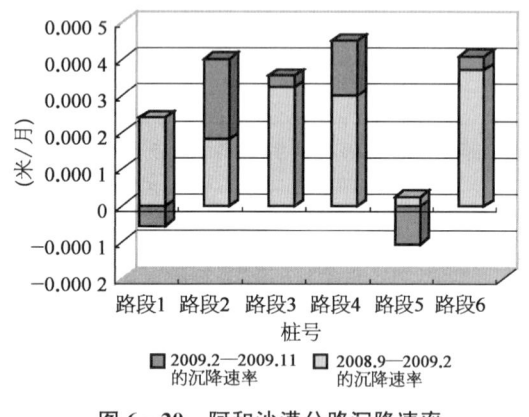

图6-20 阿和沙漠公路沉降速率

对风积沙垫层进行分析,表6-26为该公路6个被测路段风积沙垫层颗粒筛分中<0.075 mm的颗粒含量及含水量的试验结果(2008年9月测),对照沉降速率图不难看出,在2009年2月—2009年11月间出现负沉降的路段1、路段5,其风积沙垫层的粉粒含量和含水量相对其他被测段要大。粉粒含量大,导致沙基中的水分不易排出,造成毛细上升作用,使颗粒周围被水包裹,形成"浮土现象",从而导致路面略有上升。之所以发生在气候条件较好的春夏秋季,是因为路段1为刚进入沙漠的起始段,附近仍有农田区,在气候较好的季节,农田区的作物灌溉时会造成地下水位的上升,致使路段1风积沙垫层含水量增加;路段5为淤土平滩区,风积沙的粉粒含量高,且该路段离和田河较近,和田河属于季节性河流,冬季枯竭,其他季节水位较高。除此以外,降水量对沙基的含水量也有影响,阿和沙漠公路所在的区域属于温带干旱性气候,冬季降雪量少,即使降雪,雪也会被强风立即吹干、蒸发,没有融化下渗的条件。因此出现了气候好的季节沉降为负值的现象。

除去路段1和路段5这两个出现负沉降的路段,其余各路段的总沉降量都在0.32~0.45 mm之间,说明各段间的年沉降速率比较接近,各段间沉降较均匀。

因此认为,一般情况下,含水量、风积沙粉粒含量对路基沉降存在一定的影响,但是这种影响量很小,甚至可以忽略。

6.2.3 示范主体工程评价分析

6.2.3.1 沙漠公路压实度控制

压实度是路基施工质量的重要指标,在施工过程中对压实度进行了检查(图6-21),数据见表6-27。

图 6-21 阿和沙漠公路压实度检测

表 6-27 各测点压实度

桩 号	标准干密度 (g/cm³)	压实度(%)	桩 号	标准干密度 (g/cm³)	压实度(%)
K8+350	1.61	98.9	K175+260	1.68	99.1
K8+400	1.61	98.1	K182+780	1.70	98.3
K10+500	1.61	99.0	K200+100	1.70	95.7
K15+121	1.61	94.6	K218+660	1.70	101.3
K28+333	1.65	97.6	K225+700	1.70	95.5
K53+711	1.67	93.3	K240+100	1.70	98.3
K55+236	1.67	98.7	K258+450	1.70	97.1
K63+203	1.64	96.9	K274+800	1.70	93.8
K75+500	1.72	98.2	K287+600	1.72	98.1
K87+100	1.67	96.0	K300+000	1.72	96.9
K97+680	1.67	97.0	K332+520	1.72	99.0
K97+715	1.67	98.2	K360+900	1.72	98.5
K100+275	1.67	93.4	K380+240	1.74	99.3
K118+200	1.67	95.7	K394+740	1.74	93.6
K126+005	1.67	97.8	K399+500	1.74	100.3
K134+320	1.67	93.3	K406+400	1.74	96.6
K149+800	1.67	99.6	K407+080	1.65	98.8
K152+710	1.67	97.6	K407+150	1.65	97.2
K152+740	1.67	100.0	K407+252	1.65	97.6

从施工过程样本抽检数据看,阿和沙漠公路压实度控制较好,计算出压实度代表值为 96.8,合格率 100%,且标准差较小,为 2.06,说明路基施工质量较好。

6.2.3.2 沥青路面质量控制

沥青路面的压实度、厚度是反映路面质量的主要指标。如压实不足将造成沥青路面车辙、松散、网裂等病害。阿和沙漠公路沥青路面厚度及压实度检测结果见图 6-22、图 6-23。

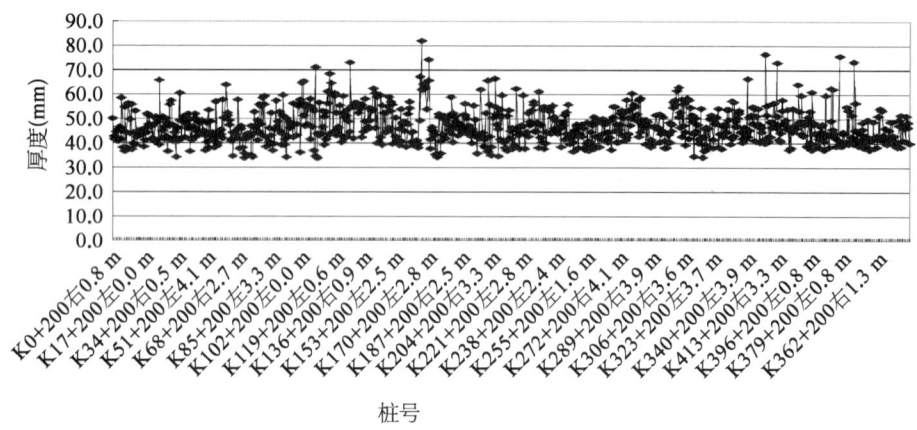

图 6-22　阿和沙漠公路沥青路面厚度检测结果

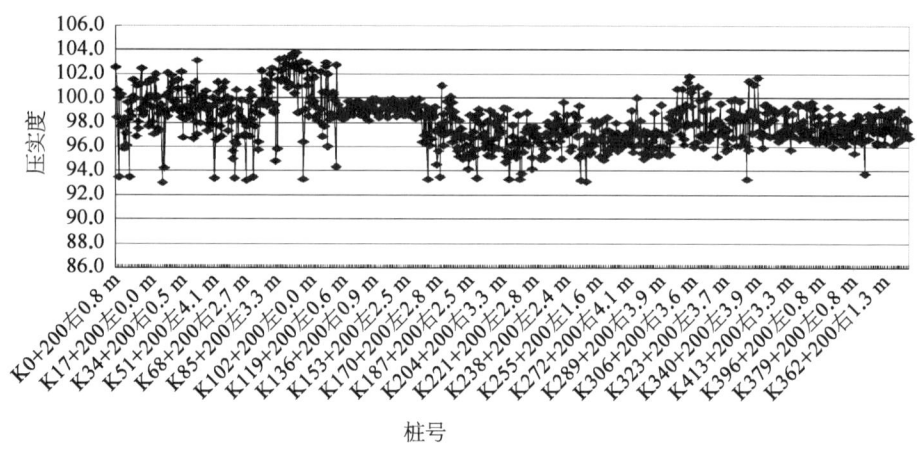

图 6-23　阿和沙漠公路沥青路面压实度检测结果

按照《公路路基路面现场测试规程》，计算出全线沥青路面的压实度代表值为 97.7%，大于规范要求的 94%，压实度合格率 97.8%，标准差 1.742，说明面层总体上压实工艺控制到位，施工质量较好。计算出全线沥青路面厚度平均值 46.95 mm，合格率 98%，标准差 5.56 mm，说明全线路面厚度满足设计要求，合格率较高，但标准差较大，说明路面厚度控制不是很均匀。

路面压实度、厚度对路面破损有着直接的影响。对照路面破损状况调查，路面破损状况与沥青面层压实度、厚度的变化曲线的规律是基本一致的。即压实度总体水平高，压实度、厚度离散性较小的地段中纵、横向裂缝、网裂、坑槽和修补的每公里数量远小于压实度、厚度偏低，且离散性较大的地段。

6.2.3.3　路面结构功能评价

1) 交通量评价

该公路是按重交通二级公路设计的。汽车是道路服务的主要对象，车辆荷载是路面结构遭受破坏的主要因素，也是路面结构设计的重要参数之一。因而交通量的大小、组成特别是超载情况对研究路面早期破坏都有重要的意义。交通量的调查由阿和沙漠公路收费站提供。车型划分根据收费公路车辆通行费车型分类，见表 6-28。阿和沙漠公路收费站提供的交通量数据见表 6-29、图 6-24、图 6-25。

分析阿和沙漠公路交通量调查统计结果，一类车所占比例最大、为 38.35%，二类车所占比重最小、仅为 3.85%，五类车和三类车所占比重较为接近，从而体现出阿和沙漠公路运营主要以长途客运和货运为主。

表6-28 收费公路车辆通行费车型分类

类 别	车 型 及 规 格	
	客 车	货 车
第一类	≤7座	≤2 t
第二类	8~19座	2~5 t(含5 t)
第三类	20~39座	5~10 t(含10 t)
第四类	≥40座	10~15 t(含15 t)、20英尺集装箱车
第五类		≥15 t、40英尺集装箱车

注：1英尺=0.304 8 m。

表6-29 2009年阿和沙漠公路交通量统计

月 份	一类车	二类车	三类车	四类车	五类车
3	5 449	518	2 257	1 417	3 234
4	5 235	441	2 052	1 211	3 318
5	6 227	419	1 888	1 059	3 218
6	5 100	529	1 788	1 119	2 722
7	4 796	446	2 145	1 521	3 043
8	6 519	731	4 211	2 362	3 840
9	5 489	699	6 062	3 320	3 953
10	6 788	684	2 895	1 856	4 075
11	6 405	702	6 778	3 189	3 905
平 均	5 779	574	3 342	1 895	3 479

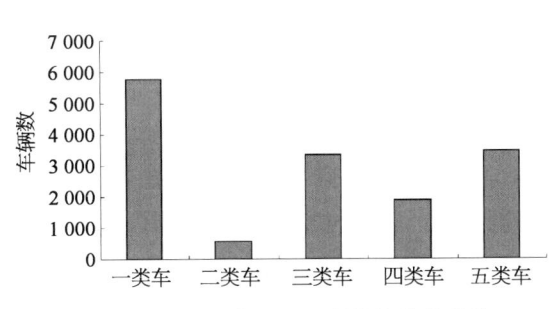 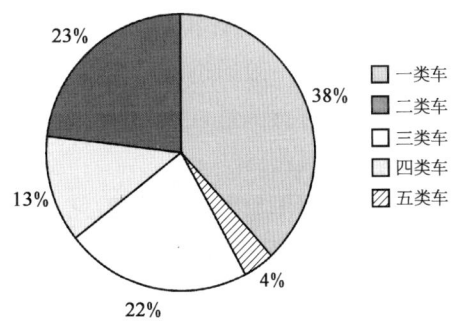

图6-24 2009年3—11月阿和沙漠公路月平均交通量分布　　图6-25 2009年3—11月阿和沙漠公路月平均交通量车型比重

为了计算累计标准轴载，需对获得的交通资料进行重新分类。根据车辆收费分类标准，对每类车给出了代表车型，见表6-30。

表6-30 代表车型

记录车种	一类车	二类车	三类车	四类车	五类车
代表车型	桑塔纳	北京BJ130	解放CA1OB	黄河JN150	黄河JN253

日交通量换算资料组成见表6-31。

表6-31 日交通量换算资料

车 种	合计车辆	比 例	换算系数	标准轴次
一类车	189	38.35	0	0
二类车	19	3.85	0.003 5	0
三类车	109	22.10	0.11	12
四类车	62	12.57	1.07	66
五类车	114	23.12	0.721 9	82
合 计	493	100		161

经标准轴载换算,2009年的标准轴数约为$365 \times 161 = 5.8765$万次,根据年增长系数,可推算出2007—2009年(两年)标准轴载累计当量作用次数约为11.694 8万次,从2007年10月通车至2009年底,该路共承受标准轴载(100 kN)累计轴次为11.694 8万次,每个车道所承受的标准轴载累计轴次为5.847 4万次。

从表6-31可知,车辆超载100%时,其作用轴次为标准轴载时的20.4倍;车辆超载200%时,其作用轴次为标准轴载时的119倍。可见,汽车超载时,特别是大于100 kN以后,其轴重对沥青路面结构的损坏极为严重,其累计标准轴载明显增加,使路面使用性能与服务水平大大降低。

由上面的分析可知,按收费站提供的交通量资料所得到的累计标准轴载作用次数远小于实际的累计标准轴次。为得到符合实际的交通量,必须对上面计算的标准轴次进行修正,根据实际调查的车辆超载情况。结合过去的经验,车辆超载修正系数取为1.6,因此可以认为从2007年至2009年累计作用标准轴次为18.711 7万次。轴载计算的车辆类型主要是现行交通量中对路面损坏影响较为严重、轴型轴重变化范围较大的中型、重型和特重型车辆。特别应该强调的是,占交通量38.35%的一类车辆对沥青路面的表面特性肯定是有影响的,但在计算时没有考虑。

2) 路面结构承载力评价

结构承载能力一般通过路段代表弯沉与设计弯沉的关系变化来进行评价。路段代表弯沉应采用自动弯沉检测车进行测量,各测点间的间距通常为10 m。通过各测点的平均值加2倍的标准差,计算出路段的代表弯沉值。

但是仅有弯沉值数据是不够的,它不足以表述路面各结构层的强度情况。为进一步了解路面各结构层的情况,又进行了分层回弹模量测定。回弹模量是表征路面材料形变特性的强度参数,随着路面荷载的不断累积,路面材料的模量和强度逐步下降。对于沙漠路来讲,路面结构层的作用,除了改善道路行驶质量外,主要是扩散车轮荷载,减少传给沙基的应力值,防止因沙基出现过量变形而促使路面结构损坏,而沙基受应力累积作用所产生的变形,可以通过沙基的回弹模量来表征。用测定的沙基回弹模量和设计的沙基回弹模量做比较,可以看出路面结构是否疲劳破坏。因此,通过结合模量、弯沉两个参数的测定,更能反映路面结构的实际状况。

(1) 路面弯沉。沥青路面强度采用强度系数作为评价指标。路面强度系数(SSI)按下式计算:

$$SSI = 路面容许弯沉值 / 路段代表弯沉值$$

沙漠公路设计累计当量标准轴载为56万次,按照《公路柔性路面设计规范》中的容许弯沉计算公式,得到沙漠公路的容许弯沉为0.83 mm:

$$l_R = 11.0 A_C A_S / N_e^{0.2} \qquad (6-5)$$

式中 A_C——公路等级系数，这里取 1.1；

A_S——面层类型系数，这里取 1.0；

N_e——设计年限内一个车道上的累计当量轴次，这里取 56 万轴次。

按照《公路路基路面现场测试规程》，由下式算得各调查路段的代表弯沉值：

$$L = \bar{L} + Z_a S \qquad (6-6)$$

式中 L——弯沉值；

$\bar{L}$——评定路段各测点的弯沉平均值；

Z_a——与保证率有关的系数，这里取 1.645；

S——评定路段全部测点弯沉的标准差。

在算出路段代表弯沉值后，依据《公路养护技术规范》中规定的路面强度评价标准，计算路面强度系数（SSI）并评价各路段的路面质量。2007年、2009年路面强度系数变化详见图6-26。

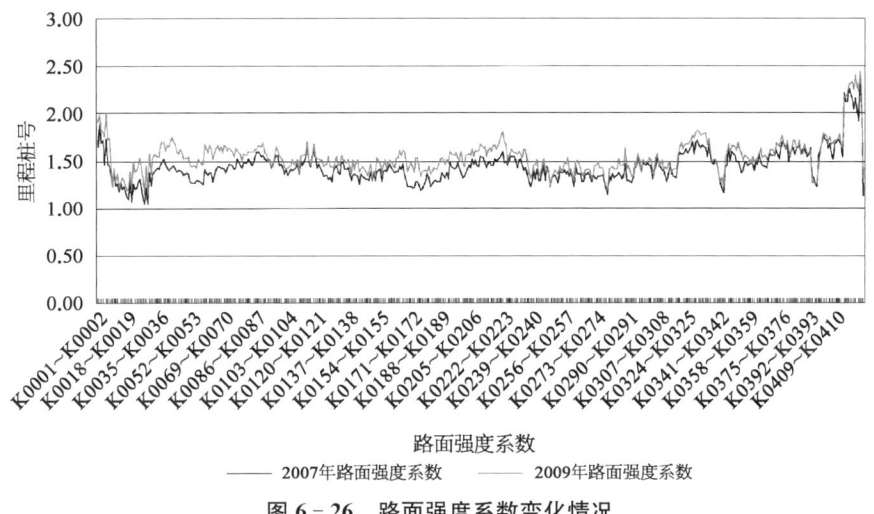

图 6-26　路面强度系数变化情况

路面弯沉是路面结构强度的重要参数，它不仅能反映路面各结构层及土基的整体强度和刚度，而且其值大小和路面的使用状态存在一定的内在关系。通过代表弯沉值和设计容许弯沉值的比较，还可大致判断路面的强度储备，预估路面的剩余寿命。

对比 2007 年、2009 年两次弯沉值的检测数据，两次弯沉检测结果的相关性较好。全线弯沉合格。分析原因，一方面说明开放交通后，行车碾压对路面强度逐步增加有一定作用；另一方面说明路线基本沿和田河布设，季节性地下水位的变化对弯沉的变化还是有一定影响，2007 年检测是在弯沉检测的不利季节 11 月，而 2009 年检测是在弯沉检测的有利季节 7 月。

从路面强度系数变化曲线看，全线 2007 年路面强度系数为 1.42，2009 年路面强度系数为 1.53，增加了 11%，说明沙漠公路强度储备较多，且在增加，施工质量较好，分析原因同上。K325~K425 段路面强度系数平均值为 1.68，且无衰减，相对全线路面强度较高，施工质量控制较好。但 K16~K30 段路面强度系数为 1.33，相对全线路面强度较低，从路面破损情况看，裂缝、破损较多，路面施工质量控制一般。

（2）回弹模量。回弹模量是表征路面材料变形特性的强度参数。在开放交通 2 年后，进行了 19 个测点位置回弹模量的测定，其中面层 19 个点、基层 19 个点。表 6-32、表 6-33 为各层回弹模量的试验数据。

表 6-32 面层各测点回弹模量值汇总

桩 号	层 次	$\sum P_i$(MPa)	回弹模量值(MPa)
K5+850	面层	2.3	324.79
K6+760	面层	2.3	388.07
K34+630	面层	2.3	287.03
K34+710	面层	2.3	356.88
K41+180	面层	2.3	291.98
K41+800	面层	2.3	273.88
K42+160	面层	2.3	349.17
K57+060	面层	2.3	374.81
K57+820	面层	2.3	252.76
K58+520	面层	2.3	235.21
K137+300	面层	2.3	235.75
K137+510	面层	2.3	292.65
K137+600	面层	2.3	364.19
K398+080	面层	2.3	301.51
K398+300	面层	2.3	236.30
K398+750	面层	2.3	274.62
K408+130	面层	2.3	327.77
K408+320	面层	2.3	311.88
K408+340	面层	2.3	369.49

表 6-33 基层各测点回弹模量值汇总

桩 号	层 次	$\sum P_i$(MPa)	回弹模量值(MPa)
K5+850	基层	2.3	288.50
K6+760	基层	2.3	357.78
K34+630	基层	2.3	225.30
K34+710	基层	2.3	301.51
K41+180	基层	2.3	198.45
K41+800	基层	2.3	250.27
K42+160	基层	2.3	243.08
K57+060	基层	2.3	285.42
K57+820	基层	2.3	246.03
K58+520	基层	2.3	225.80
K137+300	基层	2.3	229.68
K137+510	基层	2.3	278.85
K137+600	基层	2.3	267.39

(续表)

桩　号	层　次	$\sum P_i$(MPa)	回弹模量值(MPa)
K398+080	基层	2.3	199.23
K398+300	基层	2.3	183.41
K398+750	基层	2.3	229.88
K408+130	基层	2.3	267.39
K408+320	基层	2.3	226.52
K408+340	基层	2.3	295.38

通过表6-32、表6-33看出，路面、路基的回弹模量都较高，表明沙漠路基层在大部分路段并未疲劳破坏，路面结构强度尚足。

6.2.3.4　路面使用功能评价

1) 路面破损情况

根据沙漠公路路面破损调查结果，阿和沙漠公路上发现的破损形式有横向裂缝、纵向裂缝、网裂、推移等，其中裂缝类破损比较普遍，而且有些路段裂缝类破损相对比较严重，其中又以横向裂缝居多，比如K34～K35、K408以后的路段，其他几种类型的破损相比则不太严重。

(1) 横向裂缝分析。阿和沙漠公路路面的横向裂缝很普遍，基本上遍布于全路段，其中近1/2的横向裂缝都贯通于路面表面，有的延展到路中与纵向裂缝交汇后在交汇处形成局部的网裂。其中在K34、K408等路段横向开裂比较多。

根据横向裂缝调查结果，贯穿面层表面的横向裂缝的间距最小的6 m，最大的有30 m，大部分的横向裂缝等间距分布在10～20 m，由此可以判断横向裂缝主要是沥青面层的温缩裂缝。造成温缩裂缝的原因和沙漠公路的温差较大有关，另外，由于在施工时透层油洒布不规范，也加剧了温缩裂缝的生成。由于温缩裂缝为非荷载型裂缝，对路面结构的强度影响不大，但对路面的表观有一定的影响。图6-27为沙漠公路上的横向裂缝。

图6-27　阿和沙漠公路横向裂缝图

(2) 纵向裂缝分析。实际调查发现，阿和沙漠公路上的纵向裂缝主要有两种形式：一种是通行车辆在行驶过程中轮胎爆裂后得不到及时维修，导致轮毂侧沿直接剪切破坏路面产生的纵向开裂，另一种是由于疲劳破坏产生的开裂，在路表很容易判断区分这两种不同类型的纵向裂缝，由轮毂压裂的裂缝特点是长且直，最长的纵向裂缝长度可达数十公里之多，在路面表面有明显的轮毂印迹。

由于阿和沙漠公路上的车辆行驶速度高，加上阿和沙漠公路所处的地区年平均气温较高，因此车辆在高速行驶过程中极易爆胎，爆胎后驾驶员难以觉察，导致轮毂继续碾压路面，或者由于阿和沙漠公路沿线无修车点，在屡次爆胎后，无法进行维修处理，也只好继续行驶，从而造成塔里木石油沙漠公路全线普遍产生了路表轧断型纵向裂缝。这种裂缝有的已经贯通沥青面层，有的尚未贯通，但在不利季节比如气温突然下降或冬季时，裂缝会进一步发展，最终贯通沥青面层。

在所见的疲劳裂缝中，相当一部分是由于轮毂轧裂(或压伤)路面后，致使路面承载能力下降，在荷载重复作用下，纵向裂缝逐渐扩展，在缝的两侧形成纵裂和局部网裂。还有一部分是基层施工过程中的缺陷造成整体承载能力不足而引起的荷载型裂缝。由于施工期间采用半幅施工，施工缝加剧了

纵向裂缝的生成,导致路面表面形成纵裂。图6-28为轮毂轧裂造成的纵向开裂。

(3) 网裂分析。在沙漠公路调查时发现,沙漠公路上的网裂也有两种形式:一种是由于路面结构强度不足引起的局部网裂,另一种是在纵向裂缝和横向裂缝交汇处出现的网裂。后者较破碎,而且有一定的沉陷,可以判断为荷载型网裂。由横向裂缝和纵向裂缝交汇后形成的网裂比较普遍,而纵向裂缝基本上都是轮毂轧裂的,这种网裂没有沉陷,可以判断不是荷载型网裂,在K34段较多。

图6-28 阿和沙漠公路纵向裂缝

形成网状裂缝的原因不完全是荷载作用的结果,有的是温度和荷载两方面共同作用的结果,因此上述前一种网裂属于结构性损坏,后一种网裂初期属于表面损坏。图6-29为典型的网裂图。

图6-29 阿和沙漠公路网裂   图6-30 阿和沙漠公路路面推移发育块

(4) 推移现象分析。在阿和沙漠公路上,一些路段有离析的现象,在路面表面出现了推移的痕迹,各段落均不同程度发生了推移现象(图6-30)。

形成推移的原因主要是沥青面层与基层之间粘结不好,这与施工中透层油铺洒不均匀、路基含沙量大有直接原因,在重车车辆的水平力作用下产生了沥青面层的推挤,这种推移形成典型的纵向月牙形裂缝和变形。这种局部推移多发生在坡道、弯曲线拐弯处或易引起驾驶员频繁刹车路段。阿和沙漠公路的面层设计厚度为4 cm,沙漠公路上通行的车辆中常常有轴载大的油田特种车辆和荷载较大运输物资的货车,当气温较高时,如果急刹车,重车车辆轮胎作用于路面的水平力如超过了面层的粘结力,则会产生推移现象,如果层间粘结条件好,则可以减少推移的产生。由于透层油铺洒不均匀、路基含沙量大等多种因素的作用,产生面层推移是不可避免的,这也说明洒透油层是非常重要的。要减少这种现象的产生,应提醒驾驶员不要急刹车,尤其是在气温较高的时候。

(5) 路面破损分析。从阿和沙漠公路路面破损调查结果来看,总体上路面破损并不严重。路面实际情况良好,即K34~K35、K408路面破损情况较多,主要为横向裂缝,纵缝多为轧断型裂缝,网裂、修补、推移面积相对很少。实际上,由于沙漠公路的交通量小,重车比例不大,渠化交通不明显,同时沙漠地区干旱少雨,路面破损后很少因为雨水进入基层而加速路面结构的破坏,所以沙漠公路的路面破坏并不严重,至于部分路段出现较多裂痕,主要有以下三方面原因:

① 沙漠公路为边施工边通车,其北段比南段先修筑,北段的沙漠公路在施工养护时间短的情况下承受荷载作用时间长一些;

② 由于施工原因,部分路段透层油铺洒不均匀,路基中含沙量较大,黏合不好,由于温度等因素作用,产生裂痕;

③ 人为的损坏，如大多数纵向裂痕是因为车胎破裂造成轮毂直接与路面的碾压作用。

2) 平整度

路面行驶质量同路面的平整度、车辆的动态响应以及乘客对舒适性的要求和对颠簸的接受能力有关。行驶质量通常采用汇总众多乘客的主观评价意见计算出评分值。将各路段的评分值与各路段实测的平整度指标通过回归分析建立路面性能评价主观评分同客观测量的相互关系。因此，可以根据路面平整度的客观测量结果得到对路面行驶质量的统一评价。

路面表面平整度是影响行车安全、行车舒适性以及运输效益的重要使用性能，当道路表面不平整时会增加行车阻力，并且使车辆产生附加的震动作用。这种振动作用会造成行车颠簸，影响行车的速度和安全、驾驶的平稳和乘客的舒适。同时，振动作用还会对路面施加冲击力，从而加剧路面和汽车机件的损坏及轮胎的磨损，并增大油料的消耗。而且，不平整的路面还会积滞雨水，加速路面的破坏。因此，为了减少振动冲击力，提高行车速度和增进行车的舒适性、安全性，路面应保持一定的平整度。

路面平整度的计算按照《公路养护技术规范》，以下式计算了调查路段的平整度代表值 $IRI_{代表}$：

$$IRI_{代表} = IRI_{实测} + 1.645S \tag{6-7}$$

式中 $IRI_{代表}$——激光断面仪测定值的单边上波动界限；

$IRI_{实测}$——激光断面仪测定值的平均值；

S——激光断面仪测定值的标准差。

从 2007 年、2009 年两次平整度检测数据看，全线平整度几乎未衰减，且两次检测数据的相关性较好（图 6-31）。全线只有 K250~K270 段落平整度稍有衰减。对照其他相关指标看，路面整体强度较高是平整度未衰变的主要因素。

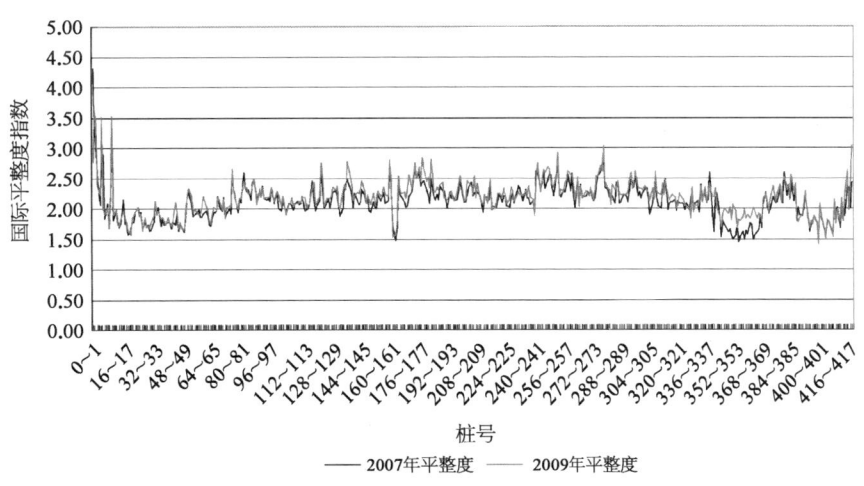

图 6-31 阿和沙漠公路路面平整度衰变图

3) 车辙

路面平整度的计算按照《公路养护技术规范》，以下式计算了检测调查路段的车辙代表值：

$$L_{代表} = \bar{L}_{实测} + 1.645S \tag{6-8}$$

式中 $L_{代表}$——激光断面仪测定值的单边上波动界限；

$\bar{L}_{实测}$——激光断面仪测定值的平均值；

S——激光断面仪测定值的标准差。

从车辙的两次检测数据看,车辙衰变规律的相关性较好(图6-32)。经过两年的通车使用,阿和沙漠公路的车辙依然较小,2009年车辙代表值相对2007年仅增加了1.39 mm,全线合格率仍较高。但局部路段,如K11~K12段车辙代表值由2007年的11.93 mm增加到2009年的25.82 mm,车辙衰减3倍以上的段落有K251~K254。

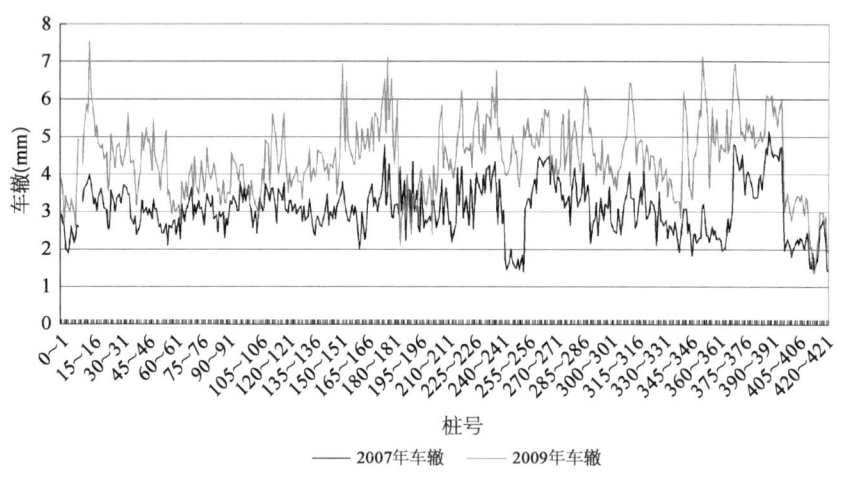

图6-32 阿和沙漠公路路面车辙衰变图

4) 抗滑性能

对于路面安全性能的评价一般只考虑抗滑能力。然而影响路面安全性能的实际包括以下几个方面:抗滑能力、车辙(因为车辙可以造成路面积水,使得汽车有发生水上漂移的危险)、路面的反光、车道分界、外来障碍物。影响路面抗滑能力的因素包括路面特性(粗构造、细构造)、油和水对路面的污染、车辆参数(主要是轮胎)和驾驶因素(行车速度)等。路表面的细构造是指集料表面的粗糙度,它随车轮的反复磨耗作用而逐渐磨光,通常用石料磨光值(PSV)表征其抗磨光的性能。路表的细构造在低速行车(30~50 km/h)时,对路表的抗滑能力起决定作用;而高速行车时起主要作用的是粗构造。粗构造是由路表外露集料构成的,功能是使路表水迅速排除,以免形成水膜。粗构造由构造深度表征。

路面的抗滑性是判断道路安全与否的一个重要指标。抗滑性好坏的判定可以测定路面构造深度或测定摩擦系数为依据。

从测试结果(表6-34)来看,阿和沙漠公路路面形式质量较好,基本能满足公路运营的要求。

表6-34 各评定路段抗滑值统计

路段起讫	摆值平均值(BPN)	标准差(10^{-2} mm)	变异系数	修正后值
K5+300~K6+300	76.5	2.653	0.035	79.5
K41+200~42+200	78.9	5.433	0.069	81.9
K56+000~K57+000	78.1	2.79	0.036	81.1
K134+000~K135+000	69.1	3.302	0.048	72.1
K398+000~K399+000	57.3	2.195	0.038	60.3
K408+000~K409+000	59.7	5.157	0.086	62.7

6.2.3.5 阿和沙漠公路示范效果评价分析

综合路面破损调查、路面弯沉调查和回弹模量测定、路面平整度调查等几方面来看,沙漠公路在

K34~K35 路段内,表面破损较严重,主要是路表横向开裂,轮毂轧断型纵裂,但路面结构的强度仍有一定的储备,路面仍有较高的承载能力。回弹模量测定结果表明砂基的强度稳定,没有明显的衰减,也说明路面结构没有发生结构性破坏,因此,对此段的养护可以采用局部重点维修与一般养护相结合的方法。

路面强度上被测路段的路面强度均符合要求。

根据各被测路段回弹模量列表,可看出各级回弹模量均高出设计要求。因此看出沙基的设计模量值取值偏于安全,这也表明该沙漠路基层在所有被检测路段上并未发现疲劳破坏,路面结构强度足。

但是,单从路面平整度来看,检测路段的平整度代表值尚可,在今后的路面养护中需注意,避免因构造深度过大,引起沥青松散剥落、麻面甚至坑槽现象,对行驶舒适度和交通安全产生负面作用。

从沙漠公路的交通流量组成来看,由于沙漠公路的交通量小,渠化交通不明显,路面在短时间内将不至于出现由于荷载重复作用导致的疲劳破坏,沙漠公路中现有的一些疲劳开裂主要是由于车辆高速行驶过程中轮胎爆破后轮毂轧裂的,其次是由于施工缺陷造成的局部疲劳损坏,因此应加强对通行车辆的管理,尽量避免这种现象的进一步发生。

总体来看,沙漠公路的路面破坏并不严重,部分路段出现裂缝,这与施工工艺、取材等诸多因素有关,由于沙漠地区干燥少雨,很少发生由于降雨而加速基层破坏的现象,因此这些表面开裂和破损对路面破坏过程没有明显的影响,只是对路面的使用功能和路面表观有一定的影响。

6.2.4 路面使用性能综合评价研究

采用以下六个指标作为评价指标体系:路面破损指标、路面行驶舒适性、路面强度系数、路面行驶安全性指标、沙基稳定性指标、交通轴载。

路面破损状况指标(PCI)是通过测定沥青路面各类破损的数量和体积,计算路面破损率及裂缝率等,供路面质量管理与验收、建立路面管理系统和决定路面维修方案时使用。

路面行驶舒适性,以 3 m 直尺的方式测得的,是以每 100 m 为一个计算区间,一个检测路段有若干个计算区间,由测定值得到各计算区间的平整度后,如何评定该检测路段的平整度,由施工及验收规范规定。

路面强度系数(SSI)是路面设计弯沉与代表弯沉的比值,以此来判断道路的结构强度,其值越大越好。

行驶安全性是以路面摩擦系数判断,选用 BPN 指标,以摆式摩擦系数测定仪测定沥青路面的抗滑值,用以评定路面在潮湿状态下的抗滑能力。

以上四指标均在规范中出现,由于沙漠公路环境、水文地质条件、路面结构等较一般公路不同,因此,在此引入沉降量与交通轴载两指标。

沉降量是评价沙基稳定性的指标,路面沉降量观测这一试验,在交通行业各规范中均查不到,却是一个重要的检测方法。特别在以风积沙作为路基垫层的沙漠公路中,对沉降量进行分析可以判断沙基的优劣程度。

交通轴载指标(N)是标准轴载当量轴次,将各种车辆非标准轴载作用次数换算为标准轴载作用次数,分析标准轴载对路面结构的损坏作用。

灰色理论是一门研究信息部分清楚、部分不清楚并带有不确定性现象的应用数学学科。传统的系统理论,大部研究那些信息比较充分的系统。对一些信息比较贫乏的系统。利用黑箱理论,也取得了较为成功的经验。但是,对一些内部信息部分确知、部分信息不确知的系统,却研究得很不充分。这一空白区便成为灰色系统理论的诞生地。在沙漠公路路面使用性能评价中,所用的路面使用性能评价指标就是上述六个,目前尚处于探索阶段,有理由认为可能存在没有被用到但很关键的指标,因此,进行灰色理论分析是可行的。

通过比较分析,选用灰色系统理论的三角白化权函数的灰色评估方法建立评价体系,见表6-35。

表6-35 沙漠公路路面性能评价指标等级

指 标	权重	代号	差 1	次 2	中 3	良 4	优 5
PCI	0.2	x_1	<40	≥40;<55	≥55;<70	≥70;<85	≥85
RQI	0.2	x_2	<4.0	≥4.0;<5.5	≥5.5;<7.0	≥7.0;<8.5	≥8.5
SSI	0.2	x_3	<0.4	≥0.4;<0.6	≥0.6;<0.8	≥0.8;<1.0	≥1.0
BPN	0.2	x_4	<27	≥27;<32	≥32;<37	≥37;<42	≥42
沉降	0.1	x_5	≥0.35	<0.35;≥0.3	<0.3;≥0.25	<0.25;≥0.2	<0.2
N	0.1	x_6	<40	≥40;<55	≥55;<70	≥70;<85	≥85

通过表6-35可以看出,沉降量阈值优劣等级与其余5个指标是反向的,在这里需进行阈值同向化处理,对沉降量范围区间取倒数,将6个分指标的优劣等级取值同向化,见表6-36。

表6-36 阈值同向化处理后的各评价指标等级划分

指 标	权重	代号	差 1	次 2	中 3	良 4	优 5
PCI	0.2	x_1	<40	≥40;<55	≥55;<70	≥70;<85	≥85
RQI	0.2	x_2	<4.0	≥4.0;<5.5	≥5.5;<7.0	≥7.0;<8.5	≥8.5
SSI	0.2	x_3	<0.4	≥0.4;<0.6	≥0.6;<0.8	≥0.8;<1.0	≥1.0
BPN	0.2	x_4	<27	≥27;<32	≥32;<37	≥37;<42	≥42
沉降	0.1	x_5	<2.86	≥2.86;<3.33	≥3.33;<4	≥4;<5	≥5
N	0.1	x_6	<40	≥40;<55	≥55;<70	≥70;<85	≥85

三角白化权函数的表达式为:

$$f_j^k(x)=\begin{cases}0, & x \notin [x_j^{k-1}, x_j^{k+2}] \\ \dfrac{x-x_j^{k-1}}{\lambda_j^k-x_j^{k-1}}, & x \in [x_j^{k-1}, \lambda_j^k] \\ \dfrac{x_j^{k+2}-x}{x_j^{k+2}-\lambda_j^k}, & x \in [\lambda_j^k, x_j^{k+2}]\end{cases} \quad (6-9)$$

式中,$\lambda_j^k=(x_j^k+x_j^{k+1})/2$ 为指标 $x_j(j=1,2,\cdots,6,$ 分别代表 $x_1,x_2,\cdots,x_6$ 六个分指标),关于 k

灰类的临界值（$k=1,2,\cdots,5$，分别代表差、次、中、良、优 5 个灰类）；$x_j^1,x_j^2,x_j^3,x_j^4,x_j^5,x_j^6$ 为指标 x_j 关于 k 灰类的阈值。

对指标 $x_j(j=1,2,\cdots,6)$ 的任一观测值 x，由式(6-9)可得出其关于灰类 $k(k=1,2,\cdots,5)$ 的隶属度函数 $f_j^k(x)$ 表达式。

对分指标定性分析，表 6-37 给出了各指标取数域的延拓值 x_j^0、x_j^7 和 k 灰类的临界值 λ_j^k：

表 6-37 分指标取数域延拓值及灰类临界值

代 号	x_1	x_2	x_3	x_4	x_5	x_6
x_j^0	0	0.2	1.0	17	0.05	0
x_j^7	115	1.4	11.5	52	0.4	115
λ_j^1	30	0.3	3.25	24.5	0.275	30
λ_j^2	47.5	0.5	4.75	29.5	0.225	47.5
λ_j^3	62.5	0.7	6.25	34.5	0.175	62.5
λ_j^4	77.5	0.9	7.75	39.5	0.125	77.5
λ_j^5	92.5	1.1	9.25	44.5	0.075	92.5

将表 6-37 的具体数值代入式(6-9)，可计算出分项指标 x_j 的 1 个检测值 x 对于"优、良、中、次、差" 5 个评价等级的白化隶属函数值。

对于分项指标 x_j 检测值 x，关于 5 个评价等级 k 的分类系数为

$$\sigma_j^k = 10 f_j^k(x)$$

由 $\max\limits_{1 \leqslant k \leqslant 5}\{\sigma_j^k\} = \sigma_j^{k*}$，判断分项指标 x_j 属于等级 k^*。

对于沥青路面使用质量，关于 5 个评价等级 k 的综合分类系数为 σ_{HN}^k：

$$\sigma_{\mathrm{HN}}^k = \sum_{j=1}^{6} f_j^k(x) \eta$$

式中 η——指标 j 在综合聚类中的权重。

由 $\max\limits_{1 \leqslant k \leqslant 5}\{\sigma_{\mathrm{HN}}^k\} = \sigma_{\mathrm{HN}}^{k*}$，判断其质量属于等级 k^*。

对于分项指标 x_j，检测值 x 分类系数向量

$$\sigma_j = \{\sigma_j^1, \sigma_j^2, \cdots, \sigma_j^5\}$$

系数向量 σ_j 的熵为

$$I(\sigma) = -\sum_{k=1}^{5} \sigma_j^k \ln \sigma_j^k$$

沙漠公路路用性能在使用过程中分指标的衰减是不均衡的，有的指标衰减的幅度较大，有的则较小。在沙漠公路路用性能评价中，评价指标越不均衡，用规范评价方法得出的结果越不可靠。通过增加评价指标因子、合理分配各因子的权重、客观评价沙漠公路的路用性能，将阿和沙漠公路的实测数据代入计算，得到阿和沙漠公路路用性能评价结果，见表 6-38。

表 6-38 阿和沙漠公路路面性能综合评价结果

指标	权重	隶属函数值					分指评定		
现实值		$f_j^1(x)$	$f_j^2(x)$	$f_j^3(x)$	$f_j^4(x)$	$f_j^5(x)$	σ^{k^*}	k^*	等级
X_1	99	0.2	0	0	0	0.278	0.895	8.95	5	优
X_2	0.98	0.2	0	0	0	0.234	0.923	9.23	5	优
X_3	1.1	0.2	0	0	0	0.146	0.901	9.01	5	优
X_4	69	0.2	0	0	0	0.248	0.864	8.64	5	优
X_5	0.08	0.1	0	0	0	0.064	0.922	9.22	5	优
X_6	94.3	0.1	0	0	0.067	0.193	0.904	9.04	5	优
综合 k^*/等级	5/优								

6.3 防沙体系应用研究及示范效应评价

6.3.1 防沙体系效应评价

6.3.1.1 固、阻组合形式下的积沙情况

阿和沙漠公路的各种固、阻防风阻沙体系，经过一年多时间使用，已出现不同程度的积沙情况，根据新疆气象服务中心于2008年3月—2009年3月的观测计算，按防风阻沙体系组合的不同及所用材料之各异，其防风阻沙性能之优劣非常明显，见表6-39、表6-40。关于年积沙量的计算，采用以下两式：

$$年累积沙量＝积沙面积(10 \text{ m}^2)×积沙平均厚度(\text{m})×$$
$$风积沙天然干密度(1\,400 \text{ kg/m}^3)/10(\text{m}^2 \cdot \text{a})。$$

天然风积沙干密度，一般在 $1\,300 \sim 1\,500 \text{ kg/m}^3$，在此取其平均值 $1\,400 \text{ kg/m}^3$。

表 6-39 上风侧各种防风阻沙体系下积沙效应

序号	防风阻沙体系的组合形式	各特征点积沙情况[kg/×10(m²·年)]			积沙量减少的百分数(%)
		体系外无防治点	体系内有防治点(平均)	积沙量减少数	
1	芦苇栅栏与芦苇方格	4 688	1 780	2 908	62.0
2	芦苇栅栏与棉秆方格	3 080	1 960	1 120	36.4
3	芦苇栅栏与稻草帘子方格	3 080	1 995	1 085	35.2
4	芦苇栅栏与稻草把子方格	2 940	1 938	1 002	34.1
5	芦苇栅栏与绿色土工网方格	3 150	2 398	752	23.9
6	芦苇栅栏与黑色土工网方格	3 500	2 613	887	25.3
7	芦苇栅栏与土工袋方格	2 800	2 450	350	12.5

表 6-40 下风侧刮反向风时各种防沙体系下的积沙效应

序号	防风阻沙体系的组合形式	各特征点积沙情况[kg/×10(m²·年)]			积沙量减少的百分数(%)
		体系外无防治点	体系内有防治点(平均)	积沙量减少数	
1	芦苇栅栏与芦苇方格	3 268	1 847	1 421	43.5
2	芦苇栅栏与棉秆方格	3 500	2 030	1 470	42.0
3	芦苇栅栏与稻草帘子方格	2 900	2 982	1 008	25.3
4	芦苇栅栏与稻草把子方格	1 820	1 470	350	19.2
5	芦苇栅栏与绿色土工网方格	2 450	2 030	420	17.2
6	芦苇栅栏与黑色土工网方格	2 800	2 450	350	10.0
7	芦苇栅栏与土工袋方格	2 660	2 562	90	3.7

从以上两表中各种防沙体系下的积沙效应来看,以芦苇栅栏与芦苇方格组合的效应最好,其次为芦苇栅栏与棉秆方格组合、芦苇栅栏与稻子帘子方格组合、芦苇栅栏与稻草把子方格组合,再次为芦苇栅栏与绿色土工网方格及黑色土工网方格组合,最差的是芦苇栅栏与土工袋方格组合。

6.3.1.2 防风阻沙风速情况

1) 各种防风沙设施瞬时风速对比分析

沙漠地区用来评价防风阻沙效益的技术参数包括地形、地貌、平均风速、盛行风向、各风向最大风速、大风日数、瞬时风速、强风风向玫瑰图等,其中的瞬时风速、强风风向是防风阻沙的主要动力参数。阿和沙漠公路路线地形复杂,春季寒潮大风和南疆短时阵风是影响防风阻沙的主要因素。因此提出以最大瞬时平均风速(3 s 阵风)过境于各防沙体的梯度风速大小高低,来衡量各防沙设施的效能。当然,以各种固沙方格内 200 cm 高处的瞬时风速小于当地裸露流沙地的起沙风速(约 4.0 m/s)状态时其效能最好。根据新疆气象科技服务中心 2008 年 3 月—2009 年 3 月所开展的阿和沙漠公路防风阻沙效益野外风沙监测及研究提供的各种防风沙设施不同高度的瞬时风速资料(表 6-41),从中显示:

表 6-41 定点观测的不同测风高度时防风阻沙体下瞬时风速

防沙组合形式	测风高度(cm)	测点位置及风速(m/s)							
		栅前	方格中	迎风坡脚	迎风路肩	路中心	背风路肩	背风坡脚	方格中
芦苇栅栏与100 cm×100 cm,高20 cm芦苇方格	400	11.1	6.4~10.6	10.1	8.3	9.5	11.9	7.7	10.9~11.9
	200	13.1	5.8~8.1	8.4	11.3	7.2	9.1	10.7	9.1~12.7
	50	12.4	3.5~5.1	8.0	8.3	6.7	8.4	6.3	2.9~4.6
	15	5.1	2.1~3.7	5.9	8.3	5.7	6.2	7.2	2.9~4.6
芦苇栅栏与100 cm×100 cm,高15 cm棉秆方格	400	9.2	5.8~9.7	10.4	6.6	8.3	6.8	6.6	5.8~10.9
	200	8.3	5.6~10.4	8.7	6.1	6.3	6.2	5.9	7.8~10.5
	50	8.5	3.6~4.9	2.6	4.7	6.6	4.3	5.0	4.4~6.8
	15	7.6	3.4~7.2	5.9	3.8	5.1	2.8	2.5	4.8~6.2

(续表)

防沙组合形式	测风高度(cm)	测点位置及风速(m/s)							
		栅前	方格中	迎风坡脚	迎风路肩	路中心	背风路肩	背风坡脚	方格中
芦苇栅栏与100 cm×100 cm,高15 cm草把子方格	400	11.7	7.6～8.6	10.8	8.3	7.9	6.8	9.1	8.8～11.4
	200	9.1	6.4～7.9	9.4	6.7	7.7	6.0	8.7	8.8～10.0
	50	8.2	5.8～7.1	8.2	5.8	7.0	3.6	5.6	8.4～11.5
	15	6.5	3.6～5.1	2.1	5.9	8.3	5.7	6.2	2.9～4.7
芦苇栅栏与100 cm×100 cm,高30 cm稻草帘子方格	400	7.1	6.8～7.9	9.3	11.5	10.3	12.4	9.9	9.4～12.8
	200	6.9	5.8～7.0	8.8	10.9	10.6	10.2	8.0	8.8～12.8
	50	6.9	3.0～3.2	9.1	6.1	5.0	7.8	5.2	5.9～8.0
	15	5.1	2.4	6.4	7.7	4.1	5.8	0.4	4.1～5.9
土工网栅栏与100 cm×100 cm,高20 cm土工网方格	400	10.8	11.3～11.6	9.5	9.6	14.8	7.4	9.5	14.3
	200	11.3	10.5～11.6	9.1	8.6	13.1	7.1	6.3	14.0
	50	10.4	7.9～10.3	8.8	1.4	12.9	4.7	5.6	13.7
	15	5.3	6.3～5.9	5.1	1.5	11.1	2.3	3.2	8.1

(1) 固沙方格中离地 200 cm 高处的瞬时风速。在 5 种防沙组合形式条件下,200 cm 高处的瞬时风速都大于当地裸沙地起沙风速,但仍有很大差别,其中芦苇方格、棉秆方格、草把子方格、稻草帘子方格的瞬时风速,变化在 6.4～8.0 m/s 之间,而土工网方格的实测瞬时风速却达 11.1 m/s,是裸沙地起沙风速的 2.8 倍,说明防固沙动能较低。

(2) 固沙方格中离地 50 cm 高处瞬时风速。在 5 种防沙组合形式下,稻草帘子瞬时风速为 3.1 m/s,低于裸露沙地起沙风速,很安全。芦苇方格、棉秆方格风速都为 4.3 m/s,略大于裸沙地起沙风速,仍然安全。草把子方格瞬时风速为 6.5 m/s,大于裸沙地起沙风速 1.63 倍,有一定风险。

(3) 固沙方格中离地 15 cm 高处瞬时风速。固沙方格中 15 cm 高处瞬时风速是贴地层风速,在 5 种防沙组合形式下,芦苇方格、稻草帘子方格的瞬时风速在 2.4～2.9 m/s 之间,都低于裸沙地起沙风速,防沙效能最好。棉秆方格、草把子方格的瞬时风速为 4.4～5.3 m/s,略大于裸地起沙风速,有一定加固沙地功能。但土工网方格瞬时风速为 6.1 m/s,为裸沙地起沙风速的 1.5 倍,显示防固沙效能较差。

根据以上三层梯度瞬时风速与裸沙地起沙风速的对比分析,充分显出 5 种防风阻固沙组合形式中的加固沙措施,以芦苇方格、稻草帘子方格为最佳,棉秆方格、草把子方格次之,土工网方格较差。

2) 防风阻固沙体下起沙风速及沙粒通过路面临界风速监测

风沙流是含有沙粒的运动气流。沙粒开始起动的临界风速称为起动风速,一切超过起动风速的风称为起沙风。一般是在离地 200 cm 高处测定。粗糙地面由于摩擦阻力大,必然要增大沙粒的起动风速,沙漠公路通过风沙分布路段栽压、埋设的各种固沙方格,是控制沙粒移动的一种措施,就是为了增大沙表面粗糙度而设的防沙工程。沙表面的粗糙度是平均风速等于零的几何高度(cm),见表 6-42。

表 6-42　各种下垫面的粗糙度 z_0 值

下 垫 面 性 质		z_0 (cm)	注
平坦地面(冰面)		0.001	
流沙表面	无吹扬	0.007	
	有吹扬	0.093	
砾 石		0.410	
裸露硬地表		1.00	
耕 地		2.0	
新 1 m×1 m 草方格沙障		1.517	有覆盖度 20%
旧 1 m×1 m 草方格沙障		1.886	植被
旧 2 m×2 m 草方格沙障		2.398	
植被	0~3 cm 高	1.0	
	4~5 cm 高	2.0	
	6~10 cm 高	3.0	
	11~20 cm 高	4.0	
	21~30 cm 高	5.0	

有了各种固沙方格,可使贴沙面的风速减弱到沙粒起动风速以下,保护沙地表面沙粒不被起动。2008 年在阿和沙漠公路 K6~K430 沿线固沙方格内和公路路面进行了离地 200 cm 高处的起沙风速和沙粒通过路面的临界风速测定,见表 6-43。表中显示,公路沿线不同防风阻沙体下的起沙风速(m/s)是:芦苇方格为 8~9 m/s,草把子方格为 7 m/s,稻草帘子方格、棉秆方格为 6 m/s、土工网方格为 5 m/s,黑土袋方格为 4.5 m/s;差别很大,这主要是由于各种固沙方格所用材料不同,方格边料高低、厚度、孔隙率大小等不一致的结果。起沙风速的大小与沙漠地面的粗糙度密切相关,一般起沙风愈大,表示沙面的粗糙度愈大,很明显公路沿线各种防风固沙方格的起沙风速,以芦苇方格最大,说明其粗糙度最大,草把子方格、稻草帘子方格、棉秆方格居中,土工网方格、土工袋方格最小。为了进一步说明公路沿线各种防风沙方格离地 200 cm 高处的起沙风速反映到近沙面的情况,兹拿沿线 200 cm 高处起沙风速与表 2-41 离地 200 cm 高处和离地 15 cm 高处的瞬时风速予以对比(表 6-43),就能看出其优劣。

表 6-43　公路沿线不同防风阻沙体下起沙风速、沙粒过路临界风速

沙漠公路	经 度	纬 度	海拔高度 (m)	起沙风速 (m/s)	防风阻沙体类型及其强风与线路走向垂直时沙粒公路临界风速
阿拉尔	81°03.00′	40°31.000′	1 013.0		绿洲地带
0 km	81°13.776′	40°29.656′	1 014.7		绿洲地带
K6+100	81°14.052′	40°86.381′	1 017.4		沙漠绿洲过渡带
K11	81°12.768′	40°23.144′	1 020.0	8.0	芦苇草方格,沙子过路临界风速 10 m/s
K48	81°00.305′	40°08.033′	1 045.3	9.0	芦苇草方格,胡杨林,11 m/s
K56	80°58.395′	40°02.300′	1 052.1	9.0	芦苇草方格,胡杨林,11 m/s

(续表)

沙漠公路	经 度	纬 度	海拔高度(m)	起沙风速(m/s)	防风阻沙体类型及其强风与线路走向垂直时沙粒公路临界风速
K72	80°57.880′	39°54.842′	1 059.1	8.0	芦苇,沙子过路风速 10 m/s
K127	80°57.721′	39°25.365′	1 100.0	8.0	芦苇,沙子过路风速 10 m/s
K136			1 101.0	8.0	芦苇,沙子过路风速 10 m/s
K147			1 109.0	8.0	芦苇,沙子过路风速 10 m/s
K157+913	80°57.143′	39°05.721′	1 126.0	5.0	黑土工网(1 m×1 m 高 20 cm),沙过路临界风速 6.0 m/s
K158+900	80°56.933′	39°08.688′	1 122.0	6.0	棉秆方格,沙子过路临界风速 7.0 m/s
K161+450	80°56.834′	39°07.284′	1 123.0	7.0	草把子(1 m×1 m 高 15 cm),沙过路临界风速 8.0 m/s
K163+350	80°57.040′	39°06.217′	1 125.0	6.0	草帘子(1 m×1 m 高 30 cm),沙过路临界风速 7.0 m/s
K164+200	80°57.120′	39°05.830′	1 127.0	5.0	绿土工网(1 m×1 m 高 20 cm),沙过路临界风速 6.0 m/s
K165+200	80°57.143′	39°05.721′	1 126.0	4.5	黑土工袋(1 m×1 m 高 20 cm),沙过路临界风速 5.0 m/s
K166+700	80°57.365′	39°04.580′	1 124.0	8.0	新月形沙丘(1 m×1 m),沙子过路风速 10 m/s
K167			1 122.0	8.0	芦苇方格(1 m×1 m)
K235+700	80°57.979′	38°27.161′	1 172.0	8.0	芦苇方格(1 m×1 m)
K248			1 176.0	8.0	芦苇方格(1 m×1 m)
K390			1 190.1	8.0	芦苇方格(1 m×1 m)
K400			1 297.3	8.0	芦苇、防护林带
K430			1 367.8	8.0	芦苇方格(1 m×1 m)

表 6-44 中不同高度防风阻沙体的瞬时风速,有同点同时监测的离地 200 cm 高处和离地 15 cm 高处 2 层风速,离地 15 cm 高处风速是贴近地层风速,是距计算粗糙度值零风速最近的风速,是判断固沙设施功能的关键风速,其数愈小,显示防固沙功能愈佳。结果如下:

表 6-44 不同防风阻沙体下瞬时风速与起沙风速对比

固沙方格类型及规格	定点观测的不同高度时对防风阻沙体瞬时风速(m/s)		公路沿线观测的不同防风阻沙体 200 cm 高处起沙风速(m/s)
	200 cm 高处	15 cm 高处	
芦苇方格(100 cm×100 cm)	8.1	2.9	8~9
草把子方格(100 cm×100 cm)	7.2	4.4	7
棉秆方格(100 cm×100 cm)	8.0	5.3	6
稻草方格(100 cm×100 cm)	6.4	2.4	5
土工网方格(100 cm×100 cm)	11.1	6.1	4.5

(1) 芦苇方格。在公路沿线 200 cm 高处的起沙风速为 8~9 m/s,而在定点观测的 200 cm 高度处瞬时风速为 8.1 m/s,在 8~9 m/s 风速之内,同梯度 15 cm 高处风速为 2.9 m/s,接近零风速。说明贴地层沙面的风速已减弱到沙粒起动风速以下,对稳定沙面效果最佳。

沙粒通过路面的临界风速为 10~11 m/s,是诸多防沙组合形式中的最大风速,这是由于具有良好固沙作用芦苇方格的存在,通过路面的风沙流浓度降低,使过路风沙流顺畅了,从而导致过路风速的增大。

(2) 草把子方格。在公路沿线 200 cm 高处的起沙风速为 7 m/s,而在定点观测的 200 cm 高处瞬时风为 7.2 m/s,同梯度 15 cm 高处风速为 4.4 m/s,较接近零风速,防固沙效能良好。沙粒过路面的临界风速为 8 m/s,属中等风速。显示过路风流浓度中等。

(3) 棉秆方格。在公路沿线 200 cm 高处的起沙风速为 6 m/s,而定点 200 cm 高处瞬时风速为 8.0 m/s,同梯度 15 cm 高处的风速为 5.3 m/s,距零风速较远。固沙效能较差。沙粒过路面的临界风速为 6.0 m/s,显示过路风沙流浓度较大。

(4) 稻草帘子方格。在公路沿线 200 cm 高处的起沙风速为 6.0 m/s,而定点 200 cm 高处瞬时风速为 6.4 m/s,同梯度 15 cm 高处风速为 2.4 m/s,距零风速最近。稳定沙面效果最佳,沙粒过路面的临界风速为 6 m/s,过路风沙流的浓度较大。

(5) 土工网方格。在公路沿线 200 cm 高处的起沙风速为 5 m/s,而定点 200 cm 高处瞬时风速为 11.1 m/s,同梯度 15 cm 高处的风速为 6.1 m/s,远离零风速。固沙效能差。沙粒过路的临界风速为 5 m/s,说明过路沙流浓度很高,易导致路面积沙。

3) 固、阻结合形式下的风速情况

沙漠公路路侧的防风阻沙,都是采用远处阻沙,近处固沙的固、阻组合形式。经过一年多的观测,其防风阻沙体的风速随阻合形式与所用材料之不同差异很大,见表 6-45。

表 6-45 上风侧各种防风阻沙体下的风速效应

防风阻沙体系的组合形式	各特征点的风速情况(m/s)			风速降低数	风速减小百分数(%)
	风速高度(cm)	栅栏前无防治	各种固沙方格中(平均)		
芦苇栅栏与芦苇方格	50	12.4	4.3	8.1	65.3
	15	5.1	2.4	2.7	52.9
芦苇栅栏与棉秆方格	50	8.5	4.3	4.2	49.4
	15	7.6	5.4	2.2	28.9
芦苇栅栏与稻草帘子方格	50	6.9	3.1	3.8	55.7
	15	5.1	2.4	2.7	52.9
芦苇栅栏与稻草把子方格	50	8.2	6.5	1.7	20.7
	15	6.5	4.4	2.1	32.3
芦苇栅栏与绿色土工网方格	50	10.4	9.1	1.3	12.5
	15	5.3	6.1	0	0

从表中固、阻组合的风速效应来看,以芦苇栅栏与芦苇固沙方格组合的风速减弱率最多,也就是其效果最好,其次为芦苇栅栏与稻草帘子方格组合、芦苇栅栏与棉秆方格组合,再次为芦苇栅栏与稻

草把子方格组合,较差的是芦苇栅栏与土工网方格组合形式。

6.3.1.3 各种防风阻沙措施的效能判定

1) 按风速情况判定

沙漠公路不同类型防风阻沙体中 200 cm 高处的瞬时风速、起沙风速与过路沙粒临界风速,依次按以下顺序递减:芦苇方格→稻草帘子方格→草把子方格→棉秆方格→土工网方格→土工袋方格,并呈指数分布,见图 6-33。其中以芦苇方格、稻草帘子方格效能最佳,棉秆方格、草把子方格次之,土工网方格较差。

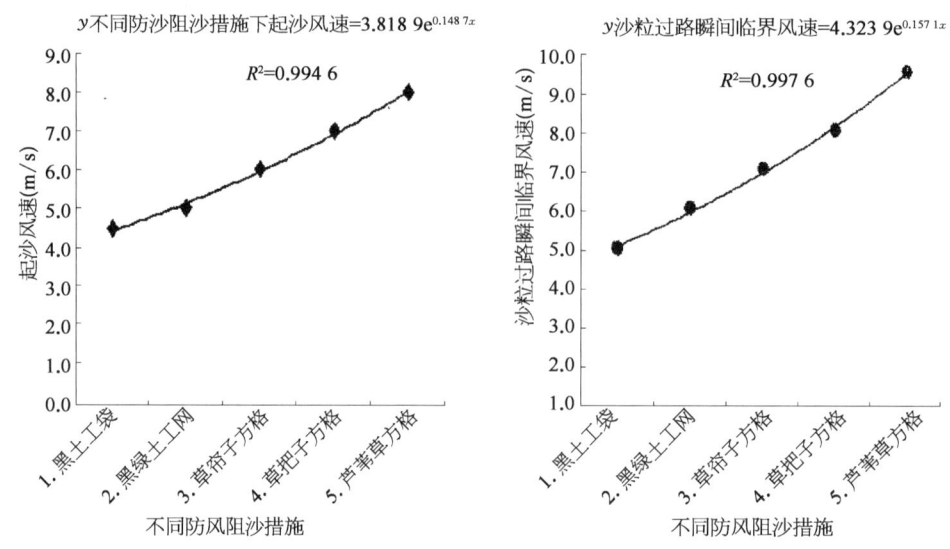

图 6-33 不同防风阻沙体与 2.0 m 起沙风速、沙粒过路临界风速

2) 按积沙情况判定

以芦苇栅栏与芦苇方格组合效果最好,其次为芦苇栅栏与棉秆方格组合、芦苇栅栏与稻子帘子方格组合、芦苇栅栏与稻草把子方格组合,再次为芦苇栅栏与土工网方格组合,最差的是芦苇栅栏与土工袋方格组合。

3) 综合判定

(1) 防风阻沙效果最好的是芦苇栅栏与芦苇方格组合。
(2) 防风阻沙效果较好的是芦苇栅栏与棉秆方格组合,芦苇阻沙栅栏与稻草帘子方格组合。
(3) 防风阻沙效果一般的是芦苇栅栏与稻草把子方格组合。
(4) 防风阻沙效果较差的是芦苇栅栏与土工网方格组合。

6.3.2 防沙体系示范效果评价

6.3.2.1 防沙体系示范效果

阿和沙漠公路沿线防沙体系的建立,在最大程度上解决了沙漠公路的防沙问题,同时巨大的防沙体系也改变了沙漠公路沿线的景观。通过 2 年的观测,阿和沙漠公路的防沙体系起到了较好的效果,有效地防止了风沙对交通的干扰。

阿和沙漠公路所处沙漠地区,沙丘高度较矮,沙丘移动较快,风沙危害较大,同时防沙体系施工过程中由于过于注重速度,在一定程度上忽略了工程质量。在防沙体系未达到设计使用年限前出现以下防沙体系破损的现象:

1) 高立式芦苇栅栏损坏

高立式芦苇栅栏是阻止风沙危害公路的第一道阻滞拦截工程，在流动沙漠强大风力作用下容易受到破坏。在对沙害的调查中发现，不同地貌单元的高立式芦苇栅栏都存在破损、压埋现象，见图 6-34。

图 6-34 破损的高立式芦苇栅栏

2) 草方格损坏

(1) K8~K36 主风向为 ENE~WSW，设计上路线前进方向左侧的防沙工程宽度宽于右侧，右侧草方格被压埋程度比左侧压埋程度较重。

(2) 由于各个地形地貌单元的高立式芦苇栅栏均出现破损、倒伏、压埋的现象，在其对应的段落草方格也出现了压埋情况（图 6-35）。

图 6-35 压埋的草方格

6.3.2.2 固、阻、输综治防沙体系使用情况

(1) 输沙。路基横断面坦缓顺畅，沥青路面光平，输沙性能完善，使用情况良好。

(2) 芦苇立式阻沙栅栏。大部分基本完好，使用情况良好。但少部分倒伏、撕毁严重，已失去应有的阻沙性能，其主要原因如下：

① 芦苇用量不足，栅栏厚度不够，孔隙率过大已超过 40%（设计孔隙率为 25%~30%），经外力作用撕毁严重，起不到阻沙作用，甚至已丧失阻沙性能。

② 芦苇栅栏单薄，有的只用 1~2 根芦苇凑合，起不到夹固栅栏作用，栅栏经风力吹刮，扭曲歪斜摇摆，很快将被撕毁或倒伏。

③ 芦苇栅栏根部防护不当，加固栅栏根部的芦苇方格与栅栏根部间距过大，有的达到 30~40 cm，起不到保护栅栏根部作用，风力过后，栅栏很快连根掀起并倒伏，完全失去阻沙性能。

(3) 芦苇固沙方格。目前使用情况尚可，之后将会较早出现芦苇方格被埋或减效失效情况，因为芦苇方格的材料数量不足，有的芦苇方格材料用量只有 350 g～500 g/m（设计为 600 g/m）。经 2007 年 11 月竣工检测，其中 I 区段芦苇方格材料用量合格率为 70.2%，II 区段芦苇方格材料用量合格率为 58.1%，III 区段芦苇方格材料用量合格率为 44.1%，这是固沙设施的薄弱环节，是芦苇方格固沙带较早出现减效或被风沙埋压的主要根源。

6.3.2.3 防沙体系建立的技术总结

阿和沙漠公路防沙体系的建设虽然较好地解决了沙漠公路的防沙问题，但还存在着一些问题，有待于进一步去研究和探索。总结如下：

(1) 防沙设计的主要依据是风沙流，风沙危害因地形不同而差异很大，因此地形图就成为设计的主要依据。目前防沙设计所利用的地形图是由公路设计单位测设，因侧重点不同，防沙设计与地面情况不符的现象时有发生。

(2) 一个地区风况不同，其沙区的风沙流危害程度和沙丘运移的速度和模式就不同，单纯以沙丘的前移速度作为指标是不能反映实际情况的。塔克拉玛干沙漠中的小沙丘在一年中并不是单纯的向前移，而是前后左右往复式移动。风沙作用方向和强度在公路东西两侧及同一地貌单元垂直方向上的差异，使防沙体系风沙危害类型和程度产生了公路东西两侧和地貌景观垂直方向上的差异。随着时间的推移，沙害的发展状况表现为受害面积扩大，重型沙害所占比例明显增长。为此，必须针对不同区段公路及防沙体系风沙危害特点采取相应的防治方案和维护措施，才能最大限度地保障沙漠公路畅通。

阿和沙漠公路沿线气象站的建立，为收集沙漠公路沿线的气象资料提供了良好条件，为以后的防沙设计提供了基础资料。

(3) 鉴于塔克拉玛干沙漠沙源丰富，大风频繁，为延长固沙草方格的使用寿命，施工中必须保证固沙草方格的质量，草方格的尺寸和材料用量必须满足设计要求。

(4) 高立式防沙栅栏在机械固沙体系中地位举足轻重，相关资料表明，防沙体系防风固沙效益的下降与高立式芦苇栅栏运行期倒伏、沙埋、破损有关。防沙体系的破坏，必然导致防沙体系使用年限降低。

6.3.3 防沙体系的维护

通过阿和沙漠公路防沙体系的修复工程实践发现，工程防沙体系的破损必然导致防沙效益的下降，但是对破损体系的修复不一定要恢复防沙体系的原貌，而是根据风沙地貌和风沙运动的最新变化采取相应的措施，具体情况具体处理，因势利导、因害设防。

1) 防沙体系不同功能带的维护

通过阿和沙漠公路防沙体系 3 年的连续调查分析，得出公路防沙体系各功能带的破损形式、破损特点不同，产生的后果也不同，所以维护的技术也不同。阻沙带沙障一旦破损会造成固沙带的严重破坏，因此出现破损必须及早维护，甚至在沙障破损之前就应该防止其破损，特别是要防止破口的出现。输沙带沙障破损或沙障不完善，流沙会直接威胁公路，所以维护工作就显得特别重要。

2) 防沙体系不同破损程度的维护

防沙体系的破损程度不同，维护的任务和技术要点也不同。新设工程防沙体系维护的主要任务是防止破损，要进行经常性的检查，发现问题及时处理。特别是阻沙带出现沙埋沙障时需要尽快拔高，否则沙障就会积沙过多而无法处理。

此外,新防沙体系维护的一项重要任务是植被的恢复,要想尽一切办法恢复植被,使工程防沙体系向综合防沙体系转变,即使不能发展到综合防沙体系,植被覆盖度每增加一些,体系的防护效益就增加一些。

使用 2 年以上、破损程度不超过 20% 的防沙体系,维护的主要任务是修补、扶正、拔高沙障,维护的重点是阻沙带的高立式沙障。对于使用 3 年左右、破损程度达到 40%~60% 的防沙体系,维护的主要任务是防止流沙上路,办法是堵住两头,尤其是临近公路的输沙带不能有沙害隐患。有些未设输沙带的公路,对临近公路的流沙要前面封固。对建设初期预留输沙带的公路,此时的输沙带已经很难再发挥输沙功能,相反可能成为直接危害公路的沙源,所以也要补设沙障。对于已经严重破损的防沙体系,修修补补已经不能解决问题,重设防沙体系成为唯一的选择,这时就要尽量发挥防沙体系的残留功能,想尽办法延长防沙体系的使用时间,延长沙障的重设周期。

6.3.4 防沙体系的改进措施

通过阿和沙漠公路防沙体系的效应观测,综合养护和施工的因素,对防沙体系的建立提出如下改进措施。

6.3.4.1 横铺式草方格

通过棉秆草方格的实施,综合了防沙效果以及施工和养护的难易程度。通过试验工程的实施,完善了横铺式草方格(图 6-36)的施工工艺:

图 6-36 横铺式草方格

(1) 用芦苇草把制作固沙方格,外露地面高度 15 cm,网格规格:1 m×1 m。

(2) 将收割来的芦苇绑成长 1 m 的把子状,用 2 道铁丝(ϕ2 mm)进行绑扎,压制成 15 cm 高的扁状草把,每把芦苇用量 600 g/m。保证有一定的透风性。

(3) 用长度为 35 cm、直径 1 cm 木桩,垂直插入芦苇草把中,将其固定在沙面上,保证插入沙面的深度不小于 15 cm。每米芦苇草把不少于两根木桩插入沙中固定。

(4) 芦苇草把方格,线条顺直,纵横向芦苇草把之间衔接紧密。

(5) 在芦苇采购困难的条件下,编制草把的材料也可采用棉秆,规格要求与芦苇相同。

6.3.4.2 高立式芦苇防沙栅栏

高立式芦苇防沙栅栏是第一道阻滞拦截工程,在流动沙漠强大风力作用下容易受到破坏。针对阿和沙漠公路高立式芦苇防沙栅栏出现的问题,通过总结经验,完善了防沙栅栏的设置方案如下(图 6-37):

(1) 为了加固防沙栅栏,阻沙栅栏的加固腰筋应采用上下两道和两边加筋的方式,位置分别位于

图 6-37 新设置防沙栅栏

距离栅栏顶端 40 cm 和栅栏露出地面 20 cm 位置处。

(2) 阻沙栅栏根部的加固,必须紧靠栅栏根部两侧的地表处内侧设置 3 道 1 m×1 m 的草方格,外侧设置 2 道 1 m×1 m 的草方格,防止防沙栅栏根部被风沙掏蚀,避免防沙栅栏倒伏。

(3) 防沙栅栏的平面布设应与路线平行,顺应地形、地势,尽量布设在迎风坡中上部。在地形地貌变化较大的段落,防沙栅栏可平行铺设,交错搭接长度控制在 2 m 左右。在沙丘起伏较大地段,防沙栅栏应布设在迎风坡坡顶距边缘 1~2 m 处,可适当调整。

(4) 关于每米芦苇用量。由于不同时期、不同地点芦苇生长条件不同,造成芦苇质量(单根芦苇的直径、质量)存在较大的差异,每米防沙栅栏芦苇用量应达 2~2.5 kg。在施工中可以根据芦苇质量的具体情况,选用适当的每米芦苇用量。

(5) 常规防沙栅栏的验收应采用每米芦苇用量和疏透度双重控制指标,以疏透度作为主要控制指标。施工完成后高立式防沙栅栏的疏透度应在 25%~30% 之间。

参考文献

[1] 福斯布拉德 L. 土石填方的振动压实[M]. 甘杰贤, 译. 北京：人民交通出版社, 1986.

[2] 刘保健, 谢定义. 随机荷载下土动力特性测试分析法[M]. 北京：人民交通出版社, 2001.

[3] 方同, 薛璞. 振动理论及应用[M]. 西安：西北工业大学出版社, 1998.

[4] 陈忠达, 张登良. 塔克拉玛干风积沙工程特性[J]. 西安公路交通大学学报, 2001, 21(3)：1-4.

[5] 洪毓康. 土质学与土力学[M]. 北京：人民交通出版社, 1997.

[6] 李志农, 陈晓光, 陈杰, 等. 沙漠地区公路修筑技术推广及应用示范[R]. 新疆交通科学研究院, 2011.

[7] De Beer EE. Bearing capacity and settlement of shallow foundations on sand[J]. Bearing Capacity and Settlement of Foundations Symposium, 1965：15-34.

[8] Zhu F, Clark J I, Philips R, et al. Centrifuge modeling of ring footings[A]// Proceedings of the 49th Canadian Geotechnical Conference. St. John's, Nfld, 1996：539.

[9] 陈忠达, 张登良. 风积沙路基压实技术的研究[J]. 中国公路学报, 1999, 12(2)：13-17.

[10] 陈忠达. 塔克拉玛干风积沙路基回弹模量的研究[J]. 内蒙古公路与运输, 1998(2)：5-8.

[11] 武和平. 高等级公路路面结构设计方法[M]. 北京：人民交通出版社, 1999.

[12] 刘涛, 陈杰, 黄勇, 等. 沙漠地区公路路基合理断面形式研究[R]. 新疆交通科学研究院, 2004.

[13] 沙庆林. 高等级公路半刚性基层沥青路面[M]. 北京：人民交通出版社, 1998.

[14] 郭宽量. 计算传热学[M]. 合肥：中国科学技术大学出版社, 1988.

[15] 唐勇. 沙漠公路施工机械的优选配套[J]. 筑路机械与施工机械化, 1994(5)：33-34, 44.

[16] 严作人. 层状路面体系的温度场分析[J]. 同济大学学报, 1984(3)：76-85.

[17] 陈晓光, 彭世古, 陈杰, 等. 沙漠地区公路选线及线形参数研究[R]. 新疆交通科学研究院, 2004.

[18] 玄光南, 程润伟. 遗传算法与工程设计[M]. 北京：科学出版社, 2000.

[19] 吉田弘, 等. 立体土工格室道路路基补强的试验研究[J]. 土木学会论文集, 1995(31)：25-31.

[20] Kingham R L. A new temperature correction procedure for Benkelmen-Beam rebound deflection[J]. The Asphalt Institute Research Record, 1969.

[21] Barber F S. Calculation of maximum pavement temperature from weather report[J]. Highway Research Board Bulletin, 1957.

[22] Bouzid Choubance, Mang Tia. Analysis and verification of thermal-gradient effects on concrete pavement[J]. Journal of Transportation Engineering, 1995.

[23] 张生辉. 沙漠地区路基路面修建技术研究[D]. 西安：长安大学, 1999.

[24] 王凯,毛世怀.正交设计法在柔性路面优化设计中的应用[J].公路,1991(7):16-21.

[25] 黄卫.可变容差法优柔性路面结构设计[J].东南大学学报,1990(3):40-46.

[26] 张生辉.沙漠地区路基路面修建技术研究[D].西安:西安公路交通大学,1999.

[27] 华锋.风积沙作为路面结构材料的研究[D].西安:长安大学,2003.

[28] 孟庆营.无机结合料稳定风积沙路用性能研究[D].西安:长安大学,2003.

[29] 折学森,胡保存,周志军,等.沙漠地区公路路基边坡设计及其稳定性研究[R].长安大学,2003.

[30] 傅舰锋.土工格室柔性结构层力学性状的试验研究[D].西安:长安大学,2001.

[31] 熊有言.使用土工合成材料防止基层裂缝反射[J].国外公路,1999(2):46-48.

[32] Ksaibaiti K. Evaluation of cement treated bases with fly ash[J]. Transport & Road Research, 1995, 4(4): 18-32.

[33] 邓学钧.路基路面工程[M].北京:人民交通出版社,2000.

[34] 资建民.路基路面工程[M].广州:华南理工大学出版社,1998.

[35] 净文常.浅议沙漠地区铁路选线[J].铁道工程学报,1999,62(2):17-22.

[36] 盛安连.沙漠地区公路设计[M].北京:人民交通出版社,1996.

[37] 李平,陈三平.风沙地区公路沙害防治方法[J].辽宁交通科技,2002(4):8-10.

[38] 朱震达,吴正,刘恕,等.中国沙漠概论[M].北京:科学出版社,1980.

[39] 耿宽宏.中国沙区的气候[M].北京:科学出版社,1986.

[40] 彭世古,陈晓光.沙漠地区公路设计、施工与养护[M].北京:人民交通出版社,2004.

[41] 吴正,彭世古.沙漠地区公路工程[M].北京:人民交通出版社,1981.

[42] 郑柯,冯桂炎.道路交通事故多发点道路状态的技术分析[J].长沙交通学院学报,2000(1):59-62.

[43] 郑安文,郭健忠.重视道路因素对道路交通安全的影响作用[J].武汉科技大学学报(自然科学版),2002(1):31-34.

[44] 金昌宁.沙漠公路的几何特征与沙害的对应关系[J].新疆交通科技,1996,4(1):21-25.

[45] 盛安莲.沙漠地区公路设计[M].北京:人民交通出版社,1996.

[46] 王振清.中国公路防沙治沙[M].沈阳:辽宁大学出版社,2000.

[47] 夏训诚,李崇舜.塔里木沙漠石油公路工程技术研究[J].中国沙漠,1995(1):1-9.

[48] 韩致文,陈广庭,胡英娣,等.塔里木沙漠公路防沙体系建设几个问题的探讨[J].干旱区资源与环境,2000,14(2):35-40.

[49] 新疆交通科学研究院,等.沙漠地区筑路成套技术研究[R],2004.

[50] 龚福华,何兴东,彭小玉,等.塔里木沙漠公路不同固沙体系的性能和成本比较[J].中国沙漠,2001,21(1):48-52.

[51] 王训明,陈广庭.塔里木沙漠公路沿线机械防沙体系效益评价及防沙带合理宽度的初步探讨[J].干旱区资源与环境,1997,11(4):29-36.

[52] 王雪芹,赵从举.古尔班通古特沙漠工程防护体系内的蚀积变化与植被的自然恢复[J].干旱区地理,2002,2(3):201-207.

[53] 韩致文,胡英娣,陈广庭,等.化学工程固沙在塔里木沙漠公路沙害防治中的适宜性[J].环境科学,2000(5):86-88.

[54] 朱震达,赵兴梁,凌裕泉,等.治沙工程学[M].北京:中国环境科学出版社,1998.

[55] 赵性存.中国沙漠铁路工程[M].北京：中国铁道出版社,1988.

[56] 胡英娣.几种化学固沙材料抗风蚀的风洞实验研究[J].中国沙漠,1997,17(1):103-105.

[57] 李生宇,雷加强.草方格沙障的生态恢复作用——以古尔班通古特沙漠油田公路扰动带为例[J].干旱区研究,2003,20(1):7-10.

[58] 柯丛茂.草(枝条)方格沙障沙害预测预报模型的研究[J].南昌水专学报,2000,19(2):49-53.

[59] 董治宝,陈广庭,韩致文,等.塔里木沙漠石油公路风沙危害[J].环境科学,1997(1):5-10,93.

[60] 王训明,陈广庭,韩致文,等.塔里木沙漠公路沿线机械防沙体系效益分析[J].中国沙漠,1999,19(2):25-32.

[61] 刘贤万.风沙物理与风沙工程学[M].北京：科学出版社,1995.

[62] 王雪芹,雷加强.风沙活动区工程线路走向与风沙危害程度的关系——以塔里木沙漠公路为例[J].干旱区地理,2000(3):221-226.

[63] 刘龙,裴世保,杨书祥.公路生态工程技术探讨[J].公路交通科技,1999(S1):66-69.

[64] 胡春元,杨茂,杨存良,等.库布齐沙漠穿沙公路沙害综合防治技术[J].干旱区资源与环境,2002,16(3):71-77.

[65] 吴正.风沙地貌学[M].北京：科学出版社,1987.

[66] 吴正.风沙地貌与治沙工程学[M].北京：科学出版社,2003.

[67] 邓洽馀.流体力学[M].北京：机械工业出版社,1980.

[68] 冯道.防沙治沙与生态环境建设[M].长春：吉林科学技术出版社,2000.

[69] 马淑红,张力德,王远超,等.风沙野外监测[J].新疆气象,2002(6):25-28.